전화의 역사

전화의 역사
ⓒ 강준만, 2009

2009년 10월 26일 1쇄 찍음
2009년 11월 2일 1쇄 펴냄

지은이 | 강준만
펴낸이 | 강준우
기획편집 | 정지희, 김수현, 이지선, 김미량
디자인 | 이은혜, 임현주
마케팅 | 이태준, 최현수
관리 | 김수연

펴낸곳 | 인물과사상사
출판등록 | 제17-204호 1998년 3월 11일

주소 | (121-839) 서울시 마포구 서교동 392-4 삼양E&R빌딩 2층
전화 | 02-325-6364
팩스 | 02-474-1413
www.inmul.co.kr | insa@inmul.co.kr

ISBN 978-89-5906-126-6 04300
ISBN 978-89-5906-013-9 (세트)

값 14,000원

이 저작물의 내용을 쓰고자 할 때는 저작자와 인물과사상사의 허락을 받아야 합니다.
파손된 책은 바꾸어 드립니다.

인사 갈마들 총서

전화의 역사

전화로 읽는 한국 문화사

강준만 지음

인물과
사상사

"왜 아무도 나를 찾지 않는 것일까?"

"오전에 놔드릴까요, 오후에 놔드릴까요?"[1)]

전화개통 신청을 할 때, 이렇게 묻는 나라는 아마도 지구상에서 한국밖엔 없을 것이다. 그 어떤 선진국에서도 며칠 걸리는 전화를 단 하루 만에 가설해주는 나라가 바로 한국이다. 미국이나 유럽에서 잠시 살다온 사람들이 이구동성으로 하는 말이 있다. "한국이야말로 전화의 천국이다!"

그러나 한국에서 전화의 역사는 1896년 처음 도입된 이후 100년 동안 그야말로 파란만장했다. 애초에 전화의 목적은 '소통'이지만, 한국에서는 이를 넘어 정치·사회적 의미를 담지하고 있었다. 개화기에 소개된 근대문물로서 전화는 '근대화의 상징'이자 '특권'이었다. 그 세월이 가장 길었다. 그러다가 1990년대부터는 '오락'으로 변화했고, 휴대전화 보급이 폭발적으로 증가한 2000년대에 들어서는 '종교'가

되었다. 이른바 '신흥종교'의 탄생이다.

2004년 고영삼은 "이동전화는 사람들에게 안도감을 주는 매력적인 도구이다. 조금 오래된 큰 휴대전화를 '무기'라고 하는 농담도 있지만, 이동전화는 위급한 상황에서 사회적 안전망과 즉시에 연결될 수 있는 훌륭한 도구라는 점에서 거의 '종교'와 가까울 정도이다"라고 말했다.[2]

뿐만 아니라 휴대전화는 전혀 위급하지 않은 한가로운 상황에도 이루 헤아릴 수 없을 정도의 다양한 기능을 수행한다. 처음엔 단순히 도구일 뿐이지만, 곧 중독(中毒)현상이 나타나면서 주객전도(主客顚倒) 또는 본말전도(本末顚倒)가 발생한다. 휴대전화가 숭배의 대상이 되는 것이다. 그런 의미에서 휴대전화는 '신흥종교'다. 휴대전화가 '신흥종교'라는 걸 시사해주는 신앙고백 또는 주장을 다섯 개만 감상해보자.

2004년 김택근은 "휴대전화가 울리지 않으면 불안하다. '왜 아무도 나를 찾지 않는 것일까?' 그건 유배에 다름 아니다"라고 말했다.[3]

2005년 SK텔레콤이 휴대전화 관련 에피소드를 모아 펴낸 책 『현대생활백서』는 휴대전화로 인해 생겨난 새로운 풍속도를 소개했다.

"요즘 젊은이들, 군대 가는 것을 실감하는 순간이 언제일까. 긴 머리를 싹둑 자를 때? 아니다. 입영 직전 가족들에게 휴대전화를 건네주는 순간이라고 한다. 휴대전화는 곧 '나'이기 때문이다."[4]

2006년 이왕주는 "연초에 한 열흘 일부러 휴대전화 없이 버티어 봤다. 담배중독, 마약중독 환자가 따로 없었다. 처음 사흘은 그럭저럭 견딜 만했고, 그렇게 견디는 내가 뿌듯하기까지 했다. 사흘을 넘기자 금단현상이 오기 시작했다. 어디서 자꾸 내 휴대전화의 컬러링 사운드가 들리는 것 같은 환청현상이 거듭되는 것이었다"며 다음과 같이 말했다.

"그러나 나는 곧 휴대전화를 끊는 것은 담배나 마약을 끊는 것보다 더 상황이 나쁘다는 것을 깨달았다. 싸워야 하는 것이 나 자신만이 아니었던 것이다. 담배나 마약을 끊는 데에는 식구, 친지, 온 사회가 협조해준다. 모두가 관대한 눈길로 쳐다보며 후원해주는 것이다. 하지만 휴대전화를 끊는 데에는 사정이 다르다. 가장 가까운 사람들, 가령 가족부터 나서서 집요하게 반대한다. 친지, 직장, 관공서는 그런 '불온하고 발칙한 시도'에 대해 무슨 페널티를 주지 못해 안달한다. 이제 인간은 시민으로 존재하기 위해서 두 개의 번호를 부여받아야 한다. 하나는 주민등록번호이고 다른 하나는 휴대전화번호다."[5]

2007년 고현범은 "휴대전화는 이제 말 그대로 '생활의 중심'이 되었다. 휴대전화가 고장 나거나 분실되면 우리는 불안하다. 그 작은 기계가 마치 우리 몸의 일부라도 되는 것처럼 말이다. 사실 지갑이나 열쇠가 없을 때도 우리는 불편을 겪는다. 그런데 휴대전화가 없을 때는 불편함은 물론, 마치 섬에 고립된 듯한 느낌마저 든다"고 말했다.[6]

2008년 김성도는 "휴대전화의 미래는 코페르니쿠스적 혁명이라 할 정도의 새로운 장을 열어놓을 것이다. 그것은 곧 '호모 모빌리쿠스(휴대전화를 생활화시킨 현대인)'가 가질 새로운 세계관으로 압축된다"며 다음과 같이 말했다.

"세계는 더 이상 발견해야 할 사물로서 내 앞에 놓여 있는 것이 아니라, 나와 더불어 존재하는 것이다. 나는 더 이상 내가 알지 못하는 것들의 양상을 알기 위해 사물들의 주위를 주파하는 것이 아니라 내 주위에, 그리고 나와 더불어 존재하는 사물과 서비스를 내가 원할 때면 언제 어디서든 호출할 수 있게 된 것이다. 나는 더 이상 세계를 인식하고 발견하려는 희망 속에서 세계를 탐사하는 것이 아니라, 나의 세계가 나의 주변을 향하고 있는 것이다. 모바일 미디어의 미래, 그것은 곧 내가 내 세계의 중심이 되고, 모바일 서비스는 내가 현실화시킬 수 있는 위성들처럼 나의 주변에서 존재하는 것이다."[7]

사람들이 휴대전화라는 신흥종교에 미치는 건 스스로 미치고 싶어서가 아니다. 이른바 '셀룰러 이코노미'라는 동력에 의해 촉진된 새로운 라이프스타일의 전염효과 앞에서 홀로 저항한다는 건 사실상 불가능한 일이다. 홀로 무인도에 남겨진 듯한 기분을 어찌 견뎌낼 수 있겠는가.

스스로 물어보자. 나는 내 휴대전화의 주인인가, 노예인가? 혹 나는 셀룰러 이코노미의 번영을 위해 충실히 봉사하는 소비자는 아닌가? 휴대전화를 아예 이용하지 않으면 자기밖에 모르는 '이기주의자'라고 욕먹는 세상에서 이 같은 질문은 아마 우문(愚問)일 것이다. 휴대전화 덕분에 우리는 소통의 풍요를 만끽하게 되었는가 하는 질문도 우문임에 틀림없다. 휴대전화는 소통을 위한 매체가 아니기 때문이다. 그것은 내가 이 세상과의 끈을 놓지 않고 있다는 판타지를 공급하는 나의 주인이다. 나의 존재증명을 위해 유일신으로 모시는 신흥종교다.

왜 휴대전화는 신흥종교가 되었는가? 그 이유는 ①'고독으로부터의 탈출' 욕구, ②'스트레스로부터의 탈출' 욕구, ③공사(公私) 구분 없는 '뫼비우스효과', ④인맥사회에서의 생존술, ⑤초강력 1극 구조 사회에 대한 저항, ⑥타인의 인정을 바라는 '구별짓기' 문화, ⑦휴대전화 산업의 정치·경제학 등 일곱 가지를 들 수 있다. 이는 '맺는말'에서 자세히 살펴보기로 하자.

때는 바야흐로 속도의 시대다. '속도 자본주의'니 '속도 파시즘'이니 하는 말이 널리 쓰이고 있잖은가. 세계 경제계 명사들의 클럽인 다보스 세계 경제포럼(Davos Forum) 2000년 총회에선 '21세기 디지털

다원주의'가 화두로 등장했다. 오늘날 업계에서 살아남으려면 적응하느냐 죽느냐, 전송망을 갖추고 효율적으로 이용하느냐 아니면 갖추지 못하거나 이용하지 못해 망하느냐, 언제 어느 곳에서건 24시간 일할 수 있는 체제를 갖추고 있느냐 없느냐가 관건이라는 것이었다. 이에 대해 미국 소니사 회장 하워드 스트링거(Howard Stringer)가 토로한 다음과 같은 하소연에 모두들 공감했다고 한다.

"이 같은 말들을 들어보면 바로 지옥을 묘사하는 것 아닙니까? 모두가 쉬지 않고 살아남기 위해 경쟁하고 그렇지 못하면 죽는다면 언제 성생활을 하고 음악을 듣고 책을 읽습니까? 차라리 지구에서 내리고 싶습니다."[8]

대중문화 연구자로서 나 역시, 지구에서 내리고 싶을 정도는 아니지만 허망해지는 건 피할 길이 없다. 대중문화의 핵이 인터넷과 휴대전화로 이동하면서 그런 허망함은 더욱 커졌다. 변화의 속도가 너무도 빠르기 때문이다. 그러나 평생 대중문화 연구를 하고자하는 내겐, 바로 그렇기 때문에 그 변화과정을 세세하게 기록해야 한다는 필요성이 더욱 더 중요하게 여겨졌다. 역설 같지만 변화의 속도가 성찰의 시간을 전혀 주지 않기에 기록의 필요성은 더욱 커졌다고 볼 수 있다.

이 책은 그런 문제의식에서 출발했다. 휴대전화가 많은 지면을 차지하고 있기는 하지만, 이 책은 유선전화건 휴대전화건 전화가 한반도에 출현한 이후 오늘에 이르기까지 약 110년간의 역사를 문화사적으로 기록하고 있다. 어떤 주장을 강하게 내세우기 위한 '흐름'보다는 주요 사건들의 '기록'에 더 무게를 두었다. 여러 면에서 모자라지만, 단행본으로 출간된 한국 최초의 '전화문화사'라는 점에 의미를 두고 싶다. 이 책이 조금이나마 자극이 돼 앞으로 전화문화사를 다룬 탁월한 책들이 많이 나오길 기대한다.

2009년 10월
강준만 올림

차례

머리말: "왜 아무도 나를 찾지 않는 것일까?" · 004

제1장 미국, 유럽, 일본의 초기 전화발달사 _태동기

철도 · 전신의 '시 · 공간압축' 019 | 전신이 신문에 미친 영향 022 | 전신 이미지의 지배를 받은 전화 023 | 라디오의 원시적 형태를 구현하다 026 | '거리의 소멸'과 '체험공간의 팽창' 028 | 전화의 사교매체화 031 | 전화와 국가별 문화적 차이 033 | 일본 전화는 '규율훈련용 미디어' 035

제2장 전화를 향해 큰절을 네 번 하다 _개화기

1884년 우정국 설립 039 | 1885년 경인 전신업무 개시 041 | 1887년 건청궁을 밝힌 100촉짜리 전구 043 | 물불, 묘화, 덜덜불, 건달불 045 | 1891년 북로전선 개설 046 | 민중의 전신시설 파괴 047 | 전신이 독립신문에 미친 영향 049 | 1896년 전화 덕분에 목숨을 건진 김구 051 | 전화를 향해 큰절을 네 번 하다 054 | 1899년 경인철도 개통 056 | 1903년 공중전화 등장 058 | 1905년 경부철도 개통, 통신권 박탈 060 | '개화미신'의 정치적 의미 062 | 의병들의 통신망 교란 · 파괴투쟁 063

제3장 "경성은 바야흐로 전화광시대" _일제강점기

"전화 하나 없는 상점이 무엇이 변변하겠느냐" 069 | 염상섭의 1925년 소설 「전화」 071 | 일본 라디오의 '독재식 일방향성' 073 | '편리한 무선전화' 074 | 1924년 '무선전화방송 공개실험' 076 | 1927년 경성방송국의 탄생 077 | '쌀 열 가마니보다 더 비싼 라디오' 080 | 한국어 · 일본어 혼용의 '비빔밥 방송' 081 | '조선인의 서울인가 일본인의 서울인가' 083 | 장난전화와 전화사기 085 | '보이스피싱'의 원조 087 | '전화는 사교의 식민지' 089 | '할로 걸'의 활약 091 | 손기정의 마라톤 우승을 전한 국제전화 092 | '전화 브로커'의 탄생 095 | 일제의 공중전화 억제 096 | '전화의 명랑화' 운동 098 | "경성은 바야흐로 전화광시대" 100 | 일제의 '전화공출운동' 101

제4장 다방은 전화 커뮤니케이션의 아지트 _1945~1959년

엉망이 된 전화 107 | '유령전화'의 유행 109 | 한국전쟁 종군기자들의 고충 110 | '사랑방'을 대체한 '다방' 111 | 전화는 '해방 10년에 가장 뒤떨어진 부문' 114 | 전화는 여

전화의 역사 **012**

전히 신기한 물건 116 | 체신부 장관의 고통 118 | 다방은 전화 커뮤니케이션의 아지트 120 | 기약 없는 전화 한 통을 기다리며 122

제5장 "압구정·서초·개포는 전화 없는 '벙어리동'" _1960년대
"웬 사장 전무들을 찾는 전화가 그렇게도 많은가" 127 | '다이얼 Y를 돌려라' 130 | 1962년 최초의 옥외 무인 공중전화 설치 131 | 통화당요금제 실시논란 133 | 전화는 계주의 필수품 136 | 전화를 가장 많이 쓰는 업체 1위는 다방 139 | "압구정·서초·개포는 전화 없는 '벙어리동'" 141 | 전화오접이 유발한 '전화 노이로제' 142

제6장 "사거래전화 값은 집 한 채 값" _1970년대
'전화기 50만 대로 34번째 중진국' 147 | '청색전화'와 '백색전화' 149 | 전화상의 번성 150 | 1971년 서울-부산 간 장거리 자동전화 개통 152 | 전화는 여전히 진기한 사치품 153 | 공중전화 3분 제한제 154 | 라디오 '전화 리퀘스트' 탄압 156 | "사거래전화 값은 집 한 채 값" 158 | 집전화 대신 공중전화를 쓰는 이유 160 | 전화가입자 100만, 청약대기자 17만 162

제7장 '1가구 1전화시대'의 개막 _1980년대
'전화 없는 세상'의 고통과 공포 167 | '전화기자급제'와 '여성의 전화' 170 | 이동통신 서비스와 '장길산' 172 | 언론이 누린 '세계적으로 유례없는 전화특혜' 174 | 1985년 전화 700만 대 돌파 175 | 전전자식 교환기 TDX의 실용화 177 | 1987년 '1가구 1전화시대'의 개막 178 | "엄마, 전화는 오락시설도 돼요" 180 | '시내통화시분제' 논란 182 | '핸디폰'의 급증 184 | 군사주의·핵가족화의 영향 186

제8장 "한국에선 개나 소나 휴대전화를 갖고 있다" _1990년대
전화의 두 얼굴 191 | 공중전화 폭행사건 192 | '전화폭력' 전성시대 194 | 음란전화, 어느 정도였나? 196 | 청소년의 '폰팅'과 '폰섹스' 198 | 공중전화 도난·파손, 누구 짓인가? 200 | 이동전화는 '황금알을 낳는 거위' 202 | '6공 최대의 이권사업' 논란 204 |

"혼자 있는 시간 누군가와 통화하고 싶다" 205 | '사랑의 귀가전화걸기 운동' 207 | '애니콜'의 등장, '삐삐' 열풍 208 | 초등학생이 제일 갖고 싶은 것은 삐삐 210 | 삐삐의 세대격차 212 | "때와 장소를 가리지 않습니다" 213 | "짜장면 시키신 분~" 216 | 여대생과 50대 교수가 주먹다짐을 벌인 이유 218 | "묻지 마, 다쳐" · TTL광고 220 | "한국에선 개나 소나 휴대전화를 갖고 있다" 222 | "휴대전화 돈 주고 사면 바보" 224

제9장 "휴대전화 네가 없으면 내가 없는 거야" _2000~2005년

'월드컵 축제'는 '휴대전화 축제' 229 | '삼성 민족주의'와 '애니콜 화형식' 231 | '휴대전화가 빼앗아간 것들' 233 | 한국 경제는 '셀룰러 이코노미' 235 | 휴대전화를 2년 넘게 쓰면 안 된다 238 | '디지털 망국론'? 240 | 수능 부정행위사건 242 | '청소년에 약인가 독인가' 244 | 초등학생 이용자는 2.7명당 1명 꼴 247 | 문자메시지 열풍 249 | 청소년 44퍼센트 수업 중 문자메시지 250 | 휴대전화 카메라의 폭력 252 | '손 안의 TV' 시대의 개막 253 | SK텔레콤은 '종합 미디어그룹' 256 | 시설투자비는 매출의 10퍼센트, 마케팅비는 20퍼센트 258 | 빵집과 영화의 운명을 결정하는 휴대전화 260 | "오빠 오늘밤 외로워" 263 | "휴대전화 네가 없으면 내가 없는 거야" 265 | '공백에 대한 증오' 267

제10장 휴대전화 4000만시대 _2006년

"모바일이 문화를 죽인다" 273 | 문자메시지 공해 275 | "모든 커뮤니케이션은 문자로 통한다" 276 | '휴대전화기를 2개 갖고 다니는 학생' 278 | "휴대전화 안에 애완견을 키워보세요" 280 | '전화 여론조사의 정치공학' 282 | 휴대전화 여론조사 283 | 화상전화와 인터넷전화 285 | 전지현 · 이효리 · 김태희의 대결 287 | "전화방 성매매여성 수첩에 고객 1000여 명 '빼곡'" 290 | 휴대전화 4000만시대 292 | 6개월로 짧아진 휴대전화 교체주기 294 | 휴대전화는 '신흥종교' 296

제11장 세계 최고의 통신비를 쓰는 나라 _2007년

휴대전화는 '패션액세서리' 301 | 문자메시지, 국민 1인당 하루 4건 303 | "한국의 휴대

폰은 어디서나 터진다" 305 | 영상통화시대의 개막 307 | "쇼를 하라. 쇼!" 309 | "인생이 쇼라고 생각지 않으세요?" 311 | 휴대전화의 음악시장 지배 313 | '학교에 휴대전화 안 가져오기 결의대회' 316 | 청소년 콜렉트콜 서비스 논란 318 | 청소년요금제의 음모? 319 | 휴대전화의 세대격차 321 | '보이스피싱'의 진화 322 | "'꽃뱀 콜렉트콜'에 10만 명 당했다" 324 | 휴대전화 보조금 지급 경쟁 326 | "전화번호가 당신의 신분을 말해준다" 327 | 세계 최고의 통신비를 쓰는 나라 329 | '모바일 카드'와 '모바일 화보' 331 | '여선배의 자취방 황홀한 방문기' 332 | "오빠, 왜 연락 안 해?" 333 | 휴대전화가 가정·음주·연애에 미친 영향 335 | "핸드폰으로 오가는 말 절반은 거짓일 것" 337

제12장 '1인당 휴대전화 2대' 시대로 가는가? _2008~2009년

휴대전화 상술의 진화 343 | "성매매 주부 '전화방서 만난 966명' 모두 조사" 345 | 휴대전화의 촉각경쟁 348 | '손 안의 PC' 스마트폰 경쟁 350 | "한국은 보이스피싱의 '봉'" 353 | 초등학교의 휴대전화전쟁 357 | 신흥종교 종파별 신도 쟁탈전 359 | '도리마사건'과 휴대전화 361 | '촛불집회'와 휴대전화 363 | 문자메시지 공해와 폐휴대전화 공해 365 | 공중전화, 56만 대에서 18만 대로 367 | '1인당 휴대전화 2대' 시대로 가는가? 369

맺는말: 왜 휴대전화는 신흥종교가 되었나?

마셜 맥루언의 전화론 373 | '고독으로부터의 탈출' 욕구 376 | '스트레스로부터의 탈출' 욕구 378 | 공사 구분 없는 '뫼비우스효과' 380 | 인맥사회에서의 생존술 384 | 초강력 1극구조 사회에 대한 저항 387 | 타인의 인정을 바라는 '구별짓기' 문화 391 | 휴대전화산업의 정치경제학 393

주 · 396
참고문헌 · 427

제1장

태동기

미국·유럽·일본의 초기 전화발달사

전화의 역사

철도·전신의 '시·공간압축'

프랑스혁명의 와중인 1794년, 클로드 샤프(Claude Chappe, 1763~1805)가 발명한 전신기는 파리에서 1000킬로미터 떨어진 툴롱까지 전보송신을 단 20분 만에 가능케 했다. 영국에선 1920년대에 철도운용의 보조수단으로 전신(電信)이 이용되었다. 미국의 새뮤얼 모스(Samuel Morse, 1791~1872)는 1837년 '모스부호'를 사용한 전신기를 완성해, 1844년 5월 24일 미국 의회의 도움을 받아 워싱턴과 볼티모어 사이의 통신을 성공시켰다.[1]

'전신(telegraph)'의 원래 의미인 "먼 곳에 글을 쓰다"는 그렇게 실현되었지만, 먼 곳에 소리를 보내는 '전화(telephone)'는 아직 한참을 더 기다려야 했다. 전화라는 단어는 전화의 발명자인 미국의 알렉산더 그레이엄 벨(Alexander Graham Bell, 1847~1922)이 태어나기 전인 1840년에 처음 나타났지만, 그때엔 나무 막대기를 통해 음조(音調)를 전달하기 위해 만들어진 장치를 묘사하는 단어로 쓰였을 뿐이었다.[2]

한편 세계 최초의 기차가 출현한 건 영국의 조지 스티븐슨(George Stephenson, 1781~1848)이 손수 제작한 증기기관차 로코모션호가 약 40킬로미터 구간을 시속 7~13킬로미터로 달린 1825년 9월 27일이었다. 승객과 화물을 실어나르는 철도는 그로부터 5년 후인 1830년 9월 15일에 운행을 개시했다. 이날 스티븐슨의 로켓호가 승객 36명을 태우고 리버풀과 맨체스터 사이 50킬로미터를 시속 46.8킬로미터로 달렸다.[3]

영국 역사학자 에릭 홉스봄(Eric Hobsbawm)은 "철도의 도래는 그 자체가 혁명적 상징이자 혁명적 성취였다"고 말했다.[4] 반면 1843년 열차를 타본 독일 시인 하이네(Christian Johann Heinrich Heine, 1797~1856)는 "철도가 공간을 살해했다! 무시무시한 전율과 전례 없는 공포감이 엄습했다"고 탄식했다.[5]

일본에서 처음 도쿄와 요코하마 간 철도가 개통된 것은 1872년, 중국에서 철도가 처음 등장한 것은 1881년이었다.[6] 1877년 일본에 수신사로 파견된 김기수(1832~?)는 『일동기유』에서 기차에 대한 놀라움을 다음과 같이 표현했다.

"앞차의 두 바퀴가 구르면 여러 차의 바퀴가 따라서 구르게 되니, 우레와 번개처럼 달리고 바람과 비같이 날뛰었다. 한 시간에 300~400리를 달린다고 하는데, 차체는 조금도 움직이지 않으며, 다만 좌우에

산천초목과 가옥, 인물이 보이기는 하나 앞에 번쩍 뒤에 번쩍하므로 도저히 잡아보기 어려웠다."[7]

철도가 '공간살해범'이라면 전신은 무엇이었을까? 사람이 움직이지 않고서도 철도보다 훨씬 빨리 메시지를 전달할 수 있는 전신은 공간과 시간을 동시에 살해한 주범이 아니었을까? 전신은 철도와 더불어 이른바 '시·공간압축(time-space compression)'[8]의 매체로 근대사회의 성립에 결정적인 영향을 미치게 된다.

초기에 전신은 철도망의 원활한 소통을 위한 보조적 수단이었다. 아니 둘은 반드시 붙어 다녀야 하는 샴쌍둥이와도 같았다. 전신 없이 철도를 운영하기란 어렵기 때문이었다. 다른 건 다 제쳐놓더라도 초기에 단선이었던 철도망을 안전하게 운영하기 위해서는 출발역에서 기차가 언제 출발하고 언제 도착했다거나, 무슨 일이 있었다는 것 등을 꼭 알려야만 했다. 이후 전신이 커뮤니케이션사업이 아닌 통상(通商) 사업의 영역에 속하게 된 데에는 이런 역사적 배경이 있다.[9]

이는 한국에서도 마찬가지여서 '전신주'와 '전봇대'라는 말을 낳았다. 김주환에 따르면, "철도망과 전신망은 같이 퍼졌다. 기찻길이 지나가는 옆에 나무기둥을 심고 그 위에 구리선을 매달아서 전신망을 연결했는데, 그 나무기둥을 전신주라고 부르게 되었다 …… 전신주 혹은 전봇대라고 불리던 이 기둥들은 전신줄뿐만 아니라 나중에는 전화선과 전깃줄도 연결하는 역할을 담당하게 되었다. 요즈음에는 주로 전깃줄만을 떠받치고 있음에도 불구하고 이러한 기둥을 전선주 혹은 전깃줄대라고 하지 않고 여전히 전신주 혹은 전봇대라고 부르는 이유가 바로 여기에 있다."[10]

전신이 신문에 미친 영향

이른바 '대중신문'이 등장한 1830년대 이후에 일어난 미국 저널리즘혁명의 한복판엔 전신이 있었다. 기존 신문들이 받던 6센트(페니)를 1센트로 낮추는 가격파괴를 해서 '페니신문'이라는 별명을 얻게 된 대중지의 등장은 '사설에 대한 뉴스의 승리' 또는 '의견에 대한 사실의 승리'를 의미하는 것이었다. 페니신문들은 전신을 이용하여, 이전까지 뉴스로 여기지 않았던 단순 사건의 보도를 주요 뉴스로 삼았다.

뉴스를 배포하는 통신사도 1830년대부터 등장하기 시작했다. 세계 최초의 뉴스 통신사는 1835년 파리에 세워진 아바스 통신사다. 당시는 금융정보 중계가 통신사의 주된 목적이었으며, 전달수단도 역마차와 비둘기뿐이었다. 전신에 의한 뉴스 배포는 1840년대부터 이루어졌다. 특히 미국에서 전신은 큰 신문들과 아무런 차별 없이 전신 뉴스를 받을 수 있게 된 소규모 신문들의 번성을 가져왔다. 뉴욕주의 신문들은 전신 뉴스의 비용부담을 위해 1846년 3월 공동으로 뉴욕주 AP(Associated Press)를 만들었으며, 이는 1856년 전국적 AP의 탄생으로 이어졌다. 오늘날 통신사를 영어로 '뉴스 에이전시(News Agency)' 또는 '뉴스 서비스(News Service)'라고도 하지만 '와이어 서비스(Wire Service)'라고 부르는 사람들이 더 많은 것도 이런 배경 때문이다. 즉, 전선(Wire)으로 뉴스를 전하는 회사라는 뜻이다.[11]

신문의 전신에 대한 의존은 신문제작에 큰 변화를 몰고 왔다. 무엇보다도 전신요금 절약을 위해 간결한 기사작성이 요구되었다. 특히 전쟁보도 시에 그런 필요성은 더욱 커졌다. 오늘날까지도 지켜지고 있는 '역피라미드(inverted pyramid)'나 '서머리 리드(summary lead)' 등의 스타일은 전신 때문에 생겨난 기사작성법이다. 또 전신으로 사건의 전개과정을 계속 알리는 과정에서 기사의 헤드라인도 탄생했다.[12]

전신은 언론인의 직업관과 가치관에도 영향을 미쳤다. 뉴스가 점점 전신을 닮아갔으니 어찌 변화가 없었으랴. 임영호는 전신으로 인해 "뉴스에 대한 판단은 객관적인 사실의 기계적인 선택과정과 유사하게 되고 뉴스는 운반, 측정, 감축 등이 가능한 물건처럼 취급할 수 있게 되었다"고 했다.[13]

1861년 10월 전신망이 서부 해안도시인 샌프란시스코까지 확대되면서 미국 금융자본주의는 혁명적인 변화를 맞게 되었다. 원래 미국의 금융중심지는 필라델피아였지만, 전신은 필라델피아를 포함한 주요 도시들의 증권시장을 뉴욕 월스트리트로 흡수·통합시키는 데 큰 역할을 했다.[14]

1860년대는 전신의 전성시대였다. 1865년 미국의 한 신문편집자는 독자들에게 전선을 통해 목소리를 전달하는 건 불가능하며, 설사 가능하다 하더라도 아무 쓸모가 없을 것이라고 단언했다.[15] 전화가 아직 나오기도 전에 그런 말을 할 필요가 있었을까마는, 여하튼 이 발언은 전화가 탄생되고서도 한동안 경멸의 대상이 되리라는 걸 시사하는 것이었다.

전신 이미지의 지배를 받은 전화

벨이 전화를 발명한 건 1876년 3월 10일이다. 그날 벨은 전화실험을 하고 있었는데, 아래층에 있는 조수 토머스 왓슨에게 "왓슨 군, 이리

■ 전화를 발명한 알렉산더 그레이엄 벨과 그가 사용한 세계 최초의 전화기

오게. 할 말이 있네"라고 말했다. 세계 최초로 전화기를 통해 건네진 말이었다. 그러나 벨이 전화특허를 신청한 건 발명하기 한참 전인 1876년 2월 14일, 특허등록을 받은 건 3월 7일이었다. 벨이 특허신청을 마치고 두 시간 뒤에 엘리사 그레이(Elisha Gray, 1835~1901)가 동일한 특허출원을 했지만, 세상은 두 시간 빨랐던 벨의 이름만을 기억하게 된다.[16] 벨로선 특허출원을 서둘러야 했던 충분한 이유가 있었던 셈이다.

먼 훗날(1994년) 삼성그룹은 '세계 일류' 광고 시리즈를 내보낼 때 이 에피소드를 광고의 소재로 삼는다. "엘리사 그레이, 그레이엄 벨보다 한 시간 늦게 전화발명에 성공 / 하지만 아무도 2등은 기억하지 않는다 / 세계 일류 삼성의 마지막 선택입니다." 두 시간 늦은 걸 한 시간 늦었다고 말한 건 좀 더 드라마틱한 효과를 위해서였을까?

2007년 말 미국 언론인 세스 슐먼(Seth Shulman)은 『지상 최대의 과학 사기극』이란 책에서 "벨이 그레이의 작동원리를 훔쳤다"고 주장하기도 했다.[17]

전화의 역사 **024**

전화는 발명되었지만 그 쓸모를 인정하는 사람은 많지 않았다. 전화의 발명에 대해 영국의 더 타임스는 "가장 최근에 나온 미국의 허풍"일 뿐이라고 단언했다.[18] 벨도 그런 냉대에 굴복했던 건지 특허를 팔아넘길 생각을 했다. 1876년 가을, 벨의 대리인에게서 전화특허권을 10만 달러에 양도하겠다는 제의를 받은 웨스턴유니온전신회사 사장 윌리엄 오턴은 "아이들 장난감이라면 몰라도, 우리 회사의 사업으로서는 아무래도……"라면서 이를 거절했다.[19]

역설이지만 오턴의 발언은 선견지명(先見之明)이었다. 먼 훗날 전화는 아이들뿐만 아니라 어른들의 장난감으로써도 효용이 가장 커지게 된다. 너무도 중요하고 심각한 장난감이라 거의 종교의 수준에 이르게 되지만 말이다.

전화가 발명된 다음 해인 1877년 토머스 에디슨(Thomas Edison, 1847~1931)은 축음기를 발명했다. 동갑내기인 에디슨과 벨은 라이벌 관계로 서로 사이가 좋지 않았는데, 흥미로운 건 축음기를 발명했을 때 에디슨의 최대 관심사가 전신·전화였다는 사실이다. 그는 축음기를 전신과 전화처럼 정보전달의 용도로 쓰고자 했다. 축음기가 오락용으로 발전해나가자 에디슨은 구술기록기라는 축음기 본래의 가능성을 폄하하는 것이라고 비난하기까지 했다.[20]

전화가 발명되었을 당시는 전신이 절대적 우위를 차지하던 시대였다. 편리함이 부각되면서 급속히 확산될 때에도 전화는 여전히 전신 이미지의 지배를 받고 있었다. 전신 이미지라 함은 오직 정보전달 기능의 관점에서만 전화를 이해했다는 뜻이다. 전화가 잡담을 나누고 친목을 도모하는 사교의 매체가 될 수 있다는 생각은 전혀 하지 못했던

것이다.[21]

그러나 전화의 기능은 점점 정보전달을 넘어서고 있었다. 미국에선 1883년까지 가입자에게 전화번호가 부여되지 않았다. 교환수가 중간에서 송신자와 수신자를 연결해주었던 것이다. 그러자 지역에 있는 모든 계약자의 이름과 주소를 알고 있는 교환수와, 언제나 교환수를 통해야 하는 가입자 간에 친밀한 단골관계가 형성되었다. 가입자의 시시콜콜한 것까지 다 알게 된 교환수는 간단한 상담에 응하는 등 지역 정보네트워크의 핵심적 존재로 부상했다.[22]

그러자 여성교환수에 대한 필요가 점차 높아졌다. 남성교환수는 오랜 시간 묵묵히 앉아서 참을성 있게 일하는 데엔 맞지 않았으며, 그다지 친절하지도 않았기 때문이었다. 이런 이유 등으로 벨 전화회사는 1880년부터 여성교환수를 채용하기 시작했으며, 이 비율은 점점 늘어나 나중에 교환수는 여성의 일이 되었다.[23]

라디오의 원시적 형태를 구현하다

1877년경 미국 신문들은 전화를 신문의 라이벌로 생각했다. 전화가 '확성장치'를 가질 것으로 보았기 때문이다. 그러나 전화는 본질적으론 '확성'과는 거리가 먼 아주 은밀한 형태의 커뮤니케이션매체였다. 이것이 오늘날에도 사람들이 전화도청에 분노하는 이유이다.[24]

물론 '확성장치'를 부착한 전화는 훗날 '라디오'라는 형태로 구현된다. 하지만 이는 30년 뒤에야 본격화될 일일 뿐더러 그걸 가리켜 전화라 부를 수는 없는 노릇이다.

다만 라디오의 원시적인 형태로 전화를 활용하려는 시도는 일찍부터 있었다. 1879년 미국에서는 전화선을 통해 설교가 방송되었고, 1880년 취리히에서 열린 음악회는 전화선을 타고 50마일 떨어진 바젤까지 송신되었다. 1881년 베를린의 오페라와 맨체스터의 현악 4중주가 인근 도시로 송출되었으며, 1884년 벨기에가 그 뒤를 따랐다.[25]

1880년대 말 위스콘신전화회사는 3년에 걸쳐 유명한 리조트인 팜가든에서 열리는 오케스트라 연주를 매일 밤과 일요일 오후에 계약자에게 선물로 제공했다. 이게 큰 인기를 끌자 1889년에는 시카고전화회사도 콜롬비아극장에서 공연되는 희가극을 가입자들에게 무료로 제공했다.[26]

전화로 하는 프로그램 방송을 일상적으로 한 네트워크도 있었다. 당시 오스트리아-헝가리 제국의 수도였던 부다페스트의 텔레폰 힐몬드(Telefon Hirmondo)는 1893년부터 제1차 세계대전까지 20여 년 동안 그런 일을 담당했다. '힐몬드'란 마자르어(헝가리어)로 중세에 마을의 중심에서 마을사람 모두가 들을 수 있도록 새로운 소식을 소리쳐 알리는 역할을 했던 사람을 뜻한다.[27]

에디슨 밑에서 일한 적이 있는 헝가리 과학자 티바달 푸쉬카슈가 시작한 이 사업은 정치·경제 뉴스, 스포츠 뉴스, 강연, 연극, 음악회, 낭독 등의 프로그램을 가입자에게 제공했는데, 1896년 가입자가 6000세대에 이르렀다.[28] 영국에서도 힐몬드보다 1년 늦은 1894년에 일렉트로폰이라는 전화회사가 유사한 서비스를 제공했으며, 미국 등 다른 나라들에서도 비슷한 시도가 이루어졌다.[29]

'거리의 소멸'과 '체험공간의 팽창'

전화는 언론에도 영향을 미치기 시작했다. 1880년 런던타임스는 심야토론의 내용을 다음날 아침판에 보도하는데 필요한 45분을 벌기 위해 하원과 직통 전화를 설치했다. 1887년 2월 12일 보스턴글로브의 한 기자는 최초로 전화를 이용하여 매사추세츠주 샐럼에서 있었던 벨의 연설을 보도했다.[30]

전화가 늘면서 전화를 바로 걸고 받을 수 있는 교환시스템의 필요성이 강력하게 대두되었다. 미국 캔자스시티 장의사 스트로우저(A. B. Strowger, 1839~1902)는 그런 필요성을 절감한 사람 중 하나였다. 그가 살던 지역의 전화교환수는 라이벌 장의사의 부인이었다. 무슨 일이 일어났을까? 그 교환수가 고객을 자기 남편에게 몰아주는 바람에 스트로우저는 손님을 빼앗겨 분통을 터뜨렸고, 급기야 스스로 교환수를 거치지 않는 전화의 자동교환 시스템 연구에 몰두했다. 스트로우저는 1891년 자동교환기 특허획득에 성공함으로써 세계 전화발달사에 이름을 남겼다. 그리고 이렇게 탄생한 자동교환기는 다이얼 방식의 도입을 수반하게 된다.[31]

벨의 특허가 만료된 1894년 이후, 미국 각지에 설립된 전화회사들 사이에 격렬한 고객획득 경쟁이 벌어졌다. 1894년부터 1897년까지 약 6000개의 전화회사가 번성해 전화기의 증가율도 1895년 19퍼센트, 1897년 27퍼센트, 1899년 48퍼센트, 1901년 33퍼센트에 이르렀다. 최대 금융자본인 모건 재벌을 주요 주주로 둔 벨 전화회사는 경쟁사들을 흡수·합병하는 일을 반복했다. 이미 1885년 3월 3일 장거리 네트워크 부문인 AT&T(The American Telephone and Telegraph)를 설립해 전국 수

■ 1892년 뉴욕과 시카고의 전화개통식에서 전화를 하고 있는 벨. 보다 멀리 보다 넓은 지역에 보급되면서 전화는 사람들의 일상이 되어갔다.

준의 통일전화시스템으로 비대해져 있는 상태였다. 벨 전화회사는 1910년, 마침내 최대경쟁자였던 웨스턴유니온을 흡수·합병했다.[32]

이렇게 전국 네트워크체제를 갖춘 전화는 선거 때 빛을 발했다. 전화로 중계하는 선거속보는 1892년 대통령선거 무렵부터 시작되었지만 전국 네트워크로 발전한 건 1896년 이후다. 1896년 대통령선거 당일 AT&T 뉴욕 본사에는 선거결과를 곳곳에 전하기 위해 100명이 넘

는 교환수가 배치되었다. 교환수들은 다양한 방법으로 곳곳에 모인 청중에게 재빨리 선거결과를 전했다.[33]

전화는 기자의 취재범위를 넓히는 동시에 취재시간의 단축을 가져왔다. 이런 변화는 언론사 내부조직에도 영향을 미쳐 기자들의 역할분화를 초래했다. 뉴스를 취재해 전화로 편집실에 송고하는 취재기자와 신문사 내에서 편집만 담당하는 편집기자로 나뉘게 된 것이다.[34] 이제 취재는 점점 기계적 작업의 성격을 띠게 되었으며, 이는 출입처(beat)제도의 도입으로 인해 더욱 가속화되었다.[35]

전화는 '거리의 소멸'과 '체험공간의 팽창'을 가져왔다. 1905년 미국의 한 신문기사는 "시골에도 전화가 놓이면서 범죄가 발각되자마자 모든 탈출구를 봉쇄할 수 있게 되었다. 이제 닭 도둑질은 잊힌 유물이 되었다"고 썼다.[36] 또 1913년 미국의 한 비평가는 "전화는 뇌의 구조를 변화시킨다. 인간은 이제 더 멀리 있는 일까지 경험하고 더 넓은 규모로 생각하면서, 더 고상하고 더 폭넓은 동기에 의해 살아갈 충분한 자격을 갖게 되었다"고 썼다.[37]

1920년 텔레타이프의 등장은 그런 변화를 촉진시키는 동시에 언론의 비약적인 발전을 가져왔다. 이제 속도가 느린 모스식 부호 대신 분당 100단어의 속도로 전 세계에 뉴스를 동시에 전달할 수 있게 되었기 때문이다. 1924년에는 처음으로 사진을 전송했고 그로부터 10년 뒤에는 AP통신에서 최초로 전송사진 서비스를 하게 되었다.[38]

전화의 사교매체화

20세기 들어서도 한동안 전화는 여전히 정보전달 매체로만 인식되었다. 1910년 미국에서 '크리스마스의 전화'를 주제로 한 광고가 등장했을 때에도, 이 광고가 전하려고 한 것은 크리스마스 준비를 전화로 끝낼 수 있다는 것이지 크리스마스 인사 자체를 전화로 대신하자는 건 아니었다. 1920년대까지도 잡담은 전화의 본래의 이용법에서 벗어난 것으로 생각되었다.[39]

물론 전화를 잡담용으로 쓰는 사람들은 있었다. 1909년 시애틀전화국의 가정용 통화조사 결과 약 30퍼센트가 '하잘 것 없는 가십'인 것으로 드러났다.

전화사업을 발전시킨 경영자나 기술자들은 모두 전신사업에 종사했던 사람들로, 이들은 전화의 쓸데없는 사용을 줄이려고 고심한 나머지 통화시간을 제한하는 법을 쓰기까지 했다.[40] 하지만 저명한 음성학자 집안 출신인 벨의 생각은 달랐다. 그는 이미 1878년에 "사람들이 사소한 가십에 대해 가벼운 마음으로 전화로 잡담을 나눌 수 있게 되면 누구라도 전화를 가지려고 할 것이고, 우리 주머니에는 돈이 왕창 굴러 들어올 것"이라고 말했다.[41]

전화회사들이 전화를 사교성 매체로 광고하기 시작한 건 1920년대 이후였다. 1923년 벨 전화회사 광고는 "사우스웨스턴 벨 전화회사는 거리보다도 속도보다도 정확함보다도 더욱 중요한 것을 팔기로 결정했습니다"라면서 다음과 같이 말했다.

"전화는 우리를 거의 실제로 대면한 것 같이 만들어줍니다. 이것은 실제로 만나는 것 다음으로 훌륭한 방식입니다. 그러므로 이 광고가 기본적으로 지향하는 것은 우리 회사 계약자 여러분의 목소리를 그 진가에 어울리도록 파는 것입니다. 다시 말해 여러분이 '당신의 목소리는 당신 자신이라는 것'을 알아주었으면 합니다 …… 멀리 있는 친구나 친척생각이 난다면 언제든지 전화가 있다는 것을 생각해주셨으면 합니다."[42]

1920년대 미국 AT&T는 가정용 전화시장 공략에 나서면서 전화의 '안도감'을 부각시켰다. "캄캄한 밤, 소리를 죽이며 내게로 다가오는 인기척을 느꼈다 …… 누군가 자물쇠를 만지작거렸다 …… 내 방 창문 너머로 그림자 하나가 어른거리는 게 보였다 …… 나는 침대머리에서 뭔가를 집어 들었다 …… 그것은 권총이 아니라 전화기였다."[43]

전화를 사교매체로 판촉하는 건 1920년대 후반부터 본격화되었다. 이처럼 사업자들의 인식이 바뀐 배경에는 이 시대에 대중소비재로서 자동차나 가전제품이 전화를 훨씬 능가하는 속도로 보급되자 초조해진 전화사업자들의 사정이 놓여 있었던 게 아니냐는 해석이 있다.[44]

전화의 개념을 바꾸기 위한, 즉 소비자의 욕망을 자극하기 위한 각종 이미지 마케팅도 도입되었다. 전화수화기의 디자인과 컬러에 신경을 쓴 것도 그런 전략의 일환이었다. 이는 전화가 남성중심 미디어에서 여성중심 미디어로 이동해가는 것에 부응하는 것이기도 했다. 아니 전화회사가 여성의 전화이용을 늘리기 위해 적극 애를 썼다고 보는 게 옳으리라.[45]

1920년대의 미국 여성 중 상당수가 전화에 푹 빠져 지냈다. 1911년생인 한 남성의 어린 시절 기억에 따르면, "어머니는 피아노의자에 앉아 몇 시간이나 전화를 했습니다. 그러면 아버지가 말합니다. '전화

끊고 그 사람들 집으로 가! 저 역시 그러는 편이 훨씬 시간을 절약했을 거라고 생각합니다. 도대체 그렇게 오랫동안 전화를 하다니 믿을 수 없는 일이었습니다."[46]

이와 관련, 요시미 순야(吉見俊哉)는 "전화로 나누는 잡담은 결코 현실의 만남으로 대체할 수 있는 것이 아니었다"며 "남자들에게 술집이나 집회장이 특별한 곳인 것과 마찬가지로 여성에게 전화는 이미 젠더화된 독백의 커뮤니케이션 공간이었다"고 분석했다.[47]

전화와 국가별 문화적 차이

전화는 남녀 차이뿐만 아니라 국가별 문화적 차이도 드러나게 만들었다. 스티븐 컨(Stephen Kern)에 따르면, "프랑스인들은 처음엔 전화에 대해 반신반의해서 1898년의 전화 대수는 겨우 3만1600대였다. 좀 더 모험심이 강한 영국인들은 정부가 전화시스템을 통제하게 된 1912년에 이미 60만 대를 사용하고 있었다. 독일의 성장속도는 더욱 거셌다. 1891년 7만1000대에서 전쟁 전에 이미 130만 대를 돌파했다. 한 보고서에 따르면 1913년에 독일에서는 통화수가 25억 회를 웃돌았다고 한다. 가장 열광적으로 전화를 받아들인 곳은 미국으로, 1914년에 1000만대를 사용하고 있었다."[48]

전화에 가장 열광한 미국에선 1920년경까지 중산계급의 대부분이 가정에 전화를 두었다. 1939년엔 인구 100명당 전화기 수가 24.66대로 1세대당 1대 가까이 보급되었다.[49]

프랑스의 전화보급이 지지부진한 최대 이유는 전화의 쌍방향성이

프랑스 대부분 지방의 닫힌 사회적 권력구조에 적합하지 않았기 때문이다. 지역적 권력구조가 수평적 커뮤니케이션을 원치 않은 것이다.[50] 실제로 프랑스는 오늘날까지도 권한을 집중시키고 활동을 구조화하는 피라미드형 조직문화를 갖고 있다.[51]

일본의 전화발달은 서구와는 달리 좀 독특한 양상을 띠었다. 미국의 벨이 전화 특허출원을 한 다음 해인 1877년 일본에도 전화가 도입되었지만, 전신의 급속한 발달이 오히려 전화의 발전을 늦추었다. 일본에서 전화는 근대적인 관료조직을 위한 도구에 불과했기에, 그런 기능이라면 전신만으로 충분하다고 보았던 탓이다.[52]

일본은 1869년 요코하마와 도쿄 사이에 전신망 건설을 시작으로 1881년에 전국망을 완성했다. 일본이 전국 전신망 건설에 집착한 이유에 대해 요시미 순야는 다음과 같이 말한다.

"도쿄를 중추로 하는 전국적 전신시스템은 한편으로 먼 곳에서 일어날지도 모르는 반란에 대해 정부가 신속하게 군사행동을 펼 수 있게 하고, 다른 한편으로는 전국 각지를 순행하는 천황일행과 도쿄정부가 은밀히 연락하고, 천황이나 정부수뇌가 도쿄를 장기간 비워둘 때의 위험성을 줄인 것이다. 전신은 도쿄의 메이지정부가 지방을 더욱 강고하게 지배하기 위한 전략적 장치였다. 따라서 전신망이 본격 건설되기 시작하는 1870년대 전반, 이 새로운 미디어에 따라다니는 기괴한 소문이 각지에서 생겨나고, 지방 민중들이 자주 건설작업을 방해하려고 했다는 사실은 무척 중요하다."[53]

일본 전화는 '규율훈련용 미디어'

기괴한 소문과 방해는 어느 정도였을까? 1872년 4월 신문잡지는 "전선은 미혼여성의 생피를 발라 사용하기 때문에 곧 집 입구에 쓰인 호수(號數) 번호순서대로 처녀를 잡아갈 것"이라는 등의 풍문이 끊이지 않아 "갑자기 처녀에게 (기혼여성처럼) 이를 물들이게 하고 눈썹을 밀어버리게 하는 자가 있으며, 전신, 전봇대, 전선 등을 훼손하는 무리들이 있다"고 썼다. 돌을 던져 전신을 불통케 하는 건 다반사였고, 전신국을 습격하는 등의 폭동까지 여러 차례 발생했다. 이에 대해 요시미 순야는 다음과 같이 말한다.

"이 사건들은 근대과학의 신기함에 놀란, 미신을 믿는 사람들이 할 수 있는 행동은 아니었다. 오히려 사람들은 명민하게 철도나 전신 등 새롭게 들어온 테크놀로지의 정치적 함의를 읽어냈고 그런 기술에 매개된 국가의 전략에, 자신들이 집합적 기억 속에서 배양해온 구전(口傳)의 상상력이나 게릴라전 같은 폭력으로 대항하려고 했다."[54]

얼마 후 조선에서도 똑같은 일이 벌어지게 된다.

일본은 전신에 치중하면서 1880년대부터 경찰, 관청, 감옥, 광산 등의 전화시스템만 발달시켰다. 일본에서 전화는 "국가가 국민의 신체를 감시하고 관리하기 위한 규율훈련용 미디어"로 출발한 것이다.[55] 일반용 전화는 1890년부터 추진되었다.

전화의 등장은 사람들에게 거리·공간의 붕괴에 대한 공포와 혼란을 몰고 왔다. 어느 나라에서건 그걸 말해주는 일화들이 있기 마련이다. 일본의 경우를 보자. 1890년 일본 정부가 일반가입자를 모집하기 위한 선전으로 전화 공개실험을 했을 때다. 참석자 중 한 명은 "그렇게까지 민첩하게 또한 명석하게 통화를 매개하는 것이라면, 콜레라 균도 매개·전파할 것이다. 무서운 것이니 가입하지 말아야 할 것이다"라고 말했다고 한다. 이런 유의 소문은 순식간에 퍼져 신청자는 23명에 불과했다.[56] 또 전화교환이 시작되기 한 달 전 요미우리신문엔 이런 기사가 실렸다.

"미국에서는 단순히 쌍방의 말을 송견(送遺)하는 것에 그치지 않고, 각각 그 기계 옆에 거울을 걸어두고 이야기를 할 때는 상대 얼굴을 선명하게 비춘다고 하는 엄청난 신발명이 있다고 한다."[57]

초기의 혼란과 공포를 겪으면서도 일본 전화는 꾸준히 발전했다. 일본의 전화가입자 수는 1907년 6만 명, 1909년 10만 명, 1911년 20만 명, 1922년 40만 명, 1927년 60만 명, 1934년 80만 명을 돌파했다.[58]

한국의 전신·전화는 개화기시절엔 일본의 영향을 크게 받았으며, 일제강점 이후엔 일본 통신시스템의 하부구조로 편입되었다. 개화기시절의 전신·전화발달사부터 살펴보기로 하자.

제2장

개화기

전화를 향해
큰절을 네 번하다

전
화
의
역
사

1884년 우정국 설립

오랜 세월 굳게 문을 걸어 잠그고 살아온 조선은 1876년 2월 27일 강요당한 일본과의 강화도조약에 따라 개항을 하면서 근대적인 서양 문물을 수입하게 되었다. 1876년 부산을 시작으로 1879년 원산, 1880년 인천이 개항했다. 1897년에는 목포, 진남포가 새로이 개항되고, 1898년에는 평양, 1899년에는 성진, 군산, 마산의 개항이 이루어진다 (1906년 용암포, 1908년 청진, 1910년 신의주 개항).

강화도조약으로 인해 조선은 기존의 척양(斥洋)정책을 계속 추진할 수 없게 되었으며, 청(淸)도 일본의 진출을 막기 위해 조선 정부에게

서양의 여러 나라와 통상조약을 맺을 것을 권고했다. 그리하여 조선은 1882년 5월 제물포에서 미국과 수호통상조약을 체결했다. 이어 영국(1883년 11월), 독일(1883년 11월), 이탈리아(1884년 6월), 러시아(1884년 7월), 프랑스(1886년 6월) 등의 나라들에게 문호를 개방했으며, 오스트리아(1892년 6월), 벨기에(1902년 3월), 덴마크(1902년 7월) 등과도 잇달아 조약을 맺었다.

그 와중에 근대적 우편시스템이 도입되었다. 1882년 12월 5일 통리교섭통상사무아문에 우정사가 소속돼 우편 등을 취급했고, 1884년 4월 22일(음력 3월 27일) 우정총국이 설립돼 홍영식이 총관에 임명되었다.(현재 우정국 설립일인 4월 22일을 '정보통신의 날'로 기념하고 있다.) 1840년 영국이 세계에서 가장 먼저 우편제도를 시작했으니, 그로부터 40여 년만이었다. 우정총국 설립 이후 종로, 교동, 남대문, 동대문 등 서울시 10군데에 국내 1호 우체통이 마련됐는데, 당시 우체통은 사각형의 나무통이었다.[1]

또 조선은 1883년 1월 일본의 주선과 덴마크 대북부전신회사(The Great Northern Telegraph Company Ltd.)의 청원으로 '부산 구설 해저전선 조관'을 맺었다. 조선 사회에 전신매체가 최초로 도입된 것은 덴마크의 대북부전신회사가 일본 나가사키와 부산 간에 해저전선을 가설하여 전신업무를 개설한 1884년 3월이었다.[2] 이 해저전선은 "우리나라에 설치된 최초의 전신시설이었으나 일본이 정치·경제적으로 진출할 목적으로 만들었던 것이어서 우리에게는 이용가치가 거의 없었다."[3]

1885년 경인 전신업무 개시

1884년 12월 4일에 일어난 갑신정변의 실패는 우편제도와 신문뿐 아니라 전신매체의 도입에도 부정적인 영향을 미쳤다. 당시 전신기를 구입하기 위해 미국에 주문했으나 갑신정변의 실패와 함께 모든 게 다 무산되었기 때문이다.[4]

1885년 4월 톈진조약에 따라 청·일 군대가 공동철수하자 조선은 군사상 힘의 공백상태로 남게 되었다. 청이 그 보완책으로 생각한 게 인천-서울-평양-의주에 이르는 서로전선(西路電線) 가설이다.[5] 이 군사전선은 유사시 북양함대의 육군수송과 압록강변에서의 육군 즉각 투입을 가능케 하겠다는 계산이었다. 비록 청일전쟁이 터지자마자 일본에 압도당해버리지만 말이다.[6]

1885년 7월 중순경 시작하여 11월 19일(음력 10월 13일)에 완공된 서로전선의 주체는 조선이 아니라 청의 전신국이었다. 1885년 6월에 청과 '의주전선합동'을 체결한 조선 정부가 한 일은 인천-서울-평양-의주에 이르는 1060리(420여 킬로미터) 대공사에 연변의 조선 농민들을 무상(또는 거의 무상)으로 강제동원하고, 전봇대 때문에 전선이 지나가는 근처 산판이 벌겋게 드러나도록 남벌하는 것이었다. 청은 전선이 완공된 이후에도 전선유지비를 수탈했고, 전선기능이 마비되었을 때 수리 또는 복구노동에 인력을 강제동원했다. 청국 관리와 순찰병의 착취횡포도 극심했다. 오죽하면 갑오농민전쟁 때 농민들은 "전보국이 민간에게 제일 폐가되기 때문에 없애버리자"고 외쳤겠는가.[7]

서로전선 건설 와중인 1885년 9월 28일(음력 8월 20일) 조선 정부는 한성전보총국을 설치해 10월 3일(음력 8월 25일)부터 경인간 전신업무

■ 한성전보총국 사무실. 1885년 서울과 청나라를 연결하는 서로전선이 가설되자 조선 정부는 한성전보총국을 설치해 서울-인천 간 전신업무를 개시했다.

를 개시했다. 우리나라 최초의 전신도입이었다.(그래서 9월 28일을 우리나라의 전신개통일로 삼고 있다.) 또한 서로전선 건설 이후 정부는 일본의 요구로 서울과 부산 사이의 전선을 건설하기로 결정하고 1887년 3월 13일 한성전보총국과는 별도로 조선전보총국을 창설했다. 이 서울-부산 간 남로전선은 여러 가지 사정으로 공사가 늦어져 1888년 6월 1일부터 개통되었다.[8]

남로전선은 자주권 회복 차원에서 조선 정부 스스로 인천에 와 있던 독일 회사 세창양행의 차관을 도입해 건설한 것이며, 이때 축적한 기술이 3년 후 북로전선 가설을 가능케 했다는 주장도 있다.[9]

남로전선 건설을 계기로 국문 전신부호도 마련되었다. 한글을 모스부호화 하는 작업은 1884년경 김학우(1862~1894)에 의해 이루어졌으나, 최초의 '전보장정(電報章程)'이 제정·반포된 건 그로부터 4년 후인 1888년 5월 27일이었다. 이때에는 통신두절이 빈번했고 정확성과 신속성 역시 많이 떨어졌으며, 전보에 대한 세간의 오해도 많았다. "전보를 통해 전염병이 나돌고, 가뭄이 든다"거나 "청나라 군인들이 전보내용을 바꾼다"는 식이었다.[10]

1887년 건청궁을 밝힌 100촉짜리 전구

최초로 전기가 조선에 들어온 것도 이즈음이었다. 최한기는 1866년에 쓴 『신기천험』에서 전기의 존재를 최초로 알렸지만, 그걸 읽은 사람이 얼마나 될 것이며 읽었다 한들 그게 무엇인지 짐작이나 할 수 있었으랴. 전기는 1880년대에 들어서야 세인의 입에 오르내리게 되었다.

1883년 미국에 파견된 '보빙사절단'은 발전소와 전신국을 방문하면서 전기의 위력에 감탄했으며, 에디슨 전기회사로 찾아가 전기등에 대한 주문상담을 벌이기도 했다. 그들은 귀국 후 고종(高宗, 1852~1919)에게 전기에 대해 보고를 하고 궁궐에 전등설치 허가를 받아냈다. 에디슨사에 전등설비 도입을 발주했으나, 이 전등사업은 갑신정변으로 중단되었다.[11]

1887년 4월, 경복궁 건청궁(왕의 침전)에 처음으로 100촉짜리 전구 두 개가 점등되었다. 이는 경복궁 전체에 750개의 16촉짜리 전등을 설치하고 이에 필요한 발전설비를 갖추는 사업의 일환이었다. 한 상궁은 점등식의 경험을 기록으로 남겨두었다.

"향원정의 취향교와 우물 사이의 중간 연못에 양식건물이 세워지고 건물 안에는 여러 가지 기계가 설치되었다. 그 공사는 서양인이 감독했다. 궁내의 큰 마루와 뜰에 등룡(燈龍)같은 것이 설치되어 서양인이 기계를 움직이자 연못의 물을 빨아올려 물이 끓는 소리와 우렛소리와 같은 시끄러운 소리가 났다. 그리고 얼마 있지 않아 궁전 내의 가지 모양의 유리는 휘황한 불빛이 대낮같이 점화되어 모두가 놀라움을 금치 못했다. 밖의 궁궐에 있는 궁인들이 이 전등을 구경하기 위해 어떤 핑계를 만들어서든 내전 안으로 몰려들었다."[12]

그러나 이 상궁의 묘사보다는 아무래도 김인숙의 글이 더 실감이 난다.

"수많은 대신들이 모여 잠시 후에 벌어질 '천지개벽'의 순간을 숨죽여 기다리고 있다. 곧, 향원정 연못의 한가운데에서 물 끓는 소리가 들리기 시작하더니 천지를 진동하는 우렛소리 같은 게 울리고, 믿을 수 없게도 깊은 봄밤이 눈부신 대낮으로 밝았다. 입을 벌린 채 허공을 바라보는 대신들의 모습 위로 더 이상은 어둠 속에 몸을 감출 수가 없게 된 봄꽃들이 축제의 한순간처럼 꽃잎을 흔든다. 향원정 연못의 물이 증기로 변한 후 놀랍게도 한밤중의 빛으로 솟아난 이 조선 최초의 전등점화 순간은, 경복궁의 밤을 밝힐 뿐만이 아니라 조선 반도에 깃든 어둠마저 순식간에 깨어나게 할 듯했다. 그러나 이 놀라운 빛이 어디로부터 건너와, 무엇을 밝히고 있는 것인지 알 수 있는 사람은 많지 않았다. 최첨단의 전등이 밝혀졌어도 난세는 여전히 그늘 속에 있었다. 그리고 그러한 사회의 청년들이란, 시대를 비껴 걷는 방법을 알지 못한다. 그들은 시대의 정중앙을 걷는다. 벼랑에 서 있는 나라의 모든 것이 그들의 어깨에 옮겨져 있었으나, 난세의 무게보다 더욱 무거운 것은 그들이 담당해야 할 미래의 무게였다."[13]

물불, 묘화, 덜덜불, 건달불

전기불빛은 궁 밖으로 새나가기 마련이었으니, 궁 밖의 백성인들 어찌 놀라지 않을 수 있었으랴. 그들은 궁중의 담벼락 근처로 몰려들었다. 유길준(1856~1914)이 1883년 미국 뉴욕의 에디슨 전기회사를 관람하고 나서 "우리는 인간의 힘으로써가 아니라 마귀의 힘으로 불이 켜진다고 생각했다"고 토로했듯이, 전깃불을 본 사람들은 모두 충격으로 할 말을 잃었다.[14]

미국 에디슨 전기회사는 향원정 연못의 물을 끌어올려 발전기를 돌렸다. 그래서 사람들은 물을 먹고 켜진 불이라 하여 '물불'이라고도 하고 '묘화(妙火)'라고도 불렀다.[15] 발전기 소리가 어찌나 시끄러웠던지 '덜덜불'이라고도 했다. 이 수력발전의 전등은 제멋대로 켜졌다 꺼졌다 한 탓으로 '건달불'이라는 별명도 얻었다. 고종황제와 명성황후는 이 '건달불'을 밤새도록 켜놓고 광대들을 불러다가 놀이를 벌였는데 이것을 '아리랑타령'이라고 불렀다. 연못의 물이 수력발전으로 뜨거워진 탓으로 물고기들이 떼죽음을 당하는 바람에 '증어망국(蒸魚亡國)'이라는 비난이 일자 전등켜기는 한동안 중단되었다.[16]

1990년 한국전력이 발간한 『전기 100년사』에 따르면, 1887년 경복궁에 설치됐던 발전설비는 당시 동양에서 가장 우수했던 시설이었으며 16촉광의 백열등 750개를 점등할 수 있었다. 또 전등설비는 미국의 에디슨 전기회사에서 제작한 것으로 도입가격은 당시 가격으로 2만 4500달러라는 사실이 밝혀졌다.

또 전등발명자인 에디슨이 1884년 당시 뉴욕주재 조선 명예총영사 역할을 하고 있었던 프레이저를 통해 조선에서의 전등과 전화사업 독점권을 신청했다는 기록도 처음 발견됐다. 제2전등소의 설치·운영도 새로 밝혀졌다. 경복궁 발전설비가 노후화함에 따라 1894년 5월 30일 구 국립중앙박물관 자리에 제2전등소를 설치, 창덕궁 등에도 전기를 공급했다는 것이다. 이때 설치한 설비는 16촉광의 백열등 2000개를 점등할 수 있는 것으로 경복궁 설비보다 용량이 컸으며 도입가격도 4만7000달러였다고 한다.[17]

1891년 북로전선 개설

한반도가 열강들의 이권사냥터가 돼가고 있는 가운데, 전신의 발달은 계속 이루어졌다. 남로전선이 가설된 지 3년 후인 1891년 6월엔 한성에서 원산에 이르는 북로전선이 개설되었다. 북로전선은 청과 일본의 요구로 만든 서로·남로전선과 달리 조선 정부가 외세를 배제하려는 의도에서 자체자본과 기술로 시공한 것이다.[18]

학계에는 이 전선들의 주체를 둘러싸고 여러 견해가 있다. 진용옥은 1885년부터 1891년까지 6년에 거쳐 건설된 서로·남로·북로 등 3로 전신선에 대해서는 여러 가지 평가와 시각이 있다며 다음과 같이 주장한다.

"첫 번째 시각은 식민지적 자기비하적 발상이다. 전신뿐 아니라 일제강점기 이전에 들어온 신문물은 우리 스스로 노력하여 도입된 것이 아니라 일제에 의해 시작되었거나 적어도 일본을 통해서만 유입되었다고 믿는 것이다 …… 두 번째 시각은 신문물의 전래를 전적으로 외세침략이나 이권쟁탈의 한 결과로만 보려는 지나친 사대적 시각이다."[19]

진용옥은 "물론 청·일·러 3국이 한반도에서 각축했을 때 3로 전신이 가설되었으므로 이들 국가의 국익과 연결되었다는 사실을 완전히 배제할 수는 없다"면서도 "전신가설은 우리들의 내재적 노력이 주도적으로 작용했다는 사실이 점차 명백하게 밝혀지고 있다"고 주장했다.[20]

반면 김인숙은 "조선 최초의 근대우편제도가 설립되고, 병기제조 장인 기기창이 세워지고, 전선이 조선의 구석구석으로 뻗어가며 뒤처진 근대의 길을 빠르게 쫓아간다. 하지만 국제우편을 가능하게 함으로써 세계화를 앞당길 수도 있었던 해저전선과, 서로·북로전선은 일본과 청나라의 보다 본격적인 침탈의 도구가 되었다. 문명은 근대화를 앞당겼지만, 무너져가는 나라 조선을 더 빠르게 근대적 식민지로 몰아가기도 했다. 난세란 그런 것이었다"고 했다.[21]

민중의 전신시설 파괴

1893년 9월 전신과 우신을 합치면서 전보총국을 전우총국(電郵總局)으로 개편해 우편사업 재개를 위한 준비가 이루어졌다. 그러나 바로 다음 해 청일전쟁이 발발하면서 모든 게 수포로 돌아가고 말았다.[22]

앞서 지적한 바와 같이, 전신매체의 도입은 그렇잖아도 탐관오리들의 학정에 시달리던 백성들의 부담을 가중시켰다. 그래서 갑오농민전쟁의 과정에서 제기된 '폐정개혁안'에는 "전보(국)는 백성들에게 많은 폐를 끼치고 있으니 이를 폐지해주기 바란다"는 내용이 들어갔다.[23]

　게다가 일본은 청일전쟁을 치르면서 조선의 통신망을 장악하려는 시도를 하여 민심을 더욱 악화시켰다. 일본군은 1894년 서울에 침입하면서 조선 정부의 반대에 아랑곳하지 않고 7월 12일 경인간 군용전신선, 8월 16일 경부간 전신선을 개통시켰으며, 조선의 기존 전신시설 또한 점령하여 전쟁에 이용했다.[24]

　이런 일도 있었다. 1894년 평안도 관찰사가 기독교신자 한석진과 최창식을 체포해 사형시키려고 했다. 이 사실이 당시에 막 개통된 전보를 이용해 서울에 있는 미국 선교사 언더우드(Horace Grant Underword, 1859~1916)에게 전달되었다. 언더우드는 고종에게 탄원했고, 그들은 사형을 면할 수 있었다.[25]

　일반적으론 전신에 대한 백성들의 기존의 부정적인 인식은 더욱 깊어져 전신시설을 파괴하는 일이 자주 발생했다. 1894년 9월엔 황해도 관찰사가 전선을 단절한 사람의 목을 베어 백성들에게 경종을 울리는 일까지 벌어졌지만, 전신에 대한 부정적인 인식과 그에 따른 파괴행위는 후일 의병활동에까지 이어졌다.[26] 또한 전신으로 인해 직접적인 손해를 보는 객주(客主)와 보부상들도 강한 반감을 갖고 있었기에 이들도 전신에 강하게 저항했다.[27]

전신이 독립신문에 미친 영향

갑신정변으로 인해 좌절된 우편업무가 재개된 건 그로부터 10여 년이 지난 1895년이었다. 6월 1일부터 우체사(郵遞司)를 두어 한성-인천 간 우편업무가 재개되었으며, 8월엔 개성과 수원에 우체사가 개설되었고, 1896년 6월까지 전국을 연결하는 기간선로가 대략 완비되었다.[28]

이사벨라 비숍(Isabella Bishop, 1831~1904)은 『한국과 그 이웃나라들』이라는 견문록에서 1895년 명성황후 시해사건을 언급하며 당시의 전신상황에 대해 다음과 같이 말했다.

"우편사무가 개시되어 그 업무가 만족할 만하게 돌아가게 될 즈음, 나는 북부지방 여행을 위하여 11월 7일 서울을 떠났다. 평양에 도착할 무렵에는 이 중대한 쿠데타가 외국 대사들의 면전에서 성공적으로 수행되었다는 소식을 알리는 전보 한 장쯤은 받아볼 수 있겠구나라고 생각할 정도로 전보업무는 원활하게 이루어지고 있었다."[29]

1896년 4월 7일에 창간된 독립신문은 중국 상하이에 있는 영국 로이터통신 극동지국과 계약을 체결해 1897년 3월부터 1년 4개월간 전신을 통해 외신을 공급했다. 창간호의 경우 외국 뉴스 보도량은 전체 지면의 5퍼센트 정도였는데, 로이터통신과 계약을 맺은 1897년 3월부터는 외국 뉴스의 비율이 전체지면의 10퍼센트 이상이 되었다. 독립신문은 당시 서울에 주재한 각국 공사관 등에도 로이터기사를 판매함으로써 통신사 기능의 일부를 수행했다.[30]

독립신문이 전신의 혜택을 톡톡히 누리게 됨에 따라 신문편집에도 변화가 일어났다. 조맹기는 "전신은 기술의 속성상 '사실' 외에 의

견기사를 송고할 수 없는 단점을 지녔다"며 다음과 같이 말했다.

"독립신문은 1897년 3월 25일 '론셜(논설)' 대신 '외국 통신'으로 지면을 채웠다. '외국 통신'은 다른 '론셜'에 비해 사실이 많이 나열되어 문장이 건조했다. 전신은 당시 기술적 난점뿐만 아니라 가격이 비싸고 긴 기사의 송고는 많은 시간이 소요되는 단점을 가지고 있었다. 이런 전신의 기술적 속성 때문에 역삼각형 형태의 사건기사가 발달하게 되었다."

이어 조맹기는 "전신은 '사실정보에 기초한 질서'를 형성토록 했다. 사실은 또 다른 사실을 요구한다. 마찬가지로 독립신문은 사실의 연계에 바탕을 두고, 사회유기체적 정보지를 표방했다"며 "독립신문은 (이전에 창간된) 한성순보, 한성주보와는 다른 환경에서 사실이 중심이 된 '사실의 질서'를 형성할 수 있었다"고 주장했다.[31]

그러나 일반민중의 전신·우편에 대한 저항은 여전히 계속되었다. 독립신문 1897년 7월 3일자에 "벙거지꾼(우편배달부)이 양반집 사랑방곬(사랑방골) 규방에까지 들어가 우편물을 전달하려다 봉변을 당했다"는 사건기사가 실려 있는 것으로 미루어, 신식 통신제도의 도입 과정이 생각보다는 수월치 않았다는 걸 알 수 있다.[32]

새로운 기술과 문물의 도입에 대한 저항이 강했던 건 조선인들의 보수성이나 배타성 때문은 아니었다. 당시 우편은 일제의 것이라는 의식이 강했다. 조정래는 『아리랑』에서 "일본이 우체국을 장악한 것은 곧 반도 땅 전체가 그들의 손아귀에 잡혀버린 것을 뜻했다. 우체국을 통해 전국의 정보가 샅샅이 한성으로 집결되었던 것이다. 우체국이 파발마보다 편리한 신식 제도인줄만 알았지, 그럼 음흉한 조직인 줄은

까맣게 모른 채 황제와 정부는 또 경부철도부설권까지 일본의 손에 넘겨주었던 것이다"라고 개탄했다.[33]

먼 훗날의 역사가 말해주듯이, 한국인은 새것이라면 사족을 못 쓸 정도로 세계에서 가장 개방적이고 진취적인 면을 드러내게 된다. 개화기시절의 저항은 새로운 기술과 문물의 도입이 늘 외세의 침탈과 더불어 이루어졌기 때문에 일어난 것이었다. 조선 스스로 그런 도입의 주체가 될 수 있게끔 조금만 더 일찍 눈을 뜨고 실천에 옮겼더라면 하는 아쉬움을 갖게 되는 이유가 바로 여기에 있다.

1896년 전화 덕분에 목숨을 건진 김구

전화가 조선에 들어온 것은 1890년대 후반이었다.(전화기 실물은 1882년 3월 청나라에 영선사 일행으로 다녀온 김윤식과 천진 남국전기창에서 전기원리를 학습한 유학생 상운이 들여왔다.)[34] 기록상 한국 최초의 전화개통은 1896년 10월 2일 궁중과 인천 간에 이루어졌다. 전화가설 시초에 한성-인천 간의 시외전화가 먼저 개통된 것은 해관(海關)수입이 국가재정상에 차지하는 비중을 반영한 것이라는 주장이 있다.[35]

그런데 1890년 말에 조선을 방문한 영국인 아놀드 새비지-랜도어(Arnold Savage-Landore, 1865~1924)는 자신의 기행문에 전화에 관한 이야기를 남겨놓았다. '믿거나말거나' 식 이야기다. 그는 자신이 서울을 방문하기 몇 달 전에 한 외국인이 전화가설에 대한 주문을 간청하기 위해 왕을 방문했다며, 다음과 같이 주장했다.

"이 신기한 발명품에 대한 이야기를 듣고 매우 놀라면서도 한편

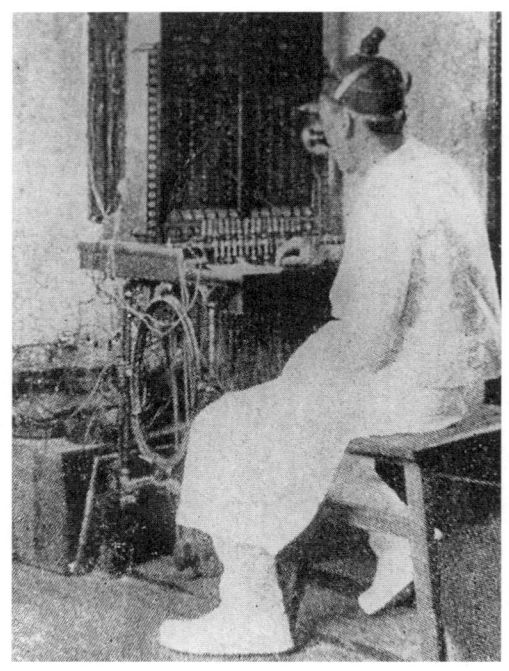
■ 전화도입 초창기의 남자교환수

으로 흡족해진 왕은 거대한 비용을 들여 왕궁에서 몇 마일 떨어진 왕후의 무덤과 왕궁 간에 전화를 가설하기 시작했다! 임금과 그의 신하들은 전화 끝에서 나는 소리를 듣기 위해 하루에 몇 시간씩 소비했고 혹시나 왕후가 영원한 잠에서 깨어날 경우를 대비해 야경꾼으로 하여금 밤새 지키게 했지만, 말할 필요도 없이 어떠한 기별이나 음성은 물론 심지어 속삭임조차 들리지 않았다. 결과적으로 조선의 임금은 전화를 사기꾼이라고 저주하게 되었다."[36]

유럽인의 아시아에 대한 전형적인 과장이 뒤섞인 주장인 것 같다. 김학준에 따르면, "전화가설권을 일본에 빼앗긴 청나라는 고종에게

전화의 역사 **052**

대비의 능에 전화를 가설해 문상토록 하는 기발한 아이디어를 제공했다. 말하자면 전화문상이라는 건데, 고종이 서거한 후 순종도 전화문상을 한 것으로 전해진다. 능참봉이 전화기를 봉분 앞에 대면 왕과 신하들이 전화기에 대고 곡을 하는 식이었다. 이는 고종의 죽음이 부각돼 독립운동의 기폭제가 되는 것을 두려워한 일본의 의도가 반영된 것으로 보인다."[37]

어찌됐건 1896년 10월 2일 궁중과 인천 간에 전화가 개통된지 한 달여, 전화 덕분에 목숨을 건진 이가 있었으니 그 행운의 주인공이 바로 김구(1876~1949)다. 1896년 명성황후 시해에 대한 보복으로 일본인을 살해하여 일제 통감부하 인천형무소에 수감되었던 김구가 교수대로 끌려나갈 시간이 되었다. 그런데 바로 그 순간 고종의 사형집행 정지명령이 떨어졌다. 도대체 어떻게 된 일일까?

"사형은 형식적으로라도 임금의 재가를 받아 집행하는 법이므로, 법부대신이 사형수 한 사람 한 사람의 심문서를 가지고 조회에 들어가서 상감의 친감(親監)을 거친다고 한다. 그런데 그때 입시(入侍)했던 승지(承旨) 중 한 사람이 각 죄수의 심문서를 뒤적이며 보던 중, '국모보수(國母報讐)' 넉 자가 눈에 띄므로 이상하게 여기고, 이미 재가(裁可) 수속을 끝낸 안건을 다시 꺼내 임금께 보여드렸다. 그 내용을 보신 대군주께서는 즉시 어전회의를 여셨고, 의결한 결과 국제관계와 관련된 일이니 아직 생명이나 살리고 보자 하여 전화로 친칙하셨다 한다. 여하튼 대군주께서 친히 전화하신 것만은 사실이었다."[38]

전화를 향해 큰절을 네 번 하다

1897년엔 고종황제 침소와 정부 각 부처를 연결하는 전화가 설치되었다. 궁내부에 교환대가 설치된 가운데 궁중에 3대, 각부에 7대, 평양과 인천에 2대, 도합 12대였다. 왕실 전화과장 이재찬은 오늘날의 청와대 비서실장보다 더 막강한 권력을 행사할 수 있었다. 이때엔 전화를 거는 게 기술로 여겨졌다. 전화감도도 형편없어서, 귀뚜라미 소리 같은 걸 알아듣는 게 가장 중요한 '기술'이었다. 게다가 전화엔 귀신이 붙는다는 미신도 떠돌았으니 전화 '기술자'는 귀신과도 싸워야 했다.[39]

전화는 처음엔 '텔레폰(telephone)'이란 말을 음역(音譯)해서 덕률풍(德律風)이라고도 했고 의역(意譯)해서 전어기(傳語機)라고도 했다. 다리풍, 어화통, 전어풍 등으로도 불렸다. 모두 영어 텔레폰의 차음이거나 신조어다.(일부 자료엔 덕진풍(德津風)이라고 하는 경우가 있지만, 텔레폰의 한역이므로 덕률풍이 맞다.)[40] 당시 일반인들은 "하늘의 전기바람은 비구름을 말리고 땅의 '덕률풍'은 땅위의 물을 말린다"며 전기와 전화를 싸잡아 경원시했다.[41]

이규태는 당시 전화를 거는 예절은 대단히 까다로웠다며 다음과 같이 말한다.

"상투를 단정히 고쳐세우고 덕률풍 앞에서 두 손을 맞잡아 머리 위에 쳐드는 읍(揖)을 하고서 전화딸딸이를 돌렸던 것이다. 상대방이 나오면 자신의 직함-품계-본관-성명을 다 말하고 상대부서의 판서-참판-참의의 안부를 물은 다음 전화 받는 당사자의 부모들 안부까지 묻고서 안건을 말했던 것이다. 만약 궁내부에서 전화할 일이 있으면 절차는 더 복잡해진다. 벗어놓았던 관복―관모―관대로 정장을 하고 전화를 향해 큰절을 네 번 하고 무릎을 꿇는다. 그리고 엎드려서 수화기에 대화를 했던 것이다."[42]

신하들이 본격적으로 고종에게 전화를 걸기 시작한 것은 1898년 만민공동회기간이었다. 이때엔 시국의 위급함을 알리고 만민공동회 내용을 보고하는 동시에 신속한 윤허를 얻기 위해 걸었던 전화인지라, 매번 전화기 앞에서 네 번이나 큰절을 했는지는 의문이다.[43]

박성수는 "덕수궁에서는 고종황제가 기거하는 함녕전(咸寧殿) 대청마루에 전화기가 놓여 있었다. 황제는 언제든지 필요할 때 이 대청마루 전화를 들어 정부 각 부처에 지시를 했다. 그러니 이 대청마루 전화가 한 번 울리면 국가대사가 다 결정되는 만능의 요술단지와도 같았다. 그래서 사람들은 이 전화를 일러 대청전화(大廳電話)라 했다"며 다음과 같이 말했다.

"고종황제는 갑신정변이 일어난 1882년부터 18년 동안 밤에 잠을 이루지 못하는 심한 불면증에 걸려 있었다. 밤에는 11시까지 눈을 뜨고 있다가 잠시 1시간쯤 눈을 붙였다가 다시 일어나 새벽까지 정사를 보았다. 이윽고 날이 새면 그때서야 비로소 침소로 들었으며 일어나는 것은 대낮인 12시였다. 이때 아침을 들었으니 아침이 아니라 점심이었다. 그러니 모든 정부관리들은 낮에는 자고 저녁에는 등청하여 업무를 보게 되었다. 마치 밤일하는 사람들처럼 남들은 다 잠들었는데, 벼슬아치들은 덕수궁에서 걸려오는 전화소리만 기다렸다. 대청전화는 법원(平理院) 판사들에게도 난데없이 걸려왔다. 내일 판결하기로 되어 있는 사형수를 풀어주라는 분부전화인 경우도 있었다. 이것은 분명 위법이었으나 황제의 명을 거역할 수 없어 십중팔구 순종하게 마련이었다. 그러나 주정기라는 판사는 그렇지 않았다. 아무리 대청전화라고 하나 모두가 고종황제의 전화가 아닌 가짜전화인 때도 많아 하루는 크게 화가 났다. 주 판사는 가위를 들어 전화선을 끊고는 황제에게 사표를 냈다. 주 판사는 그 뒤 변호사로 개업했는데, 세상 사람들이 그를 가장 깨끗한 법조인으로 칭송했다는 것이다."[44]

1899년 경인철도의 개통

1899년(광무 3년) 9월 18일 오전 9시. 노량진과 제물포를 잇는 경인철도가 개통되었다. 최신식 모굴탱크 기관차가 목제객차 3량을 달고 질주했다. 다음날 독립신문은 "화륜거(기차) 구르는 소리는 우레 같아 천지가 진동하고 기관차의 굴뚝연기는 반공에 솟아오르더라 …… 수레 속에 앉아 영창으로 내다보니 산천초목이 모두 활동하여 달리는 것 같고 나는 새도 미처 따르지 못하더라"고 보도했다. 화륜차(火輪車)라 함은 '불을 뿜어내는 수레'라는 뜻이었다. 그러니 '화륜거'로 읽는 게 옳을지도 모르겠다. 당시 기차의 시속은 20~30킬로미터에 지나지 않았기에 33.2킬로미터를 1시간 40분이나 걸려 완주했지만, 당시 사람들에게 기차는 경이와 전율의 대상이었다.[45]

경인선은 1900년 7월 5일 난공사 구간이었던 한강교량 준공과 함께 7월 8일부터 경인간 약 42킬로미터에 이르는 전 구간의 영업을 개시했으며, 11월 12일 남대문정거장에서 경인철도의 완전개통을 기념하는 성대한 개업식을 열었다. 경인철도합자회사 사장 시부자와 에이

■ 1899년 경인선이 개통되면서 조선 최초로 기차가 달리기 시작했다. 당시 기차는 민중들에게는 새로운 문명에 대한 충격이었으며, 기차를 가설한 일본에게는 조선 침탈의 기반이 되었다. 이후 일본은 힘으로 경부선 철도건설권을 따내고 경부선이 개통되자 통신권마저 빼앗아갔다.

이치(渋沢栄一, 1840~1931)는 개업식 연설에서 일본이 조선에 새로운 문명을 전파해주었다는 자부심을 드러냈지만, 철도가 많은 한국인에게 재앙이 되리라는 건 말하지 않았다.[46]

철도가 조선 민중에게 안겨준 충격은 20세기로 넘어가기 직전의 19세기 말 조선 사회의 전반적인 모습을 상징하는 것이기도 했다. 늘 밖으로부터 밀려드는 새로운 바람에 따라 춤을 출 수밖에 없었던 게 조선의 운명이었다.

경인철도에 이어 경부철도도 추진되었다. 일제는 1880년대 중반부터 경부철도 건설을 위한 지형탐사를 시작했고, 1896년에는 경부철도주식회사를 설립했다. 고종은 1896년 두 차례나 일제의 경부철도부설 청원서를 거부했지만, 힘에 밀려 1898년 일제에 경부선 건설을 허락하는 경부철도합동조약을 체결했다.[47] 1901년 8월 20일 서울 영등포와 9월 11일 부산 초량에서 경부철도 건설을 위한 공사가 시작되었다. 조선인에겐 고통과 굴욕의 역사(役事)였다.

조선 민중은 측량기계를 짊어진 일본인이 나타나기만 하면 "땅 뺏어가는 측량꾼이다, 쫓아내라"고 고함을 지르며 저항했지만, 막아 내기엔 역부족이었다. 일제는 헐값에 토지를 수용하고, 조선 백성들을 강제부역에 동원했으며, 일꾼들에게는 품삯 대신 군용표(軍用標) 한 장을 지급했다.[48] 공사는 관민의 저항과 반대, 용지매수 분쟁, 결빙과 홍수 등으로 많은 난관이 있었으며 그 와중에서 수많은 사람들이 희생당했다.

1903년 공중전화의 등장

1902년 3월 20일 한성-인천 간 최초의 공중통신용 전화업무가 개시되었다. 궁내부전화가 개통된 지 6년 만에 일반인도 사용할 수 있는 전화가 개통된 것이다. 당시 시외전화가 시내전화에 앞서 개통된 것은 당시 도시지역이 그리 넓지 않았기 때문에 오히려 지방과의 통신에 유용하게 사용될 수 있었기 때문이다.[49] 하지만 관청고용원의 일당이 80전인데 비해 5분간 50전의 통화요금은 너무 비싸서 일반인들은 사용할 엄두도 낼 수 없을 뿐더러 전화를 걸 데가 있을 리도 만무했다.[50]

1902년 6월 6일 한성전화소는 한성-인천 간 전화개설 이후 사업 범위가 확대됨에 따라 자석식 교환대 100회선을 설치해 시내전화 교환업무를 개시했다. 이를 통해 최초의 가입전화가 탄생했고, 처음 가입자 수 2명이 다음해엔 23명으로 증가했다. 전국의 총 전화가입자는

1902년 310명이었다.[51]

자석식 교환기는 전화발달 초기의 교환방식이다. 교환기는 매 가입자의 회선마다 1조의 잭(jack)과 표시기가 있고 교환수 송화전지와 호출용 신호장치 정도만 필요할 정도로 단순했다. 그래서 소규모일 때에 매우 경제적이므로 주로 구내나 농어촌 등에 실용화되었다. 특히 이 교환기는 전력배선이 없는 지역에서도 사용할 수 있고, 설치와 보수도 수월하다는 장점을 가지고 있다. '자석식 전화기(Magnetic Telephone Set)'에서는 전력발생을 위한 별도의 전지(電池)가 필요할 뿐만 아니라, 통화자가 전화호출을 하려면 신호를 보내기 위해 수화기에 달린 손잡이를 돌려야만 해야 했다.[52]

전화는 점점 그 영역을 넓혀 1903년 2월 17일 서울과 인천 사이에 일반 시외전화가 개통되는데, 대한천일은행 서울본점과 인천지점 사이의 통화였다. 초기가입자는 5명이었으며 모두 공적인 성격이 강한 단체였다. 시외전화 통화료는 분당 50전이었다. 전화가 걸려오면 당사자를 불러야 했는데 호출대상자의 집을 거리로 계산해서 1리에 2전씩을 추가로 받았다.[53]

1903년 서울의 마포-도동(남대문)-시흥(영등포)-경교(서대문) 등에 전화소라는 공중전화가 가설되었다. 이규태는 이 전화소 규칙의 도덕목이 지엄하기 이를 데 없었다고 했다.

"전화소 옆에 통화소리가 들릴락말락한 거리에 전화소 장리(掌吏)를 앉혀두었었다. 이를 두고 프라이버시 침해라 하여 외국인 사용자들의 항의가 잦았기로 전화소 장리를 보다 멀찌감치 떨어져 앉게 했던 것이다. 실은 기밀탐지를 위해서가 아니었는데 말이다. 당시 31조로 된 '전화규칙' 가운데 통화중 불온·저속한 언사를 농하거나 서로 언쟁할 때는 전화소에서 통화를 금지시킬 수 있다는 항목을 집행하기 위한 관리였다."[54]

실제로 공중전화 사용자가 통화를 하면서 싸우거나 도의에 어긋난 농담을 할 때는 장리가 통화를 중단시켜 외국인 이용자들이 집단항의를 하기도 했다.[55]

1900년대 전보는 국문, 한문, 영문, 해외전보 등 4종류가 있었고 요금은 국문 1자당 4전, 영문 1자당 10전이었다.[56] 전보이용은 약 90퍼센트가 외국인에 의해 이루어졌는데, 한국인의 전보이용 건수는 1904년 7만2000건이었다. 전보발신의 90퍼센트가 일본어로 이루어졌고, 한글전보는 8퍼센트 수준에 불과했다.[57]

1905년 경부철도 개통, 통신권 박탈

이즈음 한반도는 식민지를 건설하려는 외국 열강들의 치열한 각축장이 되어 가고 있었는데 그 주도권은 이미 일본이 쥐고 있었다. 일본은 1902년 러시아에 대해 만주로부터 철병할 것과 한반도에서의 일본의 지위를 인정해줄 것을 요구하는 것을 주요 내용으로 하는 영일동맹을 체결했으며, 1904년 2월 8일 인천해상에 정박 중인 러시아 군함 2척을 기습공격해 격침함으로써 이른바 러일전쟁을 일으켰다.

일제는 전쟁을 일으킨 지 2주 후 조선 정부와 "전쟁수행에 필요한 지점을 형편에 따라 마음대로 얻어 쓸 수 있도록" 하는 강제협정을 맺어 군사기지를 확보했고, 전황(戰況)이 유리하게 돌아가자 8월 22일 조선 정부의 외교관계 처리는 미리 일본 정부와 협의를 거친다는 내용을 골자로 한 제1차 '한일협약'을 강제로 맺었다. 그 와중에서 조선의 통신권도 강탈당했다.

일본은 1905년 4월 1일 대한제국 정부와 '한국 통신기관 위탁에 관한 협약'을 맺고 궁내부 전화를 제외한 모든 통신사업권과 통신관련 설비를 박탈하고 독자적으로 통신기관을 관리·운영했다. 통신원 직원 1500여 명은 전원 사표를 내고 격렬한 반대운동을 전개했지만, 사태를 되돌리기엔 역부족이었다.[58]

이와 관련, 이승원은 "1894년의 청일전쟁과 1904년의 러일전쟁에서 쟁점이 되었던 사안 중에 하나가 바로 일본이 한국에 설치한 '전선'을 보호하기 위해 일본군을 한국에 주둔시킨다는 내용이었다"며 "그만큼 전화와 전신이 근대 제국주의 열강들에게는 전술적으로 매우 중요한 수단이었다. 통신을 점령하는 자가 곧 전쟁에서 승리하기 때문이다"고 했다.[59]

1905년 1월 1일, 공사가 시작된 지 3년 4개월 만에 조선의 두 번째 철도선인 경부선(580킬로미터)이 운행을 개시했다. 당시 러일전쟁을 취재하기 위해 스웨덴 종군기자로 한국을 방문했던 아손 그렙스트는 경부선 개통 당시의 상황을 이렇게 회고했다.

"새 철로로 개통하는 첫 번째 민간용 열차여서 기관차는 조화와 일장기로 치장하고 있었다. 역 주변은 구경하러 나온 조선인들로 온통 흰색 물결을 이루었는데 대부분 어른들이었다. 괴물같이 생긴 기관차를 보고 잔뜩 겁에 질린 표정들을 하면서 안절부절 못하는 기색이 역력했다 …… 좀 더 가까이서 보기 위해 마술을 부리는 차량으로 접근

할 때는 무리를 지어 행동했다. 여차하면 도망칠 자세를 취하면서 서로 밀고 당기고 했다. 그들 중 가장 용감한 사나이가 큰 바퀴에 손가락을 대자 주위 사람들이 감탄사를 연발하며 이 용기 있는 사나이를 부러운 듯 바라보았다. 그러나 기관사가 장난삼아 쇠굴뚝으로 갑작스레 연기를 뿜어내자 혼비백산하여 달아나느라 대소동이 벌어졌다. 이러한 장면은 마치 무리를 지어 우왕좌왕하는 양떼들을 연상케 했다……가장 우스운 일은 사정없이 잔인하게 조선인들을 몰아붙이는 난장이처럼 키 작은 일본 역원들을 지켜보는 것이었다. 조선인들이 이런 대접을 받는 것은 정말 굴욕적인 것이었다."[60]

'개화미신'의 정치적 의미

그렙스트가 묘사한 조선인들의 기차에 대한 경외감은 철도가 이른바 '개화미신'의 대상이 되었으리라는 걸 시사한다. 실제로 철도는 새로운 숭배대상으로 떠올랐다. 한 일본인 기관사는 "경부선을 달리는 동안 심한 경우는 하루에 세 번 이상이나 급정거를 해야 했다. 철로에 조선 사람들은 하얀 종이를 나풀거려놓고서 기차가 오는데도 절을 하고 있는 통에 질색이었다"고 회고했다.[61]

굳이 철로까지 나가지 않고도 개화미신에 참여할 수 있는 방법은 있었다. 바로 '지도 태워먹기'였다. 임종국은 "아침에 부산을 떠서 저녁에 서울에 닿는다니까 어느 선비 왈, 장방(張房)의 축지법이라도 하느냐고 물었다는데, 그 축지법을 몸에 붙이기 위한 개화미신으로 지도책을 불살라 먹는 엉뚱한 풍습이 유행했다. 어느 무당의 입에서든가

지도를 태우며 굿을 하면 축지의 비술을 몸에 붙일 수 있다는 말이 퍼졌기 때문이다"라고 했다.[62]

1900년대 초기 배재학당에서는 몇 학원들로부터 집에서 만국지도를 태우면서 굿을 했다는 보고를 받고 지도책은 집에 가져가지 말고 학교에 맡겨놓고 다니도록 조처했다. 이걸로 보아선 지도 태우기가 경인선 개통 때부터 시작되었던 게 아닌가 싶다. 서울의 한 무당이 시작한 이 '지도 태우기 굿'은 크게 유행했는데, 이 미신은 나중에 3·1운동 때 배일사상과 결부되어 부활해 간간이 부모들이 학교 다니는 아들딸들을 울렸다고 한다.[63]

지도 태우기는 철도, 전신, 전화 등이 몰고 온 시·공간압축현상에 대한 조선 민중 나름의 대응책이었을까? 어쩌면 철도가 만든 개화미신은 철도로 인해 한국인이 겪은 고통과 굴욕을 떨쳐내기 위한 것이었는지도 모르겠다.

의병들의 통신망 교란·파괴투쟁

1905년 11월 18일 한국은 을사늑약으로 주권을 박탈당하고 말았다. 이때까지 설치된 통신기관은 우체국 12개, 출장소 41개, 우편전신취급소 1개, 우편수취소 46개, 전신취급소 10개, 임시우체국 335개 등 모두 445개였다. 1906년 1월 10일까지 53개소가 증설되고 1907년 3월 말에는 526개소가 되었지만, 통감부의 한국 지배가 굳어진 1908년에는 오히려 487개소로 줄어들었다.[64]

통신시설은 의병투쟁의 주요 파괴목표였다. 앞서도 지적한 바와

■ 1909년 공전식 벽걸이 전화기

같이, 당시 통신시설은 한국의 국권을 위협하는 외세침탈의 상징이자 실질적인 도구로 간주되었기 때문이다. 채백은 "의병들이 통신시설을 파괴했던 것은 통신매체가 침략세력과 밀접한 연관을 맺고 도입되었던 때문이기도 했지만 보다 중요했던 것은 을사보호조약과 함께 일제가 우리의 통신권을 강제로 침탈하여 그들이 이 근대적 통신망을 바로 의병운동 등의 항일운동을 억압하고 와해시키는 효율적인 수단으로 이용했기 때문이다"고 했다.(65)

의병들의 통신망 교란·파괴투쟁은 1907년에 정점에 이르러 이해 살해된 통신관서 직원은 일본인 15명, 한국인 5명이었으며, 부상자는 일본인 13명, 한국인 12명이었고, 일본인 가족 중 사망자가 5명 부상자가 2명이었다. 물적 피해도 만만치 않아, 청사가 불탄 곳이 8개소, 파손된 곳은 25개소였으며, 전주(電柱)파괴도 1296개소에 이르렀다.(66)

전화선은 땅 밑으로 파고 들어갔다. 1907년 경성시내에 각국 공관과 관청 및 군부대가 집중되어 있어 통화시의 비밀이 보장되지 못하는 점이 크게 우려되어 경성시내 전화교환 시설을 공전식(共電式)으로 개장했는데, 이때 처음으로 지하선(地下線)이 포설(布設)되었다.(67)

'공전식(common battery)' 교환기는 자석식 교환기에서 발전기와 전지가 생략되어 있는 대신, 신호 및 통화전원을 교환국에서 공동으로 가입자에게 공급하는 교환기다. 공전식 전화는 모든 가입자의 통화전류를 전화국에서 공급하는 공동전지식이었기 때문에 자석식 전화에 비해 매우 편리했다. 수화기를 들면 회선에 전류가 흘러 교환원에게 연결되는 방식으로 교환원 역시 자석발전기를 돌리지 않고 간단한 스위치 조작만으로 가입자를 호출할 수 있었다.[68]

그러나 이 모든 기술발전은 일제의 식민통치를 위한 것이었다. 일본에서도 '규율훈련용 미디어'로 성장한 전화는 식민지 조선에선 그러한 기능 외에 일제의 식민통치를 정당화하고 미화하는 '근대화의 상징'으로서의 과시목적마저 갖게 된다.

제3장

"경성은 바야흐로
전화광시대"

전
화
의
역
사

"전화 하나 없는 상점이 무엇이 변변하겠느냐"

1910년 8월 29일 일제강점 이후 전화는 주로 일제의 식민지 경영을 위한 도구로 활용되었다. 전국의 전화기 수는 1910년 6774대에서 1920년에는 1만5641대로 늘었으며, 이 가운데 전신공용분이 681대였다.[1)]

무인부스에 동전을 넣어 사용하는 '자동전화', 즉 사실상의 공중전화가 공원과 같은 요처에 등장한 것은 1910년대 초였다.[2)] 이때엔 주로 부정주화 사용이 문제가 되었다. 1911년 9월에서부터 1912년 5월까지 8개월 동안 부정주화 사용 건수는 200건 이상이었다. 공중전화실의 파괴, 전화기나 전화요금함 도난사건 등도 빈번히 발생했다. 1916년 매일신보는 이를 '전화이용의 적(賊)'으로 강력규탄했다.[3]

전화는 점점 권위와 신용의 상징이 되어갔다. 동아일보 1920년 6월 11일자에 따르면, 이제 상점간판에 전화번호가 적혀있어야 신용이 있어 보이게 되었다. 전화가 없으면 사람들은 "전화 하나 없는 상점이 무엇이 변변하겠느냐"며 냉소를 보냈다는 것이다.[4]

그러나 아직 전화기술은 신뢰를 보내기 어려웠다. 고장이 잦고 교환이 지체되는 일이 자주 벌어졌다. 조선일보 1920년 7월 18일자에 따르면, "전화를 한 번 하자면 수화기를 들고 전화통 앞에 서서 빨리 나와야 5분 내지 10분이고 그렇지 않으면 30분 내지 1시간 이상 서 있어도 나오는 일이 없으니 …… 나중에는 발광을 할 지경으로 발을 구르며 욕설이 입에서 절로 나오게 할 뿐만 아니라 전화통을 깨어 두드려 버리고 싶은 생각이 나게까지 한다."[5]

1921년 경성시내에 설치된 자동전화는 20개소에 이르렀다. 가장 이용이 많은 남대문역전 자동전화의 경우 월 1000여 건의 통화가 이루어졌다.[6] 전화가 파업에 이용되기도 했다. 1922년 인력거꾼들의 동맹 파업이 벌어지고 있을 당시, 만약 파업에 동조하지 않고 인력거를 끌고나가 영업을 할 경우엔 인력거를 깨뜨려버릴 것이라고 협박하는 데 전화가 사용된 것이다.[7]

1923년 7월 1일 일제는 전화가입자의 지속적인 증가와 전화관련 업무의 증대에 따라 경성우편국의 전화교환 업무 등을 분리하여 경성중앙전화국을 별도로 설치했다. 이때에 경성 내 전화가입자는 6586명이었다.[8]

■ 1915년에 건립되어 우편업무와 전신·전화업무를 함께했던 경성우편국. 일제는 전화가입자 수가 지속적으로 증가하자 1923년 전화교환 업무 등을 분리하여 경성중앙전화국을 별도로 설치하였다.

염상섭의 1925년 소설「전화」

1920년 2월 전화규칙의 개정을 통해 전화가입권을 공개추첨 방식으로 부여했다. 공개추첨은 상업회의소의 대표자와 신문기자들, 그리고 다수의 신청자가 입회한 상태에서 진행되었다. 이때 전화매매를 목적으로 하는 자들이 몰려들어 골치를 썩였는데, 그런 자들은 추첨에서 배제했다. 동아일보 1924년 9월 19일자에 따르면, "경성부 내 신청자 1300여 명 중에서 전화매매를 목적으로 하는 자 또는 불필요하다고 인정되는 자를 제외한 1100명에 대하여 900개를 배정했다."[9)]

1924년경 전화통화 건수는 경성시내의 경우 하루평균 8만6000통이었는데, 연말이 되면 10만 통으로 늘어났다. 1923년의 최고기록은

12월 23일로 10만3000통이었다.[10]

이런 서울의 전화를 배경으로 염상섭은 1925년에 「전화」라는 소설을 발표했다. 여기에서 염상섭은 '시간당 통화료'라는 방식에 주목했다.

이경훈의 해설에 따르면, "통화료는 중요한 말이건 사소한 말이건 따지지 않고 오직 말을 하면서 소비된 기계적 시간만을 따질 뿐이며, 더 나아가 아무 말도 하지 않고 있을 때(예를 들어 상대방을 바꾸기 위해 기다리고 있는 시간, 즉 전화연결 네트워크가 가동되고 있는 시간)에도 계산된다. 그리고 이때 돈(교환가치)은 기계적 시간의 핵심적 내용을 이룰 것이며, 따라서 기계적 시간과 교환가치는 호환적(互換的) 관계를 맺게 될 터이다. 예를 들어 '1분=50원' '2분=100원' 이라는 식으로 말이다 …… 전화의 유선망이란 기계적 시간과 함께 자본주의 교환시스템의 일상화를 강력히 은유한다. 그것은 자본주의적 관계의 한 표현이다."[11]

이 소설은 전화가 기존의 사적 공간을 파괴하는 모습도 잘 묘사했다. 이승원의 해설에 따르면, "남편이 채홍이와 바람을 피고 있지만, 그건 어디까지나 안방마님의 눈 밖에서 벌어지는 일이다. 그런데 전화로 인해 안방과 기생집과의 거리가 붕괴되면서 마치 눈앞에서 벌어지는 일로 전도된다. 즉, 안방—기생집의 시·공간적 거리가 무화되어 균질적인 시·공간으로 편입한 것이다."[12]

이 소설이 발표된 1925년 무렵, 한국 최초의 '폰팅'이 일어났다. 전화로 연애를 하는 일들은 많이 벌어졌겠지만, 이 사건은 매우 드라마틱해 '최초'의 타이틀을 얻을 만하다. 그 내용인 즉슨, 서로 얼굴을 보지 않은 채 3년간 전화로 사랑을 나누던 남녀가 우연히 만나게 되지만 집안의 반대로 헤어졌다는 실화(實話)다. 월간 『별건곤』에 이 이야기를 소개한 필자는 두 사람의 이별에도 불구하고 "이 세상에 전화가 없어질 때까지 그들의 사랑의 실마리는 전파와 같이 통할" 것이라고 썼다.[13]

일본 라디오의 '독재식 일방향성'

한편 일본에서는 무선전화로서의 라디오가 시도되고 있었다. 최초의 라디오 공개는 1922년 우에노에서 개최돼 1100만 명이 넘는 입장객을 불러 모은 평화기념 도쿄박람회에서 이루어졌다. 이때 아사히신문은 본사와 박람회장에 라디오 수신기를 설치하고 박람회 개최기간 중 레코드 등으로 실험방송을 내보냈다. 1923년 봄 제국발명품박람회에서는 호치신문과 동양라디오가 협력해 공개실험을 했다. 이때 호치신문 쪽 아나운서는 마치 전화를 걸듯이 "여보세요, 들립니까? 여보세요"라고 마이크에 대고 말했다.[14] 이때의 라디오가 '전화모델'로 여겨졌다는 걸 말해주는 일화다.

일본 최초의 정식 라디오방송은 1925년 3월 22일부터 시작되었다. 어떤 성격이었을까? 무로부세 고신(室伏高信, 1892~1970)은 『개조』에 1925년 7월 기고한 「라디오문명의 원리」라는 글에서 '라디오문명'의 특징이 독재식 일방향성에 있다고 주장했다. 그는 "라디오 앞에서 모든 사람들은 청중이다. 대중은 청중이다. 개개인으로서 청중이 아니다"며 "여기에 소수의 화자가 있다. 소수의 것, 그리고 동시에 단 한 사람이 말하고, 그 사람에게 이외의 만인이 귀를 기울인다"고 했다.

"모든 지방적인 것이 스러지고 중앙집중적인 것이 확립된다"는 것이 그가 내린 결론이었다.[15]

이 '라디오론'은 "일본에서 라디오가 처한 상황을 반영한다"고 볼 수 있다. 즉, 일본에서 라디오는 일본 파시즘체제의 도구로 도입·운영된 것이다.[16] 이는 조선에 도입된 라디오의 기본성격이라 볼 수 있겠다.

'편리한 무선전화'

1920년대 중반 조선에서도 무선전화 개념의 라디오방송이 태동하기 시작했다. 1924년 2월 조선총독부 체신국은 방송에 대한 조사 및 기술적 연구를 시작하여 11월 초 체신국에 무선실험실을 설치하고 11월 29일 오후 3시 30분부터 송신 시험방송을 시작했다. 이 땅에 시험방송이나마 라디오 전파가 최초로 발사된 게 바로 이 때였다.[17] 한국어 '방송(放送)'은 일본어 '호소(放送)'의 영향으로 '보도나 연예를 라디오나 텔레비전의 전파에 실어 내보냄'을 뜻하게 되었지만, 원래 조선어에서는 '죄인을 풀어 줌'이라는 뜻이었다.[18]

실험 방송을 앞두고, 조선일보 1924년 10월 6일자 기사「편리한 무선전화」는 "방송 무선전화는 …… 전파가 사면팔방으로 퍼지는 성질을 이용하야 엇더한 곳에서 말을 보내게 되면 그 말이 전하여 갈 수 잇는 거기에서는 그 수신기를 가진 이는 천 사람이고 만 사람이고 일제히 같은 시간에 들을 수 잇습니다. 그리하여 말 보내는 곳을 방송국이라 하고, 말 듯는 자를 청취자라고 합니다"라며 다음과 같이 말했다.

"이와 같이 편리한 것이 날마다 발달되어 오늘에는 수신기만 가지면 자기의 방송국에서 방송하는 모든 것 음악이며 연설이며 신문이며 설교 같은 것을 어디가든지 들을 수 잇습니다. 혹은 자동차 위에 수신기를 달고 달려가는 차안에서도 들을 수 잇으며 혹은 산보하러 나갈 때 양산에다 수신기를 달고 걸어가면서도 음악가의 노래와 목사님의 설교를 들을 수 잇습니다. 혹은 들에 나가 밭을 갈 때에든지 산에 들어가 나무를 베일 때에라도 그 곁에다 수신기만 하나 놓으면 방송국에서 방송하는 모든 것을 괭이로 땅을 파며 톱으로 나무를 켜면서 자미스럽게(재미있게) 들을 수 잇습니다."[19]

일본인들에 의한 라디오 시험방송으로 방송사업에 대한 사람들의 관심이 높아지자 총독부 체신국에 방송사업 허가신청서를 제출한 민간단체만도 11개에 이르렀다. 그 가운데 가장 적극적인 단체는 조선일보사였다. 조선일보사는 1924년 9월 민족주의자인 이상재(1850~1927)가 사장에 취임하면서 편집진 및 지면구성을 대폭 쇄신하여 민족지로서 뚜렷한 색채를 띠게 되었으며,[20] 바로 그 가을부터 민간신문으로는 최초로 조·석간(조간 2면, 석간 4면)을 내는 등 "무엇이든 신기원을 지으려는 열의"를 보였다.[21] 그런 '열의'로 조선일보는 1924년 12월 12일자에서 '무선전화 공개 방송시험'을 다음과 같이 예고했다.

"현대의 과학문명이 낳아놓은 여러 가지 놀라운 발명 중에도 가장 놀라운 것이며 또한 제일 최근에 급속히 발달된 것은 무선전화이다. 무선전화라는 것은 보통 우리가 일상에 쓰는 전화처럼 줄이 있는 것이 아니오 …… 다만 공중의 전기를 통하여 원격한 지방에 음성을 전하는 것인데 미국이나 기타 서양강국에서는 근년에 이 무선전화의 기술이 매우 발달되어 여러 가지로 이용되는 것은 자주 신문으로도 소개된 바이지마는 동양방면에서는 그 발달이 극히 유치할 뿐 아니라 우리 조선에 있어서는 십여 일 전에야 간신히 총독부 체신국으로부터 최초의 시험이 있었으며 10일에 일본 전보통신사지국의 주최로 진고개 어느 상점에서 방송시험을 행했을 뿐이오. 아직도 순전한 조선말로써 이 세계적 유행인 무선전화를 이용치 못함은 적지 아니한 유감이며 따라서 무선전화에 관한 지식의 보급을 도모함이 간절한 일이라 생각한 본사에서는 조선 안에서 최초의 대규모로 무선전화의 방송시험을 행하고저 지난 10월 하순부터 준비를 시작하여 오는 20일경부터 제1회의 공개를 행하게 되었습니다."[22]

1924년 '무선전화 방송 공개실험'

준비를 잘한 덕인지 조선일보사는 1924년 12월 17일부터 무선전화 방송 공개실험에 들어갔다. 조선일보 12월 17일자는 실험에 들어가는 걸 알리면서 "오인(吾人)은 우리들의 청년들이 아직도 자연과학에 등한하고 기술적 수련에 등한함을 보매 항상 탄석(嘆惜)하는 바이니와 이제 인방(隣邦)의 기술자와 그들의 기계를 빌어 현대의 최신식의 문명의 인기와 그 효용을 실험하게 됨을 임하매 가장 무량한 감개에 쌓인 바 있다. 천하의 부로(父老)와 청년들은 깊이 동감할 바 있을 줄 믿는다"고 했다.[23] 이날 시연회에는 3000명 이상의 인파가 몰려들어 행사장인 우미관 입장권 배부처 옆 도로는 전차통행이 불가능할 정도였다.[24]

조선일보 12월 18일자는 첫날 무선전화 방송 실험결과를 「경이의 눈! 경이의 귀」라는 제목의 기사로 보도했다. 사람들이 "아무 줄도 없이 수표다리 조선일보사에서 관철동 우미관까지 소리가 들린다고 매우 신기하게 여기는 빛이 가득했다"고 했다. 이 기사는 우미관을 가득 메운 관중이 무대 위에 설치된 확성기에서 소리가 흘러나오는 것을 신기하게 바라보는 사진을 게재했다. 공연장을 저녁에도 이용할 수 있는 소공동의 경성공회당(지금의 상공회의소 강당)으로 옮기고, 관중이 너무 많아 지장이 있으니 입장권을 가진 사람만 들을 수 있다는 안내도 했다.[25]

조선일보사는 사장실에 홑이불로 방음장치를 해놓고 마이크를 설치하여 방송실을 꾸몄는데, 사회는 조선일보 기자 최은희(1904~1984)가 맡았고 인사말은 조선일보 사장 이상재가 했다.[26] 이날 이동백(1867~1950)의 단가 독창, 박녹주(1906~1979)의 판소리 열창, 홍영후(난파, 1898~1941)의 바이올린 연주 등이 방송되었다. 조선일보사는 17일부터 3일 동안 독자들을 위한 무선전화 방송 공개실험을 실시한 뒤에 성공을 자축하는 동시에 장소가 좁아 입장하지 못한 사람들에게 '충심으로 미안' 하다는 사고(謝告)를 냈다.[27]

그러나 라디오에 대한 비판도 제기되었다. 『별건곤』 1926년 1월호는 "조선의 라디오! 그것은 우리의 것이 아니다. 조선의 라디오―문명―그것은 정복자의 전유물이다 …… 있는 사람의 장난거리가 되고 말아버린 문명의 산물"이라고 했다.[28]

1927년 경성방송국의 탄생

1926년 2월 15일 방송사업 허가를 신청했던 11개 민간단체 대표

■ 경성방송국의 방송장면. 조선총독부는 조선인들의 방송국을 불허한 대신 체신국 산하로 경성방송국을 설립하였다.

들은 조선호텔에 모여 발기인 총회를 열고, 그해 4월 28일 경성방송국 창립준비위원회를 발기하려 했다. 그러나 조선총독부는 한국인에 의한 방송국 설립을 허가치 않고 1926년 11월 30일 조선총독부 체신국 산하에 '사단법인 경성방송국'을 설립했다.

경성방송국은 1927년 2월 16일 '여기는 경성방송국입니다. JODK'로 시작하는 첫 방송전파를 출력 1킬로와트로 발사했다. 라디오 본방송이 시작되기 전, 극장에 모여 라디오를 듣는 시연회가 열리기도 했다. 당시 신문의 반응은 이랬다. "근세과학의 일대 경이—몇 백 몇 천 리를 격한 곳에 흔적 없이 전파되는 방송의 신기막측한 비밀!"[29]

JODK라는 콜사인에 대해선 우여곡절도 많았고 오늘에 이르기까지 말이 많다. 이에 대해 유병은은 "'JO'라는 콜사인은 일본 내에서만 사용하게 돼 있던 것인데, 경성방송국이 개국할 무렵에 조선총독부에서는 '내선일체'를 부르짖고 있었으며, 조선총독부 도쿄출장소장이 일본 체신청과 방송당국에 경성방송국의 콜사인을 개국순서대로 JODK를 할당할 것을 강력히 주장하는 강경한 발언을 했다는 것이다"며 다음과 같이 말했다.

"그래서 도쿄방송국이 JOAK, 오사카가 BK, 나고야가 CK였다. 그리고 네 번째로 개국하게 된 경성방송국의 콜사인이 'JODK'가 됐다는 것이다. JODK를 서울에 할당해준 직후 일본 체신청이나 방송당국에서는 잘못된 처사였음을 알게 됐으나 내선일체라는 슬로건에 눌려 그대로 방치했다는 뒷이야기였다(한덕봉의 증언). 사실은 조선 내의 콜사인은 'JB'를 사용토록 돼있어 부산방송국이 JBAK를 시작으로 평양이 JBBK, 청진방송국이 JBCK를 개국하는 순서대로 콜사인이 배정돼 청주방송국이 맨 끝으로 JBQK였다. 이러한 우여곡절의 내막을 모르는 사람 중에는 경성방송국의 콜사인이 JODK이니, 이는 도쿄방송국의 지국으로 개국된 것이라는 저서를 펴낸 바도 있으며, 또 경성방송국이 개국할 당시에는 일본 방송을 서울에서 수신할 수 있는 아무런 시설이 계획돼 있지 않은 상태였는데도 서울방송국은 처음부터 일본 방송을 중계할 목적으로 설립됐다고 하는 책자도 볼 수 있었는데 노창성의 고증을 들어보면, 일본 방송을 조선에서 본격적으로 수신할 수 있는 수신시설은 1935년 가을, 부산방송국이 개국될 때 비로소 동래수신소가 처음 생겨 일본 방송을 직접 수신해서 서울로 올려보냈다고 한다. 이 시절에는 일본 내에도 지국제도는 없었다. 조선의 콜사인은 'JB'이며, 대만은 'JF'였고 만주는 'JQ'였다. 즉 'JO'는 일본 내에서만

사용하던 것이었다.[30]

고종석은 "조선에서 정규 라디오방송이 나간 것은 미국(1920), 영국, 프랑스, 독일, 일본에 이어 세계에서 여섯 번째였다"며 "이런 예외적 순위가 그 당시 조선이 일본 제국의 일부였던 덕이라는 것은, 흔쾌히 인정하긴 싫을지라도 사실이다"고 했다.[31]

학계에선 일반적으로 한국 방송의 기원을 경성방송국으로 보고 있으나, 박기성은 "1924년 12월 조선일보사의 무선전화 방송 공개실험이야말로 한국인의 기술로 성공한 첫 자주 방송이므로 한국 방송의 기원으로 봐야 한다"고 주장했다.[32]

'쌀 열 가마니보다 더 비싼 라디오'

라디오의 값은 광석식으로 안테나를 포함해 6원에서 15원이었고, 확성기를 통해서 듣는 진공관식은 40원에서 100원이었다. 전지와 그 밖의 소모비로 월 2원 정도가 들었으며 청취료 또한 월 2원이었다. 당시 대졸 국가공무원 초임이 75원, 쌀 10킬로그램이 3원20전, 영화관 입장료가 30전임에 비추어보면 청취료는 매우 비싼 것이었다.[33] 이내수는 "쌀 열 가마니보다 더 비싼 라디오를 사들인 시골 부잣집 사랑방에는 저녁마다 온 동네 사람들이 모여 앉아 '공짜'로 라디오 청취를 즐기던 그런 시절이었다"고 했다.[34]

수신기는 필히 방송국에 등록한 후에 체신국의 청취허가를 받아야 했으며, 대문 밖에는 반드시 청취허가장을 부착해야 했다. 허가를 받지 않고 방송을 도청할 경우 1000원 이하의 벌금 또는 1년 이하의 징역에 처한다는 엄한 규정이 있었다. 때문에 청취허가장이 대문에 붙어 있으면 상당한 부잣집이라는 걸 뜻했다.[35]

개국 1주일 후인 1927년 2월 22일 당시 라디오 수신기 등록대수는 1440대였으나, 일본인이 전체의 80퍼센트가 넘는 1165대를 소유하고 있었다. 개국 1개월이 지나서도 청취자 수는 2000명에 미치지 못했다. 다만 도청 및 미등록 청취자가 많아 실제 청취자 수는 6000~7000명에 달하는 것으로 추산되었다. 1927년 말 전체 수신기 수는 5260대로 증가했다.[36]

라디오는 처음엔 영업용으로 많이 활용되었다. 『별건곤』 1927년 3월호 기사에 따르면,

"이현세상점이나 구미양행에서 확성기로 지나가는 사람에게 라디오를 들려주는 것은 라디오 기계 판매업이니까 말할 것 없으나 박덕유양화점에서 일백 십여 원짜리, 조선축음기상회에서 백여 원짜리 확성기를 점두에 놓고 손님에게 들려주기 시작하니까 남대문통의 백상회에서도 사백여 원짜리 라디오를 놓았다 …… 이발소, 목욕탕, 식당 같은 데에서 사오십 원짜리로도 훌륭하니 라디오를 손님에게 들려준다면 정해놓고 손이 많이 꼬일 것이요, 술 파는 집에서 그렇게 하면 …… 확실히 술이 더 많이 팔릴 것이다."[37]

한국어, 일본어 혼용의 '비빔밥 방송'

경성방송국의 한국인 직원은 3명으로 출발했는데 무용가 최승희(1911~1967)의 오빠 최승일(1901~?)이 '프로듀서 1호', 그의 부인 마현

경이 '아나운서 1호' 다. 예능프로그램의 주력이라 할 기생들은 방송한 달 만에 출연거부농성을 벌였다. 왜 출연료가 일본 기생의 절반이냐는 항의였다. 그 다음 달에는 뉴스가 오보를 냈다며 명예훼손 소송이 제기되기도 했다.[38]

개국 당시 프로그램은 일본어로 된 뉴스와 경제시황 보도, 그리고 한국어의 물가시세, 일기예보, 공지사항과 음악방송으로 짜여졌다. 최초의 기본편성표에는 기악연주, 단가, 만담, 강연, 소설낭독, 외국어 강좌(영어), 라디오 연극, 국악(가야금 병창) 등이 들어갔다.[39]

처음에는 1:3의 비율로 우리말과 일본어를 혼용하여 방송하는 일명 '비빔밥 방송'을 했다. 1927년 일본어 해독인구는 전체인구의 6.33퍼센트에 불과했으므로 당연히 불만의 목소리가 높았다.[40] 그러자 1927년 7월에 우리말과 일본어를 2:3의 비율로 바꾸어 교대방송을 하는 등 여러 차례 변화를 보였다.[41] 방송을 직접 할 수 없게 된 것에 속이 상했을 법한 조선일보는 1927년 7월 27일자 기사를 통해 경성방송국을 다음과 같이 비꼬았다.

"소리라든지 강연 같은 것을 좀 좋을 만한 것을 방송했으면 감사한 중에 더 감사하겠어. 강연사도 말마다나 하는 양반을 초빙하고 기생도 소리마다나 할 줄 아는 것을 초빙하여야지 개 짖는 소리라도 기생이라면 모두 불러다가 시키니 방송국 얼굴을 보아 억지로 듣기는 하지마는 정말 재미없다. 지금부터는 너저분한 기생들의 꿈꾸는 소리라든지 18세기의 소학교 수신교과서 같은 것은 제발 고만두시오."[42]

1927년 10월 1일 비행기로 경성상공에 '청취료인하 단행'이라는 내용의 삐라가 뿌려졌다. 월 청취료를 2원에서 1원으로 인하한다는 내용이었다.⁴³⁾ 이로 인해 청취자가 늘긴 했지만 한국 청취자들의 최대 불만대상인 한일 양국어 혼용 단일방송의 벽을 넘긴 어려웠다. 수신기 보급은 극히 부진하여 1929년 말에서야 1만 대를 돌파했다.

유일한 재원인 청취료 수입이 미미하여 심한 경영난에 빠지게 된 경성방송국은 수신자 보급을 위한 근본적인 대책을 강구하게 되었다. 그 결과 한국어방송과 일본어방송을 따로 내보내는 이중방송 실시와 전국 방송망 확충을 계획하게 되었다.⁴⁴⁾

사설 송신기 제작자들의 '방송 끼어들기' 장난도 있었다. 조선일보 1927년 11월 29일자에 따르면, "간단한 라디오송화기를 만들어서 마음대로 전파를 발사하여 방송을 교란시키는 새로운 범죄자가 최근 도쿄, 오사카, 기타 여러 곳에서 속출하고 있다. 경성에서도 최근에 허가 없이 이러한 방송을 하는 자가 있다. 당국에서는 이 무선전신법 위반자를 비밀리에 수색하는 중이지만 아직 잡아내지 못하고 있다."⁴⁵⁾

일본의 경우 방송 끼어들기 장난의 범인은 주로 부잣집 아들들로 오늘날의 '마니아'에 해당하는 이들이었다. 1922년 무렵부터 나타나기 시작한 아마추어 무선가들의 열정은 라디오방송 이후 더욱 강해져 열성적인 라디오광들이 생겨난 것이다.⁴⁶⁾ 경성의 방송 끼어들기 장난도 바로 그런 경우가 아니었을까?

'조선인의 서울인가 일본인의 서울인가'

1927년 자동전화를 '공중전화'라는 이름으로 바꾸었는데, 그 이유인 즉슨 "전 조선 주요도시의 시내각처에 설치한 자동전화는 최근에 이르러 자동식 전화가 개시된 이후로 그와 혼동되기가 쉬운 까닭에 체신국에서는 종래의 자동전화를 공중전화로 개칭키로 했다더라."[47] (일본에선 1925년에 '공중전화'로 개칭되었다.)[48]

당시 극장에 설치된 구내전화가 공중전화 기능도 수행했다는 게 흥미롭다. 『별건곤』 1927년 3월호에 따르면, 극장으로 손님을 찾는 전화가 걸려오면 극장안내원이 영화상영 도중에 전화 온 손님의 이름을 크게 불러 일대 소동이 벌어지곤 했다. 그래서 조선극장은 이런 사고를 방지하기 위해 스크린 옆에 조그만 구멍을 뚫어 유리로 막은 뒤, 그 유리 뒤에 전화 온 사람의 이름을 써놓고 전등으로 신호를 보내는 방법을 썼다고 한다.[49]

전화는 주로 일본인들을 위한 것이었다. 1924년 서울의 전화가입자 수 총 5969명 가운데 일본인이 4875명, 조선인이 951명, 외국인이 143명으로 일본인이 전체의 82퍼센트를 차지했다. 동아일보 1924년 4월 21일자는 "조선인의 서울인가 일본인의 서울인가. 문명의 이기인 전화로 보아도 통곡하지 않을 수 없다"며 다음과 같이 절규했다.

"어찌 전화뿐이랴. 조선 내에 있는 철도, 윤선, 탄탄한 대로, 우편, 전신 이러한 모든 문명의 이기는 그것을 설비하는 비용과 노력은 조선인이 하고 그것을 이용하기는 일본인이 한다 …… 우리는 조선의 오늘날 문명의 주인이 아니라 종이다. 조선 사람아, 우리는 이 문명의 주인이 되도록 전력을 다하자. 만일 그렇지 못하거든 차라리 이것을 깨뜨려 버리자."[50]

하지만 이후에도 상황은 달라지지 않았다. 1928년 당시 조선의 인구에 비례한 전화보급률은 1000명당 1.5개에 그쳤으나 일본인은 1000

명당 56개로 일본 본토보다 가입률이 7배 이상 높았다.[51]

그러나 식민지 조선의 전화는 일제의 강압적 지배와 분리하여 생각할 수 없는 것이었다. 일제는 3·1운동 발생 후 전화회선을 대폭 확장하여 한국 전역을 '전화감시체제' 하에 두고자 했다.[52] 일제는 통화시 감시장치를 1929년 7월 경성국에 설치했고 1930년 4월에는 예약통화시보기(豫約通話時報器)를 사용했다.[53]

장난전화와 전화사기

영어에서 형용사이자 명사로도 쓰이는 '포니(phony, 가짜의·사기의·사기꾼)'라는 단어는 전화발명 이후 등장했다. 포니는 얼굴을 맞대는 의사소통에만 익숙해 있던 사람들을 상대로 전화를 이용해서 속이는 사기꾼들을 일컬었다.[54]

이 같은 상황은 어느 나라를 막론하고 비슷했던 것 같다. 한국도 예외가 아니어서 1920년대 중반 이른바 '장난전화'가 제법 극성을 부렸다. 1925년 2월 13일 밤 경성의 한 식당에 전화로 "오늘밤 중에 여섯 명의 강도가 네 집으로 갈 터이다"라는 경고를 하는 전화가 걸려왔다. 식당주인은 경찰에 신고를 했다.

조선일보 1925년 2월 15일자에 따르면, "(경찰은) 이 일이 조선에서 처음 되는 사실임으로 깜짝 놀라 활동을 개시한 결과 그 전화를 건 사람인즉 경성우편국 전화과에 사무원으로 있는 안천류수(安川流水)와 등본무남(藤本武男)으로 판명되었는데 처음에는 일시 대소동을 이루었으나 그 사람은 자주 그 식당에 다니면서 노는 사람들로 마침 그

때 그 집 하녀 춘자임을 알고 농담으로 그런 장난의 소리를 한 것으로 알게 되어 한바탕 웃음으로 끝을 맺게 되는 동시에 두 청년에게 대하여는 후일을 경계했다더라."[55]

전화를 놔주겠다고 돈을 받고서는 돈만 챙기는 전화사기꾼도 나타났다. 조선일보 1925년 4월 7일자에 따르면, "요사이 며칠 동안 종로서에는 박영철에게 손해당한 사람들로부터 고소장이 매일 답지하는 중이며 일반 개인의 피해는 물론 각 관청, 은행, 회사, 단체에서도 적지 않은 피해가 있는듯하여 방금 그 여죄를 계속 취조 중이라더라."[56]

전화를 이용한 범죄도 다양하게 나타났다. 폭탄테러를 하겠다는 전화협박사건이 있었던가 하면, 수업중인 소녀를 유인하여 살해하는 데에 전화가 사용되기도 했다. 1926년 2월 전북 전주에서 일어난 일이다.

"전북 전주 고사정 장의원 원장 장련십랑(長連十郎)의 둘째 달(딸) '이도리'는 당년 십일세의 심상소학교 삼년 생인데 지난 십일 오전 열시 이십분 경에 그 학교로 전화가 온 바, 본가에 긴급한 일이 있은 즉 '이도리'를 곧 보내달라함으로 그 담임 촌상(村上) 여선생은 상학 중임에도 불구하고 곧 돌려보냈었다는데 그 부모는 그날 오후 네 시가 되도록 그 딸이 오지 아니함으로 학교로 전화했더니 학교에서는 오전 십일시 경에 돌아갔다함으로 곧 경찰서에 수색원을 제출하고 백 원의 현상으로 시내 각처에 광고했으나 행방을 전혀 알지 못하던 중 지난 십일일 오후 두시 경에 …… 시체를 발견하고 …… 그 아이의 만또(망토)로 목을 세 번이나 감았으며 소도(小刀)로 목을 두 곳이나 찔렀고 머리에는 두 곳이나 돌로 친 상처가 있으며 국부는 능욕을 당하야 ……."[57]

전화로 자기 형의 목소리를 흉내 내 사기행각을 벌인 사건도 있었다. 1927년 1월 황해도 재령에서 일어난 일이다.

"박성곤은 큰 실업가인 박형곤의 동생으로 자기 형이 대판(大阪)에 가고 없는 틈을 타서 자기 형과 서로 거래가 빈번한 진남포 후포리 실업가 임병칠에게 전화를 걸고 하는 말이 나는 재령 박형곤인데 여기서 곡식 살 것이 있으니 사라면 곧 사리원 식산은행으로 돈 팔천 원을 전보환전으로 보내라 하고 이어서 또 사리원의 자기 형과 친한 일본사람 재목상에게 전화를 걸어 자기 형의 이름으로 걸고 하는 말이 지금 내 아우가 진남포서 식산은행으로부터 나오는 돈을 찾으러가니 곧 보증을 해주라고 한 후에 즉시 사리원 식산은행으로 뛰어와서 오전 열한 시에 팔천 원을 찾아가지고 어디로인지 종적을 감추었는데 지금 경찰에서는 비상선을 늘이고 범인수색에 몰두하는 중이나 아직도 범인의 자취는 오리무중임으로 추상컨대 벌써 국경을 넘었으리라 하며 범인은 작년에도 역시 이번과 같이 인천 모 은행에서 만 원가량의 돈을 사기한 일이 있는 중범이라더라."[58]

'보이스피싱'의 원조

먼 훗날 창궐하게 될 '보이스피싱(voice phishing)'의 원조라고 할 수 있는 전화사기사건은 끊임없이 다양한 형식으로 선을 보였다(피싱은 개인정보(private data)와 낚시(fishing)의 합성어로 불특정 다수에게 이메일을 보내 개인정보를 불법으로 뽑아내는 신종 해킹수법이며, 보이스피싱은 음성전화를 통해 은행 계좌번호 같은 상대방의 개인정보를 취득, 이를 활용해

예금 등 돈을 빼돌리는 것을 의미한다.)

경찰마저 속이는 고단수의 수법도 나왔다. 1927년 경찰서에 전화를 걸어서 마치 전화교환수가 잘못 연결시켜 준 것처럼 범죄모의와 관련된 내용을 의도적으로 흘림으로써 경찰을 엉뚱한 장소로 유인하는 사건이 발생했다.[59]

왕실을 사칭한 전화사기 사건도 일어났다. 1928년 4월 경성 종로에서 일어난 일이다.

"시내 종로 금은세공 삼광상회에 전화로 이곳은 리왕직(李王職)인데 대비전하께서 쓰실 것이니 금비녀, 금반지 등 가격 일백 칠십여 원 어치를 곧 가져오라 한 바가 있어 이에 주문을 받은 삼광상회에서는 곧 때를 지체치 않고 주문한 물건을 가지고 금호문으로 들어가게 되자 돌연 양복을 입은 삼십 세가량 되어보이는 신사 청년이 나타나 소리를 지르며 배달인을 향하여 어째 이같이 늦게 가져오느냐고 리왕직 사무관처럼 야단을 치고 대비전하께 뵈온 후 쓰실 물건만 살터이니 이리 달라고 하야 가지고 들어간 후 어디로인지 종적을 감추어버린 사건이 발생했다는데 이 급보를 접한 소관 창덕궁 경찰서는 물론이요 시내 각 서에서는 사건을 절대 비밀에 붙이고 범인을 엄탐 중이라더라."[60]

창기(娼妓)와의 유흥비 마련을 위한 전화사기 사건도 일어났다. 1928년 10월 인천에서 일어난 일이다.

"인천에 있는 주봉기씨 주단포목점에 전화하기를 자기는 부내외리에 있는 삼성태양화점의 주인인데 점원을 보낼 터이니 옥양목 한필만 주어 보내라 한 후 곧 달려가서 옥양목 한필을 가져다가 소사역전에 있는 모 음식점에 맡긴 후 …… 유곽에서 체포한 바 이 자는 수일

전에 기타 여러 곳에서도 이와 같이 전화를 이용하여 절취한 물품의 가격이 실로 백여 원이 넘으며 …… 창기에게 바쳐서 소비한 사실이 판명되었는데 그는 …… 인천에 거주하는 고귀성이란 당년 이십 세 된 자이라더라."[61]

남의 전화를 팔아먹는 범죄도 나타났다. 1931년엔 경성 종로에서 남의 도장을 훔쳐 25개의 전화명의를 팔아 7000원을 사취한 자가 체포되었다.[62]

당시 보통사람에게 자전거는 귀한 물건이어서 자전거도둑이 극성을 부렸는데, 전화로 물품주문을 해놓고 배달원의 자전거를 훔쳐 타고 도망가는 수법까지 등장했다. 1933년 5월 원산에서 일어난 일이다.

"불경기가 나날이 심각화하여감에 따라 절도도 가지각색이어서 상점이나 혹은 요리점에다 전화를 이용하여 여기는 무슨 은행 또는 무슨 회사인데 무슨 물건 무슨 요리를 보내달라고 거짓주문을 해놓고 은행이나 회사 옆 모퉁이에 숨어 있다가 점원이 주문받은 물품을 가지고 자전거를 타고 와서 문밖에 세워놓고 들어간 틈을 타서 자전거를 훔쳐 타고 달아나기를 무릇 다섯 번이나 감행한 자가 있다."[63]

'전화는 사교의 식민지'

1930년 전국의 전화기 대수는 4만531대로, 처음으로 4만대를 넘어섰다.[64] 이제 "전화 하나 없는 상점이 무엇이 변변하겠느냐"는 말은 더욱 큰 설득력을 갖게 되었다. 특히 백화점의 등장으로 인해 타격을 받은 소매점들에겐 전화가 살 길이었다. 1932년 소매점들이 백화점에 대한 대항책으로 개선해야 할 점에 대한 설문조사 결과 제시된 것 중의 하나가 바로 전화였다. 전화가 귀해서 지역상점의 전화를 빌려쓰는 것이 일반적인 상황에서 "웃는 낯으로 전화를 빌려주는 것은 민중들에게 매우 고마운 일"로 여겨졌다.[65] 소매점보다 더욱 전화가 필요한 곳은 요리점, 권번(券番, 기생집), 카페 등이었다.[66]

1930년대 전화는 사교의 매체이기도 했다.

조선일보 1931년 10월 5일자는 "은막(銀幕)에 나타나는 가련한 여우(女優)의 어여쁜 자태에 깊은 사랑을 품고 있는 팬은 양의 동서와 시의 고금을 불문하고 다르지 않으나 젊은이의 가슴에 품은 연연한 정을 단지 '러브레터'로 고백하는 것은 스피드시대인 금일에는 아주 구식으로 되어버렸다. 그 대신에 지금 한창 유행되기 시작한 것은 전화이용법이다"며 외국 여배우들의 전화에 얽힌 이야기를 소개했다.[67]

러브레터 대신 전화를 이용하기 때문이었는지 연간 전화통화량이 최고를 기록하는 건 크리스마스 때였다. 조선일보 1933년 12월 16일자는 크리스마스를 앞둔 '세말풍경'으로, 폭주하는 전화통화로 눈코 뜰 새 없이 바쁜 전화교환양들의 모습을 다루었다. 이 기사는 " '메트로(대도회)'의 천공을 거미줄같이 얽고 있는 전선줄은 도시의 신경계통이다. 물건 부탁하는 전화 시간약속하는 전화 …… 도시의 살림은 전화를 통하여 더욱 '스피드 업' 한다. 그리하여 전화는 도시인의 사교(社交)의 식민지(植民地)다"고 했다. 이 기사에 따르면, 경성의 하루 평균 통화량은 26만 건(본국 13만 건, 광화문전화국 10만 건, 용산전화국 3만 건)이며, 가입자 평균 1일 통화량은 25번이었다.[68]

'할로 걸'의 활약

전화교환양들은 '할로 걸'로 불렸다. 1919년 말부터 등장한 할로 걸은 "잠깐이라도 실수하면 손님의 야비한 욕설과 감독의 꾸지람에 시달렸기 때문에 고통을 느낄 때도 한두 번이 아니었다."[69]

보통학교를 졸업한 조선 여성도 할로 걸로 채용되었다. 1928년 중앙전화국 광화문분국의 40명의 전화교환수 중 조선 여성이 11명이었다. 그들은 15세에서 18세 사이의 소녀였으며 근무여건은 매우 열악했다.[70]

전화이용자들의 욕설까지 감당해내야 하는 이들의 고달픈 업무는 종종 신문의 가십거리가 되곤 했다.[71] 『별건곤』1929년 1월호에 따르면, 이들은 성질 급한 손님들로부터는 "이년아! 빠가! 조느냐! 자느냐"라며 욕설을 들어야 했으며, 이유 없이 전화를 걸어 이야기나 하자는 등 '수작'을 거는 남성들로부터 민망한 소리를 듣기도 했다.[72]

전화교환양은 일어가 능숙해야 했다. 1935년 자동교환의 개시로 인하여 부분적으로 사라지게 되지만, 전화통화를 위한 교환양과의 대화는 일어로 이루어졌다. 그래서 일본어를 모르는 조선인은 전화번호를 일본어로 외워서 전화를 해야했다. 이와 관련, 윤상길은 다음과 같이 말했다.

"일본어가 국어의 지위를 가지고 공공기관의 공식언어로 사용되던 일제시기, 일본어에 익숙하지 못한 조선민들에게 (상대통화자와 연결하는 중간 교환과정에서) 일본어를 써야만 했던 전화는 소통을 위한 미디어라기보다는 식민지배자의 모습으로 다가갔다."[73]

전화통화량이 늘면서 당연히 전화에티켓도 문제가 되었다. 조선일보 1934년 11월 11일자는 얼굴을 마주보고 말할 때에는 표정을 볼 수 있어 오해할 일이 없지만 전화통화의 경우엔 "분명히 들으라고 크게 하는 소리가 저쪽에서 들을 때는 역정을 내어 하는 소리로 들려 피차에 옥신각신하여 감정을 사는 수가 있습니다"라면서 '현대인이 지켜야 할 전화도덕'을 역설했다.

"전화가 잘못 걸려 딴 데로 갈 전화가 이리로 오거든 '잘못 거시었습니다. 여기는 XX올시다' 하고 공손히 대답하십시오. 그러면 저쪽에서도 미안해서 저절로 '아이참, 미안합니다. 용서하십시오' 소리가 날 것 아닙니까. 그런데 대개 보면 의례히 '아니오' 하고 볼 쥐어박는 소리를 하거나 그렇지 않으면 '정신이 있느냐 없느냐' 소리가 나오고, 이쪽에서 한마디의 말대꾸만 하는 이면 당장 이 자식 저 자식 소리가 터져 나옵니다. 아무 막된 버릇이요 고약한 사람들입니다 …… 사실 세상에서 살아가는 동안 남의 호의를 사려고 갖은 수단으로 애를 쓰고 써도 어려운 판에 도리어 나쁜 인상을 끼치니 될 말입니까. 우리는 말도 말이려니와 아름다운 목소리, 다정한 목소리를 낼 줄 알아야 할 것입니다."[74]

손기정의 마라톤 우승을 전한 국제전화

1933년 1월 15일 경성-오사카 간 최초의 국제전화 업무가 개시되었다. 통화국소에 통화자가 나오면 부산 및 하관(下關)의 중계를 받아 통화하는 방식이었다. 다칭 양(Daqing Yang)은 그 개통식 장면을 다음과 같이 묘사했다.

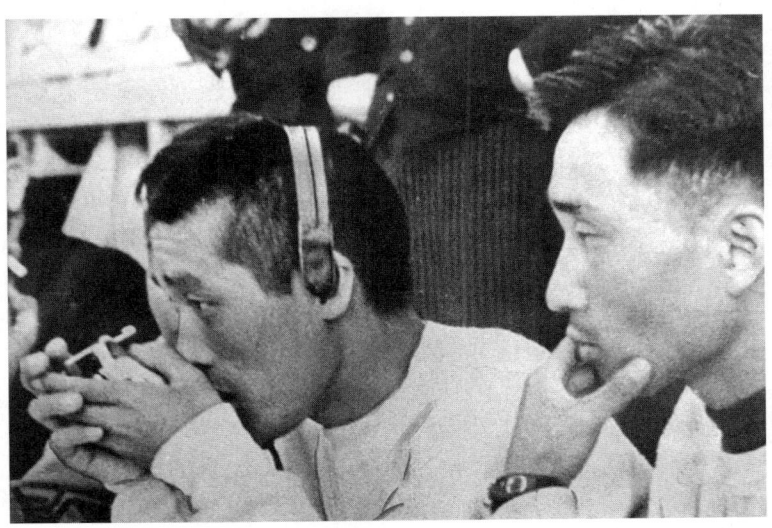
■ 손기정이 우승 후 본국과 국제통화로 인터뷰를 하고 있다.

"경성의 조선총독부 건물에 정부, 군대, 기업의 저명한 인사들이 모였다. 괘종시계가 10시 반을 알리자, 체신국장 야마다 타다쓰쿠는 오랫동안 기다려온 한국과 일본 간 전화서비스 개통을 선언했다. 같은 시간 수백 킬로미터 떨어진 오사카에서도 이와 비슷한 기념식이 열리고 있었다. 양쪽에서 대독(代讀)된 짧은 연설에서, 우가키 가즈시게 총독은 전화연결망의 개통이 식민지와 본국 열도 사이의 경제적 결속 및 기타 유대를 훨씬 더 강화할 것이라고 내다보았다. 이러한 전망의 견고함을 시험이라도 하듯이, 두 도시의 관리와 사업가들은 새로 개통된 전화선을 통해 교대로 인사를 교환했다."[75]

점차 확대된 국제전화가 위력을 보인 건 베를린올림픽에 출전한 손기정의 마라톤 우승 때였다. 이 소식이 국내에 알려진 건 1936년 8월

10일이었다. 마라톤은 한국 시각으로 1936년 8월 9일 밤 11시에 시작되었다. 서울엔 장맛비가 줄기차게 내리고 있었지만, 세종로 동아일보사(현 일민미술관) 앞에는 많은 시민이 우산을 쓴 채 몰려 있었다. 동아일보사의 스피커를 통해 세종로 사거리에 울려 퍼지는, NHK의 베를린올림픽 마라톤 라디오(JODK)중계방송을 듣기 위해서였다. 4위로 달리던 손기정이 17.5킬로미터 지점을 막 지날 때쯤인 밤 12시 중계방송이 끊겼다. 경성방송국은 1936년 8월 2일 밤부터 NHK 전파를 받아 조선 전역에 베를린올림픽 실황중계를 시작했지만, 밤 11시와 오후 6시 30분 각각 1시간씩 하루 두 번밖에 올림픽 실황을 중계하지 않았기 때문이다.[76]

사람들은 분통을 터뜨리며 발을 굴렀지만 그걸 모르고 신문사 앞에 몰려든 건 아니었다. 이제 운동부 기자들이 바빠지기 시작했다. 그들은 전화통을 붙잡고 도쿄와 베를린에 선을 대기 위해 고래고래 소리를 질렀으며, 그렇게 해서 알아낸 소식을 몰려든 군중에게 전했다. 10일 새벽 2시가 가까워질 무렵 동아일보사 사옥 2층 창문에 한 여성이 나타나 우산을 쓰고 기다리고 있는 시민들에게 외쳤다. "손기정 군이 2시간 29분 19초 올림픽 최고기록으로 우승을 차지했습니다. 남승룡 군도 3위로 들어왔습니다." 김화성은 당시 시민들의 모습을 이렇게 묘사했다.

"시민들은 그 순간 '와' 함성을 질렀다. 여기저기서 '손기정 만세, 남승룡 만세' 소리가 터지기 시작했다. 우산도 내던져버렸다. 누가 시킬 것도 없이 모두들 거리로 쏟아져 나가 '손기정 군이 베를린올림픽 마라톤에서 우승했다'고 소리쳤다. 이들은 날이 새도록 서울 장안

곳곳을 누비며 목이 터져라 '손기정 우승'을 외치고 다녔다. 손기정 우승은 당시 일제 식민지였던 조선 땅을 한 달 내내 '기쁨의 눈물바다'로 만들었다."[77]

'전화브로커'의 탄생

1935년 3월 18일 군사적 요충지인 나진우편국에 지멘스 할스케(Siemens Halske, SH)식 자동교환기가 최초로 설치되었다. 1930년대 들어 전화가입자 수가 1920년대보다 2배 정도 증가함에 따라 대용량 자동식 교환기로의 교체가 필요하게 되었기 때문이다. 일본은 지멘스 할스케가 기술원조를 거절하자 총력을 기울여 자체 기술개발에 성공했다.[78]

1935년 10월 1일 자동식 교환기 공사를 처음 시작했던 경성중앙전화국에 스트로우저(Strowger, ST) 자동식 교환기가 개통되었다. ST교환기는 가입자가 다이얼을 돌리면 교환원 없이 신호에 따라 통화선을 찾아 상대가입자를 연결해주는 방식이었는데, 가입자 수용도 3500회선에서 1만 회선까지 가능했고, 경우에 따라서는 국번의 증설을 통해 무한대로 증가시킬 수 있었다.[79]

이에 따라 1936년 전화가설 신청이 폭발적으로 증가하다 못해 과열양상까지 보였다. 1935년 신청 건수는 8200여 건이었으나 1936년엔 무려 2만3000여 건으로 늘어난 것이다. 이 가운데 2200대의 전화가 분배되었다. 경성지역의 경우 신청자는 8530명이었으며, 할당된 700개 중 조선인 당첨자는 244명이었다.[80]

전화수요의 폭증은 '전화브로커'를 탄생시켰다. 조선일보 1937년 6월 27일자에 따르면, "조선 내 각 도시에서는 전화시가가 가설료, 가입료 등을 합한 것보다 2배 내지 3~4배에 달하여 중간에 전화 '브로커'까지 생기어 어떤 전화 '브로커'는 몇 해 동안에 상당한 재산을 모으는 반면, 실제로 전화가 필요한 사람들은 전화 없이 고통을 받거나 경성 같은 곳에서는 '울며 겨자 먹기'로 전화 1개에 1400~1500원을 주고 살 수밖에 없었다."[81]

1937년 7월 1일 가입자 5000명 이상인 지역에 한해 전화사용료를 기본료와 시내통화 도수료(度數料)로 구분하여 징수하는 도수요금제가 경성전화국에서 실시되었다. 기존의 연액제(年額制)가 전화이용료의 불공평한 부담과 전화남용을 초래하는 문제점이 있다는 이유로 전화 거는 횟수에 따라 요금을 부과하겠다는 것이었다. 전화요금은 한 통에 3전이었다. 실시 첫날 경성의 전화통화 수는 3분의 1로 격감한 반면 요금이 싸진 공중전화 이용은 4배로 급증했다.[82]

일제의 공중전화 억제

공중전화의 수요는 컸지만, 일제는 공중전화 설치를 억제했다. 1937년 7월 7일 중일전쟁 발발 이후 시설확충이 어려워지자 '전화기근(饑饉)' 현상이 심화되었다. 특히 공중전화난이 심했기에 이에 대한 원성이 높았다. 조선일보 1938년 9월 15일자 '우리동리통신'란(오늘날의 독자투고란)에는 경성 부암정(付岩町) 주민일동의 이름으로 공중전화 설치를 요구하는 글이 실렸다.

"허울 좋은 한 울타리라더니 이름이 좋아 경성부민이지 고개 하나 새에 끼였다고 이처럼 푸대접받는 동리는 우리 동리밖에 없을 듯싶다. 창의문 밖이라면 삼척동자라도 한 번씩은 아버지나 어머니 손에 이끌려 여름 한철 피서차로 나오고 앵두, 살구, 능금, 감이 익어서 맛들어갈 때면 수천수만의 장안 사람들이 고개턱이 닳도록 넘어감에 유흥지로도 이름 있는 '자문박'이 이처럼 궁벽한 곳인 줄은 와보지 않은 사람은 짐작도 못할 것이다. 부암정(付岩町)만 해도 연연히 인기가 늘어 현재 삼백여 가구나 되어 나날이 번성해가지만 아직껏 교통설비 불완전한 것은 말할 것 없고 전화조차 불편하기 짝이 없다. 주민의 대다수가 시내를 배경으로 생계를 꾸려가는 형편이니 전화 없어 아쉬운 때가 하도 많아 다른 설비는 나중으로 밀더라도 '공중전화통' 하나만이라도 하루 바삐 설치해주었으면 좋겠다."[83]

1937년 이전까지 전국적으로 공중전화소의 수는 100개를 넘지 못했다. 더구나 새롭게 설치되는 공중전화소의 경우에도 빈번히 발생하는 수화기나 전화요금의 도난을 대비한다는 명목으로 거의 모두 파출소 부근에 설치했다. 이와 관련, 윤상길은 "일제가 독립운동 세력의 공중전화 이용을 막기 위한 의도에서 공중전화의 설치를 일부러 기피했다고 본 것은 이러한 근거에서 비롯된 것이었다"고 했다.[84]

1938년 2월엔 '전화일기'라는 만요(漫謠)가 나왔다. 김해송 작곡으로 박향림이 부른 노래다.

"모시 모시 하 모시 모시 본국 이칠팔사번 / (남) 헬로우 헬로우 당신이 정희씨요 / (여) 네 네네 홧 이즈 유어 네임 / (남) 엊저녁 속달 편지 보셨을 테지요 / (여) 아! 약 광곤줄 잘못 알고 불쏘시갤 했군요 /

(남) 저웅 저웅 아이 러브 유 / (여) 아이고 망칙해라 아이 돈 노 빠이 빠이 / (남) 아차차차차 으응 으응 으응 저 끊지 말어요 저저저저 조또마테 / (합창) 끊으면 나는 싫어 나는 몰라요."

이동순은 '전화일기'가 "전화가 아직 일반화되기 전에 물질문명에 대한 경계심과 거기에 깃들여있는 식민지적인 요소에 대한 거부감이 노골적으로 깔려 있는 작품"이라고 했다.[85] 콜롬비아레코드에서 나온 이 음반은 나오자마자 금지곡으로 묶였는데, 이는 당시 중일전쟁의 삭막한 분위기에서 전화로 남녀가 희롱하는 게 문제가 되었던 것으로 보인다.[86]

'전화의 명랑화' 운동

1938년 6월 10일 '시(時)의 기념일'을 맞아 경성중앙전화국은 '시간여행(時間勵行)'과 '전화의 명랑화'를 위해 전화가입자 1만2500명에게 다음과 같은 내용의 주의서를 발송했다.

"'시간여행(時間勵行)' : 서로 약속한 시간은 반드시 지키고 재촉하는 전화는 없도록 주의하기 바란다. 전화도수제에 상대편에게 재촉 전화를 걸게 하는 것은 삼가는 것이 좋다.

'번호 틀림과 일 없는 전화' : 비상시국이니 삼전의 도수료를 극히 주의하여 절약하자. 경성 일만이천오백 명의 유료가입자가 하루 한 번 잘못 건다든지 일 없는 전화를 걸어서 가외 도수료를 낸다면 일 년에 십삼만일천여 원의 다대한 금액이 된다.

'전화도덕' : 잘못 걸었을 때 상대자가 나오면 '잘못 걸어서 실례

했습니다' 소리 한마디는 할 것. 또 전화를 걸 때 자기가 말할 것을 남에게 걸게 하고 나중에야 자기가 받고 나서 말하는 것도 상대편에게 실례가 된다."[87]

여행(勵行)은 '힘써 실행함' 이란 뜻이다. 시간여행은 시간을 지키고 소중하게 여기자는 '시간관념운동' 이었다. 시간관념운동은 1920년대부터 이루어진 시계의 대중화와 함께 시작되었다. 1920년대에 시계가 도시거주자들의 생활필수품이 되면서 전화를 통한 시간약속을 지키는 건 물론 전화로 남의 시간을 방해하지 않는 것이 새로운 에티켓으로 등장했음을 알 수 있다. 조영복은 경성의 1930년대 '시계문화'의 한 풍경을 다음과 같이 묘사했다.

"경성시내 유명건물에는 이른바 '공중시계' 가 있었다. 시계가 귀했던 당시에 '공중시계' 의 역할을 상상하기란 어렵지 않다. 사람들이 전차를 타고 다니면서 한 중요한 일 중의 하나도 차창으로 큰 건물에 걸린 공중시계를 보고 시간을 알아보는 것이었다. 시계를 가진 사람들은 자기 시계의 시간과 맞춰보기도 했다. 당시 유명한 공중시계가 있던 곳은 종로통의 화신백화점, 남대문통의 본정우편국, 광화문통의 부민관, 경성역, 안국동 북성당서점 등이었다. 화신백화점 시계는 전기시계여서 장안의 명물이기도 했다."[88]

전화의 명랑화는 괜히 나온 게 아니었다. 1938년경부터 1941년에 이르기까지 전시세계관의 핵심으로 거듭 강조된 것이 바로 '명랑성' 이었다. 김예림은 "전시문화 행정이 정책적으로 강조한 '명랑성' 은 '자유주의적 개인주의를 포기하고 국가 제일주의, 국방 제일주의' 로 전환하기 위한 내적 개조의 핵심코드였다"며 "영화, 연극을 비롯한 문화분야에 이 전시 명랑성의 이데올로기는 깊고 넓게 퍼지면서 각종 진흥책이 쏟아져 나오게 된다"고 했다.[89]

큰 낭비를 초래한 장난전화는 시간관념 운동의 차원에서라도 용납하기 어려운 '범죄'로 다스려졌다. 1939년 3월 평양에서는 심심풀이로 평양소방대에 화재 허위신고를 한 사람이 붙잡혀 재판에 회부돼 일본인 판사로부터 징역 1년 6개월의 선고를 받기도 했다.[90]

"경성은 바야흐로 전화광시대"

'전화기근'으로 전화가격 상승이 예상되자, 일제는 1938년 12월 전화매매업의 사영(私營)을 금지하는 '전화업자공인제'를 도입했다. 그러자 경성지역의 전화시세는 급등하여 기존에 1000원이었던 것이 1400~1500원을 호가했다. 당시 노동자 1가구당 월평균 수입이 40원이었으니, 실로 엄청난 가격이었다.[91]

전화의 인기는 나날이 치솟아 1939년 4월 경성에서 실시된 전화 지급(至急) 개통신청 시 접수 나흘 만에 4548명의 신청자가 몰렸으며, 이 중 조선인이 전체의 60퍼센트 가량인 2703명에 이르렀다. 조선일보는 이를 보도하면서 "경성은 바야흐로 전화광시대(電話狂時代)를 연출하고 있다"고 했다.[92]

전화선거전도 나타났다. 조선일보 1939년 5월 11일자는 "지난 구일까지 정원에 십 명이 초과된 개성부의원 선거전은 호별방문 대신 문서전, 전화전이 암암리에 격렬화되었다"며 "반면 큰 타격을 받는 곳은 요정"이라고 보도했다.[93]

경성에 비해 전화시설이 낙후한 곳은 개선을 요구하는 진정운동을 벌였다. 1939년 6월 개성에서는 상공회의소와 개성부내 전화가입자 492명이 궐기하여 '명랑한 자동식 전화기'를 설치해달라고 체신당국에 연서·날인하여 탄원하고 나섰다.[94]

1939년 9월부터 국제전화를 할 수 있는 곳이 50여 개 국 100여 도시로 늘어났다. 이에 조선일보는 "조선에 앉아서도 우리는 마음만 내키면 이 지구상에 흩어져 있는 오십여 나라 동무들과 서로 전화통을 들고 '여보세요 거기 독일입니까?' '거기는 남아메리카입니까? 요즘 날씨가 대단히 더운데요, 거기도 더웁습니까? 하고 말을 걸 수가 있게 되었습니다"라고 보도했다.[95]

1939년 12월 20일부터 25일까지 경성시내 연하우편물은 전년대비 '인수(引受)' 42퍼센트 감소, '도착' 9퍼센트 감소한 반면, 전신은 22퍼센트 증가, 시외통화는 26퍼센트 증가한 것으로 나타났다.[96] 전화량이 급격히 늘자 이를 감당하기 어려워진 전화교환양들은 가입자들에게 이것만은 꼭 지켜달라고 호소하기도 했다.

"전화에 익숙지 않은 어린이들에게 전화를 걸게 하지 마십시오. 통화가 끝났으면 곧 끊어주십시오. 모든 것을 절약해야 되는 요즘 통화는 절약할 수 없을까요? 저희가 좀 잘못했든지 하면 곧 욕설을 하시는 분이 있는데 좀 더 관대한 가입자가 되어주시기를 바랍니다."[97]

일제의 '전화공출운동'

전화폭주로 인해 "경기도청에 전화를 걸려면 만원전차를 기다리기보다도 더 힘이 든다"는 말까지 나오게 되었다. 조선일보 1940년 2

월 24일자에 따르면, "언제부터 이런 말이 나왔는지는 몰라도 소위 부내에 무슨 사업을 한다든가 이럭저럭 하여 도청과 전화연락을 하는 사람치고 이런 말을 중얼거리지 않는 사람이 없으리만치 경기도청은 매일 오전 여덟시 반부터 오후 여섯시 경까지 전화 때문에 여러 차례 옥신각신이 일어나기까지도 한다."[98]

전화교환이 '소화불량증'에 걸렸다는 말까지 나왔다. 조선일보 1940년 3월 25일자는 "어떤 때는 오 분 이상을 기다리게 하니 이래서야 바쁜 일에 전화를 걸 수 있는가 하는 경성시내의 전화교환에 대한 비난은 날로 높아가고 있다"고 했다.

"광화문 용산이 얼른 자동식이 되기를 바라고 있으나 물자 때문에 당분간 가망이 없고 전화이용 수는 날로 많아가는데 교환수들은 경기 좋은 방면으로 많이 전업을 하기 때문에 사람이 모자라는 것이 교환 서비스가 나빠지는 원인이다. 그렇다고 그대로 둘 수도 없는 일이니 뭇 지혜를 모아 조금이라도 개선하겠다는 성의에서 경성중앙전화국에서는 전화를 많이 이용하는 사람들과 신문관계자를 모아가지고 이십칠일 오후 네 시부터 전화국에서 전화교환 좌담회를 열기로 되었다."[99]

1940년 4월 개성우편국 주최로 열린 '우편좌담회'에서도 전화에 대한 불평이 집중적으로 쏟아졌다. 특히 교환수들의 불친절과 직무유기에 대한 비판이 많았다. 한성은행 개성지점장 이동구는 교환수들이 자주 통화중이라고 연결을 해주지 않아 "한 번은 소사를 시켜 사실여부를 조사해본 결과 교환수의 속인 사실이 드러난 적도 있다고 말한 후 그들의 통신연락에 대하여 좀 더 기민 정확케 하고 친절미가 있도

록 고려해달라고 부탁했다." [100]

전화시세는 계속 뛰어 3000원에 육박했다. 이에 일제는 1940년 7월 17일부터 "전시하 각종 산업기관의 활발한 활동으로 전화의 투기적 매매가 성행하여 전화의 적정한 분포가 방해될 뿐만 아니라 이에 따르는 여러 가지 부정행위가 많아지는 경향"이 있다는 이유로 전화가입자의 임의 명의변경과 임대를 금지시켰다. [101] 전화가 필요 없게 되면 전화국에 반납하도록 하는 한편, 개정된 전화규칙이 경제에 미칠 영향력을 고려하여 기존의 전화업자에 대해선 3년간의 유예기간을 통해 자유매매를 할 수 있도록 규정했다. [102]

전국의 전화기 대수는 1940년 6만9495대, 1941년 7만7957대로 7만대를 돌파했다. 그러나 7만대가 넘는 전화대수 중에서 공중전화용은 1910년 30대였던 것이 30년이 지난 1941년에 이르러서도 147대에 지나지 않았다. [103]

1941년 7월 1일 한글전보와 시내전보가 폐지되었다. 일제가 제2차 세계대전 발발을 계기로 전시지원체제의 강화에 힘쓰면서, 전보사업 면에서도 통제를 가하며 취한 조치였다. 5개월 후인 12월 1일 일제는 전보사업 제한에 이어 '전시전화특별규칙'을 제정하여, 전화통화시 용어를 일어로 제한하는 것을 시작으로, 이용도수와 통화시분을 단축하고 시외통화를 억제함으로써 침략전쟁 수행을 위한 전기통신의 지원체제를 확고히 했다. [104]

전화가설도 시국상 필요하다고 인정되는 것을 제외하고는 중단되었다. 1942년부터는 전화총동원 계획이 수립되어, 놀고 있는 전화, 소위 '유한전화(有閑電話)'를 필요한 사람에게 적당한 시세로 내어주

도록 하는 캠페인을 벌이기도 했다.[105]

일제는 1944년 10월 패전의 위기로 접어들자 통화의 우선순위를 ①경보통화(警報通話) ②정보통화(情報通話) ③긴급지휘연락통화(緊急指揮連絡通話), 군용특별지급통화(軍用特別至急通話), 경비특별지급통화(警備特別至急通話) ④예약통화(豫約通話) ⑤정시통화(定時通話) ⑥비상경비통화(非常警備通話), 특별지급통화(特別至急通話), 경비통화(警備通話) ⑦국제지급통화(國際至急通話) ⑧보통통화 등의 순으로 정했다. 이어 일제는 전화이전도 제한하고 전화시설을 공출(供出)하자는 통신시설 공출운동(通信施設供出運動)을 폈다. 이 운동의 목적은 표면상으로는 가입취소를 자진하여 청구토록 하자는 데 있었으나 실제로는 강제로 몰고 간 것이어서 일반인들의 전화사용은 거의 억제되고 말았다.[106]

일제는 패전의 기색이 완연한 상황에서 전화를 통한 정보와 소문의 유통을 막고 싶었을 것이다. 그 어떤 공감대의 사회적 확산은 일제의 식민지배를 위협할 수도 있는 것이었기 때문이다. 그러나 어떠한 통제와 억압도 오래전부터 이성을 상실한 채 광기에 사로잡힌 일제의 패망을 막아낼 순 없었다.

제4장

1945~1959년

다방은 전화커뮤니케이션의 아지트

전
화
의
역
사

엉망이 된 전화

한국이 일제지배로부터 해방된 1945년 8월 15일 전국의 전화 총대수는 6만9158대였지만, 기기(機器)고장과 선로의 정비부족 때문에 사용불능케 된 시내전화가 50퍼센트에 가까웠다. 서울 광화문분국의 경우 하루 평균 300여 건의 고장이 신고되었으나 기술진의 부족으로 수리된 것은 겨우 10건에 불과했다.[1]

1945년 8월 26일 북한에 진주한 소련군은 서울-해주 간의 시외선을 절단했다. 이후 평양 및 원산에 이르던 전신·전화회선도 그 기능을 잃게 돼, 북한 각지의 주요도시와 장차 무선으로 통하자는 의견이 나왔

으며, 이 때문에 여러 차례 무선관계자 회의가 소집되기도 했다.[2]

　미군의 국제통신 수요가 늘어나자 미군정은 미국의 통신사업체 RCA사로 하여금 한국 내의 국제통신사업의 운용을 담당하게 했다. 이에 따라 RCA사는 1945년 12월 6일 서울영업소를 설치하여 국제통신 업무를 개시했다. 비록 통신의 자주권상 문제가 있는 방식이었지만, 이로써 국내에서 근대적인 형태를 갖춘 국제통신업무가 시작되었고, 한국 국제통신의 기반을 마련했다.[3]

　그러나 국내전화망은 물론 전화교환 서비스는 엉망이어서 가입자들의 원성이 높았다. 한 여성가입자는 조선일보 1945년 12월 10일자에 실린 '독자투고'에서 "교환아가씨가 나오면 늦어서 미안하다는 말 대신에 발칵 성낸 목소리를 지르니 불유쾌하기 짝이 없다. 그뿐인가. 좀 나무라면 그 다음부터는 일체 전화를 대주지 않고 '네가 기생이지 여급이지' 하고 언어도단의 불손한 말씨를 하니 자기 직분에 탈선되는 말을 함부로 하고 있는 것을 그들을 감독하는 분이 알고 있는지?"라고 개탄했다.[4]

　미군정 치하에서 특권의 상징은 미군 군용전화의 가설이었다. 아니 이것은 특권을 넘어 지도자의 반열에 오른 걸 의미했다. 1946년 3월 20일, 모스크바 3상 협상내용을 실현하기 위한 1차 미소공동위원회가 덕수궁 석조전에서 개최되었을 때, 한국 민간인 중 미군 군용전화가 가설된 집은 이승만과 김규식의 집뿐이었다. 미군정은 미소공위 개최를 앞두고 철저한 반소(反蘇)주의자이며 신탁통치안을 격렬히 비판해 온 이승만을 정치일선에서 배제할 필요를 느꼈고, 이는 즉각 이승만 집의 전화를 끊는 것으로 나타났다.[5]

전화의 역사 **108**

당시 미군정은 남한의 모든 주요 정치인들에 대해 전화도청을 했으며, 그렇게 얻은 정보를 언론플레이에 최대한 활용했다. 미군정 입장에서 전화도청의 최대성과는 조봉암의 전향공작이었다. 1946년 5월 말 도청정보에 힘입어 조봉암을 체포한 미군정은 10일간의 회유공작 끝에 전향성명서를 발표케 함으로써 조선공산당에 막대한 타격을 주는 데 성공했다.[6]

'유령전화'의 유행

1946년 5월 5일, 광복 직전까지 전신·전화시설의 공사와 보수를 담당하던 지방체신국 소속의 공무출장소가 전신·전화건설국으로 개편되었다. 서울, 대전, 부산, 군산, 대구, 광주 등 주요 도시에 전신·전화건설국이 설치됨으로써 광복 당시 낡고 보잘 것 없었던 통신시설의 현대화를 위한 출발이 가능해졌다.[7]

1948년 8월 15일 대한민국 정부가 수립되었다. 12월 1일 정부는 RCA사로부터 국제 무선전신·전화운영권을 16만 달러에 매입했다. 거의 반세기만에 대한민국 정부가 국제통신 사업의 실질적인 주체가 됨으로써 자주권을 확보하게 된 것이다. 이는 대한민국 주권확보 이후에 체결된 최초의 국제통신회선협정이자 업무협정이었다.[8]

정부수립 후에도 이른바 '유령전화' (허가 없이 가설한 부정전화)가 기승을 부렸다. 1949년 10월 5일까지 중앙전화국이 적발한 유령전화는 300여 대에 달했다. 체신부는 10월 10일까지 자진신고하면 특별인가 할 방침이나 만일 그때까지 신고하지 않고 은폐하면 단호한 처단을

하겠다고 경고했다.[9]

　1950년 초 정부는 자체자금 21만 달러로 일제(日製) 통신기재를 구입하는 등 전화시설 확충을 꾀했지만, 한국전쟁으로 사업운영의 일시적인 중단은 물론이고 전기통신 시설은 80퍼센트 이상이 피해를 입었다. 한국전쟁으로 인한 서울의 전기통신 시설의 피해는 체신부, 중앙전기시험소, 서울전파감시국, 서울중앙전화국, 서울전화건설국, 용산전화국, 광화문전화국 등이 전소(全燒)되었을 만큼 컸으며, 특히 대도시 중심의 전화시설은 그 모습조차 찾기 어려울 정도로 파괴되었거니와 전국의 선로망(線路網)도 거의 전부가 파괴되었다.[10]

한국전쟁 종군기자들의 고충

　한국전쟁 종군기자들은 전화를 이용하기 어려워 우체국으로 달려가야만 했다. 우체국 전화마저도 서로 돌려가면서 써야 했기 때문에 기자들에게 할당된 시간은 3분여밖에 되지 않았다. 개전 초 대전에서 취재를 하던 미군 INS통신 기자 존 리치는 당시 상황에 대해 다음과 같이 말했다.

　"종군기자들이 이용했던 프레스센터는 커다란 방으로, 그 한가운데는 부산을 경유, 동경으로 연결되는 전화가 단 한 대 놓여 있었다. 한 건장한 미군상사가 이 전화를 책임 맡고 있었는데 선착순으로 사용할 수 있었다. 기사를 외부세계로 보낼 수 있는 유일한 방법은 이 전화를 이용, 동경에 있는 지국을 불러내어 받아쓰도록 하는 것이었다 …… 전화는 수 시간씩 불통되기 일쑤였다. 이 때문에 운 좋게 동경으로 기사를 한 번 보내면 이것이 수 시간 동안이나 특종이 될 때도 있었다. 그 당시 한국전 뉴스는 이런 식으로 세계에 전파되었던 것이다."[11]

방송기자는 신문기자에 비해 훨씬 더 어려운 상황에 처해 있었다. 존 리치는 "테이프 레코더는 당시 발명된 지 얼마 안 됐을 때이지만 한국에는 없었다. 나는 전쟁이 일어난 첫 주가 다 가기 전 부산에 갔었는데 이승만 대통령도 여수를 거쳐 그곳에 내려와 있었다. 나는 이 대통령과 회견을 가졌지만 미국으로 그의 목소리를 보낼 수가 없었다. 이 대통령은 자신의 육성으로 미국민에게 지원을 호소하는 메시지를 어떻게 해서라도 보내고 싶어했다"며 다음과 같이 말했다.

"(방송국으로 가서) 이 박사는 레코드판에다가 자신의 목소리를 담았다. 참으로 힘든 작업이었다. 이 조악한 레코드판에 담긴 이 박사의 육성을 미국에 있는 방송국으로 보내는 일은 내가 맡게 되었다. 수소문 끝에 미군부대에서 일한 적이 있는 한 민간인과 아마추어 무선송신기를 찾아냈다. 우리는 그의 집에서 레코드판을 전축에 걸어서 튼 뒤 마이크에 이 박사의 육성을 담아 단파에 실어 흘려보냈다. 누구든지 이 전파를 잡는 사람은 미국에 중계를 해달라는 호소와 함께." (한국 방송에서 테이프 녹음기가 최초로 사용된 건 1950년 9월이었다.)[12]

'사랑방'을 대체한 '다방'

한국에 다이얼전화가 처음 등장한 건 1952년 12월 8일이었다. 대단히 신기하고 기특한 일인지라 언론의 취재 속에 이승만이 처음으로 다이얼을 돌리는 기념식까지 가졌다. 그러나 전화는 1960년까지도 보

■ 1950년대 다방은 식자층의 활동무대이자 연락처 구실을 했다.

급대수가 겨우 12만7000대에 이를 정도로 귀한 것이었기에 대중적인 대인(對人)커뮤니케이션 채널로는 한계가 있었다.

1950년대에 그런 커뮤니케이션의 주요 마당으로 인기를 얻은 게 바로 전화가 있는 다방(茶房)이었다. 물론 아직은 서민들이 드나들 수 있는 곳은 아니었다. 다방은, 가난하더라도 사람들을 만나서 세상 돌아가는 이야기를 해야 하는 식자층 사람들의 주요 활동무대이자 연락 거점이었다. 이를테면, 과거의 '사랑방' 을 대신한 셈이었다.

다방엔 '마담' 과 '레지' 가 있었다. 여성종업원을 가리키는 레지라는 단어는 '레이디(Lady)' 에서 나왔다는 설도 있지만 '레지스터(Register, 카운터에서 요금을 계산하는 사람)' 에서 비롯됐다는 것이 일반적인 정설이다.[13] 마담과 레지는 남성중심의 다방 분위기를 부드럽게 만들어주는 도우미이기도 했다.

전화의 역사 112

다방을 가운데 두고 정치, 경제, 문화, 교육, 종교 등 다양한 주제가 논의되었다. 전쟁 중은 말할 것도 없고 전후 삶의 부동성(浮動性)이 높아짐에 따라, 즉 언제 어떻게 될지 모르는 극심한 변화의 정도가 심해짐에 따라 연락거점으로서의 다방의 가치가 높아졌다. 부산의 임시수도에선 길거리 집을 수리하면 다방이 꼭 생길 만큼 그 수가 급증했다.[14]

"문인, 화가 등 예술가들은 광복동이나 남포동 다방을 연락처로 삼고 여기 모여서 각자의 세계를 개척할 계획을 세우면서 서울수복의 날만 기다리고 있었다. 비단 예술가들뿐만 아니라 모든 사업가, 교수, 공무원, 일반인들이 나갈 만한 사무실이 마땅치 않을 때에는 으레 다방으로 모였다."[15]

온갖 부정부패가 극성을 부리던 시절이었던 만큼 다방은 그런 모의와 거래를 위한 공간이기도 했다. 부산피난시절 총리를 지낸 장택상의 회고에 따르면, 공무원들은 열한 시쯤 되어 점심을 한다고 나가서는 두세 시까지 지체하고, 그것도 모자라 다방에서 한두 시간 지내다가 서너 시에 돌아왔고, 또 밤이 되면 고급요정에 드나들면서 협잡을 일삼았다.[16]

그래서 당시 정부는 공무원의 다방출입을 금하고 암행감찰까지 실시했다. 당시엔 방송국 기자와 피디들도 공무원 신분이었던 만큼 암행감찰에 걸리면 징계를 받아야 했다. 노정팔에 따르면, "방송국으로서는 납득이 가지 않는 일이었다. 방송국 일이 다방을 빼고는 이루어질 수가 없었다. 출연자의 교섭, 연락은 물론 취재, 원고청탁이나 원고 받아오는 일 이 모두가 다방으로 가지 않으면 이루어지지 않았다. 이런 실정도 모르고 일률적으로 단속하는 당국이 불만스러웠다. 그리하여 생각해낸 것이 다방출입 단속령을 내린 장택상 국무총리를 인터뷰하는 일이었다. 마침 섭외가 잘 진행되어 인터뷰를 마치고 방송국의 실정을 있는 그대로 이야기했다. 그제야 총리는 수긍이 가는지 방송국에는 '다방출입증' 을 내주도록 하는 한편 징계도 취소하기로 했다."[17]

부분적으로나마 전화가 복구된 건 1953년 4월이었다. 조선일보 1953년 4월 29일자에 따르면, "전자식 전화기를 전부 자동식으로 대체한 서울중앙전화국에서는 27일 상오 11시 동 전화국 4층 회의실에서 군관민 다수 참석리에 성대한 자동식 전화복구·개통 축하식을 거행했다."[18]

전화는 '해방 10년에 가장 뒤떨어진 부문'

1953년 7월 27일 정전협정이 조인되었다. 한국전쟁에서 사망자, 부상자, 실종자를 포함한 인명손실은 300만 명으로 전체인구의 10분의 1이나 되었으며, 1000만 명이 가족과 헤어졌고 500만 명은 난민이 되었다.[19] 전화로 헤어진 가족을 수소문할 수 있다면 좋았겠지만, 전화는 아직 대중적인 매체는 아니었다. 1955년경에 이르러서도 전국의 전화대수는 3만2000대에 지나지 않았다.

전쟁 직후의 어려움 때문이었을까? 전화요금을 내지 않은 가입자가 많아 1954년 부산에서는 전 가입자 수의 3분의 1 이상이 통화정지 처분을 받는 일까지 벌어졌다. 조선일보 1954년 3월 6일자에 따르면, "통화정지 처분을 받은 전화는 무려 1200여 대로서 부산의 가입전화

총수의 3분의 1이 넘는 숫자라 한다. 이 전화통화 정지처분의 홍수로 말미암아 부산의 전화는 마비상태에 있으며 전화국장실에는 정지처분을 받고 당황한 저명인사 등 많은 가입자가 내방해서 일대혼란을 일으키고 있다 한다."[20]

1954년 8월 16일 최초로 자동식 관리 공중전화(유인 공중전화)제도가 실시되었다. 흑색 탁상용 전화기였다. 이전에는 전신·전화업무 취급국내에 공중용 전화를 설치하여 운용했는데, 특정 관리인이 특정 장소에 공중전화 부스를 설치하고 전화이용자에게 돈을 받도록 하는 유인 공중전화제도를 실시한 것이다. 착·발신이 모두 가능했던 당시의 공중전화는 규격이 잡다하고 전화기 관리소홀로 고장이 잦아 문제가 많았다.[21]

물론 문제가 많기론 가정용 전화도 마찬가지였다. 소설가 정비석(1911~1991)은 조선일보 1955년 8월 24일자에 기고한 글을 통해 "어쩌다 한 번쯤 전화를 이용해보려고 몇 십 분씩 애를 태우다가 급기야는 화가 동하여 버스를 타고 달려가는 일이 나도 비일비재했다"며 전화의 민영화를 대안으로 제시했다.

"어느 험구가의 논평에 의하면 해방 10년에 가장 뒤떨어진 부문이 전신·전화사업이라고 한다. 그의 사실 여부는 나의 알 바 못되지만 전화로 연락하기보다는 버스나 전차를 타고 가는 편이 빠르다는 관념이 일반화하게쯤 되었으니 다른 부문보다 앞서지 못했다는 것만은 나도 단언할 수 있을상 싶다 …… 으레 일반화되어야 할 전화가 그처럼 특권화되고 또 그처럼 벙어리가 된 것은 그것이 오로지 관영이기 때문이 아닐까 생각된다. 버스라는 교통기관이 민영이기 때문에 6·

25 후에는 산간벽지에까지 골고루 달릴 수 있게 된 듯이, 만약 전화국도 민영이기만 했다면 대량구입할 수 있고 거기 따라 그만치 보급도 될 수 있을 것이다."[22]

전화는 여전히 신기한 물건

1950년대 중반에도 서민들에게 전화는 여전히 신기한 물건이었다. 1955년 겨울 광문출판사에 취직한 이호철은 출판사에 있는 다이얼 전화를 보고 "9나 0 같은 뒤편 숫자는 때르르르릉 거리며 한참씩 돌아가곤 했다. 그러나 그야말로 '촌놈'인 나는, 그것 하나하나가 여간 신통방통하지가 않았다. 이런 전화를 마음대로 쓸 수 있는 이런 큰 회사에 몸담고 있다는 것부터가 조금 우쭐해지는 느낌이기까지 했던 것이다"고 회고했다.

"장난도 최소한 뭘 알아야 하고 말고가 있을 것이 아닌가. 도대체 전화 걸 데라곤 한 군데도 없는 터여서 도무지 막막했다. 그렇다고 송수화기를 든 채 숫자판을 아무렇게나 돌려 볼 배짱까지는 없었다. 그리하여 그냥 송수화기만 든 채, '애룽'하고 신호 떨어지는 소리가 나자 가볍게 놀라며 그냥 무턱대고 '여보세요, 여보세요, 여보세요' 해보았다. 아무 기척이라곤 없었다. 있을 턱이 없었다. 잠시 뒤 화장실에 갈 요량으로 아래층 쪽으로 내려가보니, 거기 경리과 여직원 하나와 숙대 음악과를 나왔다는 사장 비서아가씨가 저희들끼리 킬킬거리며 웃고 있질 않은가 …… 그녀들은 내가 전화에다 하는 짓거리를 아래층에서 속속들이 들으며, 여간 재미있어 하질 않고 배꼽을 잡고 킬킬거

■ 1950년대 서울중앙전신전화국 시외교환실. 1970년대 초반 자동전화가 개통되기 전까지는 교환원을 거쳐야 통화가 가능했다.

렸을 것이다."[23]

1956년 10월 22일 서울중앙전신전화국 4층 회의실에선 체신부 주최로 전국 1200여 명의 전화교환수 중에서 선발된 우량교환수 29명이 참석한 좌담회가 열렸다.

"양단 저고리를 입은 아가씨가 15명, 양장을 한 아가씨가 9명, 나머지는 나일론으로 차린 29명의 교환선수들의 이날 옷차림은 천장에 장식된 만국기의 찬란한 빛깔과 조화되어 더욱 화려한 분위기를 자아내었는데 차관 이하 체신부 고관들이 참석해서 그런지 교환양들의 표정은 긴장한 모습이었다. 그러나 말소리만은 그래도 용감하여 전화교환을 방불케 하는 좌담회였었다. 서울시내에서 참석한 교환양들의 제일불평은 가입자들로부터의 재촉과 농담인데 지방회선이 모자라서 분주할 때 재촉 받는 것과 농담이 걸려오는 것이 더욱 안타까우니 '감독께서 농담을 방지하고 회선을 증설해달라'는 건설적인 불평이었다."[24]

체신부 장관의 고통

전기통신 시설이 한국전쟁 이전 수준으로 복구된 건 1957년이었다. 7년의 세월을 허비한 셈이다. 여전히 전화는 귀하고 귀한 특권일 수밖에 없었다.

조선일보 1958년 5월 30일자는 전화사정과 관련, "유학 간 학생들의 하숙방에도 쉽게 가설하는 미국 같은 정도까지는 바랄 수가 없다 해도 현재와 같이 부족한 대수에다가 신가설이 어려운 사정은 신속히 시정되어야 할 것이다"라면서, 공중전화에 대해 다음과 같은 개선점을 제시했다.

"우선 주위소음의 격리가 요망된다. 가두에 노출되어 있는 것은 말할 것도 없고 점포 내에 설치된 것도 대부분이 출입구에 자리잡고 있기 때문에 내왕하는 차량의 소음이 통화를 방해함이 극심하고 또 차례를 기다리고 있는 사람들에게 통화내용이 들리는 불편이 있다. 이를 개선하기 위해서는 밀폐된 '복스'가 마련되어야 할 것이다."[25]

조선일보 1958년 9월 20일자는 "체신부 장관이 된 곽의찬 의원을 찾았더니 '전화 하나만 얻는데도 장관을 찾아와서 괴롭히는 바람에 낮에는 서류 하나 제대로 볼 수가 없고 저녁까지도 이렇게 남아 있게 된다'고 말했다며 "곽 장관 말대로 전화 한 대 얻는데도 장관을 찾아

가는 일련의 청탁벽(請託癖)이 없어져야 일다운 일이 될 수 있을텐데" 라고 했다.[26]

1958년 10월 27일 서울시 경찰국에 대한 국정감사에서는 경찰의 경비전화를 강일매, 임홍순, 이용범 등 자유당 정계요인의 집에 가설한 사실이 밝혀져 물의를 빚었다. 서울시경 통신과장은 설치경위를 추궁하는 질문에 "이미 회수했다"고 답변했으나 즉석에서 전화를 걸어본 즉 회수되지 않은 것으로 밝혀졌다.[27]

그러나 당시 언론인은 비교적 전화의 특권을 누릴 수 있었다. 1957년 육군소령으로 제대해 외신기자가 된 리영희는 "대한민국의 총 수출고라야 겨우 강원도 상동광산의 텅스텐 수출이 전부인 2200만 달러였던 그 당시, 1인당 국민소득이 미화로 환산해서 80달러에도 미치지 못했던 그 시기에, '좋은 출입처'를 드나드는 취재기자들에게는 하룻밤의 포커판에서 상당한 돈을 따고 잃거나, 한 자리의 술판에서 흘리는 것은 그들의 돈지갑에 흔적도 남기지 않았다. 그들은 위(胃)와 간(肝)이 허락하기만 한다면 매일 밤을 그야말로 주지육림(酒池肉林) 속에서 살 수 있었다. 관청과 기업체들을 취재상대로 하는 그들은 각종 허가사무와 이권청탁으로 태평성세를 구가했다"며 다음과 같이 말했다.

"한강 인도교가 아직 복구도 안 되었던 이 시기, 서울시에 가정용 전화가 1만4473대밖에 없던 당시에 그들은 거의 전화를 놓고 살았다. 전국의 자가용 승용차가 5801대밖에 없었던 그 시기에, 모여 앉으면 자가용으로 즐긴 주말드라이브의 화제로 꽃을 피우는 취재기자들도 적지 않았다. 그들에게 있어서 신문사·통신사가 주는 월급이란 수입의 항목에도 계산되지 않았다. 밖에서의 수입을 위해서, 오히려 월급보다 많은 돈을 사에 들여놓고 '기자증'을 수입원으로 삼는 '언론인'이 득실거리고 있었다."[28]

다방은 전화커뮤니케이션의 아지트

1958년 10월 29일 전국 공중전화의 균일요금제가 도수요금제로 개선되었다. 시내중심가와 변두리지역의 공중전화 수입의 격차가 커져서 공중전화 관리자의 수입이 고르지 못한 점을 시정하기 위해서였다. 또한 착신을 폐지하고 발신전용제로 함으로써 전화이용의 합리화를 꾀했다[29].

공중전화 이용을 둘러싼 분쟁도 자주 일어나, 조선일보 1959년 12월 22일자 '독자문답' 란엔 "공중전화로써 상대방이 나오지 않고 딴 번호가 나왔을 경우도 요금을 내어야 합니까?'라는 질문이 실렸다. 이 물음에 대해 체신부 총무과 기획계장 이영희는 "요금을 지불치 않아도 좋습니다. 전화관서는 이러한 오접속의 경우를 고려해서 공중전화 관리자에 대하여 통화도수의 30퍼센트를 감하여 주고 있습니다"라고 답했다.[30]

1959년 서울시의 전화는 총 2만 7000대, 일반전용이 9500대에 불과했다. 하기야 그해에 전국에서 전등을 설치한 가구는 총 375만 세대 중 17.5퍼센트에 해당하는 65만 2000세대에 불과했으니, 결코 놀랄 일은 아니었다.[31]

그렇기 때문에 1950년대 내내 다방은 '전화방' 역할을 했다. 오늘날과 같은 전화방이 아니라, 전화가 없는 사람들이 다방전화를 매개로 연락을 취하면서 다방이 커뮤니케이션의 중심이 되었다는 뜻이다. 특히 다방은 문인과 영화인들의 아지트였다. 당시 영화사들은 사무실을 차릴 형편이 못되었고, 배우와 감독 등 영화인들도 집에 전화를 가설할 형편이 못되었기 때문에 단골다방을 사무실이나 연락처로 삼지 않을 수 없었다. 김화는 다방의 이런 용도가 충무로를 한국 영화의 중심지로 만든 이유가 되었다며 다음과 같이 말했다.

"자연히 다방을 중심으로 영화인들이 모였고 다방에서 기획을 하고 지방흥행사를 만나고 스탭진을 짜고 배우를 캐스팅했다. 그래서 명동의 다방들은 영화인들로 붐볐다. 그러나 차츰 명동에 사람들이 몰리고 명동이 번성해지자 영화인들은 하루에 차 한 잔 마시고 하루 종일 앉아 있기 민망스러웠다. 다방영업에도 지장을 주었고 마담과 레지들의 눈초리도 전만큼 따뜻하지 않았다. 이럴 때 마침 충무로에 태극다방이 문을 열었다. 영화인들은 명동에서 진고개를 넘어 충무로로 발길을 돌렸다. 그 무렵 충무로는 명동보다 한가했다. 태극다방이 영화인들로 넘치자 이어 스타다방이 문을 열었고 이어서 몇 개의 다방이 더 생겼다. 영화인들은 명동에서 완전히 충무로로 근거지를 옮겼다. 충무로를 영화인들이 점령하자 스카라극장 뒤쪽에서 중부경찰서 앞쪽 일대는 영화사들이 들어서고 영화인들의 밤샘작업과 시나리오작가들의 집필을 위한 여관, 양복점까지 들어와 1950년대 말에는 영화타운이 형성되어 '한국의 할리우드' 로 불렀다."[32]

기약 없는 전화 한 통을 기다리며

다방의 인기는 계속 치솟았다. 이희승이 『사상계』 1959년 3월호에 발표한 「다방」이라는 시는 다방을 '현대문화의 사생아'로 규정했다.[33] 그렇게 말할 만도 했다. 조선일보 1959년 11월 1일자 기사에 따르면, "지난 열 달 동안 서울시민들은 서울시내에 있는 822개소나 되는 다방에서 4197만여 잔이나 되는 차를 마셨는데 4938백여만 환이나 된다는 경찰당국의 추산이다. 다방출입이 잦은 것이 곧 서울시민의 살림이 윤택한 것을 가리키는 것이 되지는 못하더라도 200만 서울시민이 모두 다방출입을 한다고 치더라도 시민 한 사람이 평균 20번은 다방에 드나들었다는 셈이고보니 확실히 서울시민은 다방을 좋아하는 것인가! 다방의 사교장이 되어버린 서울의 사정이 그렇듯 다방출입을 작게 만들었다고 당국에서는 보는 모양이지만 우리네 살림과 비교해 볼 때 이 숫자가 적게 잡은 것을 생각해 보면 낭비가 많은 살림인 것 같다."[34]

그러나 서울시민의 다방출입엔 '낭비' 이상의 의미가 있었다. 당시 다방은 공간제공의 의미가 컸다. 1955년 기준으로 완전 실업자 수는 200여만 명, 그밖에 반실업자, 유랑농민, 파산한 도시소시민이 1000만 명 이상이었다.[35] 1958년 기준으로 완전실업자와 농촌의 잠재적 실업자를 합한 전체 실업자 수는 420만 명으로 추산되었다.[36] 다방은 실업자들의 거의 유일한 피난처였다. 그들은 집에서 나와 주로 다방에서 온종일 차 한 잔을 마시며 시간을 보냈다.

그래서 이때엔 커피 한 잔을 시켜놓고 아침부터 영업시간이 끝날 때까지 자리보전 하는 사람들이 종종 있었다. 다방 마담 입장에서는 경제적으로 도움이 되지 않는, 자리만 차지하는 사람이 눈에 곱게 들

어올 리가 없었던지라 이런 손님들과 끊임없는 신경전을 벌이기도 했다.[37]

이처럼 1950년대의 음울했던 사회상황은 다방에 고스란히 반영돼 있었다. 1950년대는 흔히 '교육기적' '교육혁명'으로 불릴 만큼 놀라운 수준의 교육팽창이 이루어진 시기였다. 이승만 정부는 1948년부터 1960년 사이에 총예산 중 연평균 10.5퍼센트의 예산을 교육부문에 사용했다.[38] 1인당 GNP가 100달러에도 미치지 못하던 나라의 살림살이에선 매우 높은 비중이었다. 1945년에서 1960년 사이 대학생 수는 7819명에서 9만7819명으로 12배 이상 증가했다.[39]

하지만 대학을 졸업해도 취직할 곳이 없었다. 이에 '고등룸펜'이라는 말까지 나오게 되었는데, 주로 일자리가 없어서 다방이나 전전하던 사람들을 뜻하는 것이었다. 그들이 늘 목 빠지게 기다리는 건 기약 없는 전화 한 통이었다.

제5장

1960년대

"압구정·서초·개포는
전화 없는 '벙어리동'"

전
화
의

역
사

"웬 사장 전무들을 찾는 전화가 그렇게도 많은가"

1960년 6월 1일부터 서울시내 공중전화 500개소 중 230개가 주화 투입식 자동전화기로 대체되었다. 그러나 고장이 잦아 6월 5일까지 150개가 사용불능상태가 되고 말았다. 이에 체신부는 과거에 사용하던 전화기로 다시 바꿀 것이라고 해 무슨 비리가 있었던 건 아닌가 하는 의혹을 샀다.[1]

조선일보 1960년 7월 1일자는 "보통 권력층이나 부유층 가정을 빼고 대부분 주부들은 공중전화를 사용한다"며 "가정주부가 일주일에 한 번쯤 어쩌다가 쓰는 전화를 번잡한 길가에서 구차스럽게 전화통을 잡기보다 이웃전화를 조용히 빌려써도 되지 않을까"라는 제안을 했다.

"주인이 출근하고 난 오전 쯤 한가한 틈을 타서 충분한 예의와 조심성 있게 전화를 빌린다면—이에 응하고 그리고 감사할 줄 아는 이웃은 언제든지 친할 수 있다. 남의 집에 직접 들어가지 않고 전화를 빌려쓸 수도 있다는 것이다. 그것은 전화선을 빌려서 수화기만 마련하면 한 전화선을 이용하여 두 집이 쓸 수 있다는 것이다. 보통가정의 통화란 그리 많지 않으므로 두 집이 나누어 써도 과히 불편하지 않다. 요는 이웃 간의 정이다. 이웃사촌이란 속담을 실제로 옮겨보는 것이다."[2]

이미 그런 나눔의 정신을 실천하는 곳이 바로 다방이었다. 실업자가 늘면서 다방의 수도 늘어가는 기형적인 현상이 나타났다. 윤영춘은 『현대문학』 1960년 12월호에 쓴 「실직과 다방」이라는 글에서 "미국에서 몇 해 공부하고 고국에 돌아와서 처음으로 눈에 번쩍 뜨인 것이 학교건물이요, 둘째로 내 눈을 놀라게 한 것은 다방"이라면서 "우리나라에서 세계 수준에 오를만한 것을 뽑는다면 두말할 것도 없이 다방이 으뜸일 것이다"고 말했다.[3]

다방에서 전화 한 통을 기다리는 사람들은 비단 실업자들만은 아니었다. 다방은 수상쩍은 사업가들의 아지트이기도 했다. 조선일보 1961년 4월 9일자는 "다방에 한참 앉아 있어 보면 무슨 사장 무슨 전무라고 불리는 족속들이 왜 그리게 많은지? 흔히 인사소개를 하는 것을 보면 다섯 사람 앉아 있는 자리에 의례히 세 사람은 사장 아니면 중역인 사장족이다"며 다음과 같이 말했다.

"웬 사장전무들을 찾는 전화가 그렇게도 많이 걸려오는지 다방은 온통 사장족뿐인 대합실에 앉아 있는 것 같다. 이제 겨우 25, 6세밖에 안 보이는 얼굴에 안경점 진열장의 표본 같은 굵은 테의 안경으로 외모를 갖춘 능글맞은 애송이로부터 때가 주루루 몸에 배인 5, 60대까지인 이들 사장족은 '마담' 같은 중년 유한부인들과 마주앉아서 뭣인가 진지한 표정으로 흥정하고 있으나 실상 그 뱃속은 엉뚱한 거래를 하고 있는 것이다. 일정한 회사 사무실도 없는 이들이 늘어놓은 일확천금의 비결론에는 황홀해지기 마련이다. 여기에 걸려든 전주(錢主)에는 남자보다도 부녀자가 많아 돈을 대준 후의 환멸과 비애! 그 양상은 파산, 이혼, 자살 등으로 청산된다. 겉으로는 반질하고 호주머니에서 몇 백만 환이라 적힌 수표쪽지가 오고가는 척하며 행세하고 있으나 그것은 하나의 계략일 뿐 막상 집에서는 쌀을 됫박질로 팔아먹고 공탄을 한두 개씩 외상으로 때는 신세지만 이들은 애당초부터 해먹고 꼬리를 감추자는 배짱이 대부분이다. 설사 법망에 걸리더라도 삼킨 돈을 게워낼 생각은 아예 없고 형무소에서 콩밥으로 때우자는 심산이다. 그 중에서 좀 지능적인 사기꾼 사장족은 해먹어도 사기나 횡령이 되지 않게 법률조문을 따져서 교묘한 방법을 쓰고 있다. 그러니 돈을 주었다가 떼인 사람들은 법에 호소하자니 비용도 들고 설사 징역을 지운다 해도 돈은 뜨고 마니 이 핑계 저 핑계 늘어놓는 사장족의 달콤한 말에 그저 허송세월할 뿐이다."[4]

1961년 박정희가 주도한 5·16 군사쿠데타로 집권한 군사정권은 '금지'라는 단어를 양산했다. 다방에도 사실상의 금지령이 떨어졌다. 커피가 귀한 외화를 낭비한다는 이유에서였다. 그러나 다방은 커피 이전에 커뮤니케이션 공간이었던 바, 그런 압력으로 사라질 수 있는 게 결코 아니었다. 1961년 전국의 다방은 3083개소로, 이중 1086개소(35.2퍼센트)가 서울에 있었다.[5] 이후에도 이 수는 계속 급증해서 1969년엔 다방의 수가 약 5000여 개소에 이르게 된다.[6]

'다이얼 Y를 돌려라'

1961년 12월 14일 기독교방송(CBS)은 영화 〈다이얼 M을 돌려라〉에서 제목을 딴 '다이얼 Y를 돌려라'라는 전화신청 프로그램을 선보여 청취자들의 인기를 독점했다. 이는 1954년 12월 15일에 첫 전파를 발사한 CBS가 당시 미국의 원조 덕분에 레코드판을 많이 확보하고 있었기에 가능한 일이었다. 정순일은 "기독교방송이 청취자의 환영을 받은 것은 우선 그 깨끗한 음질이었다"며 "국영 KBS가 쥐꼬리만한 예산으로는 구할 수 없던 LP판(33.3회전)을 미국에서 기증 받아와서 틀어제끼니 당할 수가 없었다"고 말했다.

"KBS에도 비상이 걸렸다. 오 실장(오재경 공보실장)의 지시로 LP판 1만 매를 긴급구입했으나, 정부의 까다로운 구입절차를 밟아가며 판을 사다보니, 잘은 모르지만, 값이 헐했던지 RCA판만 몰려들어와 매일같이 토스카니니와 NBC 심포니오케스트라(RCA 전속이었다)의 연주와 야사하이페츠의 바이올린 연주만 만끽했었으니, 판을 고르게 갖추어 놓고 있었던 CBS를 이길 수가 없었다."[7]

그러나 '다이얼 Y를 돌려라'는 한국 사회의 수준을 뛰어넘는 호사였다. 당시 전화는 기본적인 기능조차 감당해내질 못하고 있었다. 1961년 10월 현재 서울의 인구는 260만 명을 넘어섰지만, 전화는 3만

3660대에 불과했다. 조선일보는 그나마 "표준수용량을 초과했기 때문에 통화사정이 원활치 못한 데다가 한 가입자의 통화량이 하루평균 39회라는 빈도에서 오는 기계의 소모와 외국제이기 때문에 오는 부속품 보급의 지연 등으로 때로는 '벙어리전화' 의 비난까지 받고 있는 현상이다"고 했다.[8]

1961년 말 전국의 가입전화 시설은 12만3154회선이었다. 그 가운데 자동식이 5만5100회선으로 자동화율은 44.7퍼센트에 불과했으며, 인구 100명당 전화보급률은 0.4대로 아주 미미한 형편이었다. 시외통화를 위한 장거리 전화회선은 1777회선에 지나지 않아 시외통화의 대기시간은 약 120분이나 소요되는 실정이었다.

군사정권은 1961년 7월 22일 경제기획원을 발족시킨 데 이어 1962년 1월 13일 제1차 경제개발 5개년 계획을 공표했다. 이 계획에 포함된 통신사업의 목표는 지방 통신시설의 보급, 전신·전화시설의 확장과 국내 통신기재 공업육성 등이었다.[9]

1962년 1월 10일 정부는 통신사업의 시설확장을 위한 자금조달 방법으로 전화채권을 발행하기로 하고 이를 위한 법적조치로 '전화채권법'을 제정·공포했다. 전화설비료의 인상 대신에 채택된 이 제도는 이후 2년간에 걸쳐 시행되었으며, 조달된 자금은 통신사업 5개년 계획의 소요자금으로 충당되어, 공중 전기통신시설확장과 개량에 쓰였다.[10]

1962년 최초의 옥외 무인 공중전화 설치

신문에는 공중전화에 대한 독자들의 제언이 끊이지 않았다. 청량

■ 1960년대 공전식 전화기(좌)와 1962년에 설치된 우리나라 최초의 옥외 무인 공중전화기(우). 이 공중전화기는 동전을 넣어 사용했다.

리에 사는 한 독자는 조선일보 1962년 3월 10일자에 "수화기를 들면 즉시 발신음이 들려오는 까닭에 급한 전화용건이 있는 사람은 자기 주위에 일반전화가 있는데도 발신음을 기다리기가 지루하여 거리로 뛰어나가 공중전화를 이용하는 일도 적지 않다"며 공중전화에 대해 세 가지 제언을 했다.

"첫째 도수제를 강행하는 나머지 전화기계의 고장으로 다른 번호가 나왔을 경우라도 꼬박 요금을 징수함으로써 이용자에게 불려(不慮)의 고통을 주는 예가 많다. 전화기의 고장으로 번호가 잘못 걸린 경우에 대한 대책을 세우든지 전화기의 고장이 절무(絶無)토록 하든지 하여야 할 것이다. 둘째 공중전화인 한 어느 때고 이용되도록 하여야 할 것이다. 주인의 형편에 따라 아무 때고 문을 닫는 경우 공기(公器)로서의 사명은 다할 수 없는 것이다. 셋째 통화도수제와 더불어 통화시간제도 병행하여야 할 것이다. 급한 용무로 공중전화를 찾았을 경우 먼

저 걸고 있는 사람이 공연한 잡담으로 반 시간, 한 시간씩 끌어나가도 중지를 요구할 도리가 없는 것이다."[11]

읽을거리로서의 재미를 주지 않는 전화번호부에 대한 불만도 제기되었다.

"'전화번호부'는 동창회명부보다도 재미있고 때때로는 도시발전의 귀중한 자료로서 심심할 때 들여다보면 소설 이상의 흥미를 자아내는 것인데 …… 요즘 배부되고 있는 새전화번호부는 …… 편집방식이 색달라 210여 페이지의 명부에 광고란이 전혀 없고 관공서만 특별부고, 나머지는 모두 '가나다' 순이어서 밋밋하고 불편하다는 공론들. 종전에는 금융기관, 각급학교, 언론기관, 중요기업체 등은 앞에 알아보기 좋게 따로 모았고 뒤에는 병원, 호텔, 음식점, 미장원 등등 각 업종별로 노란종이에 수록한 것이 그야말로 '일목요연'. 심심풀이 독자로서 들여다볼 맛이 없는 새 '전화부'를 내동댕이치고 싶어진다."[12]

1962년 9월 20일 서울시내 시청 앞, 화신백화점 앞 등 10개소에 최초의 옥외 무인 공중전화가 설치되었다. 개인관리인 없이 체신부가 직접 관리하는 무인 전화부스는 시민들이 5원짜리(구화 50환) 동전만 넣으면 혼자 통화할 수 있었다.[13]

통화당요금제 실시논란

1963년 1월 1일 전화보급에 따른 주택용 가입자가 증가하면서 정액요금제의 불합리성이 표출되자, 이를 시정하기 위해 자동전화 도수제가 실시되었다. 월 기본요금은 83원, 1통화당 요금은 3원이었다.[14] (1963년 당시 월 신문구독료는 80원이었다.)

이에 부산상공회의소는 산하업체를 상대로 여론조사를 실시하여 1통화당 요금을 1원으로 인하할 것을 당국에 건의하고 나섰다. 또 조선일보는 자동전화 도수제의 취지를 인정하면서도 "전화사용이 빈번한 신문사, 금융기관, 다방, 상점 같은 데서는 종전보다 5~6배의 요금을 지불해야 될 것으로 예측된다고 한다"며 "제도를 개선하는 것도 좋고 수입을 증가시키는 것도 좋은 일이겠지만, 현실을 무시하고 출혈지출을 강요하면 부작용이 생긴다는 것을 알아야 할 것이다"라고 주장했다.[15]

조선일보 1963년 1월 4일자엔 「'3원'에 눌린 '여보세요' : 전화도수제 되자 통화량 급감」이라는 제목의 기사가 실렸다. 이 기사는 "도수제의 영향 때문에 전화의 통화량이 부쩍 줄었고 주택, 상점, 다방 할 것 없이 전화를 빌려주고 빌려쓰는 사람끼리 '야박한 인정'마저 빚어내고 있어 새해 들어 전화를 에워싼 희비극이 꼬리를 잇고 있다"며 전화국 직원의 비공식 발언을 인용해 전화통화량이 평상시의 절반 이하로 줄었다고 했다.

그 대신 공중전화 수요는 늘었지만, 무인 공중전화는 새로운 문제에 직면했다. 1963년 1월 서울시내에 설치된 무인 공중전화는 처음 (1962년 9월) 10개소에서 40개소로 늘었는데, 지난 4개월간 송수화기의 절취가 57건, 형광등을 빼간 것이 2건, 전화번호부를 훔쳐간 것이 6건, 요금함을 뜯어 주화를 도둑질한 총액이 1100원에 이른 것으로 집계되었다.[16] 가짜주화도 극성을 부렸다. 조선시대에 쓰던 은전에서 주화모양의 납덩이에 이르기까지 다양한 대용품이 대거 발견되었다.[17]

전화의 역사 **134**

1963년 2월 13일 일반전화요금이 3원에서 2원으로 내렸다. 이에 조선일보는 "전화요금이 내렸다는 소식을 듣고 모든 가입자들은 한결 밝은 표정을 짓고 있었다"며 "어느 상점주인은 기본요금을 더 올리더라도 기왕이면 한 통화에 1원으로 내리면 좋았을 것을 하고 말하는 이도 있었다"고 했다.[18]

마셜 맥루언(Marshall McLuhan, 1911~1980)은 1964년에 출간한 『미디어의 이해』에서 전화의 예상치 못한 결과로 '콜걸(call girl)'의 등장을 들었다. 전화 때문에 매매춘형식의 혁명이 이루어졌다는 것이다.[19] 그런데 조선일보 1964년 11월 28일자에「서울에도 콜걸 우글우글」이라는 제목의 기사가 실린 걸 보면, 그 혁명이 한국에도 상륙했던 것으로 보인다.

"고급창녀들이 적선지역 밖의 도심지 주택가에 잠식, 순결한 가정생활에 흙탕질을 치고 있다. 충무로 5가, 오장동, 묵정동 등지의 주택가에 방 2~3개를 얻어 비싼 세를 물어가며 자리 잡고 있는 이들 독립창녀들은 거리에서 유객행위를 하지 않고 ① 전화로 매음청부를 맡아 금수장, 아스토리아 호텔 등으로 하룻밤 1000원 내지 2000원씩 받고 원정(?)을 가거나('콜걸' 제), ② 호텔보이나 웨이터들의 소개를 받고 손님을 찾는(매음소개) 등 종래와는 달리 점점 지능적으로 번져가고 있다. 25일과 26일 밤 중부경찰서는 새로운 '콜걸'의 '아지트'를 급습, 충무로 5가 42 강성자(22)양 등 20여 명을 연행, 즉결에 회부했다."[20]

1965년 3월 19일 체신부는 늘어가는 전화수요에 대비, 이미 가설된 가정용 전화를 이웃끼리 나누어 쓸 수 있는 전화공동사용제를 실시할 것이라고 발표했다. 각 전화국마다 10여 대의 가정전화를 선정해 전화 1대에 10개 미만의 회선을 연결시켜 일정기간 실험해본 후 성과가 좋으면 1966년부터 전국적으로 실시하겠다는 것이었다.[21]

전화는 계주(契主)의 필수품

전화사정이 이와 같았으니, 주간지가 유명인사가 전화 놓는 걸 기사로 보도한 건 당연한 일이었는지도 모른다. 1964년 9월 27일에 창간된 『주간한국』은 최고의 일간지 발행부수가 20만 부도 못 미칠 당시 43만5000부까지 발행한 전무후무한 기록을 세운 주간지다.[22] 『주간한국』은 처음으로 '소식통란', 즉 유명인사 동정란을 게재했는데, 여기엔 전화소식이 포함되었다. 1965년에 실린 걸 보면, "정창범씨(문학평론가)=근래에 전화를 놓았다. 번호는 …… / 박경리씨(소설가)=정릉동 768-6으로 이사. 전화는 그대로 92-0141번"과 같은 식이다.[23]

1966년에 일어난 삼성의 이른바 '사카린 밀수사건' 때 밀수품목 중 양변기와 더불어 전화기가 있었다는 게 흥미롭다.[24] 부유층은 외제 전화기 선호도가 높았다는 걸 시사해준다. 다음과 같은 에피소드도 1960년대에 전화가 대단한 특권이었다는 걸 말해준다.

"국내 · 외적으로 저명한 학자이자 현재 K대학 교수로 재직 중인 K교수는 총각시절인 1960년대에 체신부 관련 기관에서 잠시 직장생활을 했다. 그 덕분에 당시로서는 매우 귀했던 전화를 갖고 있던 그는 결혼을 하면서 살림집을 구하기 위해 그 전화를 팔았다. 그때 전화를 판 돈이 집값의 약 3분의 1이나 되었다고 그는 회고한다."[25]

1960년대에 전화가 꼭 필요한 사람이 있었으니, 이때에 성행한 계

■ 동대문전화국의 전화가입권 공개추첨에 몰려든 사람들. 수요에 비해 공급이 턱없이 부족한 탓에 가정용 전화는 일부만 누릴 수 있는 특권이었다.

(契)를 관장하는 계주였다. 1970년 한국은행 조사에 따르면, 전국적으로 서민층 72.3퍼센트가 계에 가입할 정도로 계는 범국민적 재테크 수단이었다.[26] 계원들을 관리하는 계주에게 전화는 필수였으며, 여러 개의 계를 꾸리는 계주는 여분의 전화를 더 놓기도 했다.

이를 말해주는 신문기사 하나를 보자. 조선일보 1966년 5월 21일자는 "병오년 윤달을 전후해서는 계가 깨어지는 해라는 부녀자들의 말을 입증이나 하듯이 요즈음 경찰서에는 계주를 잡아달라는 치맛바람에 경찰들은 골치를 앓고 있다"며 다음과 같이 말했다.

"파계(破契)의 대표적인 것은 지난 14일 종로서에서 마흔아홉 개의 계를 깨뜨린 여인의 구속사건인데 요즘 경찰조사 중에 피해자가 잇달아 경찰에 나타나 아우성을 벌이고 있다. 서울 도선동에 사는 강영란(44) 여인은 일자무식의 허풍선이. 계꾼들은 강 여인을 뚱뚱하고 둔하다고 해서 돼지엄마라 불렀다. 돼지엄마의 남편은 모 회사 경리로 있다가 실직됐다. 4남매를 학교에 보내고 살림을 하려니 늘 빚에 쪼들려 살아야 했다. 계를 하면 돈이 마구 쏟아진다고 수다를 떠는 돈암동 집 전부인(45)의 말에 솔깃했다. 1965년 5월 14일 돼지엄마는 50만 원짜리 계를 하나 만들고 16번과 19번 등 3구좌를 들었다. 탄 돈 50만 원으로는 전부인이 만든 계의 2번짜리 다섯 개 계에 들었다. 돼지엄마는 이 2번짜리 돈을 타면 달라변(아주 비싼 이잣돈. 편집자 주)을 놓을 심산이었다. 그 달라변으로 6개의 곗돈을 물고도 얼마가 남을 것 같은 주먹계산이었다. 2년 후에는 현금 5000만 원이 고스란히 떨어질 것이라는 꿈같은 계산이었다. 추리는 들어맞지 않았다. 또 계주를 하자니 적어도 2대의 전화가 필요했다. 곗돈을 불입해야 할 날은 닥쳐오는데 돈은 없었다. 그는 100만 원짜리 계를 하나 더 만들어 '오야'를 하면 당장 100만 원이 생겨 숨을 쉴 것 같았다. 그래서 신촌아줌마, 예리할머니, 모 준장부인, 모 교수부인, 인천집, 미장원집 등 직업계꾼 36명과 100만 원짜리 하와이계를 또 하나 모았다. 그리고 계에서 찾은 돈 100만 원으로 불입할 6개 구좌에 부어넣었다. 이렇게 돈이 없으면 계를 만들어 1, 2번에서 나온 돈으로 곗돈을 불입하는 '아랫돌 빼어 위에 쌓는 식'으로 계를 만든 것이 자그마치 49개, 불입해야 할 것이 189구좌에 금액이 무려 3억6575만 원에 달했다."[27]

전화를 가장 많이 쓰는 업체 1위는 다방

1966년 8월 12일 서울 수유동 동 단위 공용전화 가입자 30여 명이 체신부에 몰려가 장관을 만나 개선의 확약을 얻겠다고 농성데모를 벌였다. 가입자들은 사용료를 한 달에 1500원씩 꼬박 물면서도 통화는 제대로 못하는 실정을 호소하면서 고장이 잦은 데다가 공약했던 자동전화 가입권을 주지 않고 있다고 비난했다.[28](1966년 당시 월 신문구독료는 170원이었다.)

1967년 2월 24일, 일반인의 공중전화 수요가 늘어나자, 따로 공중전화용 회선을 달지 않고 일반전화 회선에 달아서 설치할 수 있는 간이 공중전화제도가 도입되었다. 이로써 공중전화의 보급이 더욱 확산되었다.[29]

1967년 8월 정부는 전화가설료를 100퍼센트 올리는 한편, 1968년부터 10퍼센트의 전화세를 부과하기로 했다. 전화요금 인상도 추진하기로 했다. 이에 조선일보는 "가정용 전화의 가입자들은 비교적 부유한 층이므로 그들에게 걷는 돈을 국민경제에 유용하게 쓰는 것이 나쁘게 뭐냐는 것이 부조리한 전화요금 인상안을 합리화시킬 듯하지만 …… 가정용 전화의 가입자라고 반드시 부유하지도 않으려니와 정녕 부유한 계층에서 마땅히 돈을 거둬야 할 분야는 아직도 손을 대지 않고 있는 것이 많다"고 비판했다.[30]

1967년 체신부 조사통계에 따르면, 전화를 가장 많이 쓰는 업체 1위는 관공서나 일반기업들이 아니라 다방이었다.[31] 다방은 사람들의 연락장소이자 섭외기관이었고 레지는 손님들의 메모를 챙겨주는 비서였다. 이후 다방에는 일반 공중전화와는 달리 수신과 발신을 함께

할 수 있는 핑크전화라는 것이 설치되기도 했다.[32]

이서구는 "사무실이 없이 상업을 영위하자니 발길은 다방으로 향하고 사원이 없는 업주라서 다방전화가 유일한 섭외기관이요 메모를 전해주는 레지가 유일한 비서이다"라며 '다방도 이쯤 되면 그 성격은 영 달라지고 만다. 온종일 들끓는 손님들은 무엇이 그리 바쁜지 무슨 사업을 꾸리려 하는지 보고만 있어도 현기증이 날 지경이다"라고 말했다.[33]

그 와중에서도 1968년 남진은 '사랑의 공중전화'(정두수 작사, 박춘석 작곡)를 노래했다.

"언제나 어느 때나 연인들끼리 / 사랑의 공중전화 꽃밭이 되네 / 장밋빛 가슴처럼 무지개 꿈을 안고서 / 돌아가는 다이얼도 행복에 겨워 / 전화에서 들려오는 사랑의 목소리 / 사랑의 목소리 / 언제나 어느 때나 연인들끼리 / 사랑의 공중전화 빨갛게 타네 / 첫사랑 빛깔처럼 무지개 꿈을 안고서 / 그 사람과 속삭이는 나직한 밀어 / 전화에서 들려오는 사랑의 목소리 / 사랑의 목소리"

1960년대에 나온 또 다른 전화가요로는 심연옥·남백송의 '전화통신'(천봉 작사, 한복남 작곡)이 있다.

"여보세요 미스 김 안녕하세요 / 여기는 청파동 청년 박이요 / 지나간 일요일은 약속한 대로 / 하루 종일 극장 앞에 비를 맞으며 / 기다리게 했으니 고맙습니다 / 여보세요 박 선생 오해 마세요 / 남의 속 모르는 무정한 말씀 / 지나간 일요일은 감기몸살에 / 하루 종일 빈방에서 쓸쓸히 홀로 / 여자 마음 몰라주니 야속합니다 / 여보세요 미스 김 정말 미안해 / 아니요 박 선생 천만의 말씀 / 닥쳐올 일요일은 단둘이 만나 / 아베크는 대천 바다 인천 월미도 / 젊은 날의 전화통신 즐겁습니다."

"압구정·서초·개포는 전화 없는 '벙어리동'"

1968년엔 전화도수기 부정조작사건이 터졌다. 전화국 직원들이 일부 기업체와 결탁하여 전화도수를 줄여주는 대신에 뇌물을 받은 사건에 이어 공중전화 관리인들로부터 돈을 받고 전화도수를 줄여주는 사건도 발생했다.[34]

1968년 8월 현재 서울시내 465개 동(洞) 가운데 공중전화나 전신전화취급소가 없는 이른바 '벙어리동' 이 48개동이나 되며 주로 압구정, 반포, 서초, 잠원, 신사, 논현, 역삼, 개포, 삼성 등 강남 변두리에 몰려있는 것으로 나타났다. 이에 조선일보는 "이 전화 없는 동의 주민 약 20만 명은 인명피해 등 급한 일이 생겨도 병원, 경찰에 연락할 길이 없어 전화가 있는 동을 찾아 달음박질해야 하며 통금 이후엔 그나마 발이 묶인다"고 우려했다.[35]

훗날 한국의 대표적인 금싸라기 땅이 될 강남이 '벙어리동' 이었다는 게 흥미롭다. 당시엔 고급아파트들은 강북에 있었으며, 그곳 주민들은 전화의 혜택을 톡톡히 누렸다. 조선일보 1969년 4월 17일자에 따르면, "서울시내 곳곳에 상가건물을 이용한 현대식 고급아파트가 들어서고 있다"며 "이미 준공을 본 청량리역전 대왕아파트를 비롯, 지금 공사가 한창인 세운상가의 '다' 동과 '라' 동, 삼풍상가, 삼원데파트맨션 등은 올여름까지 준공할 것을 목표로, 지금부터 입주자들을 부르고 있

■ 1960년대 가정집 전화는 주로 서울 강북의 고급아파트들에 설치되었다. 당시 개발이 시작되기 전이었던 압구정, 반포, 서초 등 서울 강남을 비롯해 많은 지역에는 전화가 아예 없었다.

다. 방안에 앉아 구내전화를 걸면 상가 내 어느 곳에서나 필요한 물품을 구입할 수 있고 버튼만 누르면 냉-난방을 자유로이 조절할 수 있는 이 호화판 아파트는 도시민들의 생활을 훨씬 서구화시켜줄 것이다."[36]

전화오접이 유발한 '전화 노이로제'

1960년대 말 전화가 희귀한 건 물론이고 있는 전화마저 자주 오접(誤接)사태를 빚곤 했다. 오죽하면 대통령까지 나서서 챙겼겠는가. 1969년 1월 18일 대통령 박정희는 체신부를 초도순시한 자리에서 "전화고장 신고를 받았을 경우, 밤중에라도 한 시간 내에 수리하도록 하라"고 지시를 내렸다. 서울시내의 전화고장 신고는 하루평균 약 800건이었으며, 신고되지 않은 건수도 헤아릴 수 없이 많았다. 체신부 장관인 김태동의 집에도 새벽 1시쯤만 되면 전화벨이 울려 "OB홀이냐, 미스 김 바꾸어주시오"라는 등 전화가 오접되는 일이 잦은 것으로 알려졌다.[37]

잦은 전화고장의 가장 큰 원인은 국산화한 기계의 불량 때문인 것으로 밝혀졌다. 그 밖의 이유로는 시설의 노후, 기술자의 미숙, 전화기 및 다이얼 불량, 기계부속품 공급부족 등이었다.[38]

그럼에도 체신부는 체신세입 목표를 달성하기 위해 7000여 전화교환양들에게 "하루 3만 통화를 돌파하라"고 독촉했다. 매일 평균 11시간 30분씩 일하는 과로에 그런 독촉까지 겹쳐져 사흘에 한 명꼴로 졸도하는 사태가 일어났다.[39]

1969년 6월 1일로 가설전화 50만 대를 돌파하자 체신부는 1969년 7월 15일에서 20일까지 이를 기념하는 행사를 가졌다. 그러나 전화의 오접사태는 계속되었다.

감리교신학대 교수인 미국인 박대인은 조선일보 1969년 12월 14일자에 기고한 칼럼에서 '전화 노이로제'를 호소했다. 그는 자신의 집에 걸려오는 전화의 태반이 잘못 걸려온 전화라며 "하루에도 몇 번이나 틀린 전화를 받는다"고 했다.

" '식모를 구합니까?'라는 전화가 가장 많은데 우리는 한 번도 이런 광고를 낸 적이 없었다. 그래서 잠을 잘 때는 전화기를 빼놓자고까지 생각했다. 그러던 어느 날 새벽 2시 반에 전화벨이 또 울렸다. 우린 잘못 걸려온 것이려니 생각하고 받지 않았는데 하도 맹렬히 울리기 때문에 큰 용기를 내어 일어났다. 그것은 미국의 친척에게서 온 반가운 전화였다. 그 후부터는 전화기를 빼놓을 수도 없는 딱한 입장이 되었다."[40]

　역설 같지만, 전화의 심각한 오접사태는 그만큼 전화의 특권적 지위가 막강했다는 걸 의미하는 것이었다. 김동식에 따르면, "1960년대 우리나라 전화사정은 극도로 열악했다. 회선공급과 교환시설 부족으로 수요에 공급이 미치지 못하니 권리금 붙은 전화매매와 매점매석, 전화가입권 담보 사채업, 무단임대까지 성행하여 사회문제가 됐다. 가입신청 뒤 전화가 놓일 때까지 1년 이상까지도 기다려야 하는 상황에서 전화배정을 둘러싼 비리가 만연한 것은 어쩌면 당연했다. 지위를 이용해 압력성 청탁을 하거나 관계자에게 뇌물을 건넸다가 적발되는 일도 잦았다. 전화가입업무 담당자의 '끗발'도 대단했다."[41]

　전화의 특권적 지위와 이를 둘러싼 사회적 비리는 1970년대에도 계속되었다.

제6장

1970년대

"사거래전화 값은 집 한 채 값"

전
화
의
역
사

'전화기 50만 대로 34번째 중진국'

　1970년 3월 안양읍내에서 자동전화를 쓰고 있는 안양전화국의 110(고장신고), 114(안내), 115(전보접수) 등 신고접수 전화가 밤이면 번번이 통화 중이거나 아예 신호조차 걸리지 않는 등 거의 통화가 안 되는 일이 벌어졌다. 자체조사 결과 야간근무자들이 기계를 조작해 '통화 중'이 걸리도록 한 것으로 밝혀졌다.[1]

　1970년 5월 체신부는 『월간 전화가이드』를 창간해 전화가입자를 대상으로 "모자라는 전화를 넉넉히 쓰는 길"을 홍보하고 나섰다. 이 창간호에 글을 기고한 변호사 최건은 다음과 같이 말했다.

"문제는 전화를 자주 걸고 또 길게 거는 사람은 어떨까 함에 있다. 도대체 남녀 간에 말이 많고 말이 길면 복이 박한 법. 오피스에서 남달리 자주 전화에 매달리는 여인에게는 사고가 따르는 율(率)이 높게 마련. 다방출입이 잦은 신사일수록 붉은 통에 줄곧 매달리는 것이 아닐까? 전화 한 통화 받고 거는 것으로 그 위인을 알 수 있게 한다."[2]

고장 난 공중전화 때문에 살인사건까지 벌어졌다. 1970년 6월 7일 서울 성북구 송천동의 한 제과점에서 서울시경 형사과2계 소속 정모(34) 경장이 주인 김씨와 고장 난 공중전화 때문에 시비를 벌이다가 김씨와 김씨의 동생 등 2명에게 뭇매를 맞고 병원에 옮기는 도중 숨진 사건이었다.[3]

1970년 6월 체신부가 전국의 자동전화 가설료와 도수료를 1971년부터 50퍼센트씩 올리기로 방침을 정하는 동시에 전화청약방식 중 공개추첨 방식을 없앰으로써 당분간 일반시민들의 신규 전화가입이 거의 불가능하게끔 억제키로 했다. 이에 조선일보는 「전화를 사치품으로 착각하지 말라」는 제목의 사설을 통해 "우리나라도 1969년 5월에 전화기 50만대를 돌파함으로써 세계에서 제34번째로 중진국의 열(列)에 들어서고 있다"며 다음과 같이 주장했다.

"그러나 선진국의 보유대수에 비하면 우리의 그것은 아직 요원한 상태에 있다. 미국의 대(對)인구비 50퍼센트는 말할 필요가 없지만 영국(22퍼센트), 독일(18퍼센트), 프랑스(14퍼센트)에 비해봐도 우리의 전화보유율(서울 4.5퍼센트, 전국평균 1.8퍼센트)은 까마득한 것이다. 국민생활을 보다 문명화하고 경제발전을 더욱 촉진하기 위해서도 체신사업에 좀 더 거시적인 안목과 투자가 요청되지 않을 수 없는 것이다."[4]

'청색전화' 와 '백색전화'

조선일보는 "전화를 사치품으로 착각하지 말라"고 했지만, 현실에서 전화는 여전히 사치품, 그것도 투기의 대상이 된 사치품이었다. 이에 정부 일각에선 전화가입권을 사용권으로 규제해 전화의 양도를 전면금지하자는 안이 나왔다. 그건 사유재산권 침해라며 반대하는 사람들이 많자, 전화양도 금지조치를 이원화하기로 했다. 새로 공급하는 전화는 매매를 금지하되 이미 설치돼 있는 전화는 자유로이 매매할 수 있도록 풀어주기로 한 것이다.

그게 바로 1970년 9월 1일 전기통신법 개정의 주요 내용이었다. 즉, 종래 재산권의 일종이던 전화가입권을 사용권으로 규정함으로써 전화가입권의 양도를 금지했고, 전기통신법 개정 전에 인가된 전화에 대해서는 자유로이 양도할 수 있는 규정을 둠으로써 가설전화를 사고팔 수 있는 길을 터준 것이다.

9월 1일 이후 달아주는, 판매를 금지한 전화는 '청색전화', 여전히 자유롭게 사고 팔 수 있는, 이미 가설돼 있는 전화는 '백색전화'라 불렀다. 무슨 깊은 뜻이 있어서 그렇게 부른 건 아니었다. 앞의 전화는 가입전화에 관한 사항을 기재하는 원부의 색깔을 청색으로 했기에 청색전화, 뒤의 전화는 그 원부의 색깔을 종전의 백색 그대로 뒀기에 백색전화라 부른 것뿐이다.[5] 김소진의 『장석조네 사람들』엔 이런 이야기가 나온다.

"그 집에는 주인집 장씨네에도 없는 백색전화라는 게 있을 정도로 끗발이 세었다 …… 백색전화가 어떻게 생겨부렸던가? 웬걸 깜장인 게로 흑색전화인가 부던데? 분명히 백색전화라고 혀서 전화 중에서 젤로 비싸다 혔는디, 사람들이 잘못 알아부렀나? 그때까지만 해도 백색전화니 청색전화니 하는 말들이 색깔을 두고 하는 말이 아니라 남에게 어느 만큼 자유롭게 사고 팔 수 있는가 하는 조건을 뜻하는 것인 줄도 모르는 사람들이 깨나 있었다."[6]

이 제도가 시행된 1970년 9월 1일 당시 가입자 수는 전국 45만 7280명이었으며, 그중 서울의 가입자는 19만6599명으로 이것만 백색전화이고 그 후부터는 청색전화가 되었다.[7] 또한 정부는 전화청약 우선순위를 정하여 전화공급의 공정을 기하려고 노력했지만, 하루아침에 전화가 투기적 사치품의 굴레에서 벗어나기는 어려운 일이었다.

전화상의 번성

전화의 공급이 절대부족하니까 전화를 개별적으로 사고팔고 하게 되어 이른바 '전화상'이 번성했다. 서울 종로, 을지로 등 번화가에 즐비하게 늘어선 전화상에선 백색전화를 고가로 거래했다.[8]

전화상이 사채(私債)장사를 겸하면서, 훗날 전화상 하면 사채, 사채 하면 전화상이 연상되는 일도 벌어진다. 조선일보 1975년 5월 16일자에 따르면, "우리는 사채 하면 시내 곳곳에 산재한 전화상 등이 많이 하고 있는 것으로 알고 있으나 실제 이들은 작은 돈(100만 원대)을 취급하고 있다는 것이며 거상(巨商)(?)들은 간판을 출판사, 직업소개소 등 갖가지로 본업과는 동떨어진 것을 붙인다는 것이다."[9]

군 법무관이자 법학박사인 강구진은 조선일보 1970년 9월 30일자에 기고한 칼럼에서 "정상적인 절차를 밟아서 전화를 가설하기는 하

■ 전화의 공급이 절대적으로 부족하자 전화를 개별적으로 사고파는 전화상들이 번성했다.

늘의 별따기이고 전화 한 대의 시중가격이 근 1000달러나 한다는 우리의 사정을 외국인에게 이야기하면 그는 도저히 이해 못하겠다는 표정을 짓는 것이 보통이다"며 "어떻든 이번에 전화상의 농간 등을 방지하기 위해 체신당국에서 전기통신법의 개정을 통하여 채택한 소위 우선순위제가 전화수급 사정을 얼마나 완화할지는 두고 볼 일이다"고 했다. 그는 "미국 이야기를 해서 안됐지만, 전화에 관한 한 사용자가 왕이라는 인상을 깊이 받았다"며 다음과 같이 말했다.

"누구든지 전화가설을 원할 경우 공중전화나 인근전화로 신청만

하면 4달러 정도의 명목상 가설료만 받고 즉각 전화를 달아준다. 또 전화번호가 바뀌었음을 모르고 전화를 건 경우에는 다시 그 번호로 전화를 걸지 않도록 전화번호가 바뀌었다는 취지의 자동녹음 된 교환수의 말이 나온다."[10]

1971년 서울-부산 간 장거리 자동전화 개통

1970년 6월 2일 금산통신위성지구국이 개통되어 태평양 상공에 떠있는 인털새트 3호와 연결됨으로써 전화, 텔렉스, TV 등의 국제중계가 한결 수월해졌다. 이전까지만 하더라도 TV의 국제중계 등은 일본의 도움을 받아야만 했다. 1969년 7월 16일 미국이 인류역사상 최초로 아폴로 11호를 발사하여 인간을 달에 착륙시키는 데 성공했을 때에도 한국 TV의 중계경로는 매우 복잡했다. 미국의 케이프케네디 발사현장에서 미국 ABC-TV가 인공위성 인털새트 2호에 쏘아 올린 화면을 일본의 NHK가 지구국에서 받아 전국에 중계하는 한편, 한국을 위해 대마도에서 마이크로웨이브로 보내주었다. 이것을 부산 금련산에서 받아 서울에 보내 다시 전국 텔레비전망을 통해 방송하는 방식을 채택했던 것이다.[11]

1970년 7월 7일 경부고속도로가 개통되어 전국을 이른바 '일일생활권'으로 만들었다. 당시엔 서울에서 대전까지 버스를 타고 가는 데에 8시간이 걸리던 시절이었으니, 서울에서 아침 먹고 부산에서 점심 먹는다는 게 놀라운 일로 여겨졌다.[12] 이에 질세라 전화도 기술발전을 거듭해 나갔다.

1971년 3월 31일 서울—부산 간에 교환원의 중계 없이 가입자가 직접 다이얼을 돌려 전화를 걸 수 있는 장거리 자동전화가 처음 개통되었다. 마이크로웨이브의 도입으로 회선이 증설됨에 따라 자동호출 방식(Direct Distance Dialing, D.D.D)의 채택이 가능하게 된 것이었다. 또한, 독립된 시외전화국이 건립되어 시외전화 소통이 훨씬 원활해졌다.[13]

1971년 9월 22일 남북분단 26년 만에 남과 북을 잇는 감격의 첫 통화가 이루어졌다. 이는 1971년 8월 대한적십자사 총재 최두선이 '1000만 이산가족 찾기 운동'을 북한 적십자회에 제의하여 가진 최초의 남북 적십자회담이 맺은 첫 결실이었다.

그날 오전 10시부터 남북 공동작업반원들은, '자유의 집'으로부터 약 70미터의 전선을 끌어와 판문점 공동경비구역 전봇대에 함께 올라가 직통전화를 가설했다. 북쪽의 흰색건물인 '판문각' 2층 왼쪽에서 세 번째 창문이 있는 방과 연결된 직통전화는 자석식 전화로, 송신용과 수신용 각각 1대씩이었다. 이렇게 연결된 전화로 "여보세요, 여보세요, 하나 둘, 하나 둘, 신호가 잘 가는지 받아보세요" "신호는 잘 오는데 얘기는 잘 안 들리니 손 좀 보시지요"라고 하며 대한적십자사 회담사무국 직원 최동일과 북한적십자회 연락사무소장 최봉춘(현재도 담당) 사이에 첫 통화가 이루어졌다. 그날 판문점 주변과 각 언론은 분단 4반세기를 육성으로 뚫은 감격으로 축제분위기에 휩싸였다.[14]

전화는 여전히 진기한 사치품

이처럼 여러 면에서 시·공간압축은 놀라운 변화를 보였지만, 전화는 1971년 현재 여전히 서민에겐 진기한 사치품이었다. 1971년 대학 예비고사를 한 3개월 남겨놓고 고3 여학생 김용숙은 시험에 붙기 위해 반에서 공부 좀 하는 아이 2명을 꼬드겨서 선생님들의 숙직실에서 공부를 했다고 한다. 당시만 해도 전화는 한 반에 한두 명 정도가 있을 뿐이었는데, 숙직실 한 구석에 까만색 다이얼전화가 있는 게 아닌가. 1999년에 밝힌 회고담을 들어보자.

"나는 두 모범생을 선동하여 전화를 걸기로 했다. 하지만 수화기를 들었는데 전화를 걸 곳이 없다. 이 소중한 기회를 놓칠 수는 없고 …… 궁리 끝에 아무 번호나 꾹꾹 누르기 시작했다. '여보세요.' 딸깍. 처음에는 너무 놀라서 그냥 끊어버렸다. 하지만 횟수가 거듭될수록 간이 커져서 상대방의 목소리를 들을 수 있는 여유가 생겼다. 우리는 여자가 받으면 무조건 끊고 남자가 받으면 무조건 '사랑해요' 했다. 그 남자들은 얼마나 황당했을까? 한번은 강적을 만났다. 남자가 받기에 여느 때처럼 '사랑해요' 했더니 저쪽에서도 '나두' 한다. 말하자면 나는 전화폭력 1세대인 셈이다. 요즈음의 행태를 보면 이 정도 전화폭력은 애교일지도 모른다. 하지만 전화의 익명성을 이용해서 모르는 사람과 웃기는 대화를 주고받았다는 점에서 요즘의 폰팅이라는 것과 이치는 똑같다." [15]

공중전화 3분제한제

정부는 전화가입청약에 대한 경쟁이 치열한 나머지 가수요가 성행하자, 이를 통제하기 위하여 1971년부터 전화가입청약을 할 때에 국가기관과 공공기관을 제외한 청약자에게 청약가납급을 예치하도록 제도화했다. 이 제도는 일시적인 효과는 있었으나 전화적체의 누증으로 3개월 이상의 적체(이 경우 연리 18퍼센트의 이자지급)가 45.4퍼센트나 차지하게 되자 청약자들의 불만이 점차 고조되었고 심지어는 전신·전화사업에 대한 불신감마저 갖게 됨에 따라 나중에(1983년 8월) 전면폐지되었다.[16]

'전화전쟁'은 격렬했다. 조선일보 1971년 11월 12일자는 "전화청약접수는 아귀다툼을 벌여야하고 가설을 기다릴 땐 기린같이 목이 빠질 지경이다"며 "11일 현재 서울시내에서 가설예정자 4600여 명이 가설비저축 등 10만5180원을 내고 전화를 놓지 못해 3개월 내지 6개월 동안 기다리고 있으며 약 7700명이 예약금 7만 원을 내고 승낙을 고대하고 있다"고 했다.[17](1971년 월 신문구독료는 300원이었다.)

1972년 3월 25일 체신부는 공중전화에 대한 통화시분을 3분으로 제한했다. 전화교환기실에 타이머를 장치하여 통화개시 후 3분이 경과하면 자동으로 절단되도록 하는 이 조치는 장시간의 통화를 억제하여 통화완료율을 향상시키는 동시에 공중전화의 공평한 이용을 기하기 위한 조치였다.[18]

새마을운동의 시작과 함께 1972년부터 농촌지역엔 공동전화가 설치되었다. 가입전화 1회선을 여러 가입자(2 이상 10 이하)가 공동으로 사용하는 제도였다. 1972년 한해에 새마을사업 촉진을 위한 우수 새마을 우선지원의 일환으로 462개 마을에 설치함으로써 전국의 농촌마을 3만4665개 중 9288개 마을에 전화가 가설되었다(이는 계속 추진돼 1976년 전화무교환 면(面)이 일소되었으며, 1977년 상주인구 50인 이상 되는 54개

섬에 통신시설을 모두 설비했고, 1978년까지 1만8633개 리·동 단위의 마을에 전화가설을 끝냈다).[19]

1973년 6월 정부는 동일한 장소에 동일인 명의로 2대 이상의 가입전화가 설치된 경우를 '복수가입전화'라 규정하고 이에 대해 제재를 가했다. 이는 전화를 상행위로 삼아 여러 대의 전화를 확보하여 임대하거나, 백색전화를 매점하여 전화시세를 조작함으로써 부당이득을 취하거나, 백색전화를 가진 자가 청색전화를 승낙받은 후 그 백색전화를 매각하는 등의 전화부조리를 방지하기 위한 조치였다.[20]

라디오 '전화 리퀘스트' 탄압

1970년대는 젊은 층 위주의 음악전문다방이 꽃을 피운 시기였다. 1970년대에 경제는 무럭무럭 성장해갔지만, 정치와 표현의 자유는 완전히 봉쇄되었다. 대학생들이 그런 숨 막히는 분위기의 탈출구로 찾은 곳이 바로 음악다방이었다. 물론 여기엔 정치와 표현의 자유엔 아무런 관심도 없는 '놀자판' 젊은이들도 가세했다. 음악전문다방이 1960년대에 유행했다가 쇠퇴한 음악감상실과 가장 다른 점은 디제이라는 신종 직업의 출현이었다. 디제이의 도끼 빗, 장발, 혀 굴리는 멘트, 리퀘스트 뮤직으로 대변되는 음악다방은 약간 유치한 감은 없지 않았으나 당시 확고한 청년문화로 자리 잡았다.[21]

대학가나 시내중심가를 막론하고 1970년대에 생겨난 다방은 모두 뮤직부스를 한 편에 설치해 음악다방 흉내를 냈다.[22] 그러자 젊은이들이 자주 가는 다방들은 차별화를 꾀하기 위해 '커피숍'이라고 이름을 바꾸기 시작했다.

디제이들은 한 쪽 구석 유리로 된 부스에 앉아서 손님들의 신청곡을 받아 틀어줬다. 머리도 길게 기르고 일부러 낮게 깐 음성으로 '닐 다이아몬드'가 어쩌고, 'CCR'이 어쩌고 하는 멘트를 한바탕 늘어놓기도 했다. 그게 멋있게 보였는지 디제이는 여자들에게 인기가 있었다. 매일 디제이부스 앞에 몇 시간씩 앉았다 가는 여자들도 꽤 있었다. 디제이의 시선을 끌려고 음악신청용 쪽지에 하트모양을 그려넣기도 하고 껌이나 사탕을 넣어주기도 했다.[23] 여자 손님이 보내는 커피가 하루에도 수십 잔이 넘었고, 디제이와 통화 한 번 해보고 싶어 다방으로 전화해서 없는 친구를 괜히 한 번 찾아보는 여성팬들도 허다했다.[24]

커피숍의 디제이문화는 라디오의 디제이 프로그램으로 발전되었다. 디제이 프로그램은 포크음악과 외국의 팝송중심으로 큰 인기를 누렸는데, 유명 디제이는 대부분 커피숍 디제이 출신이었다. 디제이프로그램의 인기를 뒷받침해준 건 전화 리퀘스트였다.

선성원에 따르면, "MBC에서 '별이 빛나는 밤에'(이종환)를 필두로 DBS에서 '0시의 다이얼'(최동욱, 이장희, 윤형주), TBC에서 '밤을 잊은 그대에게'(황인용), CBS에서 '꿈과 음악사이'(임문일) 등 4파전이 일어나며 팝 프로그램의 인기비중이 심야시간대로 옮겨가는 현상이 나타난 가운데 초기의 전문 디제이시대에서 개그맨이나 가수 디제이로 바뀌면서 신변잡담이나 늘어놓는 등 백해무익한 프로그램으로 전락, 마침내 1972년 관계기관으로부터 심야방송에서 전화 리퀘스트에 대한 제재조처가 취해지는 등, 별로 명예롭지 못한 결과를 낳기도 했다."[25]

당시의 디제이 프로그램이 백해무익한 건 결코 아니었다. 전화 리퀘스트를 통한 신변잡담을 어떻게 보느냐의 문제였을 뿐이다. 1972년 10월 17일에 선포된 '10월 유신'은 민주주의에 대한 사망선고를 내렸을 뿐만 아니라 전화의 용도를 전신의 시대로 되돌려놓은 폭거이기도 했다.

뿐만 아니라 전화도청이 매우 극심해 정치이야기를 전화로 하는 건 절대금물이었다. 1973년 10월 19일 유신독재를 공공연히 비판한 양심적 지식인인 서울법대 교수 최종길(1931~1973)이 중앙정보부에 끌려가 의문사를 당했을 때의 일이다. 미국 대사 하비브(Philip Charles Habib, 1920~1992)가 제2의 최종길 사건이 나는 걸 막기 위해 당시 입바른 소리를 잘 하던 이화여대 총장 김옥길(1921~1990)에게 '안부전화' 수법을 썼다. 이에 대해 최종선은 다음과 같이 말한다.

"당시 이화여대 김옥길 총장님 전화는 물론이요, 고려대 김상협 총장 등 모든 전화들이 도청되고 있었는데 …… 매일 아침, 거의 일정한 변함없는 시간, 당시 주한미국 대사 하비브가 김(옥길) 총장에게 안부전화를 합니다. 그저 평범하고 통상적인 하루일과처럼 보입니다. 그러나 그게 그야말로 그저 단순한 안부전화일까요? '손가락 하나 까딱하지 말아라. 우리가 아침·저녁 365일 지키고 있다!'는 무언의 경고로 받아들였습니다."[26]

"사거래전화 값은 집 한 채 값"

당시 전화공급엔 4개 등급의 우선순위가 있었다. 정부기관이나 주요공공단체가 1, 2순위였고 3순위는 공무원과 교사, 그리고 일반서

민은 4순위였다. 그래서 이른바 '4등 국민'이라는 자조(自嘲) 섞인 우스갯소리가 유행하게 되었다.[27]

순위가 세분화되면서 일반서민은 '9등 국민'으로까지 밀려 내려갔다. 조선일보 1973년 11월 18일자 사설 「전화기근(饑饉)」은 "사거래되고 있는 전화 값은 서민들의 집 한 채 값과 맞먹을 만큼 치솟았음에도 당국의 속수무책은 이해의 한계를 넘어서 해괴한 처사라고 비난하지 않을 수 없는 것이다"며 다음과 같이 말했다.

"1인당 국민소득 300달러를 넘어선 우리나라의 전화보급률은 아직도 인구 100명당 2.3대로 세계평균 7.4대의 3분의 1에도 미달되고 있다. 세계에서 가장 보급률이 높은 미국의 약 30분의 1에 불과하며 일본에 비해서도 12분의 1에 지나지 않아 국민소득의 격차보다도 더욱 심한 차이를 보이고 있는 것이다 …… 서울이나 부산의 일부 지역 전화 값은 가설비의 3배가 넘는 50만 원 이상을 호가하고 있으며 신규가입청약은 '1년 이내에 가설되지 않더라도 좋다'는 청약자의 양해가 있어야만 청약을 받고 있다. 금년 10월 말 현재 서울시내의 적체된 청약자만도 1만2000건을 넘어 청약순위 9순위의 일반서민들에겐 전화가설은 한낱 그림의 떡과 같은 격이 되어있는 것이다."

그렇기에 사랑을 위한 전화통화는 애조(哀調)띤 모습으로 묘사해야 어울린다고 생각한 걸까? 1974년 이장희가 발표한 '그건 너(이장희 작사·곡)'라는 가요는 "전화를 걸려고 동전 바꿨네 / 종일토록 번호판과 씨름했었네 / 그러다가 당신이 받으면 끊었네 / 웬일인지 바보처럼 울고 말았네"라고 노래했다.

집전화 대신 공중전화를 쓰는 이유

1974년 1월 1일 정부는 재정적자에 따른 세수(洗手)증대를 위해 전화세법을 만들어 공포했다. 공공기관을 제외한 모든 가입자들에게 전화사용료의 15퍼센트를 세금으로 징수하는 전화세법의 시행으로 사실상 전화사용료가 15퍼센트 인상됐다.[28]

조선일보 1974년 6월 5일자는 "우체국의 부정을 캐러온 대전체신청 감사반이 전화가입자 40명으로부터 '가설료 이외에 돈을 더 낸 일이 없다'는 각서를 받고 있어 어리둥절하다"고 보도했다.

"온양우체국은 5월 17일 190대의 가입을 인가하면서 아산군청, 산림조합, 삼화여중고 등 공공기관에는 선이 없다고 불허하고 온천리 강모(33)씨 등 9순위 여관업자들에게는 가설해주어 2만 원에서 4만 원까지의 웃돈시비가 벌어진 것. 누락된 256명은 김기두 국장이 18일 대전우체국장으로 전임하기 전날 결정한 것도 의심스러운데 감사반이 두둔이라도 하는 듯 '웃돈을 주었느냐'고 묻는 게 아니라 '주지 않았다'고 유도신문하는 저의가 더 의심스럽다고."[29] (1974년 월 신문구독료는 450원이었다.)

조선일보 1974년 12월 4일자는 "청약신청을 하고 1년 이상이나 기다려야, 그것도 운이 좋다거나 속칭 '빽'을 써야 겨우 가설이 되는 실정이니 전화는 가히 재산목록 1호"라며 "이처럼 '전화전쟁'의 거센 바람이 전국을 휩쓴 것이 어제오늘의 얘기가 아닌데도 체신당국의 대책은 소걸음보다 늦기만 하다"고 비판했다.[30]

1975년 7월 1일 가정용 전화요금이 올라 한 통화에 8원 70전이 되

■ 1960년대 말 공중전화 앞에 몰려든 사람들. 부족한 전화회선과 가정집 전화요금 인상 등으로 서민들은 주로 공중전화를 이용하였다.

었다. 공중전화는 그대로 5원이라 일부 가정주부들은 집전화를 수신용으로만 쓰고 발신용은 공중전화를 쓰는 일이 벌어졌다. 서울 서대문구 갈현동의 한 약국주인은 약국에 설치된 공중전화 사용자가 평소보다 2배로 늘었다면서 "체신부가 공중전화료를 올리지 않은 이유야 뻔하지만, 알뜰주부들 때문에 정말 전화 없는 사람들이 불편하게 됐다"고 말했다.[31]

전화가입자 100만, 청약대기자 17만

전화적체는 날로 증가하여 1975년에는 10만이 되었으며 하순위 청약자는 청약 후 1년 이상을 기다려야 했다. 이에 따라 백색전화의 시세는 앙등했고 전세전화가 성행하는 등 전화의 사용질서가 문란해졌다. 이를 해결하기 위한 방편의 하나로 정부는 1975년 10월 긴급전화제도를 도입했다.

긴급전화제도는 승낙순위와 접수순위에 관계없이 보통청약에 우선하여 설치하고 그 후 그 가입자의 승낙차례가 되면 보통전화로 대체하도록 하여 제법 성과를 거두었다. 이 긴급전화는 보통전화와 동일하나 부가사용료로 급지별 정액제를 업무용 전화의 2배(서울의 경우 1만 2000원)를 납부하도록 했다(그러나 긴급전화도 적체되기 시작하여 1980년 말 4만을 초과함에 따라 별 의미가 없게 되었다. 긴급전화의 수요를 억제하고 적체를 조속히 해소하기 위한 방안으로 1980년 1월 부가사용료가 인상되었다).[32]

1975년 11월 29일 전화가입자가 100만 회선을 돌파했지만, 전화청약을 해놓고 기다리는 사람은 17만여 명에 이르렀다.[33] 한편 공중전화는 도둑으로 몸살을 앓았다. 공중전화의 동전을 훔쳐가는 도둑이 많아지자 체신부는 1976년 전화통을 열기만 하면 전화국 숙직실에 공중전화기의 위치까지 알리는 비상벨을 장치했다.[34]

도둑보다 더 심각한 건 고장이었다. 1976년 1월 부산 해운대전화국은 관내 무인 공중전화기를 표본조사한 결과 고장원인은 사용자의 취급부주의가 90퍼센트였으며 이중에서도 정상적인 동전 이외의 것을 억지투입시켜 고장을 일으키는 것이 30퍼센트에 달한다고 발표했다. 조사 결과 두 곳의 공중전화기에서는 휘어진 5원짜리 주화가 70개, 부서진 성냥개비와 쇠붙이가 각각 11개, 녹이 슬어 앞뒤를 구분조차 할 수 없는 동전이 10개, 슬롯머신과 카지노판에 쓰이는 특수주화가 5개, 아크릴조각 2개, 1원짜리와 1센트짜리 외국 주화가 각각 2개, 길쭉한 꼬챙이 2개, 나사못, 10환짜리 주화, 열쇠, 10원짜리 주화 등이 나왔다.[35]

고장전화는 자판기 도입에도 영향을 미쳤다. 한국에 처음 자판기가 등장한 것은 1976년이었지만, 처음에는 동전만 삼키는 고장 공중전화통에 속아온 시민들의 기계기피 심리로 전혀 주목을 받지 못했다. 하지만 1978년 중순부터 금성사, 삼성전자, 롯데산업 등 대기업 메이커들이 잇달아 자판기 시장에 뛰어들면서 매년 100퍼센트 이상 급격한 증가추세를 보이기 시작한다.[36]

1978년 적체전화 가운데 6개월 이상 기다리고 있는 것이 전체의 40퍼센트, 1년 정도 적체된 것도 10퍼센트에 이르렀다. 이에 체신당국은 1978년 3월부터 매매나 승계가 불가능한 청색전화를 승계할 수 있도록 전기통신법을 바꾸었다. 청색전화의 승계가 가능한 경우는 아파트와 주택매입 시, 영업승계 시, 구내 교환설비가 있는 건물인수 시, 법인체의 합병 시, 사망한 자의 지위승계 시 등이었다.[37]

1978년 12월 31일 최초로 장거리 자동 공중전화 436대가 개통되었다. 1965년부터 시도되었으나 실패했던 속칭 '콜택시(call taxi)'가 PATA(태평양지역관광협회)총회를 대비하여 1979년 4월 10일부터 운행에 들어갔다. 모두 1250대였다.[38] 1979년 12월 서울 영동전화국과 당산전화국에 등장한 자동교환기는 전화교환과정의 생략이 시작되었음을

알리는 신호탄이 되었다.[39]

"사거래전화 값은 집 한 채 값"이 될 정도로 1970년대에 전화가 낙후상태를 면치 못한 건 꼭 당시의 경제 수준 때문만은 아니었다. 여기에는 전화를 사치로 간주한 가운데 통신망 구축이 경제발전에 기여할 수 있는 면을 보지 못한 점, 변화에 소극적인 관료집단의 저항, 기업들 간의 이해관계 상충에 따른 방해 등 여러 이유가 작용했다.[40] 정권이 의도했건 의도하지 않았건, 전화에 의한 소통증가가 독재정권 유지에 위협적일 수 있다는 점이 본능적으로 작용한 탓도 없진 않았으리라.

제7장

'1가구 1전화시대'의 개막

전
화
의

역
사

'전화 없는 세상'의 고통과 공포

1979년 10·26사건으로 박정희와 유신체제는 종말을 고했지만 전두환을 중심으로 한 신군부는 12·12쿠데타를 일으켜 군권을 잡고 정권장악을 꿈꾸었다. 1980년 5월 17일 전국으로 확대된 계엄령선포 후, 세상은 쥐 죽은 듯 조용해졌지만 광주에서는 시위가 계속되고 있었다. 신군부는 특전사소속 7여단과 11여단 병력을 광주로 내려보냈다. 이른바 '충정훈련'으로 이미 '인간폭탄'이 돼 있는 병력이었다.

5월 17일 오후 광주 상무대 전투교육사령부에선 공수부대 병력 1000여 명이 작전개시 준비를 마치고 명령이 떨어지기를 기다리고 있었다. 작전명은 '화려한 휴가'. 그러나 그 '휴가'는 차마 필설로 다하기 힘든 '인간사냥'을 위한 것이었다. 인간사냥은 5월 18일부터 개시되었다.

최정운은 다음과 같이 말한다.

"공수부대 병사들은 마음껏 모든 가능한 폭력을 행사했다. 첫날부터 대검을 사용하고, 지나친 폭력에 항의하는 할머니, 할아버지들에게 입에 담지 못할 욕을 해대며 무지막지하게 구타하고, 여성들에게 폭행하고 옷을 찢고 심지어 젖가슴을 대검으로 난자했다."[1]

공수부대원들의 그런 만행을 숨죽이며 지켜본 시민들은 '이게 인간의 세상인가?' 하는 놀라움과 두려움에 통곡했다. 황석영의 기록이다.

"어느 할아버지는 '저럴 수가 있단 말이냐. 나는 일제 때에도 무서운 순사들도 많이 보고, 6·25 때 공산당도 겪었지만 저렇게 잔인하게 죽이는 놈들은 처음 보았다. 학생들이 무슨 죄가 있기에 저러는가. 죄가 있다고 해도 저럴 수는 없다. 저놈들은 국군이 아니라 사람의 탈을 쓴 악귀들이야' 하면서 통곡했다. 어느 중년의 사내는 '나는 월남전에 참전해서 베트콩도 죽여봤지만, 저렇게 잔인하지는 않았다. 저런 식으로 죽일 바엔 그냥 총으로 쏴 죽이지. 저놈들을 죽여버려야 해' 하면서 오열을 터뜨렸다. 온 거리는 피의 강, 울음의 바다가 되었다."[2]

광주시민에게 더 큰 고통과 공포를 안겨준 건 광주가 외부와의 전화마저 두절된 고립무원(孤立無援)의 상태에 처했다는 사실이었다. 당시 광주에 거주하고 있던 인류학자 리나 루이스는 이렇게 말한다.

"여기 사람들에게 가장 무서운 것은 여기서 무슨 일이 일어나고 있는지 다른 곳에서는 모른다는 것이다. 서울의 풀브라이트 담당관인 피터슨도 무슨 일이 일어났는지 전혀 모르고 있었다. 여기 모든 사람들은 어리둥절한 채 비탄에 잠겨 있다. 정말 무서운 일이다. (다른 지역) 사람들은 이런 일이 일어나고 있다고 믿을 수 없을 것이고 상상조차 할 수 없을 것이다.[3)]

최정운은 그러한 무서움을 '관객의 부재'라는 말로 표현한다. 그는 "군부는 언론을 철저히 통제했고 광주 밖에서는 아무도 광주에서 무슨 일이 벌어지는지 알 수 없었다. 군부는 관객석을 봉쇄하고 광주에만 제한된 폭력극장을 만들었고 관객이 없는 이상 비폭력은 아무런 전술적 의미가 없는 것이었다. 이 관객의 부재는 공수부대의 폭력이 부당함을 호소하고자 하는 광주시민들에게 견디기 어려운 고통이었다"며 다음과 같이 말한다.

"군부의 언론통제는 광주시민들을 지원할 타 지역 국민들의 도움을 받지 못하게 했을 뿐만 아니라 폭력적 대결 외에 비폭력의 선택의 여지를 없애버렸다. 시민들이 MBC를 세 차례나 공격하고 결국은 불지르려 하고 KBS에도 방화하게 된 이유는 바로 관객의 배제에 따르는 수많은 덧없는 희생 그리고 목숨을 걸고 투쟁해야 하는 고뇌와 고독에 따른 좌절감의 표출이었다. 방송국에 방화한 것은 단순히 언론의 자유를 위해 군사독재의 앞잡이 노릇을 하는 못된 방송국을 처벌한다는 추상적 이상을 실현한 것이 아니었다."[4)]

관객은 둘째 치고 전화를 통해 들을 수 있는 청중만 있었더라도, 광주시민의 고뇌, 고독, 좌절은 훨씬 덜 했으리라.

'전화기자급제'와 '여성의 전화'

1980년대 들어서도 전화에 대한 국민적 불만은 계속되었다. 1980년 9월 현재 60만 건의 전화청약이 밀려 있었고 그중 1년 6개월 이상의 장기적체만도 5만 건에 이르렀다. 게다가 전화를 10번 걸면 겨우 4번 정도 통화가 돼 '울화통'이 치민다는 비난의 소리가 높았다.[5]

오접사고도 여전했다. 방송작가 김수현은 조선일보 1981년 10월 22일자에 기고한 글에서 "분명히 제대로 다이얼을 돌렸는데 '똑똑히 확인하구 돌리슈'라든가, '아니라는데 왜 자꾸 걸어요!'라든지, '이 아주머니, 어유, 신경질 나' 찰칵. 죄 없이 아무 소리 못하고 야단을 맞을 수밖에 없다"며 다음과 같이 말했다.

"한 번 통화를 위해 네다섯 번 다이얼을 돌려 네다섯 통의 도수료를 지불하는 이쪽 손해도 손해고 잘못 걸려오는 전화의 성가심을 알지도 못하는 사람한테 끼치는 미안함도 미안함이고, 어떻게 고장신고의 처리가 신속해진 것처럼 이 전화오접문제도 좀 해결해줄 수는 없는지."[6]

1981년 5월 28일 체신부 차관으로 부임한 오명은 바로 그런 전화 문제에 확고한 비전을 가진 인물이었다. 그는 1987년 7월 체신부 장관으로 취임해 1988년 12월에 물러나기까지 '전화혁명' 또는 '통신혁명'이라 해도 좋을 정도의 뛰어난 업적을 보여주게 된다. 1980년대 초반에 이루어진 기술·행정적 변화를 살펴보면 다음과 같다.

1981년 1월 1일 '전화기자급제(자유화)'가 실시되었다. 종전에는 전화관서에서 공급했던 자동식 가입전화 단말기를 전화가입자가 직접 구입할 수 있도록 한 것이었다. 이로써 전화가입자는 자신의 기호에 맞게 전화기를 구입할 수 있게 되어 전화기의 종류가 다양해졌다.[7] 1981년 11월 1일 서울지역 전화번호 안내업무가 전산화되었다.

1982년 1월 1일 한국전기통신공사(Korea Telecommunications Authority, KTA)를 체신부로부터 분리시켜 전신·전화업무를 전담케 했다. 이때 자본금 2조5000억 원은 전액 정부에서 출자했으며, 체신부 직원 7만9151명 중에서 통신공사로 이관된 인원은 153기관 3만5432명이었다.[8] 1982년 3월 29일 한국데이터통신주식회사(Data Communication Corporation of Korea, 현재 DACOM)가 설립되었다. 또 1982년부터 무선호출 서비스가 시작되었다. 이 기계는 무선호출기(Pager/Beeper)라는 정식 명칭보다 그 알림음이 '삐삐' 하고 소리 난다고 해서 삐삐라고 불렸다.

1983년 1월 1일 국내에서 개발한 시내·외 겸용 공중전화기(D·D·D)가 최초로 설치되었다. 1983년 3월 21일 가입전화망에 팩시밀리, 모뎀, 개인용 컴퓨터 등 비음성(非音聲) 통신기기의 접속·사용을 허가함으로써 공중전화망(Public Switched Telephone Network, PSTN)을 완전 개방했다.[9] 1983년 5월 14일 디지털 전자교환방식 장거리 자동전화가 개통되었다.

1983년 6월 11일 '여성의 전화'가 개원식을 가졌다. 전화상담의 본격화를 알린 역사적 사건이었다. 두 대의 전화로 상담활동을 시작한 '여성의 전화'는 "우선적으로 공포와 불안감, 죄책감, 수치심, 적개심, 고립감에 사로잡힌 여성들을 정서적으로 지원하고 치료하는 일, 무참히 짓밟히고 파괴된 여성들의 인간적 자존심과 자신감을 회복시키는 상담활동에 노력을 집중했다." '여성의 전화'가 발표한 우리나라 최초의 아내구타 실태조사 결과에 따르면, 응답자 708명 중 42.2퍼센트인 299명이 결혼 후 남편에게 구타당한 일이 있다고 대답했다. 이후 '여성의 전화'가 줄기차게 벌인 아내구타 추방운동에 힘입어 제정된 가정폭력방지법이 1998년 7월 1일부터 효력을 발생하게 된다.[10]

이동통신 서비스와 '장길산'

1983년 8월 1일 24개국 대상의 국제 자동전화(International Subscriber Dialing, ISD)가 개통되었다. 국제 자동전화 호출번호는 지역에 상관없이 전국적으로 단일코드(001)로 접속할 수 있도록 설계되었으며, 이용방법은 국제전화 식별코드(001)+국가 식별코드+착신국 지역번호+가입자번호로 구성되었다.[11]

1983년 9월 1일 코드 없는 무선전화기 사용이 허용되었다. 1980년대 초반 전화기 수입개방 허용으로 국내에서는 생산되지 않던 무선전화기가 수입되어 음성적으로 이용하는 사용자가 증가하고 있었는데, 전화기 생산업체의 자체기술 개발에 의한 국내생산도 가능해짐에 따라 일반가입자들에게 코드 없는 무선전화기 사용을 허가한 것이었다.[12]

1984년 차량전화 전담회사인 한국이동통신주식회사가 발족했으며, 3월부터 자동차전화, 즉 '카폰'이 일반에 개방되었다. 서울지역을 중심으로 약 700명의 가입자를 대상으로 이동통신 서비스가 시작된 것이다. 1984년 말 가입자는 2658명이었다.(1986년에는 항만통신을 관장하는 한국항만전화주식회사도 발족한다.)

■ 1983년에 처음 등장한 시내·외 겸용 공중전화기(DDD, 좌)와 1984년에 등장한 차량 이동전화(카폰).

이병철에 따르면, "1984년 차량 이동전화 서비스가 시작되자 부자들이 대당 1200만 원하는 전화기를 너도나도 차에 놓기 시작했죠. 차 값이 300~400만 원 했으니 배보다 배꼽이 더 컸던 셈이에요."[13]

1984년, 10년 만에 한국일보 연재가 완료된 황석영의 대하소설 『장길산』에 얽힌 전화이야기는 이동통신 서비스와 묘한 대조를 이루었다. 황석영은 『장길산』을 쓰는 도중 네 차례나 이사했고 자료를 용달차에 싣고 집필실을 옮긴 것만도 스무 차례나 되었다. 이러다보니 『장길산』 원고를 신문사에 보내는 것이 늘 문제가 됐다. 원고집필이 늦어지면 원고는 인편으로 전달해야만 했다. 그것도 여의치 않을 때에는 황석영이 전화로 직접 신문사에 불러주기도 했다. 이 때문에 그는 마감시간에 쫓긴 한국일보 문화부 기자들에게 '원수'로 불렸다고 한다.[14]

언론이 누린 '세계적으로 유례없는 전화특혜'

1984년 12월 29일 전국 시외 자동전화망이 완성되었다. 1982년 서울 혜화전화국에 국내 최초로 시외 전자교환기(No.4 ESS)가 개통된 이후 2년 여 만에 강릉전화국 시외 전자교환기(AXE-10 ESS) 개통을 마지막으로 전국 시외 전자교환망이 완성됨으로써 자동식 전화가입자는 전국 어디서나 장거리 자동전화를 걸 수 있게 되었다.[15]

시외전화 요금엔 야간 및 공휴일 할인제가 적용되었다. 저녁 8시 이후 밤 12시까지, 새벽 4시 이후 오전 6시까지, 공휴일 주간은 30퍼센트, 심야시간대인 자정부터 새벽 4시까지는 50퍼센트가 할인되었다. 보도기관은 할인시간대와 상관없이 30퍼센트가 할인되었으며, 물론 심야시간대 50퍼센트 할인혜택도 누렸다. 이에 대해 한 익명의 전문가는 (이 책의 저자에게 보내준 이메일을 통해) "대한민국 보도기관은 세계적으로 유례없는 전화이용 특혜를 받았다"며 다음과 같이 말했다.

"나중에 보도기관에 대해서는 할인적용방식이 바뀌게 된다. 30퍼센트의 보도기관 할인율에다 야간시간대에는 다시 30퍼센트가 할인되고 심야시간대에는 다시 50퍼센트가 할인되도록 바뀐 것이다. 통신요금 할인제도에는 '이중할인 금지원칙'이라는 것이 적용된다. 일종의 국제적 관행이다. 이게 대한민국에서는 보도기관에 대해서는 예외가 된 것이다. 또한 전화승낙 우선순위에 보도기관 종사자들이 포함된 나라는 대한민국뿐이다. 시외 자동전화가 시행되면서부터 도수요금제에 대한 불만이 많았다. 당시 체신부 출입기자들의 요금감액 청탁이 줄을 이었다. 1980년대 초반 모 신문사 경영진의 기사 집 전화요금이 수백만 원이 나온 적이 있다. 맘 놓고 쓴 거다. 요금이 너무 많다보니 그 신문사 출입기자의 청탁이 거절당했다. 며칠 후 그 신문에는 '전화요금 엉터리부과' 라는 기사가 대문짝만하게 실렸다. 사례는 물론 그 기사였다. 결국 체신부는 요금을 감액해주지 않을 수 없었다. 시외자동전화로 골탕을 먹는 사람들이 또 있었다. 다방업주들이다. 어느 날 서울시내 어느 경찰서장 관사전화가 통화정지됐다. 이론적으로는 관사에서 전화를 사용하는 서장이 내야 하는 요금이지만 실제로는 주변의 다방업주가 납부의무(?)를 지고 있었는데, 마담이 깜박하는 바람에 두어 달 요금이 연체되었던 것이다. 물론 마담은 박살이 났을 것이다."

1985년 전화 700만 대 돌파

1985년 9월 말 전국의 전화대수가 700만 대를 돌파했다. 이때까지만 해도 전화는 중간층의 상징이었으나, 이후부터는 그런 의미를 잃게 되었다. 강철규는 "과거에는 피아노, 컬러TV, 냉장고, 전화를 갖고 있는 것이 중간층의 상징이었으나 1980년대 중반 이후부터는 자동차, 전자레인지, 에어컨, 골프, 개인교사에 의한 자녀 과외수업을 할 수 있는 층이 중간층의 상징으로 바뀌고 있다"고 했다.[16]

이런 변화의 바탕에는 통신산업의 성장이 있었다. 통신기기의 생산은 1983년 이후 연평균 26퍼센트씩 증가했으며, 총생산액의 80퍼센트 정도를 유선통신 기기 분야가 차지했다. 1984년부터는 이 부문에서 대미 무역흑자를 기록했다. 주요 수출품목은 전화기였는데, 1985년 전기통신 기기의 총 수출액 3억7000만 달러 중에서 전화기가 차지하는 비중이 67퍼센트였다.[17]

1986년 3월 1일 소리만 울리는 신호음(Tone) 방식에서 소리와 함께 상대방의 전화번호를 동시에 표시하는 방식(Tone & Display)으로 바뀐 무선호출 서비스가 개시되었다. 삐삐는 1988년에 10만 대를 넘어서게 된다.

조선일보 1986년 3월 16일자는 "다양한 전화상담기관들이 생겨나 고민하는 남녀노소의 '마음의 벗'으로 호응을 얻고 있다"며 "서울에 집중되어 있던 상담전화가 근래 지방 대도시로 확산되고 있으며, 상담내용도 일상생활 문제로부터 여성법률문제 또는 종교문제 등으로 전문화하는 추세"라고 했다.[18]

상담뿐만 아니라 민주화운동에도 전화가 적극 활용되기 시작했다. '민주화추진협의회'는 1986년 3월 25일 김대중, 김영삼 공동의장 명의로 된 '회직자에게 드리는 서신'을 통해 "현 정권의 여론조작에 이용당하여 언론의 본질을 망각한 채 왜곡·편파보도를 일삼는 KBS, MBC-TV를 규탄하며, TV시청료 납부 거부운동이 범국민운동으로 확산되도록 하기 위하여 서신캠페인(주위의 친지나 동료에게 30통 이상 서신보내기)과 전화캠페인(20통 이상 전화걸기)을 적극 전개하도록 노력하여줄 것을 부탁" 했다.

1986년 6월 장거리 자동 공중전화의 낙전시비가 일자 카드식 공중전화가 보급되기 시작했다. 1986년 10월 20일 특별히 '86 아시안게임'을 대비하여 개발된 카드식 공중전화기 200여 대가 서울 도심과 호텔, 터미널 등에 설치되어 운용되기 시작했다. 기존의 공중전화기가 동전을 사용했던 것에 비해, 카드식 공중전화는 5000원권과 1만 원권 두 종류의 자기식 전화카드 하나만 준비하면 시내·외 전화는 물론 국

제전화까지 할 수 있게 되었다.[19]

전전자식 교환기 TDX의 실용화

1987년 7월 체신부 차관에서 장관으로 승진해 취임한 오명은 취임일성으로 전화가입 신청당일에 전화를 가설해주겠다고 선언했다.[20] 허풍이 아니었다. 그렇게 큰 소리 칠 만한 기술적 성과가 있었다.

1987년 7월 1일 전국 전화자동화가 완성되었다. 연인원 3400여만 명의 인력과 약 6조7000억 원의 시설비가 투입된 전국 전화자동화 사업의 결과, 1599개 통화권이 147개 통화권으로 광역화되었으며, 10호 이상 자연부락 및 50인 이상 상주하는 섬마을에도 자동식 전화가 공급되었다. 또한 자체기술로 개발된 한국형 전전자식(全電子式) 교환기 TDX(Time Division Exchange)-1의 실용화로 선진국 수준의 기술체계를 갖게 되었다.

조선일보는 TDX-1에 대해 "1만 회선의 전화를 연결할 수 있는 이 교환기기는 세계에서 10번째로 개발에 성공, 한국 과학기술 개발연구 사상 가장 획기적인 것으로 평가되고 있"다며 "이제 우리의 전기통신 수준은 전국 자동화의 실현, 1가구 1전화시대의 돌입으로 세계 10위권 안에 들었다"고 평가했다.[21]

TDX-1은 어떻게 개발되었던가? 체신부는 제5차 경제사회발전 5개년 계획(1982~1986년) 기간 중 전전자교환기 개발을 중점 연구과제로 선정하고 1982년부터 전전자교환기 개발사업단을 만들어 단일 프로젝트로는 최대규모인 240억 원을 투입하고 연인원 총 1060명의 연구개발 요원을 참가시켰다. 당시 연구진은 "만약 개발에 실패할 경우 어떠한 처벌이라도 달게 받겠다"는 내용의 서약서를 썼는데, 이는 후일 'TDX 혈서(血書)'로 불렸다.[22]

그 결과 1985년 개발에 성공한 TDX-1 전전자교환기는 한국 과학기술사의 큰 업적이었다. 주변의 회의적인 반응과 비웃음에 굴하지 않고 이 사업을 진두지휘한 오명은 훗날 "한국통신 100년사에 길이 남을 획기적인 역작이며 고도 정보사회 기반구축의 디딤돌"로 자평했다.[23]

국산 TDX는 1990년 6월 200만 회선을 돌파하게 되는데, 이에 대해 '한국과학기술청년회 준비위원회' 산하 '통신문제연구회'는 다음과 같이 말한다.

"TDX의 개발은 이전까지 전적으로 외국산 교환기에 의존했던 기간통신망의 국산화에 커다란 기여를 하게 되었고, 세계 교환기의 전시장이라는 오명을 떨쳤던 우리나라의 국제적 지위를 어느 정도 상승시켜주었으며, 우리의 통신기술 수준을 대단한 것인 양 비쳐지게 하기에 충분했다."[24]

1987년 '1가구 1전화시대'의 개막

1987년 9월 30일 전국 전화시설이 1000만 회선을 돌파함으로써 본격적인 1가구 1전화시대에 접어들었다. 한국통신은 "창사 이후 연간 1조 원 이상의 막대한 재원을 투입, 매년 100만 회선 이상씩의 전자교환시설을 공급함으로써, 우리나라를 1902년 전화사업 창시 후 85년 만에 아시아 2위, 전 세계 10위권 내의 본격적인 통신선진국 대열로 이

■ 1987년 전국 전화시설이 1000만 회선을 돌파하면서 본격적으로 1가구 1전화시대에 접어들었다.

끈 것이다"고 자평했다.[25]

'통신문제연구회'는 "8·15 이후 국립체신학교 출신인사들의 각별한 노력과 열정이 없었더라면 국토의 네트워크화는 원만하게 추진되지 못했을 것이다. 전기통신공사가 달성한 1980년대의 가입전화 1000만 회선은 바로 이들 선구자들이 뿌린 씨앗에서 비롯된 열매에 다름 아니다"라며 다음과 같이 말했다.

"1982년 독점적인 통신사업자인 전기통신공사의 설립을 앞두고 체신부는 공사의 탄탄한 발전을 염원하여 대폭적인 요금조정을 관철해냄으로써 1987년의 '전국 광역자동화 및 가입전화 1000만 회선 달성'이라는 기념비적인 통신역사의 장을 예비해두었던 것이다. 1980년대 우리나라 전기통신부문의 발전은 세계적인 모범이 아닐 수 없다."[26]

서울올림픽 개막 직전인 1988년 7월 1일, 한국이동통신(현 SK텔레콤)이 휴대전화 서비스를 시작했다. 휴대전화 단말기의 길이는 23센티미터, 무게는 1.3킬로그램이었다. 이때의 단말기 가격은 400만 원으로 설치비 65만 원과 면허세 2만9000원을 합하면 휴대전화 개통을 위해 500만 원 가까운 비용이 들었다. 현대자동차의 프레스토 승용차가 600만 원 하던 시절이었으니, 실로 어마어마한 금액이었다. 그 결과 첫해 가입자 수는 748명에 그쳤다.[27]

1988년 7월 1일 시외·국제전화 요금 공휴일 30퍼센트 할인제도가 실시되었으며, 1988년 9월 1일 현금 없이 공중전화로 시외통화를 할 수 있는, 요금 수신자부담(Collect Call) 공중전화 서비스가 시행되었다. 1988년 9월 17일부터 10월 2일까지 16일간 개최된 '88 서울올림픽'은 전화의 국제 서비스를 확충하는 데에 큰 동력이 되었다.

"엄마, 전화는 오락시설도 돼요"

이때까지도 청춘남녀의 애절한 사랑을 표현하는 데엔 전화만한 게 없었다.

1988년 '푸른하늘'이 노래한 '그녀의 전화벨'(유영석 작사·곡)이다.

"이 한밤에 문득 너의 생각나 천장만 바라보는데 / 들리는 전화벨 소리에 난 놀라 / 서둘러 일어나 받아보니 너의 전화 아니야 / 섭섭한 마음에 전화 끊고 누웠지 / 이렇게 우리는 헤어지는 걸까 / 헤어짐이 싫어 수화기를 들다 놓고 마네 / 후회스런 맘 어쩔 길 없어 내가 너무 미워져 / 한낮의 말다툼 왜 했을까 후회 뿐 / 갑자기 들리는 전화소리 달려가 받아봐도 / 내가 찾던 그녀의 목소린 아니야 / 자정이 훨씬 더 넘어가도 잠이 오질 않아서 / 이렇게 저렇게 뒤척이다 잠드네 / 때르릉 울리는 전화소리 일어나 받아보니 / 그녀의 상냥한 그 목소리 사랑해 / 사랑하고 싶어 그녀의 모든 걸 / 나의 마음 그녀에게 전해주고파라"

같은 해 '봄여름가을겨울' 이 노래한 '전화' (김종진 작사·곡)다.

"전화를 걸까 보고 싶다고 애처롭게 말할 거야 / 전화를 걸까 사랑한다고 용기내어 말할 거야 / 노란 가로등 아래 공중전화에서 / 꿈결처럼 들리는 그대 목소리 / 아무 말 못했지 아무 말 못했어 / 전화를 걸까 / 어스름한 저녁에 공중전화에서 / 수화기 너머 들리는 그대 목소리 / 아무 말 못했지"

이어 1989년 이상은이 간절한 목소리로 부른 '사랑해 사랑해' (강인원 작사·곡)는 "오늘처럼 따사로운 아침엔 / 너의 목소리 들려오는 전화기에 대고 / 사랑해 사랑해 얘기하고 싶어"라고 속삭여 많은 청춘남녀의 뜨거운 사랑을 받았다.

소설가 강난경은 조선일보 1989년 1월 24일자에 기고한 칼럼에서 "이제 전화는 생활의 이기(利器)를 넘어 오락기구의 역할도 하게 된 것을 세 딸을 통해 알았다"고 했다. "얘들아, 통화는 용건만 간단명료하게 해. 전화가 무슨 오락시설인줄 아니?" "엄마, 전화는 오락시설도 돼요. 우리는 전화로 즐기거든요."[28]

오락이 지나쳤을까? 1989년은 '전화폭력' 이 유난히 화제가 된 해이기도 했다. 전화폭력은 1987년 12월 16일 대통령선거운동기간 중 극성을 부린 바 있었다. 고미석에 따르면, "여야정당이 각기 '전화부대'를 만들어 언론기관이나 상대방 선거운동본부 등 '목표'에 무차별 공

격을 퍼붓는 수법을 사용"했다.[29]

그런데 6월 항쟁의 성과로 얻어낸 대선이 양김(김영삼·김대중)의 분열로 노태우의 승리로 끝났으니, 한(恨) 맺힌 사람들이 오죽 많았으랴. 그런 사람들이 보수파가 양산해낸 망언(妄言)과 폭언(暴言)을 그대로 인내하기는 어려웠으리라.

조선일보 1989년 3월 12일자는 "근년 우리 사회에 유행하는 못된 풍조 가운데 하나에 전화를 이용한 위협이 있다"며 "우리는 마음에 맞지 않는 글을 썼다고 해서 기자의 가족이 생명을 위협하는 전화협박을 받으며, 이곳저곳 공포의 피신을 되풀이해야 하는 이 사회현실을 개탄한다"고 주장했다.[30]

'시내통화시분제' 논란

전화의 오락적 이용에 역행하는 '시내통화시분제'가 도마 위에 올랐다. 1989년 7월 한국전기통신공사는 1월에 이어 다시 시내통화시분제 실시를 시도했지만 성공하지 못했다. 경제기획원과 감사원은 뚜렷한 명목도 없이 일반가입자들로부터 받고 있는 전화기본료(2600~3000원)를 1000원 정도 낮추고 가입자들에게 '바가지 통화료'를 강요하는 부당한 약관들을 고쳐야 한다고 지적했다.[31]

그러나 결국 한국전기통신공사가 뜻을 이뤄 1990년 1월 1일부터 서울을 비롯한 10대 도시에서 시내전화요금시분제가 실시되었다. 한국전기통신공사는 "한 사람이 오래 사용하면 다른 사람이 쓸 수 없는 것이 전화선"이라며 "우리나라도 이제 전화를 쓴 만큼 돈을 내야한다"고 홍보했다. 이에 한겨레는 한국전기통신공사가 경제기획원과 감사원의 지적을 전혀 반영하지 않은 채 시분제를 실시하는 건 "해마다 3500억 원 이상의 당기순이익을 올리는 통신공사의 주머니만 불릴 뿐이라는 비판을 받기에 알맞다"며 다음과 같이 비판했다.

"시분제 실시에 따른 연간 추가이익 717억 원을 가입자들에게 되돌려 주는 방안을 전혀 마련하지 않은 것이 그런 판단을 뒷받침한다. 게다가 원래 전화적체현상을 없애기 위한 재원을 마련하려고 도입된 전화기본료는 전화적체가 완전히 해소된 지금은 계속 존속할 명분을 잃었다. 시분제 실시의 가장 큰 맹점은 전화선에 개인용 컴퓨터를 연결하여 사용하는 데이터통신 이용자들의 전화요금 부담이 평균 9배나 늘어난다는 점이다. 1990년대에는 정보화의 물결이 본격적으로 밀어닥칠 것이고 정부에서도 갖가지 정보통신의 활성화에 온힘을 쏟겠다고 기회 있을 때마다 강조해온 사실에 비추어 보면, 정보통신 이용자에 대한 아무런 대책 없이 실시된 시분제는 정부의 정책과도 어긋나고 '정보화시대' 또는 '정보혁명'을 앞당기려는 세계적 흐름에도 역행하는 것이다. 시분제가 참으로 선진적인 제도가 되려면 이런 급격한 변화에 알맞은 보완대책이 뒤따라야 마땅하다. 쓸데없이 길어지는 통화(전체의 13퍼센트)를 줄인다는 효과 이외에는 가입자들에게 불이익을 더 많이 주고 있음이 밝혀진 이상 이 제도는 빨리 보완되어야 한다. 우선 기본료를 낮추고 시외·국제전화와 마찬가지로 저녁시간이나 휴일에도 할인제를 병행해야 하며, 정보통신 이용자에게는 별도의 요금체계를 적용하는 방법만이라도 도입해야 시분제의 타당성이 인정된다."[32]

이처럼 비판이 계속되자 체신부는 1990년 2월 20일 "현재 3분 초과할 때마다 25원이 누증되는 시내통화시분제의 요금부담을 덜어주기 위해 3월부터 휴일과 밤 9시부터 다음날 상오 8시까지 시분제 단위시간을 4분 18초로 연장키로 했다"고 밝혔다. 전기통신공사는 시내통화를 시분제로 바꾸면서 13~15퍼센트의 요금인상 효과가 있을 것으로 전망했으나 실제로 1990년 1월중 서울, 부산, 대구, 광주 등 대도시 지역의 시내전화 요금수입은 1989년 1월보다 24퍼센트가량 증가된 것으로 집계됐다.[33]

'핸디폰'의 급증

　그러나 그런 논란을 곧 잠재울 놀라운 변화가 시작되고 있었으니 그건 바로 휴대용 무선전화기의 급증이었다. 당시엔 이른바 '핸디폰'으로 불린 휴대용 무선전화기는 1988년 서울올림픽 때 450대가 팔린 데 이어, 1989년에는 5230대, 1990년에는 3배를 넘는 1만8250대로 판매 대수가 부쩍 늘었다. 핸디폰은 해외여행자들이 직접 사들고 오는 것도 많아 1990년 말 현재 무선통신 가입자는 총 8만 명에 달했다. 한때 국내 소비자들로부터 인기를 모아 가수요까지 보였던 카폰도 이젠 휴대용 무선전화기로 바뀌는 추세를 보였다. 삼성이 개발한 유일한 국산품은 무게가 700그램인데 비해, 외국산은 대부분 400그램 내외였고, 모토로라의 마이크로 택은 303그램에 불과해 국내시장을 거의 휩쓸었다.[34] 어린 시절 이 무거운 무선전화기를 접했던 한 대학생의 기억이다.

　"요즘의 휴대폰은 호주머니에 들어갈 만큼 작지만 처음 휴대폰이

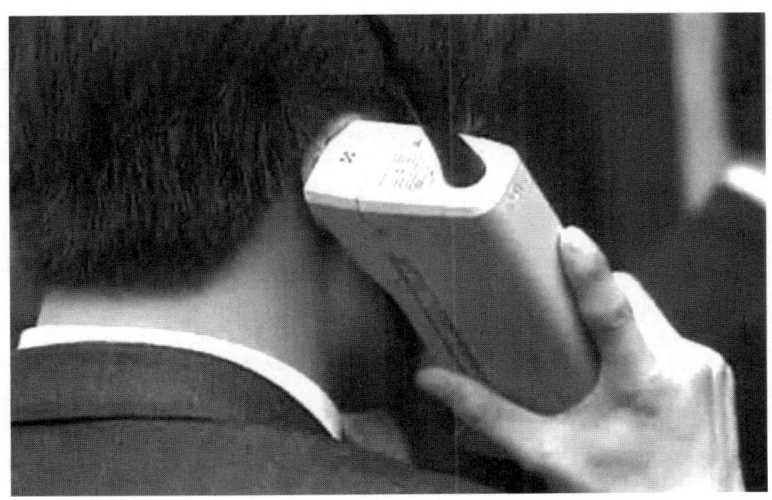
■ 무전기를 연상시킬 만큼 크고 무거웠던 초창기의 휴대용 무선전화기

나왔을 때는 무전기를 연상시킬 만큼 무겁고 컸다. 나도 아버지의 휴대폰을 두 손으로 들고 다녔던 기억이 난다. 그 때문에 술 취한 사용자가 전화기로 상대방 얼굴을 때려 상처를 입히는 사건도 종종 발생해 '손에 들고 다니는 흉기'로 불리기도 했다."[35]

또한 전파이용 활성화와 함께 각종 불법 무선설비의 사용이 급증하기 시작했다. 무선국 수는 1984년 약 6만 개국에서 1989년 말에는 17만 개국으로 연평균 24퍼센트씩 늘어났으며 불법 무선설비의 사용도 1984년의 701건에서 1989년에는 3531건으로 연평균 48퍼센트씩 늘어난 것으로 나타났다. 출력 높은 외제 무선전화기에 의한 혼선 및 TV 라디오 수신장애 현상이 점점 심해졌다.

1990년 8월 체신부는 산하 중앙전파관리소가 1990년 5월과 6월 두 달 동안 불법 무선전화기와 불법 간이무선국 등 불법 무선설비에 대한 특별단속에 나서 2441건을 적발, 이 가운데 1700건은 허가해주고 700건은 철거토록 했으며 1건을 조사 중에 있다고 밝혔다. 불법 무선전화기는 적발된 제품 577대중 외제(일제)가 566대로 국내기준보다 출력이 훨씬 높아 TV시청 등에 장해를 주고있는 것으로 나타났다.

이들 불법 무선전화기는 주로 지방 중소도시의 소규모업체와 개인택시업체 등이 옥외안테나를 설치, 장거리(2킬로미터 이상) 통화에 사용하고 있는 것으로 나타났다. 또 불법 간이무선국은 847건이 적발됐는데 대부분 서비스업체(524건), 건설업체(263건)들이 전파관련 법령에 대한 이해부족으로 허가 없이 설치, 운용하거나 불법설비를 사용하고 있었다.[36]

군사주의·핵가족화의 영향

이상 살펴본 바와 같이, 1980년대에 이루어진 전화의 발전은 '정보통신혁명'으로 불릴 정도로 놀라운 것이었다.[37] 1987년에 이룬 1가구 1전화시대는 7년 전 광주에서 나타난 '전화 없는 세상'의 고통·공포와 극단적인 대조를 이루었다. 도청을 밥 먹듯이 하는 그 어떤 악독한 독재정권도 전 국민을 도청대상으로 삼을 수는 없는 일이었다. 중심도 없고 서열도 없는 전화 커뮤니케이션은 그 본질이 민주적인 바, 전국에 걸쳐 이루어진 그런 소통의 기운은 민주화 열망으로 분출됐다. 1가구 1전화시대가 대통령직선제를 쟁취해낸 1987년 6월 민주항쟁과 같이 도래한 것은 결코 우연이 아니었다.

독재정권이 주도한 전화혁명이 독재의 장기화를 저지시킨 걸 역설이라 한다면, 또 하나의 역설은 독재정권의 군사주의가 전화의 수요와 보급에 미친 영향이다. 한국인들은 군사주의를 혐오하지만, 한국을 세계적인 정보통신 강국으로 떠오르게 만든 중요한 이유 중의 하나가 아파트 대단지가 제공하는 군사주의적 효율성임을 어찌 부인할 수 있으랴.

중앙집중화의 터전 위에 선 '아파트 공화국' 이야말로 네트워크를 깔기에 가장 적합한 체제가 아닌가. 이후 한국은 국민의 반 이상이 아파트에 거주할 뿐만 아니라 전화국 반경 4킬로미터 내에 거주하는 인구가 93퍼센트라 인터넷 서비스 공급에도 매우 유리한 위치에 서게 된다.[38] 아파트 공화국은 1990년대에 완성되지만, 1980년대부터 이미 구축되기 시작된 통신 인프라의 터전 위에서 1990년대에 휴대전화 폭발현상이 일어나게 된다.

또 1980년대에 시작돼 1990년대에 가속화되는 핵가족화도 전화의 수요를 늘리는 한 이유가 된다. 1991년에 이르면 60세 이상 노인인구 318만 명의 40퍼센트인 130만 명이 자식이 있으면서도 따로 살게 된다.[39] 그러나 그렇다고 대가족제의 관습까지 사라지는 건 아니어서, 전화가 그 매개역할을 한다. 이런 어정쩡한 모습의 핵가족화로 인해 특히 어버이날은 전화가 폭주하는 날이 되곤 한다.

제8장

1990년대

"한국에선 개나 소나
휴대전화를 갖고 있다"

전
화
의

역
사

전화의 두 얼굴

1990년 2월 1일 농·수산물 도매가격, 각종 문화행사, 스포츠·레저, 자연의 소리, 교통정보, 전화시보, 일기예보 등 각종 생활정보를 전화 또는 컴퓨터를 이용하여 음성이나 비음성으로 이용자에게 제공해주는 700번 생활정보 서비스가 처음으로 시행되었다.

각종 상담전화도 늘기 시작했다. 이어령은 1990년 한국전기통신공사가 발간한 『정보사회의 기업문화』에 쓴 글에서 "'여성의 전화' 처럼 매 맞는 아내들을 위한 상담전화나 '신나는 개구쟁이 전화' 처럼 아이들을 위한 전화, 그리고 노년기의 고독과 질병을 도와주기 위한 '은

빛전화(silver telephone)' 등이 생겨나 현대인의 갈등과 고통을 완화해주는 중요한 장치로서 명실 공히 '마음의 네트워크'를 지배해 간다는 좋은 예를 보여주었다"고 평가하면서, "이제야 비로소 전화문화가 막 피어나고 있다"고 주장했다.[1]

그러나 동시에 전화폭력도 기승을 부렸다. 1990년 3월 한국전기통신공사에 의하면 전국 236개 전화국의 전화번호 변경신청 사례는 적은 곳이 한 달 평균 30~40여 건, 많은 곳은 130~150여 건으로 전화국 당 평균 70여 건이나 되었는데, 절반 이상이 음담패설 등을 늘어놓는 전화폭력 때문이었다. 전기통신공사는 이 같은 가정이 전국적으로 월 평균 1만여 군데가 되는 것으로 추산하고, 이 때문에 전화국마다 몸살을 앓고 있다고 밝혔다.[2]

공중전화 폭행사건

"떨리는 수화기를 들고 너를 사랑해 / 눈물을 흘리며 말해도 아무도 대답하지 않고 / 야윈 두 손에 외로운 동전 두 개뿐."

'공일오비'가 1990년 발표한 '텅 빈 거리에서'(정석원 작사·곡)라는 노래다. 1가구 1전화시대에도 여전히 공중전화가 애절한 사랑을 표현하는 데에 훌륭한 매체라는 걸 말해준다.

그러나 공중전화가 마냥 낭만의 매체만은 아니었다. 1990년 공중전화로 인한 폭행사건이 빈발했다. 전화사정은 과거에 비해 엄청나게 좋아졌지만 사람들은 더욱 조급해졌기 때문이리라.

1990년 8월 21일 공중전화를 빨리 걸라고 재촉한다고 살인을 저지른 사건이 일어났다. 강모(28·무직)씨는 서울 연세대 정문 건너편 공중전화 부스 안에서 1분여 동안 통화를 시도하다가 7개월 된 딸을 안고 차례를 기다리던 안모(27·여)씨가 "용건만 간단히 하고 전화를 끊으라"고 두 차례 재촉하자 말다툼 끝에 갖고 있던 25센티미터 길이의 과도로 안씨의 목을 두 군데 찔러 숨지게 했다.[3]

1990년 8월 24일 대전 서부경찰서는 공중전화를 오래 쓴다는 이유로 전화를 걸던 사람들을 폭행한 임모(29·회사원) 씨등 2명에 대해 폭력행위 등 처벌에 관한 법률위반혐의로 구속영장을 신청했다.[4]

1990년 8월 27일 서울 구로경찰서는 공중전화를 오래 쓰는 사람을 때려 한쪽 눈을 실명케 한 신모(19·H신학대 1년)군을 폭력행위 등 처벌에 관한 법률위반혐의로 구속했다. 신군은 경찰에서 "전화를 오래 쓰는 현씨에게 채근을 하자 반말을 해 홧김에 폭행을 했다"고 말했다.[5]

1990년 9월 1일 서울 중부경찰서는 공중전화를 오래 쓴다고 항의하는 여자를 폭행해 전치 10일의 상처를 입힌 이모(29·인쇄업)씨를 폭력행위 등 처벌에 관한 법률위반혐의로 구속했다. 경찰에 의하면 이씨는 서울 중구 퇴계로3가 버스정류장 부근 공중전화 부스에서 전화를 걸다 뒤에서 기다리던 전모(20·회사원)씨가 "혼자서 3통화나 하면 되느냐"며 부스 문을 '꽝' 닫고 가자 전씨를 좇아가 주먹으로 때리고 발로 차는 등 폭행한 혐의였다.[6]

1990년 9월 1일 서울 종암경찰서는 공중전화를 빨리 끊으라며 통화중이던 여자의 팔을 비트는 등 폭행을 한 김모(27·무직)씨를 폭력행위 등 처벌에 관한 법률위반혐의로 입건했다.[7]

1990년 9월 8일 서울 종암경찰서는 공중전화를 걸 동전을 빌려주지 않는다고 행인을 주먹과 벽돌로 때린 최모(22·운전사)씨를 폭력행위 등 처벌에 관한 법률위반혐의로 구속했다. 폭행을 당한 이모(40·상업)씨는 경찰에서 "아들뻘 되는 젊은이들이 버릇없이 동전을 요구해 거절했다가 어이없이 맞았다"며 "공중전화 근처를 함부로 지나다닐 수도 없는 세상이 됐다"고 말했다.[8]

1990년 9월 10일 서울 동대문경찰서는 공중전화 통화를 하고 남긴 돈을 허락 없이 사용했다는 이유로 전화를 건 사람들을 집단폭행한 이모(24)씨 등 4명을 폭력행위 등 처벌에 관한 법률위반혐의로 구속했다.

1990년 9월 10일 서울 구로경찰서는 공중전화를 오래 쓴다고 혼잣말을 하는 시민을 때려 전치 3주의 상처를 입힌 천모(20·노동)씨에 대해 폭력행위 등 처벌에 관한 법률위반혐의로 구속영장을 신청했다. 천씨는 전화를 걸던 중 뒤에서 전화를 기다리던 김모(30·노동)씨가 "전화를 전세냈나"라고 혼잣말을 하자 갑자기 전화를 끊은 뒤 김씨를 마구 때렸다.[9]

'전화폭력' 전성시대

공중전화 폭력사태가 빈발하자, 급기야 전기통신공사가 나섰다. 전기통신공사는 1990년 9월 19일, 1991년을 '전화문화 정착의 해'로 설정, 지속적으로 국민대상 캠페인을 전개키로 했다. 통신공사는 공중전화를 늘리기 위해 전화이용 약관을 개정, 지금까지 100~150미터 이

내에는 공중전화를 새로 설치할 수 없게 돼 있던 거리제한 규정을 폐지했다. 또 인구 10만여 명 이상이면 한 달 통화량이 300통 이상 돼야만 공중전화를 설치할 수 있게 한 도수기준은 그대로 두되 농・어촌지역에서는 공중전화기 증설을 재량껏 운영토록 완화했다. 통신공사는 이와 함께 9월 21일부터 11월 20일까지 2개월 동안을 '추계 공중전화 특별 정비기간'으로 정해 이 기간에 전화예절 안내문 등 홍보유인물을 제작, "다른 사람이 기다리면 서둘러 통화를 끝맺읍시다" 등의 안내문을 배포했다.[10]

한국전기통신공사는 10월 15일부터 한 달간을 '전화문화 선진화 캠페인 특별기간'으로 정하고 방송 등 언론매체를 통해 전화예절과 올바른 전화응대 요령 등에 관해 집중적인 홍보활동을 벌이는 한편 가두 캠페인과 반상회보 게재 및 반상회 참여 전화교실 운영, 학생들을 대상으로 한 특별강의 등의 방법으로 전화문화 선진화를 위한 캠페인을 벌였다. 통신공사는 또 어릴 때부터 전화예절을 익히도록 하기 위해 문교부의 협조를 얻어 국민학교 교과서에 전화예절에 관한 내용을 담도록 추진하고 노래공모 및 보급, 시청각교재 보급, 전화 바로쓰기 글짓기대회 개최 등의 다각적인 추진방안을 마련했다. 한국전기통신공사 전화사업본부장 진강현은 "현재 우리나라는 전화시설이 1500만 회선(세계 제8위)을 돌파하는 등 시설 면에서는 통신선진국 수준에 이르렀으나 이들 시설을 올바르게 이용하는 전화문화는 매우 낮은 수준에 머물고 있어 전화문화 선진화계획을 마련, 추진키로 했다"고 말했다.[11]

하드웨어가 소프트웨어를 훨씬 앞서가는 압축성장의 부작용이었다. 한국 전화는 1990년 말 현재 1529만3000회선에 1327만6000명의 가입자를 수용함으로써 세계 9위, 아시아 2위의 시설보유국이 됐다. 국제통신 운용회선은 전신 17회선, 텔렉스 925회선, 전신전용 84회선, 전화전용 101회선, 전화 4641회선 등 5799회선에 이르렀으며, 전신은 북한을 제외한 모든 국가, 전화는 북한, 알바니아를 제외한 세계 어느 나라와도 할 수 있게 되었다. 1990년 말 ISDN(종합정보통신망) 전화, ISDN PC(개인용컴퓨터) 등의 시범 서비스도 시작되었다.[12] 이 빠른 속도를 '문화'가 어찌 좇아갈 수 있었겠는가.

음란전화, 어느 정도였나?

전화폭력은 1991년에도 계속돼, 1990년 12월부터 1991년 3월까지 4개월여 동안 전국의 전화가입자 중 2만1210명이 전화폭력에 시달리다 못해 전화번호를 변경한 것으로 밝혀졌다. 또 1만5680명의 가입자는 전화폭력을 피하기 위해 아예 자신의 전화번호를 114안내와 전화번호부에서 삭제한 것으로 집계됐다.[13]

그러나 이에 대해 한 익명의 전문가는 (이 책의 저자에게 보내준 이메일을 통해) 위와 같은 언론보도 내용은 사실이 아니라고 반박했다. 언론이 당시 한국통신이 발표한 보도자료를 그대로 베낀 데 따른 오보라는 것이다. 그의 말을 들어보자.

"1990년대 후반까지도 전화번호를 변경하는 것은 가입자의 권한이 아니었습니다. 원칙적으로 전화번호 변경은 허용되지 않는데, 폭력·음란전화 등이 계속 걸려오는 경우 번호를 변경해줄 수 있었습니다. 전화국에서는 번호변경이 가장 큰 부정이었습니다. 번호를 좋은 걸로 바꿔주고 돈을 받는 행위를 '대두리'라고 했습니다. 전화국의 번호담당 직원은 '최측근'이 앉는 자리였습니다. 번호를 변경하고자 하는 가입자는 사실은 좋은 번호가 필요해서인데, 이런 이유로는 번호를 바꿔줄 수가 없었습니다. 당연히 변경이유를 '음란전화, 폭력전화' 등으로 담당자가 알아서 적습니다. 한국통신은 이걸 '전화폭력, 음란전화' 등 흥미성 있게 보도자료를 만들어서 배부하는 것입니다. 실제로 음란전화를 받은 가입자가 이런 이유로 번호변경을 요청하면 뭐라고 하는 줄 아십니까? 경찰서에 신고하고 신고서를 가지고 오라고 합니다. 결국 번호를 못 바꾸는 것입니다. 음란전화가 가장 많은 곳은 114였습니다. 번호안내원들은 밤새도록 음란전화에 시달리는 일이 많았습니다. 대부분 공중전화이고 집전화는 일부에 불과했습니다. 몇 명만 잡으면 음란전화는 현저히 줄었습니다. 번호안내원들의 한결같은 얘기도 '몇 놈'이라는 것이었습니다. 이후 114가 유료화 되자 음란전화는 뚝 끊겼습니다. 지금은 거의 없습니다."

언론보도가 크게 과장되긴 했겠지만, 음란전화가 꽤 성행했던 건 분명한 것 같다. '사랑의 전화'가 1991년 3월 30일부터 4월 5일까지 서울시내 거주 성인여성 764명을 대상으로 한 설문조사에 따르면 응답자의 95.5퍼센트가 장난전화를 받아본 경험이 있었으며, 내용별로 보면 성관련 전화가 51.4퍼센트로 가장 많았고 침묵 18.3퍼센트, 욕설 14.9퍼센트, 고독을 호소하는 전화가 9퍼센트 순으로 나타났다.[14]

아니 '사랑의 전화'도 그런 음란전화 공세로부터 자유롭지 못했다. '사랑의 전화'에 걸려오는 하루평균 200건의 전화상담 중 10퍼센트 이상이 여성상담원을 대상으로 한 음담패설 전화인 것으로 밝혀졌다. 명예간사 변학봉은 "이런 전화는 대부분 자신의 고민을 상담하는 체 하면서 성관계 장면을 노골적으로 묘사해 여자상담원들을 당황하게 만든다"며 "아직 미혼인 상담원들은 이럴 경우 그길로 그만둬버리거나 전화받기조차 망설이게 됩니다"라고 말했다.[15]

청소년의 '폰팅'과 '폰섹스'

일부 중·고생들의 전화미팅도 사회문제가 되었다.

서울신문 1991년 4월 7일자에 따르면, "서울 중랑경찰서는 6일 이모(18·D고교 3년)군 등 고등학생 5명 등 10대 7명을 특수강간혐의로 구속했다. 이들은 지난 1월 11일 하오 7시 30분쯤 '폰팅'으로 불리는 전화미팅을 통해 처음 알게 된 김모(18·D고교 3년)양 등 여고생 4명을 중랑구 면목동에 사는 김군의 집에 놀러가자고 꾀어 데리고 간 뒤 흉기로 위협, 성폭행한 혐의를 받고 있다. 경찰은 지난 4일 이들이 김양 등 피해자 부모들과 합의해 고소가 취하됐으나 집단폭행한 점을 들어 특정범죄가중처벌법상의 특수강간혐의를 적용해 구속했다."[16]

또 서울신문 1991년 8월 9일자에 따르면, "서울 종암경찰서는 8일 박모(16·S고 1년)군등 6명을 특정경제범죄가중처벌법위반혐의로 구속했다. 동네친구인 이들은 지난달 27일 전화미팅을 통해 알게 된 조모(14·K여중 2년)양등 여중생 3명을 성북구 장위동에 사는 친구 최모(14) 군집으로 데려가 흉기로 위협, 차례로 성폭행한 혐의를 받고 있다. 경찰조사결과 이들은 ㅇㅇㅇ번을 누르면 순간적으로 전화회선이 혼선이 되는 것을 알고 자신의 이름과 전화번호를 일러준 뒤 다음날 조양 등이 전화를 걸어오자 이들과 사귀게 된 것으로 밝혀졌다. 박군 등은 경찰에서 '학생들 사이에서 이 같은 전화미팅 수법은 널리 알려져 있다'고 말했다. 이들은 조양 등을 방 3개에 나누어 감금한 뒤 동료들이 성폭행하는 동안 거실에서 음란비디오를 보며 차례를 기다려왔다."[17]

청소년들 사이에 외국 '폰섹스'가 유행해 국제전화 요금시비가 일어났다. 1991년 4월부터 서울과 경기 일부지역에서 국제전화 요금에 대해 이의를 제기하는 사람들이 늘기 시작, 6월초까지 민원인이 600여 명에 이르렀다. 이에 한국통신은 전화번호를 역추적해본 끝에 민원대상 국제전화의 대부분이 미국의 '음란 레코드 메시지'로 연결된 것을 밝혀냈다. 한국통신은 1991년 7월 미국의 통신사업자와 협의, 이 서비스의 이용을 차단했다. 그러나 폰섹스 서비스를 제공하는 외국업체는 문제된 업체 외에도 많이 있기 때문에 청소년층의 폰섹스 이용을 근본적으로 봉쇄하기는 어려운 일이었다.[18]

상습 전화음란행위에 징역 6월이 선고됐다. 1991년 8월 16일 서울지법 동부지원 김상균 판사는 상습적으로 음란전화를 건 혐의로 구속 기소된 정모(24) 피고인에게 폭력행위 등 처벌에 관한 위반죄를 적용, 이례적으로 징역 6월의 실형을 선고했다. 김 판사는 판결문에서 "정 피고인이 군무이탈죄로 안양교도소에 복역했던 전과자인데다 전화폭력은 적발하기 어려워 사회적으로 만연될 우려가 있기 때문"이라고 판결이유를 밝혔다.[19]

음란·폭력전화가 계속 사회문제가 되자, 한국통신은 1991년 8월

28일 전화를 받을 때 수신자가 원하는 경우 발신자의 전화번호를 확인할 수 있는 발신자번호 확인장치 개발에 들어가 1992년 10월부터 시험 서비스 하겠다고 밝혔다.[20]

공중전화 도난·파손, 누구 짓인가?

1991년 6월엔 공중전화기가 고장이 났다는 이유로 홧김에 휘발유를 끼얹고 불을 지른 사건까지 일어났다. 황모씨(23)는 6월 20일 밤 9시 50분쯤 관악구 신림9동 관악산 등산로 입구에 있는 카드식 공중전화기로 전화를 걸려다 발신이 안 되자 부근 가게에서 2홉들이 버너용 휘발유통 2개를 사와 전화기 3대에 끼얹고 불을 질러 이중 1대를 태웠다.[21]

1991년 말 공중전화 시설 수는 25만9000대로 이 가운데 도난 4만 7575건, 파손 47만4810건 등으로 월평균 100대 당 도난 1.5건, 파손 15.3건으로 집계됐다. 피해유형별로는 전화기 또는 금고통의 도난과 공중전화 부스 유리파손이 대부분이며 취객이나 욕구불만자 등에 의한 고의적 파손이 늘어나는 것으로 분석됐다.[22]

그러나 이에 대해 한 익명의 전문가는 (이 책의 저자에게 보내준 이메일을 통해) 위와 같은 언론보도 내용도 사실이 아니라고 반박했다. 이 또한 언론이 당시 한국통신이 발표한 보도자료를 그대로 베낀 데 따른 오보라는 것이다. 그의 말을 들어보자.

"공중전화기는 훔쳐가봤자 사용할 수가 없습니다. 송수화기든 내부부품이든 일반전화기와는 규격이 달라서 사용할 수가 없는 것입니다. 혹시 A전화기의 송수화기를 떼어다 B공중전화기에서 사용한다? B공중전화기 관리자는 그렇게 할 필요가 없습니다. 신고하면 공짜로 와서 새 걸로 바꿔 주는데 굳이 다른 전화기의 송수화기를 떼어다 붙일 필요가 없는 것이지요. 그런데도 불구하고 4만 건이나 도난당했다? 또 파손되는 것은 취객이나 건달들에 의한 부스 유리였습니다. 전화기는 단단해서 깨지지도 않습니다. 그런데도 불구하고 47만 건이나 파손되었다? 전화기 1대가 1년에 두 번 정도 파손되었다는 것인데, 이게 말이 될까요? 이 모든 게 누구 짓이었을까요?"

이 전문가는 전화국 직원들에 의한 '동전 빼먹기' 가능성을 시사했다. 동전을 빼먹었으니 이유를 달아야 할 것이고, 그저 만만한 게 도난과 파손 아니었겠느냐는 것이다. 증거가 없으니 단언할 수는 없다. 그저 독자들이 각자 알아서 잘 생각해보시기 바란다.

위 통계는 크게 과장되긴 했겠지만, 분풀이할 대상이 마땅치 않을 때에 공중전화 부스를 때려 부수는 사람들이 꽤 있긴 했다. 시인 채호기가 「밤의 공중전화」에서 "대개가 잠들어 있는 이 밤에 홍등가처럼 불 밝힌 공중전화 박스가 있고"라고 했듯이[23] 눈에 잘 띄는 가시성이 취객의 행패를 불러들였던 건 아니었을까?

이건 언론계에 널리 알려진 비밀이지만, 심지어 어느 유력신문사의 고참기자들은 첫 상견례회식 후 '담력키우기'란 명목으로 신입기자들에게 공중전화 부스를 부수도록 하는 '전통'이 있었다.[24] 왜 하필 공중전화였을까? 이는 기자들의 잠재의식과 관련된 것이었을지도 모른다. 훗날 방우영 조선일보 회장은 회고록에서 "20~30년 전의 편집국 전화기는 항상 상처투성이였다. 술만 마시면 주벽이 있는 데스크들이 전화기를 집어던지곤 했기 때문이다. 하도 자주 부서지기에 아예 고칠 생각을 하지 않았다"고 썼다.[25]

이는 비단 조선일보사에서만 일어난 일은 아니었다. 전화는 취재기자들에게 생명줄과도 같은 것이었기에, 비단 술에 취했을 때뿐만 아니라 화가 났을 때 격렬한 분노를 자신들의 생명줄을 내던지는 걸로 표현해야 어울린다고 생각했음 직하다. 1994년 9월말 한국방송(KBS)은 가을 정기 프로그램개편을 홍보하면서 모두 870만 원어치의 전화기를 50여 명의 방송담당 기자들에게 선물해 물의를 빚었다.[26] 이 또한 언론과 전화의 숙명적 관계를 시사하는 잠재의식의 표출이었을까?

이동전화는 '황금알을 낳는 거위'

세상은 공중전화기를 먼 옛날이야기로 만들어버리겠다는 듯한 기세로 달라지고 있었다. 1984년 셀룰러방식의 차량전화 서비스가 서울을 비롯한 수도권지역에서 시작된 이래 전화는 연평균 77퍼센트 가량의 높은 성장률을 보이면서 1991년 말 가입 대수가 16만 6000대를 넘어섰다.[27]

무선전화기의 인기가 치솟으면서 수입제한 품목인 외제 무선전화기까지 밀반입되었다. 1992년 1월 서울경찰청은 외제 무선전화기 2만 4000여 대 9억여 원어치를 전문밀수꾼이나 해외여행자들로부터 사들여 판매해온 창조유통대표 김모(32)씨등 6명에 대해 전기통신기본법위반혐의로 구속했다.[28]

이제 이동전화의 대중화를 시대적 대세로 여기는 분위기가 팽배

■ 1980년대 중반 차량전화 서비스가 시작된 후 1990년대로 넘어오면서 이동전화 가입자 수는 급속히 늘어났다.

해졌다. 1992년 2월 체신부는 이동전화가 1992년 23만9000대, 1994년 61만1000대, 1996년 160만 대, 2000년 465만 대가 보급될 것으로 내다봤다. 이런 분석에 대해 한겨레는 "앞으로 이동전화시장이 급성장해 2000년에는 웬만한 가정이면 휴대전화 또는 차량전화 1대를 갖게 될 것이라는 예측을 하고 있는 것"이라며 다음과 같이 말했다.

"2000년이 돼 만약 500만 대의 이동전화가 보급되고 1가입자당 연간 40만 원가량의 통화료를 낸다면 이동전화시장은 연간 2조원이 된다. 바로 이런 이동전화시장의 규모 때문에 흔히들 제2이동통신사업을 '황금알을 낳는 거위' 또는 '재계의 판도를 바꾸는 사업'" '6공

최대의 이권사업' 등에 빗대고 있는 것이다."[29]

'6공 최대의 이권사업' 논란

1992년 7월 이동통신사업자선정이 정치적 쟁점으로 떠올랐다. 경제력 집중을 막기 위해 현대, 대우, 삼성, 럭키금성 등 기존의 4대 통신장비 제조업체는 제외하기로 했기 때문에 5위인 선경이 가장 유리했다. 그런데 선경은 대통령 노태우와 사돈관계였다. 특혜의혹이 떠돌 수밖에 없었다.

1992년 7월 23일 청와대 주례회동에서 이젠 민자당 대통령후보가 된 김영삼은 노태우에게 이동통신을 둘러싼 의혹이 차기선거에 불리하게 작용할 것이 분명하니 사업자선정을 대선 이후로 연기하자고 건의하고 나섰다. 그러나 김영삼의 건의는 받아들여지지 않았다.

1992년 8월 20일 제2이동통신사업의 최종사업자로 선경그룹이 낙착됐다. 체신부 장관은 "대학총장의 자식이라고 해서 우수한 성적으로 합격한 학생을 떨어뜨릴 수는 없는 일 아니냐"고 반문했지만 반발은 컸다. 야당은 물론 여당의 대통령후보까지 연기를 요청했던 사업자선정이었기 때문이다. 바로 그날 정주영의 통일국민당은 일간지들에 "6공 정권의 도덕성은 땅에 떨어졌다"는 정치광고를 게재하며 공세를 퍼부었다.

발표 직후 노태우와 김영삼은 정면충돌했고, 결국 선경이 사업권을 자진반납하는 쪽으로 사태가 수습되었다.[30] 발표 1주일 만인 1992년 8월 27일 선경은 사업권반납을 발표했고, 정부는 제2이동통신사업의 진행을 중단한다고 선언했다. 이틀 전인 8월 25일 노태우는 당 총재직까지 김영삼에게 넘겨주었으며, 1992년 8월 28일 서울 올림픽공원 역도경기장에서 열린 민자당 중앙상무위원회에서 김영삼은 당 총재로 공식선출되었다. 김영삼은 취임연설에서 자신이 "순수 민간인 출신으로는 31년 만에 처음으로 집권당 총재가 되었다"며 "그것은 이제 명실상부한 문민시대가 열리고 있음을 뜻한다"고 주장했다.[31]

"혼자 있는 시간 누군가와 통화하고 싶다"

전화는 점점 더 대중의 일상 구석구석을 파고들었다.

1992년 2월 19일 서울 서초구 방배동 에티커피숍은 국내 최초로 테이블마다 전화기를 설치해놓고 손님들이 편안히 앉은 자리에서 전화를 걸거나 받을 수 있도록 하는 서비스를 제공했다.[32] 젊은이들을 대상으로 한 커피숍들은 앞다투어 이런 전화시설을 도입했다.

일부 초등학생들도 전화에 비상한 관심을 보였다. "○○에서 단둘이 만나자." "밤 10시까지 기다릴 테니까 △△로 나와라." "딸을 살리고 싶으면 돈 1000만 원을 은행에 입금시켜라." "××년." 한겨레 1992년 4월 19일자는 "요즘 국민학교 고학년 남학생들이 여학생 집으로 이런 유의 장난전화를 하는 사례가 많아 당사자는 물론 부모들이 당혹감을 감추지 못하고 있다"고 보도했다.[33]

1992년 4월 21일로 무선호출 가입자 수가 100만 명을 돌파했다. 1982년 무선호출 서비스를 개시한 이래 이용률이 매년 200퍼센트 이상을 기록한 결과였다. 한편 휴대전화는 1984년 서비스를 개시한 이래

1992년 4월 가입자 수 20만 명을 넘어섰다.[34] 1992년 '넥스트'는 '도시인'(넥스트 작사, 신해철 작곡)에서 "한손엔 휴대전화, 허리엔 삐삐차고"라고 노래했다.

1992년 4월 전화전용 국번을 이용해 원하는 각종 정보를 제공받는 '전화 음성정보 서비스'가 민간업체에 개방되었다. 1992년 8월 현재 전화정보 서비스업체는 전국 35곳으로, 3900여 전용회선을 통해 120여 가지의 각종 음성정보를 제공했는데, 특히 '노래 따라부르기' '퀴즈쇼' '전화데이트' 등 10대 청소년들을 상대로 한 갖가지 음성정보 서비스가 개발돼 폭발적인 인기를 누렸다.[35]

청소년들의 전화오락은 국제 음란전화 데이트로까지 발전되었다. 이 같은 전화데이트는 과거 외국인들과 영어로 통화하던 폰섹스와는 달리 자동 음성서비스 장치에 의해 국내 청소년끼리 서로 연결이 가능해 이용자가 급증했다. 주로 도미니카, 코스타리카 등 제3국 통신사의 국제 음성정보 서비스를 통해 이뤄지고 있는 전화데이트에는 한꺼번에 7, 8명까지 대화가 가능한 '파티라인'과 일대일로 이성과 연결되는 '러브 핫라인' 등 2가지 종류가 있었다.

한국통신 집계에 따르면 이 전화데이트시스템이 국내에 처음 보급된 1992년 4월 25일부터 10월까지 '파티라인'의 경우 무려 40만여 건(국제통화료 23억2000여만 원), '러브 핫라인'은 8만2000여 건(국제통화료 4억2000여만 원)의 통화가 이루어졌다. 이 전화데이트시스템은 대개 청소년들이 부모 몰래 이용하고 있는 데다가 한 통화당 요금이 보통 2만3000~3만500원 이상이라 한 달에 수십만 원이나 되는 전화요금 때문에 학부모들이 전화국에 항의하는 사례가 잇따랐다.[36]

'사랑의 귀가전화 걸기운동'

1993년 11월 30일 전국 전화시설이 2000만 회선을 돌파함으로써 인구 100명당 가입자 수 38인, 가구당 1.6대를 기록했다. 2000만 회선 돌파는 시설규모면에서 미국, 일본, 독일, 프랑스 영국, 이탈리아, 러시아 등에 이어 세계 8위 수준이었다.[37]

그러나 한국통신 입장에선 무작정 반길 수만은 없는 일이었다. 시장이 포화상태에 근접함으로써 앞으로의 성장세가 크게 떨어질 것이기 때문이었다. 새로운 수요를 창출해야만 했다. 이런 필요성에 부응한 것이 바로 1994년 한국통신이 전개한 '사랑의 귀가전화 걸기운동' 이었다.

한국통신 '귀가전화 편' 광고에서는 남편을 기다리는 아내가 밉지 않은 몇 마디를 날린다. 이는 가족사랑을 위해 귀가전화를 하라는 메시지를 전달하고 있다. "남자들 참 무심해요. 저녁에 전화 한 통 해주면 어디 덧나나요?" 하는 아내의 투정은 많은 공감을 불러일으켰다. "으레 늦으려니 하면서도 기다릴 땐 별 생각이 다 든다구요" 하는 아내의 진심어린 걱정은 사람들의 감성을 자극했고 남편들로 하여금 귀가전화만큼은 꼭 걸어야겠다고 다짐하도록 만들었다.

특히 이 광고는 귀가전화가 '가족사랑의 시작' 이라는 캠페인의 진정성을 높이고 사람들의 공감을 얻기 위해 많은 노력을 했다. "어디 덧나나요?" 라는 소비자 언어를 통해 광고의 리얼리티를 살리고 진심으로 남편을 근심하는 아내의 모습을 찾기 위해 50명의 주부모델과 연극배우를 선별하기까지 했다.[38] 이러한 노력과 소비자들이 공감할 수 있는 이야기로 한국통신 귀가전화 캠페인은 각계각층으로부터 높은 호응을 얻어냈다.

한국통신의 귀가전화 캠페인은 광고뿐 아니라 전화국에서도 이루어졌는데 "귀가 때 전화 한 통화로 가족사랑을 실천하세요"라는 슬로건을 내걸고 전국 58개 전화국에서 이동전화국을 운영해 전국의 역, 광장, 고속버스 터미널과 백화점 등 사람들이 많이 이동하는 지역에서 저녁 6시부터 9시까지 무료로 전화를 걸 수 있게 했다.[39] 1994년 7월 18일부터 5일간 진행된 이 캠페인에는 전국의 5만여 명이 참여해 성황을 이뤘으며, 뒤이어 추석명절에는 "문안전화, 작은 효의 시작입니다"라는 슬로건과 함께 전국의 터미널과 역, 고속도로 휴게실 등에서 '효도전화 걸기' 캠페인을 펼치기도 했다.[40]

'애니콜'의 등장, '삐삐' 열풍

1991년 카폰 보급 대수를 추월한 휴대용 전화기는 1992년 말 현재 18만6618대로, 8만5238대의 카폰을 훨씬 앞지르는 등, 최근 몇 년 동안 해마다 100퍼센트 정도의 시장확대 추세를 보였다. 휴대용 전화기시장 참여업체는 삼성, 금성, 현대 등 국내 가전 3사와 미국 모토로라, 유럽산 수입업체 등 모두 17개로, 이들이 내놓은 20여 개의 모델이 수요자들을 상대로 1500억 원 규모의 시장쟁탈에 나섰다. 국내시장 점유율은 모토로라가 50퍼센트 이상을 차지했고 삼성, 금성 등 국내제품과 유럽, 일본 제품들이 나머지를 채웠다.[41]

1993년 11월 삼성전자의 애니콜이 휴대전화시장에 진출했지만 모토로라에 익숙한 사람들은 애니콜을 외면했다. 이에 삼성전자는

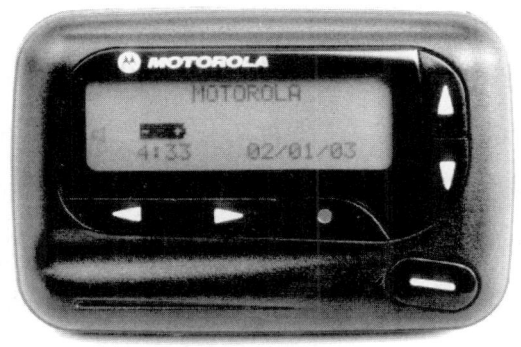
■ '삐삐'로 불렸던 무선호출기는 1990년 초반 가히 '열풍'이라고 할 정도로 큰 인기를 끌었다.

"'외제가 무조건 좋다'는 고정관념은 이제 바꿔주십시오"라고 외치는 '민족주의 마케팅'을 펴기 시작했다. 감성에만 의존한 게 아니라 실질적인 근거를 제시했는데, 그게 바로 "한국 지형에 강하다"라는 카피였다. 우리 국토의 70퍼센트가 산이라는 점을 부각시켜 한국의 독특한 지형에 맞는 휴대전화의 필요성을 제기한 것이다.[42]

휴대전화가 없는 사람들의 휴대전화 대용품이라 할 수 있는 삐삐는 1988년에 10만 대를 넘어선 이후 1990년 41만 8000대, 1991년 85만 1000대, 1992년 145만 2000대, 1993년 264만 8490대로 폭발적으로 늘어났다.[43] 삐삐는 특히 직장인들의 필수품이었는데 "삐삐 차면 딸만 낳는다"는 소문이 퍼지면서 삐삐를 등 뒤에 부착하는 게 유행하기도 했다.[44]

서울대 신문학과 송종현은 보험업·일반제조업에 종사하는 영업직 사원 129명을 대상으로 설문조사를 실시해 1993년 1월 석사학위 논문 「무선호출기 도입에 따른 영업직 노동자들의 업무형태 변화인식에 관한 연구」를 발표했다.

이 연구에 따르면, 노동자들의 74퍼센트와 68퍼센트가 무선호출기 사용 이후 상사의 업무지시와 상부에 대한 업무보고 횟수가 늘었다고 답했으며, 업무시간이 아닌 퇴근 후나 휴일·휴가 중의 업무연락이 늘어났다는 대답도 77퍼센트나 됐다. 이런 노동강도 증대 및 업무지시·보고빈도 증가에 대해 응답자의 과반수가 불만족스럽다는 의견을 보였으며, 무선호출기 사용으로 업무수행상 자율성과 만족도가 과거보다 떨어졌다고 말한 노동자도 각각 68퍼센트와 69퍼센트에 이르러 노동자들 사이에 무선호출기가 사용자의 노동통제 수단으로 기능하고 있다는 인식이 자리잡고 있음을 나타냈다.[45]

초등학생이 제일 갖고 싶은 것은 삐삐

삐삐는 직장인을 넘어서 젊은이들 사이에서도 선풍적인 인기를 누렸다. 1993년 11월 20일 서울 신촌에 위치한 그레이스백화점이 개점 첫 돌을 맞아 한 해 동안의 매출실적과 바이어 추천 인기품목을 기준으로 '신세대 대학생 인기상품 베스트 10'을 선정해 발표했는데, 1위가 바로 무선호출기였다.[46]

삐삐는 초창기에 20여만 원을 호가했으나 이즈음 10만 원 선으로 떨어졌다. 1993년 12월부터 임대제가 생겨 보증금 6만7900원에 월 사용료 1만2000원이면 사용할 수 있게 되자 10대들 사이에서도 삐삐 붐이 일어났다. 유행에 뒤지지 않으려는 일부 청소년들이 삐삐를 가지려

고 강도짓마저 벌이는 일이 빈발했다.[47]

강도짓을 하다 경찰에 붙잡힌 고교생들은 "요즘은 중학생 애들도 다 삐삐를 갖고 있어요. 삐삐가 얼마나 인기가 좋은데요." "삐삐가 있으면 친구들끼리 연락하는데 편하잖아요. 여자친구들 불러낼 때도 좋고 …… 우리 반에도 삐삐를 가진 애가 대여섯 명 있는데 친구들이 다 부러워해요"라고 말했다.[48]

1993년 '015 삐삐'가 새로 등장하면서 증가세를 더욱 부추겼다. 삐삐는 1994년 2월말 현재 305만6622대(012-238만2401대, 015-67만4221대)를 기록했다.[49] 이제 삐삐는 초등학교 어린이들 사이에서도 '제일 갖고 싶은 것'이 되었다.[50] 때로 삐삐에 모르는 번호가 찍히면 자연스럽게 궁금증이 생기고 메시지를 확인하기 전까지 기다림과 설렘의 여유를 즐길 수 있었다. 먼 훗날(2007년)까지도 삐삐를 사용하는 대부분의 사람들이 주장하는 것 중 하나는 기다림의 감성과 느림의 미학이다. 하지만 1994년만 해도 삐삐는 기다림의 감성에 반하는 것으로 여겨졌다.

1994년 고정수는 "사랑하는 마음을 증진시켜주는 것은 애틋한 그리움일 텐데 시도때도없이 목소리를 듣고 싶을 때 들을 수 있다면 그만큼 그리움과 신비스러움이 삭감"된다며 "신세대 연인들 사이에 번지는 삐삐는 오늘의 젊은이들이 그 정도로 망설임도 참을성도 없다"는 의미라고 개탄했다.[51] 그렇게 여겨졌던 삐삐가 10여 년 후엔 기다림의 감성과 느림의 미학을 대변하게 되었다니 놀랍고 흥미롭지 않은가?

삐삐의 세대격차

1993년부터 음란·협박전화를 건 사람의 전화번호를 알려주는 발신자추적 서비스가 시행되면서 전화에 의한 언어폭력이 크게 줄었다. 그러나 이젠 삐삐의 음성사서함 기능을 악용해 음담패설, 욕설, 거짓약속 등을 늘어놓는 신종 전화폭력이 성행하기 시작했다. 또 룸살롱, 카페 등 일부 유흥업소에서는 손님의 삐삐번호를 알아둔 뒤 수시로 호출을 해 고객관리를 하는가 하면 아예 무작위로 삐삐를 쳐 손님을 끄는 신종 호객행위도 늘었다.[52]

1994년 11월 중앙일보 설문결과에 따르면 20대 신세대들이 삐삐를 사용하는 가장 큰 목적은 친구 및 애인호출(56.8퍼센트)이며, 그 다음이 업무상 호출(26.8퍼센트) 그리고 가족호출(16.3퍼센트) 등의 순이었다. 반면 30대가 되면 그 순위가 달라지는데 업무상 호출이 가장 높은 비중(58.1퍼센트)을 차지하고 가족(32.1퍼센트), 친구(9.8퍼센트) 등의 순이었다. 40대 역시 사업·업무상 호출이 대부분(75.2퍼센트)을 차지했고, 친구나 가족의 호출은 상대적으로 매우 적은 비중을 차지했다.[53]

1996년 조용수는 "신세대인 10대 및 20대들과 30대 이상 기성세대들의 삐삐 이용목적은 크게 다르다. 무선호출이라는 똑같은 통신기능을 수행하고 있지만 기성세대들에게 삐삐는 단순히 업무상의 효율을 높이기 위한 도구에 그치고 있는데 반해 신세대들에게 삐삐는 사람과 사람을 연결시켜 주는 정서적 연결고리로서의 의미를 내포하고 있는 것이다"며 다음과 같이 말했다.

"신세대들은 왜 삐삐를 좋아할까? 요즘 신세대들은 24시간 삐삐를 차고 다녀야 안심할 수 있을 만큼 긴급하고도 중요한 용무가 그렇게 많은 것일까? 기성세대의 눈에는 신세대들 사이에 부는 삐삐열풍이 상당히 의아스럽게 생각될 수도 있을 것이다. 괜한 돈 낭비이며 남들이 하니까 나도 따라한다는 군중심리, 모방심리라고 보는 부정적인 시각도 적지 않다. 그러나 과연 그런가. 신세대들은 스스로 자신들이 그렇게 어리석거나 맹목적이지 않다고 강변한다. 삐삐가 가진 편리함과 유용성, 그리고 생각보다 저렴한 비용 때문에 삐삐를 구입·사용하는 것이지 결코 겉멋에 차서 삐삐를 차고 다니는 것은 아니라는 것이다."[54]

"때와 장소를 가리지 않습니다"

1996년 한국 전화사에 한 획을 그은 사건이 일어났으니, 바로 CDMA 기술의 상용화였다. CDMA(Code Division Multiple Access, 부호분할 다중접속)란 휴대전화 이용자가 전화기에 대고 한 말(음성데이터)을 여러 개의 디지털부호(코드)로 나누어 전파를 타고 상대방에게 전달되게 하는 첨단 이동통신기술로, 예전의 아날로그방식(AMPS)보다 용량이 크고, 통화품질도 우수하다. 미국 퀄컴사가 핵심 칩을 개발했으나 상용 서비스는 한국 정부와 업계가 세계 최초로 성공했다.[55] 이를 바탕으로 1996년 1월 1일 인천과 부천에서 한국이동통신이 '디지털 011' 이라는 이름으로 CDMA 상용 서비스를 시작한 것이다.

CDMA는 한국 정보통신 사상 최고의 효자가 된다. 훗날 삼성전자 정보통신총괄사장 이기태는 "한국이 전인미답이던 CDMA 시장을 개척한 덕분에 정보통신 강국이 될 수 있었다"며 "만일 당시 노키아와 모토로라가 선점하고 있던 TDMA(시분할 다중접속) 시장에 진입했더라

■ 정부와 삼성이 세계 최초로 CDMA 기술을 상용화하고 통신사들이 서비스 가격을 내리면서 '때와 장소를 가리지 않는' 휴대전화는 대중화되기 시작했다.

면 한국의 이동통신산업은 뿌리를 내리기도 전에 고사했을 것"이라고 말한다.[56]

　1996년 4월 1일부터 시작된 디지털 011 광고는 그동안 누적된 소비자의 통화불만을 해소하고 가격인하를 알리는데 치중했다. 또한 경쟁사와 달리 디지털, 아날로그를 동시에 사용할 수 있어 전국적인 기지국을 통한 '전국통화'라는 우위점을 강조했다.[57] 또 "언제 어디서나 누구와도 커뮤니케이션 할 수 있게" 한다는 점을 강조하기 위해 "때와

장소를 가리지 않습니다"라는 슬로건을 내세웠다.[58]

시리즈 광고 중 첫 번째인 '두 형사편'은 큰 인기를 끌었다. 나희정은 "011 하면 관제냄새가 물씬 풍기는 거만한 통신회사인 줄 알았다. 그동안 독점사업으로 편안히 지내다가 요즘 들어 바짝 긴장한 티가 역력한 그런 회사인 줄 알았다. 그런데 이번에 내놓은 '두 형사' 편은 한 편의 갱영화를 보는 듯이 흥미진진했다"며 다음과 같이 평가했다.

"채시라와 그 동료, 잔뜩 긴장하고 갱단의 아지트로 찾아가는데 …… 쨍그렁, 깡통 밟는 소리. 휴~ 다시 정적 속의 긴장, 마지막 범인들을 …… 그런데 갑자기 삐리릭! 때와 장소를 가리지 않는 한국인의 통신채널 011이 터져버린 것이다. 기술력이 어떻고 가장 많은 가입자가 어떻고 하는 수백만 마디의 말보다 얼마나 쉽고 친근한 메시지인가? 한편의 유머로 늙수구리, 관료적인, 불친절한, 경직된 …… 하는 모든 011의 부정적인 이미지들을 한꺼번에 씻어낸 것이다. 짧은 15초지만 기승전결 구성이 뚜렷하면서도 마지막 반전의 웃음을 노린 수작이다."[59]

놀라운 역설이다. 당시로선 기술적으로 때와 장소를 가리지 않고 터지는 게 모든 이들의 희망사항이었지만, 휴대전화 대중화 이후 때와 장소를 가리지 않고 터지는 전화소리는 사회적 공해가 되어버리기 때문이다.

CDMA 기술의 상용화가 1996년에 일어난 양지(陽地)의 대표적 사건이라면, '전화방'의 등장은 음지(陰地)의 대표적 사건이었다. 1980년대 후반 '텔레크라'라는 이름으로 일본에서 처음 등장한 전화방이 1996년 10월 한국에 상륙했다. 성적(性的)으로 고독한 남성이 1평 남짓

한 방에 들어 앉아 걸려오는 여성의 전화를 받아 밀담을 나누고, 양쪽이 뜻이 맞으면 직접 만나기도 하는 곳이었다.

어느 전화방의 광고전단은 "혼자 있는 시간 누군가와 통화하고 싶다"는 캐치프레이즈를 내걸고 "여성분들은 위 전화로 전화하셔서 멋있는 남성과 즐거운 전화데이트를 즐기세요. 여성분은 무료이고 24시간 사용하실 수 있으며 여성분의 비밀이 보장됩니다"라고 안내했다. 전화방은 1년 만에 전국 100여 곳, 서울에만 40여 곳이 들어섰고, 이후 급속히 늘게 된다.[60] 때와 장소를 가리지 않는 '만남'이 가능해진 셈이다.

"짜장면 시키신 분~"

1997년 3월 21일 한국이동통신은 정기 주주총회를 갖고 회사이름을 'SK텔레콤'으로 변경했다. 한국이동통신의 1996년 총 매출액은 2조6760억 원으로 1995년에 비해 102.3퍼센트의 성장률을 보였고 당기순익은 1955억 원을 기록했다. 또 총 주식 수는 583만5500주로 선경그룹이 127만5000주(21.85퍼센트), 한국통신 118만주(18.99퍼센트), 서울은행 66만4500주(11.39퍼센트), 시티은행 42만4500주(7.27퍼센트), 기타 소액주주가 236만3500주(40.5퍼센트)를 소유했다. SK텔레콤은 변경된 회사이름이 모기업인 선경그룹의 경영이념과 행동양식을 반영, 영문 이니셜을 채용한 것으로 "유·무선통합, 통신·방송융합 등 정보통신 분야를 포괄하면서 국제적으로 범용성 있는 이름"이라고 설명했다.[61]

1997년 5월 7일 전국 전화가입자가 2000만 명을 돌파했다. 이는 세계에서 9번째 기록이었다.[62] 전화가입자 2000만 명 돌파와 동시에 휴대전화 인구 500만시대가 열림으로써 1997년이 '휴대전화 대중화'의 원년이 되었다.

동시에 1997년은 휴대전화 광고 대중화의 원년이기도 했다. 휴대전화 광고가 전 매체를 도배하다시피 하기 시작했다. 주로 '유머'를 앞세운 휴대전화 광고는 워낙 인기가 높아 그 자체가 즐길 수 있는 대중문화 상품이 되었다.[63]

1997년부터 1998년까지 이어진 신세기통신(2000년 SK텔레콤에 합병)의 '파워디지털 017' 광고는 어디서나 전화가 잘 터진다는 것을 어디서나 자장면 배달을 시킬 수 있다는 방식으로 묘사해 전국에 "짜장면 시키신 분~"이라는 유행어를 퍼뜨렸다. 인기개그맨 김국진과 이창명을 등장시킨 017 광고가 나갈 때마다 사람들은 자장면 집에 전화를 걸었다. 물론 장난전화도 부쩍 늘었다. 전국에 때 아닌 자장면 붐이 일었다.

사람들은 실제 광고에서와 같이 어디서든 자장면이 배달되는지를 궁금하게 생각했다. 한강둔치와 같은 야외에서 자장면을 주문하는 사람이 눈에 띄게 늘어나기 시작했고 따라서 기존의 주소지만 배달되던 자장면 배달시스템이 바뀌기도 했다. 뿐만 아니라 각종 방송과 신문의 코미디와 시사만화 등의 단골메뉴로 등장했고, 사오정시리즈 등 각종 패러디도 난무했다. 이렇게 자장면의 인기가 급상승하여 국민적 사랑을 누리자 한 일식집 단체에서는 광고소재로 자신들을 채택해주면 제작비의 일부를 지원하겠다는 제안을 하기도 했다.[64]

'짜장면 시키신 분' 광고는 런칭 6개월 만에 신규 고객 50만 명을 늘리는 성과와 함께 신세기통신의 가입 고객수를 안정적 2위로 올려 놓았을 뿐만 아니라, 1997년 광고 선호도에서도 5위에서 2위로 급상승하며 파워디지털 017의 이미지를 한 단계 업그레이드시키는 중추적 역할을 했다.[65]

그 밖에 '짜장면 시키신 분' 광고에 등장한 이야기들이 현실화되기도 했다. 대한항공 국제선 어린이 기내식으로 자장면이 등장했는가 하면,[66] 우리 국토의 최남단 마라도에는 진짜 자장면 집이 생겨났다. 광고가 한참 전파를 탈 때에는 무려 다섯 집까지 영업을 했다.[67]

당시 자장면 신드롬으로 큰 재미를 본 사람도 있었는데, 이창명의 투철한 '철가방 정신'을 실제로 구현한 중졸출신의 철가방 스타 '번개 조태훈'이었다. "번개에 주문전화를 하고 나서 담배를 물면 안 된다." "잔디밭으로 자장면을 시키고 나서 공중전화 부스에서 돌아와 보니 자장면이 기다리고 있더라"는 등 자장면 배달의 전설을 남겼던 그는 많은 기업들에게 자신만의 서비스 철학과 노하우를 전수하며 최고의 인기강사로 떠오르기도 했다.[68]

여대생과 50대 교수가 주먹다짐을 벌인 이유

이동통신사들의 그런 치열한 마케팅 공세에 힘입어 휴대전화 가입자는 1998년 6월 1000만 명을 넘어서더니, 불과 1년여 만인 1999년 8월 2000만 명을 돌파했다. 그러나 마냥 반길 일만은 아니었다. 휴대전화의 소음공해는 매우 심각했다.

공공장소에서 큰소리로 전화하는 사람들 때문에 얼굴을 찌푸리는 사람들이 늘어갔다. 대학 강의 중에도 벨소리 때문에 수업이 중단되는가 하면, 연극공연 중에 휴대전화 벨소리가 울려 공연에 큰 피해를 주는 일까지 생겨났다. 정숙을 요하는 공공장소에서 시도때도 없이 울리는 휴대전화는 '문화 후진국'을 입증하는 증거라는 비판의 목소리가 높아졌다.[69]

이에 환경부는 휴대전화 소음추방 캠페인에 나서겠다며, 삼성전자, LG전자 등에 벨소리를 저소음형으로 개선해달라는 협조공문을 보내는 한편 제품설명서에도 휴대전화 에티켓에 대한 내용을 추가하고 광고에도 휴대전화 예절에 대한 내용을 넣어줄 것을 요청했다.[70]

휴대전화 소음공해 및 그에 따른 부작용을 감안해 법적인 규제를 검토하기까지 했지만, 변화의 조짐은 보이지 않았다.[71] 1999년 2월엔 심지어 시내버스 안에서 큰소리로 휴대전화를 쓰던 여대생과 이를 나무라던 50대 교수가 주먹다짐을 벌이는 일까지 벌어졌다.[72] 사회에 경종을 울리겠다는 듯, 1999년 3월 법정에서 휴대전화 신호음을 낸 방청객에게 최초로 3일간의 감치결정이 내려지기도 했다.

휴대전화 소음공해에 대한 비난의 목소리가 높아지자, 업계 선두 주자인 SK텔레콤은 1998년부터 그런 사회적 분위기를 역이용하는 광고를 내보냈다. "때와 장소를 가리지 않는다"는 것을 증명해 보이던 코믹배우 권용운을 조용한 이미지의 국민배우 한석규로 교체해 "또 다른 세상을 만날 땐 잠시 꺼두셔도 좋습니다"라고 부드럽게 말하게 한 것이다.[73]

또한 SK텔레콤은 광고와 함께 44명의 도우미로 구성된 통신예절단을 통해 전국 3000여 가맹점의 내방 고객들에게 '바른 이동통신 사용법'에 대해 설명하도록 했다. 또 기타 공공장소에 캠페인용 포스터를 부착하는 등 대대적인 '이동통신 바로쓰기 캠페인'을 펼쳤다.[74]

덕분에 SK텔레콤은 이미지 개선효과는 거두었겠지만, 병 주고 약 주는 그런 캠페인에 호응할 사람은 거의 없었다. 이미 소비자들은 '때와 장소를 가리지 않는' 중독상태에 빠져 있었다.

"묻지 마, 다쳐" · TTL광고

불가피하게 때와 장소를 가려야 할 일이 있다면, 그건 한솔PCS의 '원샷 018 투넘버 서비스'를 이용하면 될 일이었다. 1999년 한해 대중문화 전반을 압도한 최대 유행어는 '투넘버 서비스'에 등장한 "묻지 마, 다쳐"였다.[75] 이 말이 나오게 된 광고 속 배경은 이렇다.

연인 사이인 김정은과 차태현. 이전의 원샷 018 광고에선 김정은이 차태현을 쫓아다녔지만, '투넘버 서비스'에선 관계가 역전된다. 김정은은 "난 번호가 두 개 있다"며 "아무에게나 가르쳐주는 번호와 한 사람에게만 가르쳐주는 번호"라고 말한다. 이에 질투가 난 차태현은 "말해줘, 그 번호" 하며 애걸복걸한다. 하지만 새 애인을 숨겨놓은 김정은이 이 번호를 가르쳐줄 리 없다. 그동안의 서러움을 한방에 날리듯 차태현에게 "묻지 마, 다쳐"라고 딱 잘라 말한다.

양다리를 걸치면서도 당당한 신세대들의 자유로운 연애관을 풍자하면서 전화번호가 두 개라는 장점을 살려낸 이 광고는 많은 젊은이들에게 인기를 끌었다. 특히 "묻지 마, 다쳐"라는 김정은의 매몰찬 한마디는 선풍적 인기를 끌었다. "묻지 마, 다쳐" 시리즈는 "바꾸지 마,

■ 브랜드를 숨긴 채 호기심을 유발하는 티저광고 효과를 톡톡히 본 SK텔레콤의 TTL 광고. 나이 든 세대가 주로 쓰는 번호로 인식되었던 011은 이 광고 덕분에 10대들의 폭발적인 지지를 받았다.

다쳐" "실수하지 마, 다쳐(골라 받지 마, 다쳐)" 등 총 3편의 시리즈로 제작되었는데 차태현과 김정은의 티격태격하는 모습과 재미있고 솔직한 카피들이 시청자들을 즐겁게 해주었다.

일반적으로 한 개의 휴대전화에 한 개의 번호가 있는 것이 당연하지만 하나의 번호를 더 필요로 하는 사람이 있을 것이라는 가정하에 출시한 '투넘버 서비스'는 재미있는 광고 덕분에 주목을 받으면서 대박을 터뜨렸다. 그러자 011은 '넘버플러스'라는 이름으로 복수번호 서비스를 실시했으며 016, 019도 뒤를 이었다.[76]

이에 질세라 SK텔레콤은 "011은 아저씨들만 쓰는 이동전화"라는 신세대들의 고정관념을 깨기 위해 'TTL' 광고공세를 폈다. 브랜드는 숨긴 채 호기심을 유발하는 이른바 티저(teaser)광고였다. TTL은 기획 당시부터 "The Twenty's Life, The Twenty's Liberty, Time To Love, Time To Leave, That's The Life" 등 어떤 식의 해석도 가능한 열린 브랜드네이밍이었다.[77] 특히 10대들의 전폭적인 지지를 받은 TTL 광고는 'TTL족'이라는 신조어를 만들어내며 하나의 분명한 문화세대를 만들 정도로 대성공을 거두었다.[78]

"한국에선 개나 소나 휴대전화를 갖고 있다"

관련업체들의 공격적인 마케팅전략에 힘입어 휴대전화 가입자 수는 1999년 9월 유선전화 가입자를 처음 앞질렀다. 덕분에 죽어나는 건 삐삐 사업자들이었다. 삐삐 가입자는 1997년 1519만 명까지 늘어났다가 휴대전화 등장 이후 급격히 감소해 1999년 9월 말에는 482만여 명으로 1년 9개월 만에 1000만 명 이상이 이탈했다.[79]

이제 초등학생들에게도 "삐삐는 필수, 핸드폰은 선택"이 되었다. 한국일보 1999년 6월 4일자는 "서울 종로에 있는 모 초등학교의 경우 한 반 40명 중에 20명 정도는 무선호출기(삐삐)를, 2~3명은 휴대폰도 지니고 있다. 특히 최근에는 업계에서 어린이 전용호출기와 핸드폰을 판매하면서 숫자는 급격히 늘어나고 있다. 맞벌이부부가 많아지면서 부모들이 비상연락용으로 아이들에게 하나둘 사주던 것이 이제는 아이들 사이에 경쟁이 붙을 정도로 붐을 이루고 있다"며 다음과 같이 말했다.

"사용처도 비상용보다는 친구와의 연락용이 주류. 수업이 끝난 후 만나거나 급히 물어볼 내용이 있을 때 이용하고 고학년들은 서로에게 비밀스러운 메시지를 남겨놓기도 한다. 따라서 부모와 어린이가 제한된 메시지를 주고받을 수 있는 어린이 삐삐나 핸드폰은 인기가 없다. 핸드폰은 아직 일반화하지는 않았지만 '받고 싶은 선물'의 1순위로 꼽힌다. 특히 졸업을 앞둔 6학년 학생들은 핸드폰을 선물로 받을 수 있다는 이유 때문에 졸업을 기다릴 정도. 최근 생일선물로 핸드폰을 받았다는 이모(12)군은 '언제 어디서나 통화할 수 있다는 게 신기하기도 하지만 친구들 앞에서 우쭐하는 기분으로 항상 들고 다닌다'고 말했다."[80]

1999년 6월 한국을 방문한 '파리의 택시운전사' 홍세화는 「20년만의 귀국일지」에서 휴대전화에 대해 다음과 같이 썼다.

"한국에선 개나 소나 휴대전화를 갖고 있다고 한 선배가 말했다. 한국에 도착한 날 나도 휴대전화를 갖게 되었다. 한국을 떠나면서 반환했다. 나도 한국에선 개나 소가 되었던 셈이다."[81]

개나 소나 휴대전화를 갖게 된 것도 놀라운 변화였지만, 이에 못지않게 놀라운 것은 휴대전화 덕분에 그토록 오랜 세월동안 수많은 사람들이 갈구해왔던, 그래서 수없이 많은 폭력사태를 야기하기도 했던 공중전화가 이제 곧 수천억 원대의 유지관리비만 축내는 '돈 먹는 하마'로 전락하는 운명을 맞게 된다는 사실이다. 공중전화는 1999년 56만 대로 정점을 이룬 뒤 이후 내내 쇠락의 길을 걷게 된다.

"휴대전화 돈 주고 사면 바보"

고영삼은 1991년에서 2001년까지 한국인 가계의 소비지출 항목 중 연평균 증가율에서 통신비가 11.06퍼센트로 1위를 차지한 점에 주목하면서 "가계비 지출은 경기에 매우 영향을 받기 때문에 IMF 관리체제에 들어서면서 소비지출은 급격하게 줄었지만, 정보통신비만큼은 이때에도 증가한 것이 참으로 놀랍다"고 말했다.[82]

그런 놀라움의 이면엔 이동통신사들의 치열한 마케팅 공세가 있었지만 그게 전부는 아니었다. 이동통신사들의 가입자 유치경쟁이 거세지면서 1996년부터 등장한 휴대전화 단말기보조금도 큰 역할을 했다. "휴대전화를 돈 주고 사면 바보"라는 말이 나올 정도로 경쟁이 치열해져 1999년 이동통신 업계의 보조금 규모는 3조 원이나 되었다.[83]

여기에 언론은 휴대전화 업체들이 추진한 공격적 마케팅의 든든한 동맹세력이었다. 언론은 '생활과학정보'의 이름으로 휴대전화 붐을 부추기는 데에 앞장섰기 때문이다. 예컨대, 1999년 8월에 나온 「휴대폰 깜짝 서비스 "안되는 게 없어요"」라는 제목의 기사는 "'아직도 휴대폰으로 전화통화만 하시나요.' 휴대전화 가입자 가운데 심심할 때 혼자 게임을 하거나 뉴스나 주가, 날씨를 알아보는 정보단말기로 사용하는 사람이 늘고 있다. 자동차, 가전제품 등 중고품을 사고파는 벼룩시장이 되기도 하고 단말기화면에 나타난 상대방의 얼굴을 보고 마음에 들면 미팅을 신청하는 중매쟁이 역할도 한다"며 다음과 같이 말했다.

"한솔PCS(018)는 최근 연예계 스타와 미팅을 할 수 있는 '스타매니아' 서비스를 시작했다. 고객이 좋아하는 스타를 선택하면 김현정, 핑클, 젝스키스 등 가수들에 대한 정보와 이들의 음성메시지를 받을 수 있다. 신세기통신(017)은 16일 구인구직정보와 부동산, 컴퓨터, 가전제품, 자동차 등 상품정보를 제공하는 벼룩시장 서비스를 시작했다. 자신이 팔고 싶은 물건을 올려놓는 것도 가능하다. 한국통신프리텔(016) 단말기로 할 수 있는 게임은 '모의 주식투자 게임.' 1인당 가상현금 2000만 원씩 나눠주고 실제 주식시세에 따라 게임이 이뤄진다. 주식초보자들이 연습 삼아 해볼 수 있는 게임으로 대학생들 사이에 인기가 높다. LG텔레콤(019)은 18일 다마고치, 블랙잭, 퀴즈나라, 오목, 심리테스트 등 인터넷으로 즐길 수 있는 5가지 게임을 선보였다. LG는 결혼정보회사들과 계약을 맺고 지난달부터 '결혼정보 서비스'도 제공하고 있다. 인터넷 웹브라우저가 장착된 휴대폰을 이용하면 상대방의 신상정보는 물론 얼굴모습도 미리 볼 수 있다. 자신이 원하는 타입이면 즉시 프러포즈를 해 미팅이나 맞선을 볼 수 있다. 휴대전화 업체들이 제공하는 전자쿠폰 서비스도 인기를 끌고 있다……."[84]

너무도 자상하지 않은가? 이런 기사는 예외적인 게 아니라 모든 언론이 제공한 일상적 생활정보였다. 이동통신사들이 전투적으로 벌인 광고공세의 최대 수혜자인 언론으로선 아무래도 휴대전화가 사랑스러울 수밖에 없었으리라. 언론은 물론 소비자들의 휴대전화 사랑은 새천년을 맞으면서 더욱 깊어만 간다.

제9장

2000~2005년

"휴대전화 네가 없으면
내가 없는 거야"

전
화
의
역
사

'월드컵 축제'는 '휴대전화 축제'

휴대전화는 관련업체들의 공격적인 마케팅 전략에 힘입어 2000년 3월에는 2542만8000여 명으로 전체 인구(4727만 명) 중 53.8퍼센트가 이용하게 되었다.[1] 2000년 말 휴대전화 인구는 2705만9000여 명에 이르렀으며, 업체별 시장점유율은 SK텔레콤 40.4퍼센트, 한국통신프리텔 19.8퍼센트, LG텔레콤 14.8퍼센트, 신세기통신 13퍼센트, 한국통신엠닷컴 12퍼센트 등이었다.[2]

2002년 6월 대한민국을 덮친 '월드컵 축제'는 '휴대전화 축제'이기도 했다. 2002년 3월에 가입자 3000만 명을 넘어선 휴대전화는 월드

■ 2006년 독일 월드컵을 앞두고 축구 국가대표팀 후원단체 붉은악마는 월드컵 기간에만 홍보에 나서는 SK텔레콤의 생색내기용 마케팅을 비판했다.

컵 열기에 탄력을 받아 계속 급증하면서 4년 8개월 만인 2006년 11월 4000만 명을 돌파하게 된다.

    월드컵 열기의 최대수혜자는 단연 SK텔레콤이었다. 한석규가 등장해 '대한민국' 구호를 곁들인 박수교육을 시키고 윤도현의 목소리로 전파된 '오 필승 코리아' 광고음악 등을 곁들인 SK텔레콤 스피드 011 광고는 500억 원 이상의 광고효과를 거둔 것으로 평가되었다. 월드컵 통신분야 공식후원사는 KTF였음에도 불구하고 SK텔레콤은 뛰어난 광

고와 마케팅 전략으로 월드컵을 거저먹은 것이나 다름없었다.[3]

SK텔레콤은 다음 월드컵 때에도 그런 재미를 보려고 시도하지만, 이번엔 축구팬들의 반발에 직면하게 된다. 훗날(2006년 1월말) '붉은악마'는 홈페이지에 "SK텔레콤의 월드컵 마케팅을 바라보며"라는 제목의 공지사항에서 "월드컵 때만 나타나는 거대기업이 마케팅을 벌여 브랜드 인지도 상승 등 혜택을 거둬가는 것은 기업윤리상 문제가 있다고 판단된다"며 "이 때문에 수년 또는 수십 년 동안 묵묵히 축구에 투자한 기업들이 축구 축제기간인 월드컵 대회기간에 오히려 소외되는 현상이 안타깝다"고 말한다. 붉은악마는 2002년 월드컵 이후 한국 축구에 대해 SK텔레콤이 수차례 지속적인 관심과 투자를 약속했지만 이 같은 구두약속이 전혀 지켜지지 않았다고 비판한다.[4] 또 신윤동욱은 2006년 3월 "애국의 계절이 돌아왔다"며 다음과 같이 말하게 된다.

"붉은광장이 돌아왔다. 월드컵의 열정이 돌아왔다. 당신을 깨우는 소리가 들리지 않는가? 당신을 깨우는 휴대전화의 벨 소리는 아니고, 당신의 애국심을 깨우는 이동통신 회사의 광고 소리가 들리지 않는가? SK텔레콤이 '우리는 대한민국입니다' 라고 외치자, KTF는 '우리는 붉은악마다' 고 선언했다. 이제 우리는 붉은악마 아니면 대한민국이다. 저렇게 뭉클한 광고를 보고 가슴이 뛰지 않는다면, 어쩌면 비국민일지 모른다."[5]

'삼성 민족주의'와 '애니콜 화형식'

휴대전화는 단순한 커뮤니케이션 도구가 아니라 인터넷이 촉발

시키고 강화시킨 이른바 '신경제'의 치열한 경쟁에서 필수적인 생존수단이기도 했다. 2002년 홍윤선은 시사주간지의 한 증권회사 광고가 눈길을 끌었다며 다음과 같이 말했다.

"휴가지인 듯한 장소에서 수영복 차림의 남자가 선탠의자에 앉아 있고, 옆엔 노트북과 휴대폰이 있었다. 휴가 중에도 느긋하게 주식투자를 할 수 있다는 메시지였다. 나는 어처구니가 없어 입을 딱 벌렸다. 휴가 떠나서까지 증권투자를 할 수 있다는 광고가 투자자들에게 어떻게 받아들여질지 궁금했다. 하지만 한편으로는, 그 광고를 만든 광고회사도 나름대로 고객이나 시장상황을 분석하고 그에 따른 고민의 결과로 그러한 광고를 만들었으리라는 생각도 들었다. 그렇다면 놀라운 것은 실제 투자자들이 휴가지에 가서까지 주식 값을 확인하고 사고팔기를 원한다는 사실이었다. 컴퓨터나 휴대폰이 사람들을 얼마나 수동적이고 종속적인 위치로 전락시킬 수 있는지 가슴이 섬뜩했다."[6]

이동전화 단말기업체들의 마케팅도 대단히 공격적이었다. 가장 대표적인 사례로는 2003년 삼성전자가 이동전화 단말기판촉을 위해 인기가수를 동원해 학교까지 찾아가 '깜짝공연'을 한 걸 들 수 있다. 이 행사엔 '스쿨어택(school attack, 학교공격)'이란 이름이 붙여졌다. 이에 대해 어느 신문은 "'삼성' 스럽지 못한 마케팅"이라고 비판했지만,[7] 삼성전자는 '세계 제일'이라는 범국민적 민족주의·국가주의의 후광을 업고 더 공격적인 마케팅에 임하게 된다.

'삼성 민족주의'라고나 할까? 특히 1995년에 일어났지만 2003년 즈음 널리 알려지게 된 '애니콜 화형식'은 그런 '삼성 신화' 만들기에 크게 기여했다. 1995년 3월 9일 삼성전자 구미사업장 운동장엔 2000여 명의 직원이 '품질확보'라는 머리띠를 두른 채 비장한 모습으로 집결했다. 현수막엔 "품질은 나의 인격이요. 자존심!"이라고 쓰여 있었다. 손에 해머를 든 현장근로자 10명은 모두가 보는 앞에서 휴대전화기, 무선전화기 등 15만 대의 제품을 운동장 한복판에 산더미처럼 쌓아놓고 해머질을 해댄 후 화형식을 거행했다. 모두 500억 원어치였다. 이는 2만여 대의 애니콜을 임직원들에게 돌린 결과 품질에 대한 반응이 좋지 않자 "시중에 나간 제품을 모조리 회수해 공장사람들이 모두 보는 앞에서 태워 없애"라는 이건희의 단호한 명령에 따른 것이었다.[8]

2003년 1월 세계 제일의 휴대전화 생산업체인 핀란드의 노키아가 한국에서 철수하기로 했다는 소식은 한국 소비자들을 흐뭇하게 만들지 않았을까? 한국일보에 따르면, "노키아가 시장진출 1년 6개월 만에 철수키로 한 것은 기술력, 마케팅 등 모든 부분에서 삼성, LG전자, 팬택앤큐리텔 등 한국 업체에 뒤졌기 때문이다. 전문가들은 지난해 3·4분기 현재 세계 시장점유율 1위(35.9퍼센트) 업체인 노키아가 외국보다 휴대전화 유행이 1년 이상 앞서는 한국 시장의 특성을 감안하지 않고 성급히 시장에 진출한 것이 사업실패의 가장 큰 이유라고 분석했다."[9]

'휴대전화가 빼앗아간 것들'

그 누구도 휴대전화를 위해선 물불을 가리지 않는 것처럼 보였다. 소비자들도 마찬가지였다. 휴대전화를 집에 두고 나가면 세상과 단절된 느낌이 든다는 사람들이 많아졌다. 2003년 7월 정신과 의사 김혜남은 '버림받는 것에 대한 두려움이 큰 사람은 혼자 있는 것을 견디지 못한다"며 다음과 같이 말했다.

"휴대전화에서 들리는 친구의 음성은 그들의 불안을 잠재우는 안정제가 된다. 즉 언제고 필요하면 연결하고 끊을 수 있는, 그러면서도 어디에선가 자신을 불러주고 자신의 호출에 즉각적인 답을 해주는 사람이 있다는 안도감을 주는 것이다. 외롭고 불안한 아이들은 점점 휴대전화에 중독되어 간다."[10]

단절감과 고립감까지는 아니라 하더라도 휴대전화는 '고독과 사색과 성찰'에 대해 적대적이며 그럴 수 있는 기회를 박탈했다. 2003년 7월 영화감독 봉준호는 「휴대폰이 빼앗아간 것들」이라는 제목의 칼럼에서 "휴대전화는 우리로부터 모든 고독과 사색과 성찰을 빼앗았다"며 자신의 경험담을 소개했다.

"얼마 전 산에 갔을 때 조용한 산길을 걷고 있는 한 남자를 보았다. 그는 숲길을 홀로 걸으며 휴대전화로 자기 친구와 낄낄대며 여자 얘기를 하고 있었다 …… 휴대전화는 사람들의 지루함에 대한 면역력을 떨어뜨렸다. 어떤 순간이든 약간의 지루함이라도 밀려오면 사람들은 자기 휴대전화를 꺼내 폴더를 연다. 이를 극명하게 체험할 수 있는 곳이 영화관이다. 극장 맨 뒷줄에서 영화를 한 번 보시라. 영화의 어떤 시퀀스가 지루한 리듬으로 늘어지기 시작하면 관객들 뒤통수 사이로 '반딧불'이 하나둘씩 반짝이기 시작한다. 사람들의 휴대전화 액정화면이 빛을 내기 시작하는 것이다."[11]

2003년 박지윤이 노래한 '여자가 남자에게 바라는 11가지'(유유진 작사, 권기명 작곡)는 남자친구에게 '하루에 3번 이상 전화하기'를 요구하고 있다.

"오늘은 친구 몇 명과 만나 / 밥 먹고 커피도 마시러 갔는데 / 나만 빼고 친구들은 계속해 전화가 와 / 모두들 남자친구의 전활 / 귀찮다 하며 자랑을 하더니 / 묻는 거야 너와 나는 다툰 게 아니냐면서 / All right 약속해줘 하루에 3번 이상 전화하기 / 날 믿어주기 네 하루는 내게 보고하기 / 항상 내 편이기 나 아플 땐 나보다 더 아파하기 / 세상의 그 어떤 여자가 다가와도 나의 이름만 부르기"

그러나 하루에 3번 이상 전화하기는 너무 온건한 주문이었다. 시도때도없이 시시각각 휴대전화를 붙들고 연인을 감시하다시피 하는 청춘남녀들이 많아졌다. 왜 그래야 하는 걸까? 컴퓨터와 휴대전화가 인간의 기억기능을 대신하면서 인간의 기억능력이 점점 더 약화되었기 때문은 아닐까? 그래서 '디지털치매(Digital Dementia)'라는 말까지 나오게 되었다. 디지털치매는 컴퓨터나 휴대전화 등 디지털기기의 사용이 보편화되면서 자신이 기억하고 있던 전화번호나 기념일, 중요한 약속 등을 잊어버리는 현상을 말한다.[12]

2004년 김택근은 "얼마 전 휴대전화를 잃어버린 한 친구가 며칠 동안 낙담을 했다. 하나 다시 사라고 하자 모르는 소리 말라고 했다. 그 속에 입력한 연락처들을 다 잃어버렸다면서 '그동안 쌓아온 인적 네트워크를 분실했다'고 눈물까지 글썽거렸다"고 말했다.[13]

한국 경제는 '셀룰러 이코노미'

휴대전화의 통화연결음과 벨소리 시장규모가 날이 갈수록 커졌다. 한국소프트웨어진흥원에 따르면 2004년 11월 현재 휴대전화 벨소리, 휴대전화 통화연결음, 인터넷 홈페이지 배경음악 등의 온라인 음악시장 규모는 2000년 450억 원, 2001년 911억 원, 2002년 1345억 원, 2003년 1850억 원, 2004년 2405억 원(추정) 등이었다.[14]

통화연결음(컬러링)을 홍보와 마케팅에 이용하는 이른바 '비즈링'도 각광을 받았다. 예컨대, 산업자원부 공무원 휴대전화로 전화를 걸면 "아세요? 원전수거물센터는 중·저준위 수거물을 저장하는 곳이 아니라 자연상태로 돌려보내는 곳이라는 사실"이라는 컬러링을 듣게 되었다. 2004년까지만 해도 지방자치단체들이 축제를 알리는 용도로 사용했지만 2005년부터는 중앙부처와 대기업에서 홍보를 위해 조직적으로 활용했으며, 아파트 브랜드 경쟁이 치열한 건설업계에서도 비즈링을 널리 활용했다.[15]

2004년 4월 휴대전화에서도 '싸이월드(www.cyworld.com) 개인 홈페이지'를 관리할 수 있는 '모바일 싸이월드'가 시작되었다. 1년 6개월 만인 2005년 10월 현재 모바일 싸이월드 이용자가 100만 명을 넘어섰다. 휴대전화기에서 실시간으로 대화를 주고받는 '모바일 메신저'도 인기를 끌자 이동통신사들은 모바일족을 겨냥해 잇달아 서비스를 내놓았다.[16]

2004년 12월 7일 팬택앤큐리텔은 9월에 출시한 '말하는 디카폰'에 근거리 무선통신기술인 '지그비'를 탑재해 집안이나 사무실의 각종 전원과 PC를 켜고 끄고, 온·습도조절, 외부 침입여부 탐지 등이 가능한 유비쿼터스형 휴대전화를 내놓았다.

2004년 한국 IT산업의 국가경제 기여도는 경제협력개발기구(OECD) 국가 중 1위로 수출의 34퍼센트(2002년), 국내총생산(GDP)의 16

퍼센트를 차지했다. 특히 D램 반도체는 세계 시장의 42퍼센트, 초박액정표시 장치(TFT-LCD)는 30퍼센트, 휴대전화는 25퍼센트를 차지하며 IT산업을 연간 20퍼센트씩 키우는 성장동력이 되었다. 이와 관련, 곽재원은 영어권 국가에서는 통신 서비스 지역을 마치 세포처럼 나눠 놨다 해서 휴대전화를 '셀룰러 폰(cellular phone)'이라고 부르는 점에 착안해 한국 경제를 '셀룰러 이코노미(세포의 경제)'라고 불렀다.[17]

그럴 만도 했다. 2004년 12월 초 삼성전자의 애니콜은 모토로라를 제치고 노키아에 이어 세계 2위로 등극했다. 2004년 휴대전화 수출은 모두 1억4800만여 대로 200억 달러를 넘어서 자동차분야를 제치고 반도체(약 250억 달러)에 이어 2위 수출품목으로 올라섰는데, 이 중 삼성전자 애니콜이 130억 달러나 차지했다.[18]

2005년엔 전 세계 휴대전화 3대 가운데 1대가 한국산이 될 것이라는 전망이 제시되면서 '한국 휴대전화의 쿠데타'라는 말까지 나왔다. 팬택앤큐리텔이 목표치를 달성하면 삼성전자, LG전자 등 한국 업체들의 2005년 세계 시장점유율은 30퍼센트에 육박할 것이며, 한국이 핀란드를 제치고 세계 최대 휴대전화 생산국이 될 날이 머지않았다는 것이다.[19]

국내 휴대전화시장도 그간 고속성장을 거듭해왔다. 2004년 10월 말 현재 휴대전화 가입자는 3625만2676명이었다. 1984년 3월에 국내에 선보인 뒤 1990년대 중반 이후 폭발적으로 증가해 1997년 9월 500만 명, 1998년 6월 1000만 명, 1999년 2월 1500만 명, 1999년 8월 2000만 명, 2002년 3월 3000만 명을 돌파했다. 6~9개월 만에 500만 명씩 늘어난 셈이다. 이동통신사로 보면 SK텔레콤이 1864만 명(51.4퍼센트)으로 가장 많았고 그 다음으로 KTF 1170만 명(32.3퍼센트), LG텔레콤 590만 명(16.3퍼센트)의 순이었다.[20]

휴대전화기를 2년 넘게 쓰면 안 된다

2004년 휴대전화 이용자가 3600만 명에 이른 상황에서 사업주체인 정보통신부와 KT는 최근 4년간 적자운영으로 공중전화의 운명에 대해 고민하기 시작했다. 공중전화 숫자는 2000년 53만8983대에서 2004년 8월 말 현재 33만3629대로 대폭 줄어들었지만, 이젠 그것도 과잉이었다.[21]

집안의 유선전화도 위협받기 시작했다. 2005년 3월 소비자조사 전문업체인 마케팅인사이트가 이동통신 소비자를 대상으로 휴대전화 사용습관을 조사한 결과, 집안에서 유선전화 대신 휴대전화로 통화를 하는 빈도가 51퍼센트나 됐으며, 전화를 받는 경우(56.3퍼센트) 못지않게 거는 경우(45.7퍼센트)도 많았다. 집전화가 휴대전화보다 요금이 저렴하고 통화품질도 좋지만 습관적으로 휴대전화를 사용하고 있는 것이다.

또 영화정보 사이트 시네티즌(www.cinetizen.com)이 네티즌을 대상으로 휴대전화 사용실태를 조사한 결과 76.5퍼센트가 자신의 벨이나 진동이 울린 것 같은 환청을 들은 경험이 있다고 답했다. 또 전화가 올까봐 집에서도 항시 휴대전화기를 들고 다닌다는 응답자가 53.9퍼센트, 전화가 오지 않았는데도 수시로 주머니 속의 휴대전화기를 꺼내 확인하는 경우도 59.2퍼센트에 달했다.[22]

전자업체들은 그야말로 자고나면 '신형'이 나올 정도로 숨 가쁘게 다양한 종류의 휴대전화기를 양산해냈다. 심지어 '음주측정폰'까지 나와 4개월 만에 20만 대가 팔리는 '대박'을 터뜨리기도 했다. LG전자의 '스포츠카폰'은 음주측정뿐만 아니라 노래방, 음식점, 술집 등에서 노래방기기나 텔레비전 리모컨 구실도 했다.[23] 언론은 소비자들에겐 '행복한 고민'이라고 주장했지만,[24] 꼭 그런 것만도 아니었다. 돈 들어갈 일만 더 늘어났기 때문이다.

휴대전화기는 2년만 쓰면 버튼이 잘 눌러지지 않고 고장이 났다. 기술력이 모자라서 그런 게 아니었다. 이에 대한 불만을 토로하는 소비자에게 휴대전화 제조업체 관계자는 "몇 년 전 일본의 한 휴대전화 제조업체가 몇 년 써도 흠집조차 나지 않을 정도로 내구성이 뛰어난 제품을 내놨다가 망했다"며 "휴대전화 산업을 살린다 생각하고 새것으로 바꾸라"고 권고했다.[25]

학생들에겐 굳이 그런 권고를 할 필요가 없었다. 2년도 길다며 스스로 알아서 1년 내에 바꾸기 때문이었다. 2004년 YWCA 조사에 따르면, 휴대전화기를 가진 중·고등학생의 38.6퍼센트가 1년 이내에 단말기를 바꾸는 것으로 나타났다. 학교에서 압수당할 때에 대비해서 사용하지 않는 구형 휴대전화기를 여분으로 지니고 다니는 학생들도 있다고 하니, 참으로 기특한 애국자라 아니 할 수 없겠다.[26]

휴대전화기를 분실하는 사람들도 많아 이 또한 셀룰러 이코노미에 기여했다. 2004년 한 해 동안 분실 휴대전화기는 전체의 12.5퍼센트인 458만 대로 개당 20만 원으로 환산했을 때 총액은 1조3700억 원이었으며, 이 중 주인을 되찾은 건 6만3300여 대에 지나지 않은 것으로 밝혀졌다. 2005년 3월 현재 휴대전화 보급률은 76퍼센트로, 쓰지 않고 사장(死藏)된 휴대전화기만 4000만 대에 이르는 걸로 추산되었다. 이른바 'e-쓰레기' 문제도 심각했다. 평균무게가 140그램인 휴대전화기 1대에는 30가지가 넘는 물질이 들어있는데, 이것이 일반쓰레기와 섞여 태워지거나 땅에 묻히면 인체에 큰 피해를 줄 수 있다. 업체에 반납하면 70~80억 원의 수입을 얻을 수 있다지만, 그런 수거시스템은 제대로 작동하지 않았다.[27]

'디지털 망국론'?

눈부신 외적 성장에도 불구하고 한국 휴대전화산업에 대해 '속 빈 강정'이라는 비판도 제기되었다. 국내 휴대전화산업의 부품 국산화율은 2003년 기준으로 70.3퍼센트였다(1998년 40퍼센트). 2004년 휴대전화기를 수출해 벌어들인 24조 원(223억 달러) 가운데 해외에 지출한 돈은 18조 원에 가까운 것으로 추산되었다. 대일 무역적자가 2003년 190억 달러에서 2004년 260억 달러로 폭증한 것도 휴대전화기 부품 수입이 늘어난 탓이었다.[28]

휴대전화기가 '카메라폰'으로 점차 진화하면서 핵심부품의 해외 의존도가 더욱 높아졌다. 핵심부품인 모뎀 칩, 이미지 센서, 벨소리 칩은 퀄컴, 야마하, 소니 등에서 거의 전량 수입했고, 플래시 메모리, 배터리 등 나머지 부품들도 30~40퍼센트를 수입에 의존했다. LG경제연구원 연구위원 박래정은 "휴대전화에 디지털카메라, MP3 플레이어 등 멀티미디어 기능이 대거 확충되면서 수입의존 추세가 더욱 강화되고 있다"며 "이에 따라 반도체·휴대전화를 포함한 전기·전자수출의 부가가치 유발효과가 매우 낮고, 취업 유발효과도 자동차나 선박보다 하락속도가 훨씬 크다. 우리나라 전기·전자산업의 고용 및 부가가치 창출효과가 갈수록 적어지고 있다"고 말했다.[20]

2004년 12월 한국일보 논설위원 황영식은 중소기업을 경영하는 한 친구의 말을 소개하면서 휴대전화를 예로 들어 '디지털 망국론'을 제기했다.

"한국이 휴대폰 생산과 이용에서 세계적 명성을 얻고, 여러 기업이 세계 시장의 강자로 떠올랐지만 속 빈 강정이야. 필터와 액정, 배터리 등 핵심부품을 대부분 수입에 의존하거나 기술사용료를 주어야 하기 때문에 부가가치가 별로 없어. 그나마 매출규모가 커서 거액의 이익을 내지만 주주의 절반 이상을 차지하는 외국인에게 나가는 배당금 등을 빼고 나면 그 회사종업원들이 일부혜택을 누리는 게 고작이지. 가난한 사람들의 호주머니에서까지 다달이 수만~수십만 원의 이용료를 꺼내가는 데 비하면 하잘 것 없어. 애초에 소재-부품산업을 키우고, 그를 바탕으로 디지털산업으로 조금씩 전환해야 하는데 우글거리는 '디지털 전도사들'이 마구 뿌리는 '디지털 복음'에 사로잡혀 아날로그산업을 내버려둔 채 급히 디지털로 달린 결과지. 자본가에게 디지털산업처럼 매력적인 것이 또 있겠어. 내가 아는 한 기업은 300억 원을 투자해 마련한 6000평 규모의 공장에서 PDP 파우더를 생산해 연 200억 원의 매출을 올리고 있지만 공장자동화로 종업원 21명이 3교대로 일하고 있을 뿐이야. 자본수익률이 높은 데다 노사문제도 없어. 하지만 고용 없는 이런 기업이 아무리 잘 돼봐야 나라경제에 무슨 도움이 되겠어."[30]

2004년 9월 말 현재 휴대전화 신용불량자는 258만359명으로 전체 휴대전화 가입자의 7.1퍼센트에 이르렀으며, 10대 휴대전화 신용불량자는 11만2374명이다.[31] 2004년 한 해 동안 국내 이동통신 3사들이 연예인 누드 등 성인콘텐츠 서비스로 올린 매출은 SK텔레콤 860억 원, KTF 200억 원, LG텔레콤 70억 원 등 총 1130억 원인 것으로 집계되었다.[32]

수능 부정행위사건

휴대전화 문자메시지 서비스(Short Messaging Service, SMS)와 멀티미디어 메시징 서비스(Multimedia Messaging Service, MMS)는 대인(對人) 커뮤니케이션 방식을 근본적으로 뒤흔들었다. SMS의 텍스트 용량은 한글로 된 메시지의 글자 수가 50자 정도로 제한돼 있었으나 MMS는 1000~2000자 수준까지 지원되며 그림, 사진, 동영상, 음악 등 다양한 멀티미디어 데이터까지 전송할 수 있어 신세대의 사랑을 받았다. 2004년 YWCA 조사결과 한국의 중·고등학생들은 하루평균 53통씩 문자를 발송하는 것으로 조사되었다.[33]

2004년 11월에 일어난, 휴대전화 문자메시지 기능을 이용한 대학수학능력시험의 조직적 부정행위사건은 한국 사회를 충격으로 몰아넣은 동시에 여러 논쟁거리를 제공했다. 11월 30일 서울경찰청 사이버범죄수사대는 수능 당일의 문자메시지 중 숫자로 된 24만8000여 건을 조사한 결과 수능정답과 일치하거나 유사한 550여 건을 확보했고, 이를 통해 전국 21개조 82명을 확인했다고 발표했다.

한국일보 2004년 12월 2일자 사설 「휴대폰 수사와 통신비밀의 충돌」은 정보통신 당국이 "이동통신사의 문자메시지 보관자체를 폐지하거나 용도를 엄격히 제한해 보관기간과 용량을 최소화하는 등의 대책을 강구해야 할 것이다"고 말했다. 12월 2일 이동통신업체들은 내년부터 휴대전화 문자메시지 내용을 아예 보관하지 않거나 최소화하기로 했다고 밝혔다.

12월 6일 교육부는 성적무효처리자 226명을 확정했으며, 경찰은 1625명의 휴대전화 부정행위 의심자를 추가로 가려냈다. 경찰 수능부정 수사대상 중 다수가 수능 당일 보낸 일상적인 휴대전화 메시지로 밝혀지는 등 해프닝이 잇따르면서 애꿎은 피해자도 속출했다. 예컨대, '4444(죽도록 사랑해)' '2222너2222(이 안에 너 있다)'라는 유행어 메시지를 주고받은 연인이 용의선상에 오르기도 했다.

그러나 여론은 사생활 보호보다는 범죄척결 쪽으로 기울었다. '함께하는 시민행동'의 개인정보보호팀장 박준우는 "경찰수사는 마치 우체국을 통째로 뒤져 편지를 보는 것처럼 걱정스럽다. 그러나 여론이 사생활 보호보다 경찰수사를 지지하고 있어 시민단체도 어쩔 도리가 없다. 이참에 문자메시지 수사에 관한 명확한 지침과 규정을 만들 필요가 있다"고 말했다.

서울신문 2004년 12월 9일자 사설 「문자메시지 보관하라는 발상」은 이동통신회사들이 검찰의 반발 때문에 고객의 문자메시지 정보를 다시 저장하는 쪽으로 기울고 있다며 "형사소송법이나 통신비밀법을 거론할 것도 없다. 국민적 분노로 수사는 문자메시지까지 확대됐지만 통신회사 간 보관정보량 차이로 형평성문제는 풀 길이 없게 되지 않았는가. 여기에 법 근거도 없이 시행된 문자메시지 저장을 계속하라니, 이 나라에는 개인의 사생활도 없고 비밀도 없어야 한다는 말인가"라고 주장했다.

이런 논란 끝에 KTF는 12월 13일부터 SMS 전송내용 저장을 중단했으며, 12월부터 6바이트(한글 3글자, 영문·숫자 6글자)에 해당하는 문자메시지를 48시간동안 보관해왔던 LG텔레콤은 2005년 1월 10일부터 SMS 내용보관을 중단했다. 12월부터 앞 세 글자를 1주일 동안 보관해왔던 SKT도 2005년 1월 12일부터 SMS 내용저장을 중단했다. 또한 이동통신업체들은 수능 부정행위사건의 주범으로 지목된 휴대전화의 이미지쇄신을 위해 이른바 '모티켓(모바일+에티켓)운동'을 전개했다.

'청소년에 약인가 독인가'

수능 부정행위사건으로 휴대전화가 여론의 도마 위에 오른 가운데 문화일보 2004년 12월 4일자는 1면 머리기사로 「휴대전화 청소년에 약인가 독인가」를 다뤘다.

부정론이 팽배한 가운데 긍정론도 나왔다. 중앙대 청소년학과 교수 최윤진은 "아이들의 의사소통체계인 모바일은 이들이 성인이 되어서도 이를 바탕으로 한 의사소통체계가 될 것이라는 것이 대세"라며 "한글파괴, 욕설 등으로 기성세대들이 갖고 있는 언어체계를 훼손하기도 하지만 이모티콘을 활용, 의사소통의 경제화, 시간축약 등 새로운 소통체계를 만들어가는 긍정적인 측면이 있다"고 주장했다. 문화

■ 2004년 11월 대학수학능력시험에서 휴대전화의 문자메시지 기능을 이용한 조직적 부정행위가 적발되었다. 휴대전화는 여론의 도마 위에 올랐다.

평론가 김종휘도 "휴대전화는 아이들이 세상과 소통하는 통로다. 아이들과 어른들의 사용방법에 차이가 있을 뿐인데, 이를 수능부정이나 사고력 결핍의 원인으로 연결시키는 것은 억측"이라고 주장했다.

카이스트 교수 정재승은 "요즘 중·고등학생들에게 가장 무서운 체벌은 때리는 것이 아니라 '휴대전화 일주일간 압수'라는 벌이란다. 수업시간에 문자를 보내다 걸려 '휴대전화 압수'라도 당하면, 그 주는 지옥 같은 한 주가 된다. 단 하루라도 휴대전화가 없으면 못견디는 학생들, 이미 그들에게 휴대전화는 세상과 소통하는 입이자 귀인 것이다"며 다음과 같이 주장했다.

"이런 상황에서 수능 부정사건을 단지 '과열 입시경쟁이 만든 불행이며 모두가 희생자'라는 논리나 '시험감독이 소홀한 탓'이라며 정부를 질책하는 일은 무책임하고 공허한 말장난일 뿐이다 …… 과학기술을 올바르게 활용하는 교육. 진작 했어야 할 이런 교육과 토론을 소홀히 한 우리 세대의 무책임은 머지않아 다음 세대에게 더욱 끔찍한 사회문제를 안겨주는 '치명적인 대가'를 치르게 될 것이다."[34]

휴대전화 논쟁은 초등학생으로까지 이어졌다. 환경단체인 '환경정의'는 2005년 5월 5일 어린이날을 맞아 '부모들이 지켜야 할 10계명' 중 하나로 휴대전화를 선물하지 말 것을 권고했다. '환경정의' 어머니들의 모임인 '다음을 지키는 사람들' 국장 박명숙은 "휴대전화에서 나오는 전자파는 아이의 뇌세포를 파괴할 수 있어서 영국에서는 4세 미만의 아이에게 휴대전화를 주는 것만으로도 아동학대죄가 적용된다"면서 "어린이들이 가장 받고 싶어 하는 선물이 휴대전화라고 하지만 꼭 필요한 것인지 살펴보고 건강을 위해 되도록 사주지 않는 것이 좋다"고 말했다.[35]

2005년 7월 '학부모정보감시단' 단장 주혜경은 "음란·폭력콘텐츠에 노출되는 아이가 유치원생까지 확대됐고 부모가 신경 써야 할 매체가 컴퓨터뿐 아니라 휴대전화(특히 모바일 서비스)까지로 늘어난 것이 지금의 현실"이라고 말했다. 한 학부모의 하소연이다.

"초등학교 4학년 딸이 휴대전화를 사달라고 올 초부터 계속 졸랐다. 학원 갔다 집에 오는 시간이 늦어지는 게 염려돼 결국 마련해줬다. 요금은 2만 원 정액제로 했다. 그런데 지난달 부과된 요금은 무려 20여만 원. 2만 원을 초과한 뒤 친구들끼리 콜렉트콜(수신자 부담)을 걸어가며 몇 시간씩 수다를 떤 결과였다. 딸을 야단쳤더니 어떤 아이들은 게임·동영상 서비스 보느라 휴대전화 요금을 자기보다 더 많이 쓰기도 한다며 울먹였다."[36]

초등학생 이용자는 2.7명당 1명 꼴

'청소년요금제'도 도마 위에 올랐다. 청소년요금제는 18세 이하 미성년자를 대상으로 매월 일정액의 통화료 한도를 두고 그 이상 통화할 수 없도록 한 요금제도다. 이동통신사들은 "자녀들의 무분별한 통화를 방지할 수 있는 요금제도"라고 홍보해왔는데, 충전제도가 있어 상한제는 의미가 없다는 비난의 소리가 높았다. '충전'이란 나중에 돈을 더 지급하겠다고 약속하고 한도를 넘어 사용하는 것인데, 이동통신사들이 이 과정에서 부모 동의를 생략한 것이다. 그래서 1만5000원짜리 정액요금에 가입해도 통화요금이 10만 원 이상 나오는 일들이 벌어졌다.[37]

경기도 소비자정보센터가 도내 7개 지역 중·고생 1283명을 대상으로 2005년 10월부터 11월까지 두 달 간 설문조사를 실시한 결과, 휴대전화 소지자의 40.4퍼센트와 인터넷 사용자의 42.4퍼센트가 가족과 갈등을 빚은 경험이 있었다고 밝혔다.

휴대전화로 인한 갈등요인으로는 '요금과다'가 58.8퍼센트로 가장 많았고, 다음은 '때와 장소를 가리지 않는 휴대전화 소지(21.6퍼센트)' '불필요한 이용(15.2퍼센트)' 등의 순이었다. 휴대전화를 갖게 된 시기는 대부분 초등학교(25.9퍼센트)와 중학교(64.2퍼센트) 때였다. 이용요금은 매달 '1~3만 원(41.8퍼센트)'이 가장 많았지만 '5만 원 이상' 사용하는 학생도 16.7퍼센트였고 '10만 원 이상'이라고 응답한 학생도 3.6퍼센트나 됐다. 또 중·고생들은 스스로 '휴대전화 중독증(36.5퍼센트)' '과다한 이용요금(27.7퍼센트)' '빠른 신제품교체(19.2퍼센트)' 등을 가장 심각한 문제점으로 인식했다.

인터넷으로 인한 갈등원인으로는 '게임시간 과다'가 39.3퍼센트로 가장 많았고 '형제 간에 서로 많이 하려는 다툼(26퍼센트)' '요금 과다청구(9.8퍼센트)' 등이었다. 하루 3시간 이상 인터넷을 이용하는 청소년은 15.3퍼센트였으며 주 이용 서비스는 게임·오락(28.5퍼센트)이 가장 많았다. 온라인학습이라고 응답한 학생은 3.4퍼센트에 불과했다.[38]

2005년 말 현재 휴대전화를 보유한 10대 어린이와 청소년은 약 478만 명으로, 전국의 초등학생(402만 명)과 중·고교생이 총 779만 명인 점을 감안하면, 어린이와 청소년 10명 중 6명 이상이 휴대전화를 사용하는 셈이었다. 3개 이동통신사의 초등학생 가입자 수는 약 118만 명이었지만 부모 이름으로 가입한 경우가 40퍼센트나 돼 실제 초등학생 이용자는 2.7명당 1명꼴인 150만 명을 웃돌 것으로 추정되었다.[39]

청소년에겐 '과잉'이 문제였지만 노인들에겐 '과소'가 문제였다. 전주시 평생학습센터와 전라북도 노인복지회관 등 전주시내 3개 노인복지회관은 2005년 8월 22일부터 10월 말까지 매일 오후 60세 이상 노인들을 대상으로 '휴대전화 활용 무료강좌'를 열기도 했다. 강좌에서는 휴대전화 문자메시지 보내기와 게임, 벨 소리 종류·음량 조정, 단축키 활용, 첫 화면창 만들기, 스케줄 관리, 알람·시계·전자계산기 기능 등을 가르쳤다. 노인들이 휴대전화로 외로움을 달랠 수 있도록 하기 위해 이 프로그램이 마련됐다나. 노인들을 위한 휴대전화

교육은 곧 다른 지역으로도 확산되었고, 이동통신사들은 '따뜻한 유비쿼터스 세상'을 내세우며 이를 적극 지원하게 된다.[40]

문자메시지 열풍

말도 많고 탈도 많았지만, 문자메시지의 용도는 날이 갈수록 늘어났다. 학생의 성적표와 가정통신문도 학부모에게 휴대전화로 전달되었으며, 법원 재판일정과 병원의 진료일 확인 등도 휴대전화로 가능했다. SK텔레콤의 SMS 발송 건수는 2003년 134억 건, 2004년 178억 건, 2005년 338억 건으로 폭증했다.[41]

이동통신사들과 포털업체들은 다양한 문자메시지 서비스 개발에 나섰다. LG텔레콤은 40대 문자메시지 사용자들이 늘고 있는 데 착안, 체험관 '폰앤펀'에서 MJ(Mobile-jockey)가 문자메시지 사용법을 가르쳐주었으며, SMS 발송 전문업체들도 늘어나 사용자들의 눈과 마음을 사로잡는 문자메시지를 만들기 위해 아이디어를 짜냈다. 이모티콘으로 이미지를 만드는 이모티콘 메시지, 컬러그림이 함께 전송되는 '아이콘 편지', 소리 등이 부가되는 MMS가 서비스 되었다.[42]

그런 극진한 서비스를 어찌 외면할 수 있으랴. 2005년 7월 27일 KTF에 따르면 6월 한 달간 SMS 발신 건수는 20억8618만 건에 달해 음성통화 발신 건수 20억4669만 건보다 많은 것으로 집계됐다. 이는 1998년 국내에서 SMS 서비스가 시작된 이후 처음이었다. KTF 관계자는 "10대와 20대를 중심으로 SMS 이용자가 급증하면서 2002년 이후 발신건수가 네 배가 가량 증가했다"고 밝혔다. 2004년 이동통신 3사의

SMS 관련매출은 2003년보다 860억 원 늘어난 4060억 원을 기록했다.[43]

청소년 44퍼센트 수업 중 문자메시지

문자메시지는 일시에 사람들을 불러모을 수 있는 힘으로 저항의 유용한 수단이 되기도 했지만, 주된 기능은 유희적 행위를 통한 정서의 교류와 공유, 상호공감대의 확인과 재확인이었다. '4444' 나 '2222 너2222' 에 무슨 정보적 메시지가 있는 건 아니잖은가.

문자메시지는 지루하거나 심심할 때에 날리는 것이기도 했다. SK그룹 회장 최태원은 한동안 주요 경제단체행사에서 나이 많은 원로회장들과 어울려야 하는 고역을 견디지 못해 테이블 밑에 손을 놓고 휴대전화로 문자메시지를 보내는 걸 즐겼다.[44] 재벌회장도 그럴진대 학생들이 어찌 그런 유혹을 뿌리칠 수 있으랴.

심심한 사람은 혼자서도 주고받을 수 있는 게 바로 문자메시지였다. KTF는 대화로봇을 이용한 '심심이' 란 서비스를 선보였는데, 2005년 9월 하루 이용건수가 8000건에 달했다. 휴대전화 이용자가 "심심아 나 오늘 시험 봤어"라고 문자메시지를 보내면 "잘 봤어요? 우와 잘 봤으면 좋겠어요" 라는 등의 대화를 건네는 식이었다.[45]

문자메시지는 '메시지' 의 의미마저 변화시켰다. 메시지는 더 이상 알맹이가 아니라 스타일이었다. 메시지를 보낸다고 하는 성의 그 자체가 메시지였다. 메시지는 또한 운동이었다. '최고' 라는 표시 이외엔 별로 쓸 일이 없었던 엄지의 복권을 위한 손놀림이었다.

2005년 8월 중앙일보는 창간 40주년 기념으로 '엄지족 정보사냥

대회'를 열었다. 대회 위원장을 맡은 경희대 정보통신대학원 교수 진용옥은 "전 세계적으로 한국만큼 휴대전화를 이용한 문자서비스 이용이 활성화돼 있는 곳이 없습니다. 앞으로 이와 관련한 기술뿐 아니라 문화 면에서도 다른 나라를 선도해나가야 할 것입니다"라고 말했다.

진용옥은 한국에서 엄지족이 급속하게 증가할 수 있었던 가장 큰 이유로 '한글의 우수성'을 꼽았다. 자음·모음의 구조가 적은 자판으로도 모든 글자를 표현할 수 있도록 효율적으로 구성되어 있다는 것이다. 실제 정보공학적으로 측정해본 결과 휴대전화 자판으로 한 글자를 입력 할때 눌러야 하는 버튼 수는 한글 자모의 경우 평균 1.25번이었던 반면, 영어 알파벳 낱자는 2번이었다. 한글이 영어보다 40퍼센트 정도 입력효율이 좋다는 것이다. 소리 나는 대로 입력한 뒤 해당 글자를 일일이 찾아가야 하는 중국어·일본어는 경쟁상대조차 되지 않는다. 그는 앞으로 엄지족의 활동이 논문 수준의 긴 문장을 주고받거나 전문정보 검색을 하는 수준까지 발전해 컴퓨터기능을 대체하게 될 것이라고 주장했다.[46]

문제는 엄지의 복권을 넘어선 중독이었다. 정보통신부와 한국정보문화진흥원이 2005년 7월 수도권지역의 청소년 1100명으로 대상으로 실시한 조사에 따르면, 44퍼센트가 수업 중에도 친구와 몰래 문자메시지를 주고받으며, 한 달에 문자를 1000건 이상 보내는 것으로 나타났다. 37퍼센트는 "휴대전화가 없으면 불안하다"고 답했다.[47]

이런 문자메시지 열풍에 대해 정신과 전문의 하지현은 "사람은 직접 만나거나 전화를 받아서 즉시 뭔가를 결정하고 대답해야 하는 '동시성'에 스트레스를 받는다. 그래서 발신자표시 서비스를 쓰고, 문

자메시지를 선호하게 된다"고 분석했다.[48]

휴대전화 카메라의 폭력

2005년 7월 SK텔레콤은 휴대전화가 생활화한 모바일시대를 살아가는 현대인들의 에피소드들을 담은 『현대생활백서』를 발간했다. 이 백서에 소개된 고교생들의 '폰카' 문화에 따르면, 학생들은 교사가 칠판에 필기를 하면 과거 세대들처럼 노트에 받아 적는 대신 촬영버튼을 눌러 필기내용을 저장했다.[49]

2005년 10월 목사 이현주는 '아무 데서나 터지는 휴대전화 카메라'가 "사람의 프라이버시를 침해한다는 비난도 있긴 하지만, 내 눈에는 좋은 징조로 보인다. 그만큼 사람들이 켕기는 짓을 덜하지 않겠는가?"라고 주장했다.[50] 실제로 카메라폰은 그간 긍정적인 사회고발기능을 잘 수행해왔지만, 마냥 반길 수만은 없는 심각한 문제가 있다는 것도 분명했다.

카메라폰과 캠코더폰은 처음 나왔을 때 대중목욕탕이나 숙박업소 등에서 '몰래 카메라'로 악용될 수 있다는 점에서 심각한 사회문제로 떠올랐으나, 그것도 옛날 얘기였다. 한 여가수가 찜질방에서 겪은 사건은 카메라폰의 본질에 대해 많은 것을 말해주었다.

여가수가 라커룸으로 가서 옷을 입으려는 순간 플래시가 번쩍 했다. 중학생 정도 되어 보이는 여학생이 카메라폰을 누르고 있었다. 여가수가 깜짝 놀라 쳐다보는데도 아랑곳하지 않고 여학생은 몇 장을 더 찍었다. 여가수는 여학생에게 재빨리 다가가 카메라폰을 뺏고 그러면

안 된다고 타이르면서 사진을 찍은 이유를 물었다. 답은 "그냥"이었다.[51]

2005년 사진학자 정한조는 이 사건을 언급하면서 '그냥'이라는 말에 주목했다. 그는 '찍고 찍히고 퍼가는 세상'에서 그냥 아무 생각 없이 사진을 찍는 젊은이들에게 호소했다. 그는 "우리는 너무 중요한 것을 배우지 못하고 자랐습니다. 사진으로 찍어도 되는 것, 사진으로 찍으면 안 되는 것, 사진으로 찍을 필요가 없는 것, 이런 것들을 구분하고 판단하는 방법을 배우지 못했습니다"라면서 "여러분은 정말, 여러분이 카메라를 갖고 있다면, 여러분이 사진을 찍을 줄 안다면, 이 세상의 모든 것을 다 찍어도 된다고 생각하십니까?"라고 물었다.[52]

정한조는 "우리의 사진은 물론 영상문화 전체가 병들어 있다"고 진단했다. 그는 "우리에게 인터넷은 '정보의 바다'라기보다는 '정보의 쓰레기통' '포르노의 바다'에 가깝습니다"고 지적하면서, 그렇게 된 이유는 "'아무 생각 없이' 막 찍는 행위의 연장선에서 '아무 생각 없이' 보고 보여주기 때문이라고 생각합니다"라고 말했다.[53]

정한조는 "사진을 한다는 것은 다른 세계로 들어가는 행위"라는 정의를 내리면서, 반드시 노크를 하고 들어가야 한다고 역설했다. 초상권침해와 사생활침해를 해서는 안되며 피사체에 대한 존중심을 가져야 한다는 것이다.[54]

'손 안의 TV' 시대의 개막

2005년 5월 1일 위성 DMB가 첫 전파를 발사해 이른바 '손 안의

TV 시대를 열었다. DMB(Digital Multimedia Broadcasting)란 위성이 중계하는 디지털 신호를 일반 TV는 물론 휴대전화, 개인 휴대단말기(PDA), 차량용 TV 등으로 받아 여러 채널의 멀티미디어 방송을 시청할 수 있는 서비스다. 프로그램 제작과 전송·수신 등의 전 과정을 디지털로 처리, 신호의 손상이나 잡음이 없어 화질과 음질이 선명할 뿐만 아니라 전송정보의 용량이 확대돼 다양한 데이터정보 서비스가 가능한 멀티미디어형 방송이다. 흔히 '손 안의 TV' 또는 '테이크아웃 TV'로 불리는 DMB는 위성 DMB와 지상파 DMB로 나뉜다.

개막과 함께 제공된 서비스 채널은 비디오 7개, 오디오 20개였으며, 위성 DMB 사업자인 TU미디어는 앞으로 비디오 14개, 오디오 20개, 데이터 방송 등 40여 개 채널로 확대한다는 계획을 밝혔다. TU미디어는 2005년 6월 29일부터 채널 블루(7번)에서 매주 수·목요일 오후 7시부터 15분 동안 시트콤 〈얍!〉(52부작)을 방송하기 시작했다. 모바일만을 위한 세계 최초 시트콤인 〈얍!〉은 초능력세계에 살던 남자들이 초능력시험에 낙방한 벌로 인간세계에 내려와 평범한 여대생들과 한 집에 살면서 벌어지는 에피소드를 다룬 로맨틱 판타지물이었다.[55]

TU미디어는 본방송 개시 2개월 22일 만인 7월 22일 가입자 10만 명을 돌파했다고 밝혔다. 단말기 유형별로는 휴대전화 겸용이 9만 3400명, 차량용은 6600명이었다. TU미디어 관계자는 "지상파의 재송신이 유보되고 고가단말기 등 힘든 조건에도 불구하고 일평균 약 1200명이 가입한 것"이라며 "8월부터 KTF, LGT 등 PCS 단말기를 포함한 다양한 유형의 단말기 출시와 음영지역 해소 및 마케팅 강화로 가입자

■ 위성 DMB사업자인 TU미디어는 방송개시 4년 만에 유료가입자 200만 명을 돌파했다.

가 크게 늘어날 것"이라고 기대했다.[56]

그러나 일부언론은 SK텔레콤, KTF 등 이동통신사업자가 위성 DMB에 대한 무리한 출시로 강제 가입권유를 하면서 소비자 불편을 가중시킨다는 비판을 듣고 있다며 '막가파식 마케팅'이라고 비판했다.[57]

2005년 10월 10일 LG전자는 TV방송을 60분간 녹화할 수 있는 위성 DMB 휴대전화기인 '타임머신 DMB폰'을 개발했다고 밝혔다. 기존의 DMB폰으로는 통화 도중에 중단된 방송을 다시 볼 수 없는 불편을 해소하기 위해, LG전자는 방송시청 도중 전화가 걸려오면 자동으로 휴대전화 저장장치에 방송이 녹화되는 기능을 부여했다. 통화가 끝나면 앞서 보던 시점부터 자동으로 재생돼 끊김 없이 시청할 수 있게 된 것이다.[58]

이에 질세라 2005년 10월 23일 삼성전자는 지상파 DMB 휴대전화로 시청 중에도 필요한 정보를 검색하거나 상품구매를 할 수 있는 양방향 데이터방송 솔루션을 개발해 이를 처음으로 지상파 DMB폰에 구현하는 데 성공했으며, 12월 지상파 DMB 본방송 시작에 맞춰 이 기술을 적용한 제품을 내놓겠다고 발표했다.[59]

꼭 그런 기능들까지 필요할까 하는 의구심이 들긴 하지만, 일반소비자들이 그런 지극정성을 기울이는 DMB를 거부하긴 어려웠을 것이다. 전자업체들의 사활이 바로 이 DMB에 달려 있기 때문이기도 했다. 삼성전자 관계자는 "이동 멀티미디어시대에는 '움직이는 눈'을 사로잡는 기업만이 경쟁에서 살아남을 수 있을 것"이라고 말했다.[60] 전자업체들이 살아남기 위해 펼치는 총력전 앞에서 DMB를 거부할 수 있는 사람이 얼마나 되겠는가.

SK텔레콤은 '종합 미디어그룹'

2005년 5월 SK텔레콤은 국내 음반시장 1위 업체인 YBM 서울음반 인수와 음악펀드 설립으로 영화, 드라마에 이어 음악시장에도 직접 진출했다. 이로써 SK텔레콤은 기존 무선인터넷과 유·무선 포털, 위성 DMB 등 미디어와 엔터테인먼트 '서비스' 사업에서 한 걸음 더 나아가 콘텐츠 '제작'과 '유통' 사업 확대에도 박차를 가해 종합 미디어그룹으로 변신하기 시작했다. SK텔레콤도 스스로 이제 "우리는 이동통신사업자가 아니다"라고 말했다. 종합 미디어그룹을 지향한다는 것이다. SK텔레콤의 2004년 매출액은 9조7036억 원이었으며, 시가총액은 2002년 말 삼성전자에 이은 2위(20조4160억 원)였으나 2005년 5월 27일 현재 6위(14조5218억 원)를 기록했다.[61]

2005년 6월 1일 SK텔레콤의 '2004년 연결감사 보고서'에 따르면

SK텔레콤의 연결대상 종속회사 및 지분법 적용회사는 2004년 말 현재 SK커뮤니케이션, SK텔링크, 팍스넷, SK C&C 등 모두 21개에 이르렀다. SK텔레콤의 이동통신 시장점유율은 2002년 신세기통신을 완전 합병함에 따라 54.5퍼센트로 증가했다. 업계에서는 SK텔레콤의 공룡화에 대해 "IT(정보기술)산업 전반에 대한 영향력을 한 회사가 독식하는 게 아니냐"는 우려를 제기했다.[62]

2005년 6월말 현재 51.1퍼센트의 시장점유율을 기록한 SK텔레콤 사장 김신배는 7월 7일 "지난해 올해 말까지 시장점유율을 52.3퍼센트 이하로 유지하겠다고 약속했다"며 "업계의 과도한 경쟁을 완화하고 신 성장동력 발굴을 위한 협력을 이끌어내기 위해 시장점유율 제한기간을 2007년 말까지로 2년 더 연장하겠다"고 밝혔다. 이에 대해 LG텔레콤 관계자는 "현재와 같은 시장포화상태에서 SK텔레콤의 시장점유율은 52퍼센트를 넘기 힘들다"며 "시장점유율 제한기간 연장발표는 의미가 없다"고 비판했다.[63]

휴대전화 단말기보조금으로 인한 부작용이 커지자 2000년 5월부터 보조금지급이 금지됐으며 2003년부터는 아예 3년 동안 법으로 금지시켰다.[64] 2004년 9월 SK텔레콤, KTF, LG텔레콤 등 이동통신 3사는 불법적인 단말기 보조금지급 등으로 영업정지 명령을 받고 나서 앞으로 깨끗한 경쟁을 펼치겠다는 마케팅 공세를 펼쳤다.[65] 그러나 그 말을 믿는 사람은 거의 없었다. 1년 후인 2005년 9월 5일 통신위원회는 불법 휴대전화 단말기 보조금을 지급한 SK텔레콤과 KTF에 대해 각각 93억 원과 53억 원 등 146억 원의 과징금을 부과했다.

2005년 10월 25일 정보통신부는 3년 이상 장기가입자에 한해서 휴대전화 보조금을 일부 허용하는 정책안을 발표했다. 3년 이상 장기 가입자는 전체가입자 3700만 명의 41.1퍼센트인 1500만 명에 이르며, 이들에게 1인당 10만 원씩 보조금을 지급한다고 가정할 경우 이동통신사들은 약 1조5000억 원을 부담하게 된다.[66] SK텔레콤의 2005년 매출액은 10조1611억 원, 순익은 1조8714억 원이었다.

KTF, LG텔레콤 등 후발사업자들은 자금여력이 많은 SK텔레콤이 돈으로 고객을 끌어 모을 수 있다고 우려했다. 그러나 통신업계의 한 관계자는 "현재 이동통신 회사를 바꾸면 30만 원짜리 단말기를 8만 원에 살 수 있다"며 "정부의 이번 조치는 별다른 효과는 없을 것"이라고 전망했다.[67]

시설투자비는 매출의 10퍼센트, 마케팅비는 20퍼센트

2005년 1~3월 SK텔레콤, KTF, LG텔레콤 등 이동통신 3사가 지출한 마케팅비는 7690억 원에 달한 반면, 통신망과 신기술개발 등을 위한 투자비는 2370억 원에 그친 것으로 나타났다. 이동통신 3사의 마케팅비는 2002년 2조8610억 원에서 2003년 2조5130억 원, 2004년 3조3090억 원으로 증가했다. 반면 투자비는 2002년부터 2004년까지 각각 3조4420억 원, 3조1180억 원, 2조9410억 원으로 매년 감소하고 있는 추세를 보였다. 이 같은 현상은 번호이동제도가 부분적으로 시행된 2004년 시작되어, 완전 자유화된 2005년 이후 더욱 두드러졌다.

이에 대해 YMCA 간사 채수민은 "이통사들이 WCDMA(광대역 코드분할 다중접속)와 휴대인터넷 등에 투자해야 하기 때문에 요금을 못

내린다고 주장하지만 실제 속을 들여다보면 연구개발비 포함한 시설 투자비는 매출의 10퍼센트밖에 안되고 마케팅비가 20퍼센트에 달했다"며 "업체 논리대로 가더라도 소비자들이 계속해서 불합리한 요금을 내는 것은 옳지 않다"고 말했다.[68]

2004년 9월부터 통신업체들은 중국의 고구려사 왜곡, 이순신 장군 재평가 논란, 일본의 독도영유권 주장 등 역사적 문제를 마케팅 소재로 적극 이용하고 나섰다. 데이콤은 정부가 주도하는 광대역통합망 서비스 모델개발과 시범 서비스를 위한 컨소시엄에 '광개토 컨소시엄' 이라는 이름을 붙였다. 고구려 광개토대왕처럼 강력한 힘을 바탕으로 시장을 주도하겠다는 뜻이라고 하지만, 최근 중국의 고구려사 왜곡문제도 염두에 둔 것이었다. KTF는 요금의 일부를 고구려 역사지키기 기금으로 돌리는 '고구려 요금' 을 내놓았다. LG텔레콤은 무선인터넷 게임 '독도를 지켜라' 를 서비스했다. 이 서비스는 통일부가 "일본을 자극할 우려가 있다"고 해서 '섬을 지켜라' 로 제목을 변경하여 시작됐으나 네티즌들의 항의로 지금의 이름을 되찾았다.[69]

서울신문 2005년 3월 21일자 기사 「통신·인터넷업체 '얄미운 상혼', '독도사랑' 내세워 통화료 챙기고 물건팔고……」는 통신·인터넷업체들이 일본의 '독도의 날' 제정으로 악화된 국민감정을 이용해 잇속만 챙기고 있다고 비판했다.

2005년 여름 휴가철을 맞아 이동통신사들의 마케팅 공세가 이벤트 중심으로 더욱 뜨거워졌다. LG텔레콤은 자사가입자를 대상으로 수영장입장료를 50퍼센트 할인해주는 '썸머 페스티벌' 을 열고, SK텔레콤은 연말까지 매월 선착순 10만 명에게 6개 제휴업소에서 40퍼센트 할인혜택을 제공하는 '레인보우 클럽데이' 행사와 더불어 '현장체험 학습' '문화유적 답사' 등 가족참여 프로그램을 실시했다. KTF는 자사사이트에 가입해 온라인 복권을 긁어 당첨되면 동남아시아 여행 등 다양한 경품을 주는 마케팅 공세를 폈다.[70]

이동통신사들은 체험마케팅에도 적극공세를 폈다. LG텔레콤은 벨소리 내려받기, 무선인터넷 등 각종 휴대전화 서비스를 무료로 이용할 수 있는 '폰&펀' 체험마케팅 공간을 50곳 이상 운영했으며, SK텔레콤은 자사가입자들에게 농심, 도루코, 피죤 등 24개 업체 5400개 제품을 매달 무료로 사용해볼 수 있는 기회를 제공하는 체험마케팅 '해피테스터'를, KTF는 이동식 체험마케팅관을 만들어 운영했다.[71]

이동통신사들은 수능을 100일 앞두고 두뇌활동 증가, 졸음 쫓는 기능 등 공부의 효율성을 높이는 서비스를 앞다투어 내놓았다. SK텔레콤은 뇌에 유익한 알파파를 발생시킨다는 '모바일 총명탕' '수능에 필요한 영어단어 3000개 서비스' '2006년도 수시모집 경쟁률 속보 서비스'를, LG텔레콤은 '소화불량 도우미' '수면 도우미' 등을, KTF는 MP3폰으로 듣는 '캡션 어학 서비스' 등을 내놓았다.[72]

빵집과 영화의 운명을 결정하는 휴대전화

이동통신사들의 할인 마케팅 공세가 영화관, 외식업체, 놀이공원 등을 넘어 제과점까지 파고들어 원성을 샀다. 2005년 7월 26일 서울 양재동 대한제과협회에선 전국에서 몰려온 100여 명의 각 시도 지부·지회임원들이 '이동통신사 제휴카드 폐지 및 생존권 보호 비상대책위원회'를 결성하고 그 구체적 활동방안을 논의했다. 이들은 "파리바게뜨, 크라운베이커리, 뚜레쥬르 등 프랜차이즈 업체들이 SKT, KTF, LGT 등 이동통신업체 카드소지자에게 20~40퍼센트의 할인혜택을 주는 바람에 전국 자영제과점들이 존폐기로에 서 있다"며 "이동통신사들이 고객에게 이윤을 돌려주고자 한다면 비싸기로 소문난 통신요금을 낮추는 것이 순리 아니냐"고 비판했다.[73]

이동통신사들의 '빵 마케팅' 덕분에 2005년 9월 기준으로 파리바게뜨 등 프랜차이즈 제과점은 2002년보다 357점이 늘어난 반면, 자영제과점은 전국적으로 1665개 점이 문을 닫았다. 10월 27일 동네 빵집 주인들로 구성된 '이동통신사 제휴카드 폐지 및 생존권보호 제과인 비상대책위원회'는 "베이커리시장의 55퍼센트를 차지하는 파리바게뜨가 SK텔레콤과 제휴해 빵 값의 20~40퍼센트까지 할인해주는 것은 불공정거래행위"라며 파리바게뜨와 SK텔레콤을 공정거래위원회에 제소했다.[74]

2005년 12월 하순 SK텔레콤은 '이동통신사 제휴카드 폐지 및 생존권 보호 제과인 비상대책위원회'와 협상을 벌여 2006년 3월부터 프랜차이즈 제과점 파리바게뜨에서 SK텔레콤 가입고객에 적용되는 할인 폭을 종전 20~40퍼센트에서 10퍼센트로 줄이기로 잠정 합의했다.[75]

다른 이동통신사들도 할인 폭을 10퍼센트로 낮추기로 했으며, SK텔레콤은 동네 빵집들과의 제휴할인도 추진하기로 했다. 대한제과협회는 "협회가 추천하는 빵집들 모두가 SK텔레콤과 제휴할인을 맺을 수 있도록 합의했다"며 "SK텔레콤이 멤버십 제휴관리시스템 설치비

용을 부담하고 10퍼센트의 빵 값 할인비용은 빵집이 부담하기로 했다"고 밝혔다.[76]

영화관 요금할인에 대해선 별 말이 없었지만, 일부 전문가들은 이동통신사의 할인마케팅이 한국 영화에 매우 부정적인 영향을 미칠 것이라고 우려했다. 영화평론가 강한섭은 "요즘 7000원 입장료를 다 주고 영화 보는 관객은 아줌마나 아저씨들뿐이다"며 한국의 영화산업계는 결정적으로 중요한 가격시스템을 신용카드사와 이동통신사들에게 헐값으로 헌납해버렸다고 개탄했다. 그는 "영화요금의 덤핑이 더 이상 현재와 같은 파행적인 형태로 계속될 수는 없는 것이다. 극장요금의 할인이 사라지면, 현재 3000원으로 영화를 보는 청년들이 7000원 입장료를 다 내고 영화관을 찾을 것인가? 극장관객의 수가 급격하게 감소하는 것은 필연적이다"라고 주장했다.[77]

2005년 8월 한국영상산업정책연구소 수석연구원 김도학은 「SK텔레콤의 회원카드 할인서비스 계약해지가 영화산업에 미치는 영향」이라는 논문에서 "2004년 기준으로 이동통신사 카드사용 관람객 수는 전체의 47.24퍼센트에 달한다. 이중 53.57퍼센트가 SKT 카드이용자다. SKT가 1, 2위 업체인 CJ-CGV와 롯데시네마에만 할인 서비스를 할 경우 고객 중 22.4퍼센트가 극장선택에 즉각적 영향을 받게 될 것"이라고 전망했다. 그는 아울러 "SKT 카드할인 서비스의 선택적 적용은 결국 시장왜곡으로 이어질 것"이라고 주장했다.[78]

실제로 몇 년 후 강한섭과 김도학의 우려는 현실로 나타나게 된다. 이제 휴대전화는 빵집의 운명은 물론 영화의 운명까지 좌지우지하는 '종합 미디어그룹'의 지도자가 된 셈이다.

"오빠 오늘밤 외로워"

2004년 한 해 동안 한국정보보호진흥원과 이동통신 3사에 접수된 휴대전화 스팸메시지 신고 건수는 총 87만 건으로, 전년보다 30배 가까이 늘었다. 이동통신업계에서는 하루에 발송되는 문자메시지 2억 2000만 건 중 5퍼센트 가량인 1100만 건 이상이 광고성 메시지인 것으로 추정하고 있다. 온라인 리서치업체 엠브레인(www.embrain.com)의 최근 조사결과 휴대전화 이용자의 95.8퍼센트가 휴대전화를 이용한 광고를 받아본 적이 있었으며, 이중 41.8퍼센트는 1주일에 1~2회의 스팸을 받는다고 답했다. 하루 3차례 이상 광고메시지를 받는다는 응답도 10.6퍼센트에 달했다.

그간 음성광고를 무차별적으로 발송하는 자동전화 시스템(Auto Calling System, ACS)을 법적·기술적으로 제어할 방법은 없었다. '정보통신망 이용촉진 및 정보보호에 관한 법'은 광고발송 이후 수신자가 거부의사를 표시해야 재발송하지 않는 '옵트아웃(Opt-out)' 방식을 채택하고 있어 사전 차단이 어려운 상태였다.

그러나 2004년 말 법을 개정해 사전에 수신자의 동의를 받지 않으면 광고를 보낼 수 없는 '옵트인(Opt-in)' 방식을 도입함으로써 2005년 4월부터는 사전동의 없이 광고메시지를 보내면 최고 3000만 원의 과태료를 물게 되었다. 검찰은 휴대전화 스팸업자를 형사처벌하는 방안까지 검토 중이며, 정보통신부 장관 진대제는 "올해는 정보화사회의 대표적인 부작용 사례인 휴대전화 스팸문제를 해결하는 데 총력을 기울일 것"이라고 말했다.[79]

2005년 3월 31일부터 옵트인제도가 시행되면서 불법스팸 대응센

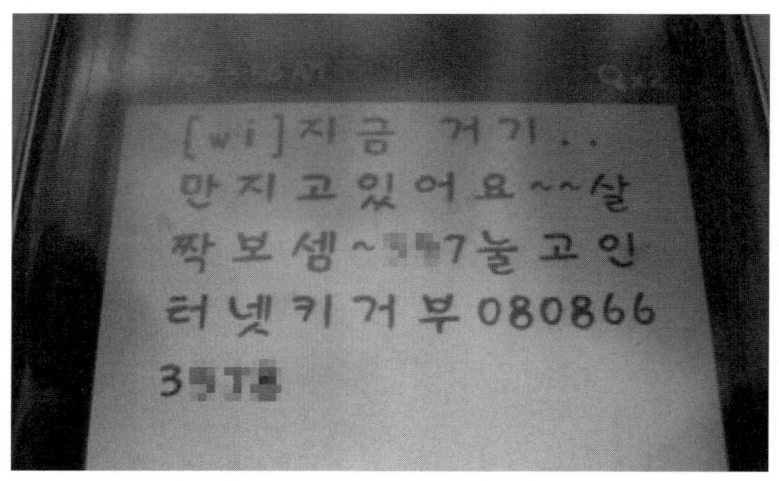

■ 문자메시지가 일상적인 소통의 수단이 되면서 스팸메시지 역시 늘어나고 있다.

터에 접수되는 스팸 건수가 제도 시행 전 하루평균 2030건에서 320건으로 82퍼센트나 감소한 것으로 나타났다. 당연히 '오빠, 심심해' 유의 성인폰팅 등 스팸메시지도 크게 줄었다.[80]

그러나 스팸업체들은 일반 전화번호를 이용한 형태로 전환해 7월부터 다시 성인광고를 무차별 발송하기 시작했다. 7월 10~26일 사이 유료정보 서비스인 060 번호 대신 일반 전화번호를 통해 수신자통화를 유도하는 '착신유도형 원링(One-Ring)방식'의 스팸피해 신고가 정보보호진흥원 스팸대응센터에 대량접수됐다는 것이다.[81]

2005년 8월 11일 정보통신부는 "050(평생번호), 16XY(전국대표번호)와 일반 유·무선전화번호로 '대출알선' 등 불법스팸을 보낸 74개 전화번호에 대해 사용제한 등을 하기로 하고, 이들 번호를 서비스하는 유·무선통신업체에 번호이용 차단을 요청했다"고 밝혔다.[82]

그러나 스팸공해는 계속되었다. 조선일보 2005년 11월 9일자에 따르면, "회사원 조모(38)씨는 최근 밤마다 걸려오는 불법 스팸전화 때문에 신경이 날카롭다. 이른바 '060' 스팸전화다. 잠이 겨우 들 만하면 벨소리가 울리고, 전화를 받으면 '오빠, 오늘밤 외로워' 식의 여자 목소리가 들린다. 부인이 대신 전화를 받았다가 오해를 받은 적도 한두 번이 아니다. 이동통신 소비자와 무차별로 휴대전화에 광고를 보내는 불법 스팸전화 광고사업자 사이의 '전쟁'이 장기전으로 치닫고 있다."[83]

텔레마케팅도 스팸 못지않은 공해로 등장했다. 조선일보 2005년 10월 7일자는 "전화폭주시대다. 텔레마케팅업체들이 늘어나면서 사람들 사이에선 '전화공포'라는 말까지 생겨났다"고 보도했다. 기업들이 텔레마케팅을 선호하면서, 전화전문 대행업체 수도 2002년 1070개에서 2005년 10월 3078개까지 급증했으며, 정식으로 등록하지 않은 채 광고전화를 걸어대는 업체 수도 부지기수였다.[84]

"휴대전화 네가 없으면 내가 없는 거야"

중앙일보 2005년 12월 27일자는 「휴대전화 네가 없으면 내가 없는 거야」라는 제목의 기사에서 『현대생활백서』를 근거로 휴대전화로 인한 새로운 풍속도를 소개했다.

"얼마 전 택시와 접촉사고를 낸 회사원 정모(35)씨. 사고 직후 침착하게 휴대전화를 꺼내 사진을 찍었다. 증거자료로 제출하기 위해서다. 그는 '폰카 덕분에 사고 나면 무조건 고함부터 지르던 시대는 지난 것 같다'고 말했다."

"휴대전화는 사랑법도 바꿔놓았다. 예전에는 미팅에서 만난 여자가 마음에 들면 전화번호를 냅킨이나 성냥갑에 적어달라고 했지만, 요즘 신세대는 여자의 휴대전화를 낚아챈 뒤 자신의 휴대전화번호와 통화버튼을 누른다. 소개팅에서 '폭탄'을 만나지 않기 위해 주선자에게 상대방의 동영상메일을 미리 요청하는 경우도 있다. 애인과 헤어진 다음날. 예전에는 사진을 찢어버렸지만 요즘은 휴대전화 단축번호 1번에서 애인번호를 지워버린다. 덕수궁 돌담길을 걷는 연인은 헤어지게 된다는 1980년대 연애징크스는 '커플요금제를 하면 꼭 헤어지게 된다'로 바뀌었다. 여자친구와 싸운 뒤엔 빨간 사과를 찍어 컬러메일로 보내고, 다운받은 사랑노래를 배경음악으로 프러포즈를 한다."

"기업 인사담당자들에 따르면 입사시험 면접 때 휴대전화에 내려받아 놓은 '진취적인' 노래를 틀어놓고 자기소개를 하는 면접자들도 있다고 한다."

"주부들은 마트에서 용량과 가격이 다른 두 제품이 있을 때 바로 휴대전화 계산기기능으로 뭐가 더 싼지 알아보고, 젊은 처녀들은 받고 싶은 선물리스트를 애인에게 포토메일로 보내기도 한다."

"디지털 휴대전화는 아날로그식 '정(情)'도 유용하게 전달한다. '스승의 은혜' 노래를 벨소리로 내려받아 놓고 선생님이 교실에 들어올 때 일제히 버튼을 누르는 것도 새로운 '스승의 날' 풍속도다. 이에 감동받은 선생님이 아이들에게 '사랑한다'는 문자를 단체메일로 보냈다는 것이 인터넷에 올라와 있는 사연이다."

"지난 추석에는 고급 갈비세트 사진을 휴대전화로 찍어 고마운 분들에게 보내는 '디지털 갈비세트'가 유행했다. 모 영화배급사 김모

(38)부장은 '굴비세트를 찍어 지인들에게 보냈는데 실물이 아니라며 역정을 낸 이는 한 명도 없었다'고 말했다."

"도움이 필요한 청각장애인과 문자로 대화를 나누는 '현대판 필담', 주차장에서 미등이 켜져 있는 차를 발견하고 차 주인에게 사진메일로 알려주는 '주차장 선행', 안타까운 사연을 듣고 즉석에서 성금을 보내는 '모바일 온정'은 가슴을 훈훈하게 만든다. 길거리나 지하철 등에서 선행을 베푸는 '천사'들을 폰카로 찍어서 인터넷에 올리는 경우도 자주 있다."[85]

'공백에 대한 증오'

휴대전화 문화에서 2000년대 전반기에 가장 두드러진 변화는 휴대전화가 카메라폰과 DMB폰의 기능까지 갖게 되었다는 점이리라. 과연 이게 의미하는 것은 무엇일까?

카메라폰은 총과 같다. 수전 손택(Susan Sontag, 1933~2004)이 잘 지적했듯이, "카메라를 사용할 때에는 항상 공격성이 내재한다." 손택은 "사람들을 촬영하는 것은 그들을 폭행하는 것"이며 "총이나 자동차와 마찬가지로 카메라는 그 기계를 사용하는 사람을 중독시키는 환상적인 기계이다"고 말했다.[86]

카메라폰의 공격성은 긍정적인 고발 이상의 것을 추구한다. 무언가 튀는 걸 카메라폰에 담아두려는 강렬한 욕구는 "나는 찍는다, 고로 나는 존재한다"라는 말을 낳게 할 정도다. 이제 카메라폰을 가진 모두가 카메라기자가 되는 세상이 되었다. 눈에 잘 보이는 풍경도 카메라폰에 저장한 뒤에 다시 보아야만 직성이 풀리는 카메라폰 애호가들의 세상 관찰법은 궁극적으로 어떤 효과를 낳아 세상을 어떻게 바꿀 것인가? 휴대전화는 이미 인간두뇌의 기억기능 일부를 빼앗아갔다. 이제 눈의 기능까지도 침범하려는 걸까? 소유의 욕구 때문인가, 아니면 그간 프로만이 누릴 수 있었던 기존 영상권력에 대한 도전을 추동하는 평등욕구 때문인가?

DMB폰은 어떻게 볼 것인가? 동아대 철학과 교수 이병창은 DMB는 "과거 눈 앞에 대상화될 수 있던 TV를 몸 안으로 이식시키면서, 동시에 권력을 몸 안에 집어넣은 것"으로 "푸코가 말한 '생체적 권력(biopower)'의 실현이다"라고 주장했다.[87](생체적 권력이란 권력이 신체를 비롯한 일상적인 삶 속에 스며들어와 작동하고 있는 것을 나타내기 위해서 쓰는 개념으로 권력의 미시적인 작동을 강조한다.)[88]

광고대행사 LG애드 영상사업팀 대리 정성욱은 PMP, DMB, 3세대 휴대용 비디오게임기 등 개인 멀티미디어가 누리는 인기의 이유를 '공백(blank)에 대한 증오'라는 개념으로 설명했다. 그는 "예전에는 사건과 사건의 사이의 아무 것도 벌어지지 않는 시간에 대해 당연하게 받아들이며 살았으나, 지금의 세대는 그러한 순간을 극도로 혐오하는 듯하다"며 다음과 같이 말했다.

"'심심함'을 퇴치의 대상으로 여기는 문화는 그렇게 기술발달과 손잡고 우리 생활의 여백을 '재미'로 꽉꽉 채워가고 있다. 어린 자녀의 두뇌를 마치 스펀지 쪼가리인 듯 맹신한 채, 자기가 배우지 못한 여러 가지 지식을 넘치도록 우겨 넣는 부모들의 모습들처럼 이 세대가 정보의 과잉과 오락의 과잉에 진하게 찌들어 있음을 보여주는 또 다른 모습일 수도 있다. 그러나 그런 부질없는 감성적 한탄의 너머에는 개인 멀티미디어의 도래로 펼쳐질 심대한 변혁의 이야기가 있다."[89]

사회학적 관점에선 공백에 대한 증오에 관한 이야기는 '부질없는 감성적 한탄' 이상의 것이리라. 잠시도 심심하거나 지루한 걸 견디지 못하고 디지털 기술의 힘을 빌려 스스로 만들어낸 허기를 채워야만 직성이 풀리는 현대인의 모습을 마냥 예찬할 수만은 없지 않을까?

이런 공백에 대한 증오가 '생체권력'을 불러들인 건 아닐까. 사실 카메라폰이나 DMB폰은 정색하고 보자면 이상하기 짝이 없는 것이다. 왜 우리 시대 사람들은 잠시라도 미디어와 접촉하지 않으면 불편을 느끼는 걸까? 이동 중에 세상풍경을 바라보거나 홀로 생각에 잠기면 큰일이라도 나는 걸까? 자신의 공백을 스스로 채울 의지와 능력을 상실한 걸까? 아무래도 그런 것 같다. 2000년대 후반 휴대전화는 대중의 모든 공백을 채워주겠다는 듯 더욱 전투적인 자세로 대중의 관심과 시간을 빼앗아가게 된다.

제10장

휴대전화 4000만시대

전
화
의

역
사

"모바일이 문화를 죽인다"

2006년 1월 이동연은 "모바일이 문화를 죽인다"고 주장했다. 그는 "모바일이 모든 문화매체의 기능을 흡수하면서 소비자들이 문화를 편리하게 소비할 수 있는 시대를 열었지만, 이로 인해 대중문화산업 전체가 모바일시장 안으로 흡수될 위험성이 도사리고 있다"고 했다. 그는 "요즘 청소년들은 압도적인 모바일사용료 때문에 영화를 보고 음반을 구매하는 문화생활이 사라졌다고 말한다"며 "모바일이 문화를 죽이는 세상이 오는 끔찍한 상황은 막아야 하지 않을까?"라고 물었다. 이동연이 이런 주장을 편 근거가 된 통계수치는 이렇다.

모바일가입자들은 한 달 평균 6만여 원의 요금을 지불하고, 이중 18세 이하 청소년들도 월 용돈의 70퍼센트에 해당되는 3~4만 원의 요금을 지불하고 있는데, 이는 텔레비전 시청료의 20배, 신문구독료의 4배에 해당된다. 모바일 음원 서비스시장은 6000억 원 규모로 오프라인 음반시장의 4배를 넘어섰고, 게임 서비스도 3000억 원에 육박하며, 심지어 모바일을 통한 누드 서비스도 2005년 600억 원의 수익을 올렸다. 2004년 이동통신 3사의 매출액은 18조7000억 원, 순익은 3조원이었다.[1]

"휴대전화가 아이들을 망치고 있다"는 주장도 나왔다. 한국일보 2006년 1월 31일자는 1면 머리기사로 "휴대폰이 아이들을 망치고 있다. 동영상 음란물과 게임, TV 등이 결합된 유해콘텐츠의 백화점으로 변질돼 아이들의 학습능력을 떨어뜨리고 성(性)비행을 부추긴다는 우려의 목소리가 크다. 시간과 장소의 제약을 받는 컴퓨터나 TV에 비해 중독성도 훨씬 심각하다. 그런데도 우리 사회는 정보기술(IT) 강국이라는 경제논리에만 매몰돼 휴대폰의 노예가 돼가는 아이들을 방치하고 있다"고 했다.[2]

이 기사를 쓴 고재학은 2006년 7월에 출간한 『휴대폰에 빠진 내 아이 구하기』에서 "어린이와 10대 청소년은 시장규모 정체로 고민 중인 휴대폰 제조업체에게도 결코 놓칠 수 없는 블루오션입니다. 이들 업체는 하루가 멀다 하고 학생층에 적합한 디자인과 기능을 채택한 어린이 및 10대 전용휴대폰을 내놓고 있습니다"라고 지적하면서 다음과 같이 호소했다.

"휴대폰은 잘만 이용하면 생활에 유용한 기기가 될 수 있지만, 그냥 방치하면 아이의 미래를 망치는 독이 되어버립니다……이제 엄마 아빠가 '휴대폰과의 전쟁'에 적극 나서야 할 시점입니다. 사랑하는 우리 자녀들을 더 이상 휴대폰의 노예로 방치하지 맙시다. 교육의 후원자 역할에 만족하며 자녀의 '성적'에만 집착할 게 아니라, 휴대폰이 자녀들에게 미치는 악영향에 대해서도 관심을 갖고 고민합시다."[3]

문자메시지 공해

또 많은 이들이 "휴대전화가 우리의 귀를 망치고 있다"고 주장했다. 2006년 3월 영남대 교수 박홍규는 "세계 최고의 휴대전화 소음공해 나라가 대한민국이라는 것이 슬플 뿐이다"며 "바보상자인 텔레비전이야 끄면 되고 엉터리 활자는 안 보면 되지만 저 휴대전화 소음은 내 힘으로 도저히 막을 도리가 없다. 이는 과연 문화인가, 야만인가?"라고 개탄했다.[4]

휴대전화 소음공해를 일으키지 않겠다는 배려였을까? 날이 갈수록 휴대전화의 문자메시지 이용이 급속히 늘었다. 그러나 이번엔 다시 문자메시지 공해가 문제였다. 국민일보 2006년 1월 4일자는 "직장인 주모(28)씨가 지난달 크리스마스 때부터 1일까지 받은 휴대전화 문자메시지는 무려 300여 통. 주씨는 짜증차원을 넘어 신경쇠약까지 걸릴 지경이다"며 "'새해 복 많이 받아라'는 지인들의 문자메시지에서부터 각종 업체의 홍보성 메일까지 말 그대로 문자메시지 홍수에 빠져 지냈다"고 보도했다.

"동창회 및 동호회는 물론 금융 및 보험업계와 일반소매점, 대리운

전업체와 정치인까지 하루 수십 개의 문자메시지가 휴대전화를 타고 쏟아져 들어오고 있다. 대부분 인터넷을 이용, 대량 문자메시지 발송업체의 프로그램을 다운받아 전화번호를 입력한 뒤 한꺼번에 뿌린 것들이다. 덕분에 SK텔레콤 KTF, LG텔레콤 등 이동통신 3사는 전송량 증가로 쏠쏠한 수입을 챙겼다. SK텔레콤의 경우 12월 31일 하루에만 3억5700만 건의 문자메시지를 발송했다. 이는 사상 최대기록이라고 한다."5)

경향신문 2006년 8월 19일자는 "문자메시지가 대중화될수록 그늘도 깊어진다. 면대면(面對面) 커뮤니케이션이 주는 감동과 정이 사라지고 있는 것이다. 일방성도 문제다. 받기 싫어도 날아오는 스팸메시지는 짜증나는 불청객이다"라며 다음과 같이 말했다.

"이동통신사 판촉직원인 김모(30)씨는 1시간에 한 번씩 휴대전화 문자메시지를 확인한다. 김씨에게 날아오는 것은 다른 지점, 다른 직원과 비교한 판매실적. 지점장은 더 이상 김씨를 불러 잔소리하지 않는다. 김씨는 '문자메시지 수신알림음 때문에 노이로제에 걸릴 지경'이라고 말했다. 올 초 KTX 여승무원들 수십 명에게 문자메시지가 날아왔다. "귀하는 2006 · 3 · 7(화)일자로 인사규정 제28조에 의거 직위해제되었음을 통보함" 이란 내용이었다. 한 승무원은 "얼굴을 마주보며 해고사실을 말해줬다면 사태가 악화되지 않았을지도 모른다. 무례하고 일방적인 해고방식 때문에 더욱 분노를 느꼈다"고 말했다."6)

"모든 커뮤니케이션은 문자로 통한다"

2006년 여름 이동통신사들의 문자메시지 서비스경쟁은 날씨만큼

이나 뜨거웠다. 문자메시지 공해에 대한 반감을 누그러뜨리기 위해서라도 새로운 서비스를 제공해야만 한다고 굳게 결의한 것처럼 보일 정도였다.

SK텔레콤과 KTF가 제공한 '세이프카드' 서비스는 카드결제가 이뤄지는 가맹점의 주소와 고객이 소지한 휴대전화 위치가 다르면 카드분실로 인식하고 SMS로 카드결제 요청사실을 즉각 알려주었다. SK텔레콤의 '개인정보 지킴이'는 한국신용평가정보원의 신용정보를 이용하는 웹사이트에서 타인이 개인정보를 무단으로 사용할 경우 문자메시지로 통보해주었다. 아이가 어리거나 노부모를 부양한다면 SK텔레콤의 '친구이탈 알림' '안심존'이나 KTF의 '보호울타리' 서비스를 이용하면 유괴 걱정 등을 덜 수 있었다. 원하는 시간에 휴대전화를 소지한 아이나 치매 등에 걸린 노인의 위치를 확인해주는 방식이었다.

또 SK텔레콤의 'SMS 버스도착 알리미 예약서비스'는 동일한 시간대에 자주 이용하는 노선을 예약해두면 버스도착을 알리는 SMS를 보내주었다. SK텔레콤과 KTF의 '나만의 교통정보'는 원하는 지역·시간을 입력하면 고속도로, 수도권 도로교통 정보를 SMS로 알려주었다. 이동통신 3사가 제공한 '여인의 그날' 서비스는 생리주기와 배란일을 산정해서 생리예정일과 가임기간을 SMS로 알려주었다. KTF의 '30일 SMS 다이어트'는 SMS로 체중을 관리해주었다. SK텔레콤의 '메일 알림플러스'는 포털사이트 등에 이메일이 도착하면 제목, 날짜, 본문내용, 사진 등을 휴대전화로 볼 수 있는 서비스였다. KTF의 '폰메일'도 등록한 이메일주소로 편지가 오면 MMS로 바꿔 휴대전화로 볼 수 있게 해주었다. '미니홈피' 사용자들은 이동통신 3사가 제공하는

'모바일 싸이월드 서비스'를 통해 휴대전화로 홈페이지 방문자나 새 글 등을 SMS로 확인할 수 있었다.[7]

문자메시지 전송은 500건에 8000원 정도로 저렴한 비용의 경제성과 시간·언어의 경제성이 융합돼 매년 70~80퍼센트씩 증가할 정도로 폭발적인 인기를 누렸다. "모든 커뮤니케이션은 문자로 통한다"는 말이 나올 정도였다.

사이버문화연구소 소장 민경배는 문자메시지가 급속히 대중화한 원인으로 속도성, 편리성, 간결성, 개인성을 꼽았다. 여기에 주변을 의식해야 하는 음성전화와 달리 문자메시지는 타인의 시선으로부터 해방될 수 있다는 이점이 더해짐으로써 자기만의 공간을 구축할 수 있었다. 고려대 사회학 교수 박길성은 "한국 사회에서는 대인관계의 절차·격식이 요구되는데 그런 것들로부터 자유롭고 싶은 열망이 누구에게나 내재돼 있다. 특히 젊은 층에게는 이런 것이 강하다. 문자메시지는 그런 점에서 10~20대에게 매력적"이라고 진단했다.[8]

'휴대전화기를 2개 갖고 다니는 학생'

문자메시지의 주요고객은 10대였다. 국내 이동통신사 가입자 중 10대 비중은 8퍼센트 내외지만 이들이 사용하는 문자메시지는 전체의 55퍼센트가 넘었다. 한국정보문화진흥원 조사에 따르면 한 달에 1000건 이상 문자를 보내는 학생이 38퍼센트에 달했고 수업 중에 문자메시지를 보내는 사람도 46.3퍼센트나 됐다.[9]

어느 중학교 교사는 "요즘 아이들은 말과 스킨십 대신, 휴대폰 문자로 소통한다. 하루에도 수십 통씩 문자를 날린다. 압수에 대비해 아예 휴대폰을 2개씩 갖고 다니는 학생도 드물지 않다. 맘만 먹으면 하루 대여섯 대는 쉽게 압수할 수 있다. 휴대폰과 씨름하느라 수업 흐름이 중간 중간 끊기다보니 아이들의 집중력이 갈수록 떨어진다"고 했다.[10]

한국일보 2006년 1월 31일자에 따르면, "지난해 10월 서울 S중학교 2학년 교실. 한 학생의 손놀림이 수상해 슬며시 가봤더니 아니나다를까, 책상서랍 안에서 문자를 보내고 있었다. 그런데 책상바닥에 작은 구멍이 하나 뚫려 있는 게 아닌가. 선생님의 감시를 피해 문자를 보내려고 칼로 뚫은 구멍이었다."[11]

이런 문자메시지 열풍과 관련, 30자 내외로 의사전달하는 것에 익숙해져 자신의 의견을 논리적으로 말하거나 장문의 논술시험을 치를 때 어려움을 겪는 학생들이 많다는 우려가 제기되었다. 어느 고교 교사는 "믿기지 않겠지만 휴대폰 문자 탓에 애들 어휘력이 실소를 자아낼 정도로 형편없다. 두 개 이상의 문장이 접속사나 복문(複文)으로 이어지면 영 이해를 하지 못한다. 글쓰기능력은 더 말할 나위가 없다. 초등학생 때부터 문자메시지에 익숙하다 보니 40자 이내의 단문쓰기에 길들여져 긴 호흡의 논리적인 글쓰기는 힘이 부친다"고 했다.[12]

반면 이어령은 휴대전화로 인한 학생들의 학력저하에 대해 "이탈리아의 체체라는 젊은 교사가 휴대전화를 이용해 전교꼴찌의 불량학급을 최우수반으로 바꿔놓은 기적 같은 사례에서 그 반대의 예를 찾아볼 수 있다"며 다음과 같이 주장했다.

"그 교사는 문자메시지로 매일같이 학생 하나하나에게 그날 배운 내용들을 퀴즈문제로 만들어 보내놓고 답신을 받았다. 그냥 숙제를 내면 응하지 않았을 문제학생들도 일대일의 문자메시지 사신(私信)에는 약할 수밖에 없었다. 그는 가족공동체를 붕괴시킨 바로 그 휴대전화의 사공간(私空間)의 힘을 이용해 교실이라는 공공공간에서는 느낄 수 없는 사제 간의 사적관계를 만들어 간 것이다. 디지로그 파워란 이렇게 휴대전화의 사적 공간과 사회적인 공적 공간을 잘 조화시키고 융합해 제3의 창조적 공간을 만들어내는 힘인 것이다."[13]

"휴대전화 안에 애완견을 키워보세요"

그러나 이탈리아 젊은 교사의 사례는 예외일 뿐 대세일 수는 없었다. 무엇보다도 휴대전화산업이 휴대전화를 오락용으로 즐길 걸 강하게 유혹하고 밀어 붙였기 때문이다. 청소년들이 이에 저항하는 게 가능한 일이었을까?

"휴대전화 안에 애완견을 키워보세요." 2006년 2월 휴대전화를 통해 강아지를 키우고 짝짓기로 2세까지 낳을 수 있는 인공지능 게임이 인기를 끌었다. 삼성전자가 애니콜의 부가기능으로 새롭게 선보인 인공지능 강아지게임 '마이펫과 놀기'가 사용자들의 입소문을 타면서 폭발적인 관심을 모은 것이다.[14]

또 휴대전화 업체들은 "더 얇고, 더 가볍게"를 외치면서 휴대전화기를 더 날씬하게 만들기 위한 두께경쟁을 치열하게 벌였다. 2005년 8.8밀리미터 두께의 초슬림 휴대전화기가 나와 선풍적인 인기를 끌더니 2006년엔 두께가 7.9밀리미터에 불과한 휴대전화기가 나타났다. 초슬림 휴대전화기는 작고 예쁜 디자인을 선호하는 젊은 층과 다양한 부

■ KT는 국내 유일의 모바일 게임대회인 '제7회 SHOW 대한민국 모바일 게임대전'을 2009년 8월 31일부터 개최했다.

가기능 대신 전화통화만 사용하는 실속파 직장인들 중심으로 인기를 끌었다.[15]

    2006년 봄 휴대전화를 이용한 '모바일 화보'가 연예계의 새 흐름을 주도했다. 2005년 본격화된 이 서비스는 스타 홍보채널로 영향력을 넓혀나갔다. 홍보수단이면서 동시에 수익도 되기 때문에 스타들로선 마다할 이유가 없었다. 이동통신 3사에 따르면 모바일 화보시장은 1년 만에 연 100~150억 원대로 성장했다.[16] 2005년 4월 서비스를 시작한 가수 채연의 화보집은 14억 원이 넘는 매출을 올리는 최고의 성공사례가 되었다.[17]

'전화 여론조사의 정치공학'

2006년 5·31 지방선거는 정당별로 실시되는 경선 여론조사로 인해 전화의 정치적 이용이 극에 이른 선거였다. 지방선거를 1~3개월 앞두고 전국적으로 단기전화 개설물량이 폭증했다. 일부지역에서는 개인 명의로 수백 대의 단기전화를 신청했다가 경선 참여자 확정을 위한 여론조사가 끝난 뒤 해지한 것으로 드러나 경합 예비후보자들의 반발을 사기도 했다.[18]

선거 직전 선관위가 여론조사기관을 여론조사 조작혐의로 검찰에 수사의뢰하는 일도 벌어졌다. 울산시 선관위는 울산 ㅇ사 여론조사원 31명이 5·31 지방선거와 관련해 전화 여론조사를 벌이면서 응답자들의 의사를 왜곡해 여론조사를 했는지, ㅇ사 대표 ㄱ씨 등이 조사원들에게 여론조사 왜곡을 지시 또는 묵인했는지에 대해 검찰수사를 의뢰한 것이다.[19]

전문가들은 5·31 지방선거를 '전화 여론조사의 정치공학'이 극대화된 선거로 평가했다. 가장 문제가 된 것은 새로 도입된 자동응답장치(Automatic Response System, ARS) 여론조사였다. 전화조사가 20퍼센트 정도의 응답률을 보이는 반면, ARS는 10퍼센트 정도밖에 안될 정도로 응답률이 낮으며, 응답자의 연령층도 집에 머무르며 시간적 여유가 많은 60대 이상이 너무 많다는 게 문제였다.[20]

지방선거 전 한국마케팅여론조사협회는 "ARS 조사는 표본추출 과정을 지키지 않고 특정사안에 관하여 특별한 관심이나 이해관계를 갖고 있는 유권자의 응답만을 집계하는 경향이 있는 등 여론조사의 기본원칙을 준수한 방법이 아니어서 객관성과 과학성이 결여된 조사방법이다"라는 사실을 언론사 보도국장과 편집국장에게 공식문서로 알렸다.

그러나 5·31 지방선거에서 ARS 여론조사 결과는 전화 여론조사와 마찬가지로 널리 사용되었다. 결정적인 이유는 조사비용 때문이었다. ARS 조사는 전화 여론조사에 비해 비용이 10~20분의 1 수준이었다. 많은 언론사가 전화 여론조사보다 훨씬 저렴한 ARS 방식을 선택했고 이 조사결과를 다른 언론사들도 큰 문제의식 없이 인용보도했다.[21]

5·31 지방선거 이후 각종 여론조사에서도 일부언론사는 샘플을 1000명 정도로 하는 의뢰 1건당 100여만 원을 지불하는 ARS 조사를 진행했다. A신문사 노조는 "각 언론사마다 대선을 앞두고 여론조사를 통한 기사발굴이 한창인데, 우리는 100만 원짜리 여론조사로 대선을 치르고 있다"고 꼬집었다.[22]

여론조사방법으론 문제가 많았지만, 한국의 독특한 ARS문화만큼은 연구대상이다. 한국이 기부문화 후진국이면서도 ARS 기부는 세계를 깜짝 놀라게 할 정도로 잘 발달되었다는 건 무엇을 의미하는가?[23]

휴대전화 여론조사

휴대전화도 여론조사와 손을 잡았다. 이미 2006년 1월 조선일보는 사고(社告)를 통해 "조선일보는 SKT, KTF, LGT 등 이동통신 3개사, 모바일사업 대행사인 아이콘랩과 공동으로 휴대전화와 바코드를 활용, 우리 사회의 주요이슈에 대한 여론조사(Mobile Quick Poll)와 토론을 벌이는 '핫이슈 토론방'을 17일부터 오픈합니다"라면서 다음과 같이 밝혔다.

"신문지면에 게재된 2차원 바코드에 휴대전화의 카메라를 대거나 넘버를 활용하여 독자 여러분들은 곧바로 조선일보가 개설한 모바일상의 토론공간으로 연결돼 여론조사에 참여하고 다양한 댓글을 달 수도 있습니다. 여론조사 결과는 휴대전화로 바로 확인할 수 있습니다. 조선일보는 앞으로 매주 1, 2회 모바일 여론조사를 실시할 예정입니다. 의미 있는 결과는 오피니언면에 반영합니다. 참여해주신 독자 중 매회 한 분을 선정하여 최신형 휴대전화를 경품으로 드립니다(정보이용료는 무료, 데이터통화료는 유료)."[24]

2006년 11월 한나라당 대선주자 지지도조사에선 유선전화와 휴대전화의 차이가 드러나 화제가 되었다. 유선전화를 이용한 대선주자 지지도 설문조사에선 이명박 전 서울시장이 박근혜 전 한나라당 대표를 10.6퍼센트 앞섰고, 휴대전화를 이용한 조사에선 4.4퍼센트 앞선 것으로 나타났다. 휴대전화 여론조사엔 저연령층의 의견이 상대적으로 많이 반영돼, 정당 지지도의 경우에도 휴대전화 조사에서 여당에 다소 유리한 결과가 나왔다. 노무현 대통령의 국정운영에 대한 긍정평가는 유선에서 12.3퍼센트인 데 비해 휴대전화에선 15.7퍼센트였다. 열린우리당 지지도는 유선(12.3퍼센트)에 비해 휴대전화(15.7퍼센트)에서 3.4퍼센트 높았다. 한나라당은 유선(48.2퍼센트)에 비해 휴대전화(38.1퍼센트)에서 10.1퍼센트 낮았다.[25]

그간 대부분의 정치 여론조사는 유선전화를 이용해왔는데, 휴대전화 비중이 커지면서 유선조사의 한계를 지적하는 의견이 늘었다. 유선전화 없이 휴대전화만 통신수단으로 이용하는 사람의 비율이 10퍼센트를 넘었기 때문이다. 이들은 기존 전화조사 응답대상에서 빠질 수밖에 없었다. 한국통신 측에 따르면 유선전화번호 등재율은 70퍼센트를 밑돌았다. 또 통계청 조사에 의하면 전화조사가 주로 실시되는 시간대인 오후 4시부터 9시까지 가족구성원이 집에 있을 확률은 50퍼센트에 그쳤다. 있는 경우에도 주부와 고연령층이 대부분이었다. 그래서 여론조사 전문가들은 "전화조사 응답자들이 국민을 대표하지 못하고 있다"고 지적했다. 중앙일보 등 일부 언론사는 차기 대선을 앞두고 보다 정확한 여론을 독자들에게 전달하기 위해 기존의 유선전화에 휴대전화 조사를 병행키로 했다.[26]

화상전화와 인터넷전화

2006년 6월 말부터 화상통화가 지원되는 3.5세대 이동통신 '고속데이터전송' 서비스가 상용화됐다. HSDPA(High Speed Downlink Packet Access, 고속 하향패킷 접속)로 불린 이 서비스는 음성통화를 하면서 모니터 상으로 상대방의 얼굴이나 기타 정보를 제공받을 수 있는 이동통신 신기술이었다. 최고 데이터속도가 상향 5.8메가비피에스, 하향 14.4메가비피에스로 초고속인터넷 속도에 버금갔다. 이렇게 되면 사용자끼리 휴대전화로 고용량파일을 주고받거나 고속 네트워크 게임을 즐길 수 있었다. HSDPA의 특징은 화상전화와 자유로운 '로밍' (roaming, 국경을 넘어서도 자유롭게 사용할 수 있는 통신 서비스)이었다. SK텔레콤이 '3G플러스'라는 브랜드로 HSDPA폰을 내놓은 데 이어 KTF는 '월드폰뷰'라는 이름으로 서비스를 시작했다. SK텔레콤의 경

■ 봉화군은 청각·언어장애인들의 민원편의를 돕기 위해 군청, 읍·면 민원실에 화상전화기를 설치하고 2009년 3월부터 운영한다고 밝혔다.

우 2000명가량이 서비스를 신청했다. SK텔레콤은 8월까지 48개 시, 연말까지 전국 84개 시에서 서비스를 제공하기로 했다. KTF는 전국 50개 시를 대상으로 서비스를 시작했으며 마찬가지로 연말까지 84개 시로 지역을 확대하기로 했다. 두 회사는 삼성전자와 LG전자로부터 전용 휴대전화기를 한 모델씩 공급받았다.[27]

기술개발은 휴대전화만의 영역은 아니었다. 인터넷 프로토콜을 이용해 음성정보를 전달하는 일련의 설비들을 위한 전화기술을 의미하는 VoIP(Voice over Internet Protocol, 인터넷전화)도 시장에 본격적으로 뛰어들었다. VoIP는 기존 공중전화교환망 전화에 비해 요금이 저렴할 뿐 아니라 음성과 데이터 네트워크를 통합·운영할 수 있다는 장점이 있었다.

2006년 7월 국내 VoIP 가입자가 100만 명을 넘어섰다. 특히 '소프트폰' 이용자가 눈에 띄게 늘었다. 소프트폰은 10만여 원대의 별도 단말기를 사야 하는 '하드폰'과 달리 머리에 쓰는 1만 원 안팎의 헤드셋으로 컴퓨터에 연결할 수 있어 상대적으로 요금이 쌌다. 아이엠텔, 네이버폰, 스카이프폰 등 3대 소프트폰 업체에 이어 SK커뮤니케이션즈도 자사의 메신저 '네이트온(nateonweb.nate.com)'을 통해 VoIP시장에 뛰어들었다.[28] 2006년 8월 케이블TV 사업자들이 공동으로 출자해 설립한 인터넷전화업체 한국케이블텔레콤(KCT)이 공식출범했다.[29] 이제 곧 전화의 여러 종파들 사이에서 본격적인 전화전쟁이 벌어지게 된다.

전지현 · 이효리 · 김태희의 대결

2006년 7월 한국 휴대전화 제조업체들의 위기설이 나돌았다. 국내 휴대전화업체의 한 임원은 '살아남기 위한 전략'으로 "지금까지는 휴대전화로 자신을 과시하려는 소비자들을 공략하는 데 주력해왔지만 앞으로는 체면을 챙기는 이들까지 주 타깃으로 삼을 겁니다. 경제성과 편의성만을 따지는 실속형 소비자들을 과감하게 포기해야죠"라고 말했다. 이와 관련, 세계일보는 과시형 소비자는 10명 중 2명, 체면형은 3명, 나머지 5명은 실속형이라며 "한국형 다모델 · 고가전략이 성장의 발목을 잡는 부메랑으로 작용하고 있는 셈"이라고 분석했다.[30]

그러나 아직 포기하기엔 일렀다. 이미지 광고공세라는 카드가 남아 있었기 때문이다. 2006년 8월부터 선보인 삼성전자의 애니콜 '초슬림 위성 DMB폰' CF는 "국내 광고계에 활력소가 되고 있다"는 말을 들을 정도로 세간의 화제가 되었다. 스포츠서울 2006년 8월 14일자는

■ 애니콜은 초슬림 위성DMB폰 2종을 출시하면서 전지현과 이효리를 통해 각각의 스타일을 비교하는 두 편의 광고를 제작하고 업계 최초로 이니셜 마케팅을 펼쳤다.

"톱 광고모델인 전지현과 이효리가 모바일 화보를 연상시키는 광고에 한꺼번에 출연하는 것도 화제지만 각자의 매력을 앞세워 시청자들을 '편 나누기' 하고 있어 눈길을 끈다. 같은 브랜드의 휴대폰이지만 전지현은 위로 미는 슬라이드폰, 이효리는 가로형 폴더폰으로 '따로 또 같이' 전파를 탔다"며 다음과 같이 말했다.

"광고제작사인 제일기획 관계자들 사이에서조차도 주관적인 선호도에 따라 '전지현편이 낫다' '이효리편이 낫다' 며 우열을 가리기 힘들 정도로 의견이 분분하다. 광고모델로서 전지현과 이효리의 호감도와 선호도가 정상인 만큼 제품이 출시되자마자 엄청난 관심이 쏟아지고 있다. 전지현편은 1일 첫 방영 직후 인터넷 광고포털 TVCF(www.tvcf.co.kr) 금주의 인기광고 1위에 올랐다. 이효리편이 지난 5일부터 전파를 탄 뒤에는 이효리편이 1위, 전지현편은 3위를 각각 달리고 있다. 휴대폰의 애칭도 이들의 이름을 딴 슬림&J, 슬림&H인데 지난달 말 먼저 출시된 슬림&J는 각종 인터넷 포털에서 가장 많이 검색한 휴대폰으로 떠올랐다. 슬림&H는 이달 하순에 출시될 예정이다."[31]

다른 업체들이라고 해서 가만있을 리 없었다. LG전자의 싸이언이 김태희를 내세우고 모토로라가 미녀 인해전술(人海戰術)을 펴면서 휴대전화 광고는 졸지에 '미녀전쟁'으로 바뀌었다. 광고자체가 재미있는 이야기거리가 되고, 이게 입소문으로 번져 판매를 늘려주는 식의 마케팅이었다. 서울신문 2006년 8월 22일자는 "휴대전화 광고에 '슬림미녀' 대결이 뜨겁다. 전지현·이효리(애니콜), 김태희(싸이언) 등 국내 톱모델과 팔등신 비키니미녀(모토로라)들의 유혹에 눈 돌릴 새가 없다"며 다음과 같이 말했다.

"톱모델 김태희를 앞세워 늘 신선한 '아이디어'로 즐거움을 줬던 싸이언 광고는 이번에도 시청자들을 실망시키지 않았다. 전지현·이효리의 'S라인'과는 전혀 다른 매력을 풍기는 김태희의 '얇은사 하이얀 고깔은 고이 접어, 고이 접어 폴더레라(원래는 나빌레라)'는 '생뚱맞은' 대사에 네티즌들이 열광하고 있다. '고이 접어도(폴더형)' 슬림하다는 점을 강조했다. 꽉 끼는 청바지를 입기 위해 안간힘을 쓰던 미녀모델이 뒷주머니에 레이저폰을 가볍게 집어넣는 인상적인 광고를 선보였던 모토로라는 이번에는 아예 비키니 수영복에 넣어도 티가 나지 않을 정도로 슬림함을 자랑한다. 3사의 시장점유율은 애니콜의 독주 체제지만 광고 인기만큼은 엎치락뒤치락 형국이다. 8월 첫째 주는 애니콜 전지현편이 1위(TVCF), 둘째 주는 애니콜 이효리편과 전지현편이

1, 2위를 휩쓸었다. 셋째 주는 싸이언, 모토로라, 이효리편 순으로 인기를 끌고 있다. 셋 다 '궁극의' 슬림함을 강조하지만 실제 모델의 두께는 애니콜 B500이 13.5밀리미터로 가장 슬림하고 모토로라 라임레이저 14.5밀리미터, 애니콜 B540 14.9밀리미터, 싸이언 슬림폴더 15.9밀리미터 순이다."[32]

"전화방 성매매여성 수첩에 고객 1000여 명 '빼곡'"

2000년대 중반 '불륜공화국'이라는 말이 나올 정도로 '불륜바람'이 전국을 휩쓸었다.

2005년 6월 김모(49)씨가 전국 단체장과 5급 이상 고위공무원에게 무작위로 전화를 걸어 "여자와 함께 여관(모텔)에 들어가는 모습을 몰래카메라로 촬영했다"고 협박해 모두 53명에게서 1억3000만 원을 뜯어낸 사건이 발생했다. 김씨에게 걸려든 공무원 가운데 단 한 명도 경찰에 신고하지 않았으며 모두 하루이틀 만에 100~500만 원을 입금한 것으로 밝혀졌다. 실제 사진을 찍지 않았던 김씨는 상대가 무시하거나 증거를 요구하면 전화를 끊고, "돈이 별로 없다"거나 "어떻게 알았느냐"는 등 관심을 보이면 집요하게 달려들어 평균 500만 원의 돈을 요구했다고 한다.[33]

당시 성행하던 불륜의 매개공간 중 하나는 바로 전화방이었다. 이무용은 2005년 10월에 발표한 「전화방의 문화정치」라는 글에서 "전화방이 카타르시스와 쾌락을 제공해줌으로써 억눌린 성적 억압을 해소해 줄 수 있을까?"라는 질문을 던졌다.

"이에 대해서는 회의적이다. 우선 전화방을 둘러싼 공간이 성적인 기호들로 난무해 있어 오히려 성적 욕구를 더욱 부채질하고 있다. 농도 짙은 에로물로 가득찬 방 안의 TV영상, 널려 있는 선정적인 사진과 성인용 잡지들, 성적인 욕구와 호기심을 부추기는 홍보문구, 여기에 '남녀 필담 나누는 전화방' '낯선 여자와 전화데이트' '음란대화를 파는 전화방' 등의 언론 머리기사들이 전화방을 성적 공간으로 동일시하는 데 일조하고 있다."[34]

2006년 7~8월 한국일보 기획취재팀이 여성포털 '젝시인러브(www.xyinlove.co.kr)'와 공동으로 기혼여성 대상의 설문조사를 실시한 결과, 응답자 194명 중 '직접 외도를 했다(56명)' 또는 '외도문제로 고민했다(36명)'는 여성이 92명으로 전체의 절반(48퍼센트)에 육박했다. 특히 외도경험이 없는 여성 중에서도 '주변에서 외도를 본적이 있다'는 응답자는 61명(31퍼센트)에 이르는 반면, '외도를 본적이 없다'는 응답은 22명(11퍼센트)에 불과해 주부들의 불륜이 만연해 있음을 보여주었다.[35] 남성의 경우엔 더 말해 무엇하랴. 그래서 이런 희한한 일도 일어났을 게다.

2006년 9월 경찰이 서울 강남의 성인전화방을 찾아온 남성들에게 전화를 걸어 시내에서 만난 뒤 돈을 받고 성관계를 가진 A(43)씨를 검거하면서 A씨가 소지한 수첩을 확보했다. 수첩에는 A씨와 성관계를 가진 것으로 추정되는 남성들의 이름과 휴대전화 번호는 물론, 나이 직장, 금액 등 인적사항이 빼곡히 적혀 있었는데, 그 수가 1000명이 넘었다.

한국일보 2006년 9월 26일자는 "경찰은 수첩 속 휴대폰번호로 전화를 걸어 남성들을 소환한 뒤 성매매 여부를 집중추궁하고 있다. 그러나 조사대상이 워낙 많은 데다 일부 남성들은 혐의를 순순히 시인하지도 않아 조사에 애를 먹고 있다"며 다음과 같이 말했다.

"'술을 마셔 기억이 안 난다'고 오리발을 내미는가 하면 '만난 건 맞는데 성매매는 하지 않았다'고 버티기도 한다. '집에는 알리지 말아달라'고 사정하는 남성들도 있다. 조사를 피하기 위해 휴대폰번호를 바꾸거나 수첩에 친구 휴대폰번호를 적은 남성도 있었다. 일부는 아예 조사에 응하지 않거나 여러 가지 사정을 들어 차일피일 출두를 미루기도 한다. 경찰은 현재 100여 명을 불러 조사를 마쳤지만 '어마어마한' 조사대상 때문에 언제 마무리할 수 있을지 장담할 수 없다. 실제로 7월 중순 성매매여성에게서 확보한 장부를 토대로 600여 명의 남성들을 조사하고 있는 중랑경찰서는 2개월이 지난 지금까지도 수사를 마무리하지 못하고 있다. 검찰도 입건된 남성들의 숫자가 너무 많자 20명씩 끊어서 송치하라고 지시한 상태다."[36]

또한 불륜관계에 놓인 연인들이 주고받는 전화나 문자메시지가 배우자에게 발각되는 일이 잦아 휴대전화는 가장 강력한 '가정파괴범'으로 지목 받게 된다.[37]

휴대전화 4000만시대

2006년 11월 24일 현재 SK텔레콤, KTF, LG텔레콤 등 이동통신 3사의 국내 휴대전화 가입자는 모두 4001만247명인 것으로 집계됐다. 회사별로는 SK텔레콤이 2017만8503명, KTF는 1286만1182명, LG텔레콤은 697만562명이었다. 휴대전화 이용자 4000만 명 시대의 개막은 1984

년 아날로그방식의 이동통신 서비스가 처음 도입된 지 22년 만이며, 2002년 3월에 3000만 명을 넘어선 뒤 4년 8개월 만이다. 전체 인구대비 휴대전화 가입률도 2006년 10월말 현재 82.3퍼센트에 이르렀다. 월평균 통화량 또한 1999년 12월 119.33분에서 2004년 12월 181.67분으로 증가했다. 시내전화와 공중전화 이용이 줄면서 이동전화 매출액은 1998년 5조3000억 원에서 2004년 16조5000억 원으로 3배 이상 늘었다.[38]

휴대전화기 수출은 2001년 3800만 대에서 2005년 2억1000만 대로 크게 증가했으며, 수출로 올린 매출도 2001년 11조 원, 2005년 27조 원으로 두 배 이상 뛰었다. 2006년 상반기 수출물량은 1억1300만 대, 수출매출은 12조 원이었다. 자랑스러운 일이었지만, 여기엔 국내 소비자들의 '희생'이 있었다.

2006년 10월 국내에서 판매하는 휴대전화기 가격이 수출용보다 3배 이상 비싼 것으로 밝혀졌다. 특히 국내 휴대전화기 판매량은 변화가 거의 없는데도 제조업체들의 국내 매출은 계속 증가, 결국 고가 휴대전화기 출시를 통해 업체들 배만 불린다는 지적도 제기되었다. 국회 과학기술정보통신위원회 심재엽 의원(한나라당)은 정보통신부 국정감사에서 "정통부의 연도별 휴대폰 평균 판매가격을 분석한 결과 올 상반기 국내 판매가격은 대당 37만1000원으로 수출용(11만 원)보다 3배 이상 비쌌다"고 밝혔다. 국내 평균판매가는 2001년 28만6000원에서 2006년 6월말 현재 37만1000원으로 5년 사이에 약 30퍼센트 가까이 올랐다. 그러나 수출가격은 2001년 19만7000원에서 2006년 6월말 현재 11만 원으로 오히려 5년 전보다 60퍼센트가량 떨어졌다.

휴대전화기 제조사들은 국내 판매량이 크게 변하지 않았는데도 국내 매출이 계속 늘어나고 있어 가격폭리를 취했다는 의심을 받았다. 휴대전화기 내수판매량은 2001년 1400만 대에서 2005년 1300만 대로 5년 전보다 오히려 줄었다. 그러나 휴대전화기 제조업체들의 내수매출은 2001년 4조 원에서 2005년 4조8000억 원으로 5년 전보다 20퍼센트가량 늘었다. 2006년 상반기 내수판매량은 740만 대, 제조사들의 내수매출은 2조6000억 원이었다.

심재엽은 휴대전화기의 국내 판매가가 높은 이유를 정통부가 유럽식(GSM) 대신 미국식(CDMA) 이동통신기술을 선택한 정책에서 기인한 것으로 보았다. 그는 "세계 휴대폰시장은 GSM 이용자수가 6월말 현재 20억 명으로 CDMA 이용자수(2억8000만 명)의 7배에 달한다"며 "국내 휴대폰 제조사들이 좁은 시장에서 경쟁에 이기기 위해 고가단말기를 만들어 국내외에 공급하는 것"이라고 강조했다.

여기에 CDMA 기술사용료로 미국 퀄컴사에 지급한 돈이 2005년 4800억 원 등 2001년부터 5년 동안 2조 원을 넘어선 것도 휴대전화 원가를 상승시키는 요인으로 지적됐다. 심재엽은 "국민들은 선진국의 절반에도 미치지 못하는 소득으로 외국보다 훨씬 비싼 휴대폰을 평균 18개월에 한 번씩 구입하고 있다"며 "국민들의 희생이나 고통이 따르지 않는 신중한 정책결정이 필요하다"고 주장했다.[39]

6개월로 짧아진 휴대전화기 교체주기

휴대전화는 빈부격차를 심화시키는 결과마저 초래했다. 한국은행 조사에서 우리나라 가계의 목적별 소비지출(2005년 명목금액 기준)에서 인터넷, 휴대전화 등 통신비의 비중은 5.4퍼센트로 미국의 1.6퍼센트에 비해 3배 이상 높았으며 일본의 3.1퍼센트에 비해서도 높은 수준이었다.[40]

2006년 5월 한국일보 기획취재팀이 최근 20년간 통계청의 가계소비지출 자료를 정밀분석한 결과, 1995년 하위 20퍼센트 소득계층의 소비지출(74만1410원) 중 통신비 비중은 2.56퍼센트(1만9040원)에 불과했다. 이는 식료품·주거비 등 9개 세부 지출항목 가운데 가장 적은 것이었다.

그런데 2005년에는 전체 소비지출(118만7705원)의 8.21퍼센트(9만7538원)로 급증했고, 식료품과 교육비에 이어 세 번째로 비중이 컸다. 반면 상위 20퍼센트 소득계층의 통신비 비중은 같은 기간 1.55퍼센트(2만9848원)에서 4.7퍼센트(16만1764원)로 늘어나는데 그쳤다. 시간이 갈수록 소득 수준을 뛰어넘는 디지털 과소비가 저소득층 가계를 압박, 양극화 확대의 주원인으로 작용해온 것이다.

한국의 가계비 중 통신비 비중은 6.3퍼센트로 OECD 평균(2퍼센트)의 3배를 넘었다. 한국 가정의 한 달 통신비는 평균 120.7달러로 OECD 국가 중 단연 1위였다. 유별난 첨단 디지털제품 선호 탓에 국내에서 거래되는 디지털기기는 외국보다 평균 50~60퍼센트가 비싼데도, 휴대전화기 교체주기는 평균 12개월로 미국(21개월), 러시아(24개월), 캐나다(30개월)의 절반 수준에 불과했다.[41]

휴대전화기 교체주기 평균 12개월은 2005년 말까지의 추산이었는데, 이는 1년 만에 6개월로 짧아졌다. 경향신문 2006년 11월 21일자는 "국내 휴대전화 교체주기가 삼성전자 등 휴대전화 제조업체의 고도화된 마케팅 전략으로 지속적으로 짧아지고 있다. 최근 들어서는 휴대전화가 패션아이콘으로 인식되면서 교체주기가 더욱 줄어들었다"며 다음과 같이 말했다.

"지난해 말과 올해 초 LG전자와 삼성전자가 각각 초콜릿폰과 울트라슬림폰 등 신제품을 속속 선보이면서 교체주기가 절반으로 짧아진 것으로 업계는 보고 있다. 미국과 유럽지역의 교체시기는 1년 6개월에서 2년 정도로 알려져 있다. 이 같은 현상은 국내 휴대전화 제조사들이 글로벌 경쟁에서 살아남기 위해 교체주기 단축전략을 구사했기 때문이라는 게 업계 전문가들의 분석이다."[42]

휴대전화는 '신흥종교'

한국은행에 따르면 2006년 상반기 가계의 최종 소비지출 가운데 인터넷과 휴대전화 요금 등 통신비 지출액은 13조268억 원으로 음식·숙박비 지출액(12조9630억 원)보다 638억 원 많았다. 반기 기준으로 통신비 지출이 음식·숙박비 지출보다 많은 것은 처음이었다. 통신비 지출액은 음식·숙박비는 물론 교육비(9조1038억 원), 의류·신발(8조1506억 원), 의료·보건(8조567억 원) 지출액보다 많았다.

2006년 상반기 가계의 소비지출 가운데 통신비는 주거비에 해당하는 임대료·수도광열비(17.2퍼센트), 식비에 해당하는 식료품·비주류 음료품(13.6퍼센트), 교통비(10.1퍼센트) 등에 이어 6번째로 큰 지출항목인 것으로 나타났다. 외환위기 이전인 1997년 통신비 지출액은 8

조8402억 원으로 교육비(15조2903억 원)의 거의 절반 수준이었으며, 음식·숙박비(20조961억 원)에는 절반에도 못미쳤다. 다른 지출항목들이 거의 제자리걸음을 한 반면 통신비지출은 매년 크게 늘면서 2006년 상반기 기준으로 가계지출의 7.2퍼센트를 차지할 정도로 커졌다. 1997년의 3퍼센트에 비해 2배 이상으로 비중이 확대된 것이다.[43]

2006년 10월 요금을 제때 내지 못한 탓에 '통신 신용불량자'가 급증하면서 그 비율이 국민의 10퍼센트에 육박하며, 통신요금 연체금액도 1조 원에 가까운 것으로 밝혀졌다. 한나라당 의원 서상기는 자기 명의의 통신서비스에 가입할 수 없게 된 통신 신용불량자가 2006년 7월 말을 기준으로 이동통신 305만 명, 초고속인터넷 등 유선통신 163만 명으로 집계됐다고 밝혔다. 이에 따라 통신요금 연체자는 양쪽을 합할 경우 최대 468만 명(9.6퍼센트)인데, 통신 신용불량자는 2003년 245만 명에서 2004년 422만 명, 2005년 453만 명으로 지속적으로 증가하는 추세를 보였다. 이에 따라 연체금액도 꾸준히 늘어나 2005년 말 9312억 원에서 2006년 8월 말 현재 9349억 원으로 누적총액이 늘어났다.[44]

미성년자들의 요금연체문제도 심각했다. 만 19살 이하의 통신서비스 이용자 519만1000명 가운데 연체자는 34만9000명(6.7퍼센트)이나 됐다(통신 신용불량자가 자녀명의를 이용한 것으로 추정되는 만 6살 미만의 연체자도 2만2000여 명이었다). 2006년 2월 15일 전북 익산시 황등면에선 고교입학을 앞둔 10대 소년이 휴대전화로 인터넷에 몰두하다 두 달 치 전화요금 370여만 원의 납부독촉을 받고 고민하다가 스스로 목숨을 끊은 사건마저 발생했다.[45]

열린우리당 의원 유승희는 저소득층인 가계지출 하위 20퍼센트

계층의 통신비 비중이 2001년 6.3퍼센트에서 지난해 7.5퍼센트로 늘어났지만 가계지출 상위 20퍼센트 계층은 3.6퍼센트에서 3.7퍼센트로 제자리에 머물렀다고 밝혔다. 이는 통신비용이 가계의 고정비로 자리 잡아 두 계층의 통신비 지출격차는 줄어든 반면에 소득양극화로 가계 지출격차는 더 벌어졌다는 것을 의미한다. 유승희는 "이동통신 서비스가 주파수라는 공공재를 사용하는 서비스사업임을 감안할 때 서민가계와 사회 소외계층을 보호하기 위한 통신비정책이 절실하다"고 주장했다.[46]

이처럼 경제적 양극화는 누군가의 계획과 의도에 의해 벌어지는 것만은 아니었다. 오히려 양극화 확대에 일조하는 휴대전화의 경우처럼 양극화의 피해자가 되는 사람들의 적극적 자발성에 의해 이루어지는 경우가 많았다. 물론 그 자발성은 남들 다 하는데 나만 세상에 뒤처질 수 없다는 묘한 평등주의의 산물이다.

각종 휴대전화 광고에 흘러넘치는 평등주의 메시지엔 마냥 반길 수만은 없는 함정이 도사리고 있었다. 그러나 한국인들에게 그런 문제는 사소한 것에 지나지 않는다. 휴대전화는 이제 '특권'에서 '오락'을 넘어 '종교'가 되었기 때문이다. 휴대전화는 내가 이 세상과의 끈을 놓지 않고 있다는 판타지를 공급하는 나의 주인이다. 나의 존재증명을 유일신으로 모시는 신흥종교다.[47]

제11장

세계 최고의
통신비를 쓰는 나라

전
화
의

역
사

휴대전화는 '패션액세서리'

LG전자 정보통신부문 사장 박문화는 2006년 2월 "앞으로 휴대전화는 목걸이, 반지처럼 자신을 돋보이게 해줄 패션액세서리로 진화할 것이다"고 했다.[1] 2007년 그런 진화의 양상이 뚜렷하게 나타나기 시작했다. 삼성전자, LG전자, 팬택 등 국내 휴대전화기 제조 3사의 2007년 전략제품에서는 '세계 최초'란 수식어가 거의 사라진 대신 '디자인'이 제품경쟁력을 강조하는 제일 중요한 요소로 떠올랐다. '기술보다 디자인'이라고 외치기 시작한 것이다.

삼성전자는 주력 휴대전화인 '울트라 지상파 DMB폰(모델명 SCH-

■ LG 프라다폰과 삼성 아르마니폰에 이어 소니에릭슨도 돌체 앤 가바나 한정판이 포함된 콤팩트 모양의 잘루(Jalou) 스마트폰을 내놓았다.

B630)'을 내놓으면서 "DMB 기능을 넣고도 두께가 12.9밀리미터로, 날씬하게 보이기 위해 내부구조까지 바꿨다"고 설명했다. LG전자는 금속재질 휴대전화기는 '금기'라는 업계의 관행을 깨고 오직 디자인 때문에 스테인리스로 만들어 반짝반짝 빛나는 '샤인'을 선보였다. LG전자는 차기 전략제품의 콘셉트를 아예 '디자인 명품'으로 잡고, 이를 위해 명품 패션업체인 이탈리아의 프라다와 손을 잡아 '프라다폰'을 내놓았다. 팬택의 전략상품인 '스카이 슬림 슬라이드폰(IM-S130시리즈)'은 검은색 소재와 금속장식이 고급스러운 느낌을 줘 큰 인기를 누렸다.[2]

휴대전화 제조업체들이 디자인에 몰두하는 동안 이동통신사들은 인터넷에 집중했다. 2006년 한해 동영상 UCC(User Created Contents, 사용자제작 콘텐츠)가 인터넷을 뒤흔들자 2007년 무선인터넷에서 똑같은 바람을 불러일으켜보겠다고 나선 것이다. SK텔레콤은 일반인이 만든 동영상 UCC를 전문적으로 보여주는 '모션 매거진' 서비스를 시작했다. KTF도 무선인터넷을 이용한 멀티미디어 서비스 '핌'에 UCC 메뉴를 별도로 만들었다. 또 지식검색 서비스도 제공했다. 이즈메이커가 개발해 SK텔레콤이 서비스하는 '지식맨'은 수많은 네티즌과 휴대전화를 연결시켰다. LG텔레콤은 DMB 프로그램을 검색할 수 있는 전용 휴대전화기를 내놓았다.[3]

삼성전자와 LG전자도 해외 유명 인터넷 업체들과 제휴, '구글폰' '야후폰' 등 전용 휴대전화기를 내놓았으며, SK텔레콤은 자체개발한 네이트 검색엔진에 '네이버(www.naver.com)' '다음(www.daum.net)' '야후(kr.yahoo.com)' '구글(www.google.co.kr)' 등의 검색기능을 추가했다. 휴대전화기 제조업체는 무선인터넷이 대대적인 휴대전화 수요를 불러올 것으로 기대했고, 이동통신사들은 요금이 비싼 무선인터넷 서비스를 확대해 더 많은 매출을 올리고자 했다.[4]

문자메시지, 국민 1인당 하루 4건

2007년 2월 현재 하루 2억 건에 달하는 SMS가 한반도 상공을 날아다녔다. 국민 1인당 하루 네 건의 SMS를 날린 셈이었다. 직장인들은 상하 의사소통 수단으로, 공공기관은 대국민 알림창구로, 대통령선거를 앞둔 정치권은 선거홍보용으로 SMS를 활용했다. SMS가 봇물을 이루면서 'n이'(앤이→애인이)나 '밥5'(밥오→바보) 등과 같은 단축용어가 생활단어로 자리 잡기 시작했다.⁵⁾

청소년들만 그러한 단축언어를 쓰는 건 아니었다. 성인들도 '사무실'을 '삼실' '수업'을 '섭'으로 표현하는 등 단어를 줄여 사용하기 시작했다. '방가(반가워)' '즐토(즐거운 토요일)' 등은 거의 모든 국민이 알아듣는 단어가 됐다. 웃음소리나 인사는 자음만으로 표현하기도 했다. '키득키득'은 'ㅋㄷㅋㄷ'으로, '감사'는 'ㄱㅅ'으로 줄여 썼다. 'ㅎㄱ(허걱)'은 놀라움을 나타내는 감탄사로 쓰였다.⁶⁾

문자메시지의 단축언어가 '언어'를 파괴하고 있다는 우려에 대해 서울대 언어학과 교수 이승재는 "새로운 언어표현을 만들어내는 것은 인간의 본능인 만큼 의사소통이 불가능할 정도로 난해하지 않다면 재미있고 참신한 표현은 괜찮다고 본다"고 말했다. 한양대 정보사회학과 교수 윤영민은 "단축언어를 만들어낼 수 있을 만큼 한글은 디지털시대에 가장 편리한 언어이므로, 오히려 한글의 전성시대를 이끌 수도 있다"고 주장했다. 경희사이버대 교수 민경배는 "문자메시지는 새로운 형태의 대화를 가능하게 했다. 하지만 사회 전체적으로는 즉흥적이며 단편적인 소통의 양만 늘어난 측면도 있다"고 했다.⁷⁾

2007년 2월 21일 SK텔레콤과 KTF, LG텔레콤 등 이동통신 3사에 따르면 설 연휴기간인 17~19일 하루평균 5억7000만여 통의 문자메시지가 발송된 것으로 집계됐다. 이는 전년도 같은 기간에 비해 20퍼센트 가량 증가한 수치다. 가입자 수가 1월 말 기준으로 총 4041만 명인 점을 감안하면 1명이 14건의 문자메시지를 보낸 셈이다.⁸⁾

2007년 3월 이동전화 문자메시지의 원가가 약 2.5원에 불과한 것으로 밝혀졌다. 이동통신 업체들이 문자메시지 이용료를 건당 30원씩 받고 있는 것을 감안할 때, 원가의 13배에 이르는 폭리를 취했던 것이다.[9]

2007년 9월 국회 정무위 김양수 의원(한나라당)이 정보통신부에서 제출받은 자료에 따르면, 이동통신 3사의 SMS 매출액은 2004년 4025억 원, 2005년 4614억 원, 2006년 4951억 원 등 매년 증가세를 보였다. 이동통신 3사가 지난 3년간 SMS 문자서비스를 통해 1조3590억 원의 매출을 올린 것으로 집계됐다. SK텔레콤이 7720억 원으로 가장 많았고, KTF는 3822억 원, LG텔레콤은 2048억 원이었다. 김양수는 "이통사들이 SMS 서비스로 지나친 폭리를 취한다는 사실이 확인된 것"이라며 "매년 서비스 이용 건수가 느는 만큼 SMS 요금도 내려야 한다"고 주장했다. 이동통신 3사는 지난 8년간 SMS 요금을 1건당 30원으로 유지해왔으며, 이중 SK텔레콤만 2008년부터 서비스요금을 20원으로 인하하기로 했다.[10]

"한국의 휴대폰은 어디서나 터진다"

"어느 날 밤, 인적 드문 거리를 걷고 있었다. 그런데 뒤에서 들리는 남자의 목소리. 전화를 하는 건가 싶어 돌아봤는데 손에는 아무것도 들고 있지 않다. 점점 내 쪽으로 다가오는 아저씨. '어? 내가 뭘 잘못했나? 나한테 무슨 짓을 하려는 걸까?' 겁에 질려 얼어버렸다. 그런데 그 순간 빠른 걸음으로 나를 지나쳐 버리는 아저씨. '앗, 깜짝이야. 귀에 이어폰을 꽂고 통화를 하고 있었구나……'"

2007년 2월 일본 국제관광진흥기구 서울관광선전사무소 차장 구마노 노부히코가 한국의 휴대전화 매너에 대해 감탄, 아니 경악을 했다고 털어놓으면서 소개한 장면이다. 그는 "한국에 와서 깜짝 놀란 것 한 가지. 바로 휴대폰이다. 엄청난 보급률도 놀랍지만, 이어폰이나 소형 마이크가 달린 휴대폰은 일본에서는 본 적이 없기 때문에 신기할 뿐이다. 일본에서는 휴대폰번호가 인쇄된 명함을 받은 경우가 없다. 명함에 휴대폰번호를 기재하는 일은 일본에서는 아직 일반적이지는 않은 것 같다"며 다음과 같이 말했다.

"한국의 휴대폰은 어디서나 터진다. 일본의 휴대폰은 지하철이나 먼 시골에서 터지지 않는 경우가 종종 있다. 한국에서 휴대폰이 터지지 않는 곳은 아직 가본 적이 없다. 있다면 한 번 가보고 싶을 정도다. 한국에서는 사람들이 지하철이나 버스 안에서 자주 휴대폰 통화를 한다. 지하철에서 꾸벅꾸벅 졸다가 옆 사람이 너무나 우렁차게 휴대폰에다 대고 '여보세요! 어!'라고 소리를 지르는 통에 그만 깜짝 놀라 '악' 하고 소리를 지르면서 벌떡 일어난 적도 있다. 물론 지하철에서 반드시 통화를 해야 하는 경우도 있을 것이다. 그런데 일본에서는 지하철에서 휴대폰으로 통화를 하면 왠지 나쁜 짓을 하는 듯한 착각이 들 정도. 한국 지하철의 '약냉방차(弱冷房車)'처럼 일본 지하철에 '휴대폰 사용차'를 만들면 어떻겠느냐는 제안을 하고 싶다. 오늘 아침 출근길에 지하철에서 통화하는 사람을 보고 문득 든 생각이다."[11]

그러나 단지 어디서나 떠드는 것만으론 만족할 수 없다는 게 한국인들의 생각이었다. 동아일보 2007년 2월 24일자는 "다음 달부터 전국 어디서나 휴대전화로 화상(畵像)통화와 초고속인터넷이 가능해진다.

세계 최초로 전국규모의 '화상통화시대'가 열리는 것이다. KTF와 SK텔레콤은 다음 달 3세대 이동통신인 '고속 하향패킷 접속(HSDPA)' 방식 서비스를 전국적으로 전면 개통한다"고 예고했다.[12]

KTF 사장 조영주는 HSDPA 전국 서비스에 대해 "그간의 정책 및 기술투자가 어우러져 나온 한국 정보통신 역사의 획기적 사건"이라면서 "110년간 지속된 음성통화시대가 막을 내리고 보고 즐기는 화상통화의 시대가 올 것"이라고 주장했다.[13] '세계 최초'니 '한국 정보통신 역사의 획기적 사건'이니 하는 말이야말로 한국인들의 '휴대전화 민족주의'에 불을 지를 수 있는 최고의 마케팅 메시지였으리라.

영상통화시대의 개막

2007년 3월 1일 드디어 영상통화시대가 활짝 열렸다. 국민일보 2007년 3월 10일자는 "HSDPA가 그려내는 신모바일 풍속도는 기존보다 6배 빠른 전송속도 덕분에 단말기상으로 받는 사람 얼굴을 표정 하나까지 생생히 재현하고 주변상황까지 생중계처럼 전달할 수 있는 기술력에서 비롯된다. 이로 인해 모바일 라이프가 한결 편리하고 풍부하게 됐지만 지나친 사생활 노출이나 음란 동영상 서비스 제공, 과도한 요금부담 등 부작용 우려도 커지는 등 영상 휴대전화 혁명이 '야누스의 얼굴'이 돼 생활 속으로 파고들고 있다"고 말했다.[14]

김재섭은 "1990년대 중반, 나는 이동전화에 가입하기에 앞서 발신전용 휴대전화(시티폰)를 먼저 이용했다. 삐삐로 호출을 받으면 시티폰으로 전화를 걸었다. 요금이 싸고, 통화할지를 내가 결정해서 좋았다. 하지만 이동전화 가입자가 늘어 열에 서넛 수준을 넘자, 어느 날 부장이 부르더니 '당신도 이제 이동전화로 바꾸면 어때'라고 이동전화 이용을 권했다. 전화를 걸면 바로 받는 이동전화에 익숙하다보니 삐삐를 치고 전화오기를 기다리는 게 답답해져서였을 것이다. 이후 이동전화가 시도때도없이 울렸다"며 다음과 같이 말했다.

"이동전화 이용 초기에는 가끔 전화를 받지 않아도 부장이나 아내 모두 뭐라 하지 않았다. 통화품질이 지금처럼 좋지 않아 전화연결이 안 되는 곳이 많았기 때문이다. 당시에는 지하철, 건물 지하, 시골이나 산에서는 이동전화 연결이 잘 안 됐다. 그래서 '땡땡이'를 치다 전화를 못받았을 때 부장이나 아내가 '왜 전화를 받지 않느냐'고 물으면 '그때 지하 다방에서 사람을 만나고 있었다'거나 '지하철을 타고 이동 중이었다'는 거짓말이 통했다. 그래도 아직은 피곤할 때 사우나 등에서 잠시 쉬면서 거래처에 있다고 하거나 아내 몰래 친구들과 한잔하면서 상갓집에 있다고 하는 거짓말은 통한다. 하지만 화상통화가 대중화하면 달라진다. 배경이 화면에 나타나 거래처나 상갓집이 아니라는 게 바로 들통난다. 애인, 배우자, 상사에게 '땡땡이 요주의 인물'로 찍히면 통화방식을 화상통화로 설정할 것을 요구받을 수도 있다. 화상통화 대중화를 걱정하는 사람들은 세상을 더 각박하게 만들지 않으려면, 연인끼리나 가족이 떨어져 있을 때가 아니면 화상통화 이용을 자제할 것을 요청한다. 이동통신업체가 들으면 사업 망치려고 작정했냐고 하겠지만, 가끔은 상사나 아내에게 거짓말도 할 수 있는 게 더 살기 좋은 세상 아니냔다. 상대에게 화상통화 이용을 강제하는 행위를 금지하는 법도 필요하단다."[15]

"쇼를 하라. 쇼!"

KTF는 2007년 초부터 HSDPA 서비스 이름을 '쇼(SHOW)'라 붙이고 티저광고 등 강력한 마케팅을 펼쳤다. "쇼를 하라. 쇼!"로 집약되는 광고문구는 소비자들의 관심을 끄는 데에 성공했다. 광고공세가 어찌나 강력했던지 "KTF의 쇼 마케팅은 그간 이동업계 부동의 1위였던 SKT의 지위를 위협할 것으로 보인다"는 전망까지 나올 정도였다.[16]

"쇼를 하라"는 KTF와 "보여주기 위한 쇼는 싫다"는 SK텔레콤의 '마케팅 전쟁' 덕분에 방송사들은 내색은 하지 않았지만 '즐거운 비명'을 질렀다. KTF가 본격적으로 쇼를 런칭한 2007년 3월 방송광고비는 77억 원으로 전 달 35억 원의 두 배를 훌쩍 넘었다. SK텔레콤 역시 2006년 말 통합브랜드 '티(T)'를 선보이면서 경쟁사의 3배가 넘는 79억 원을 집행한 데 이어 2007년 3월에도 56억 원을 방송광고비로 쓴 것으로 나타났다.

쇼의 생활화는 TV 드라마에서도 왕성하게 이루어졌다. "성영준이 찰리 박을 만나는 것 같습니다. 영상 보내니까 한 번 보십시오." 2007년 4월 10일 방영된 MBC 드라마 〈히트〉 8회의 마지막 장면이다. 강력범죄 용의자를 미행하던 남성식 형사가 영상통화를 이용해 차수경 팀장에게 현장을 보고하는 장면으로 또렷한 화질의 영상통화는 약 40초간 이어졌다.

이에 대해 정은경은 "최근 각 매체를 통해 쏟아지는 영상통화 광고에 노출된 시청자로선 특정업체를 연상하지 않을 수 없는 상황이다. 그나마 이날은 사정이 나은 편이었다. 특정회사의 상표는 노출되지 않았기 때문이다. 그러나 지난 16일 〈히트〉 9회는 KTF의 영상통화 서비

■ KTF SHOW의 CF '내 인생의 쇼-100세편'에 국내 광고사상 최고령 모델인 98세 최선례 할머니가 등장했다.

스 SHOW를 노골적으로 광고했다는 지적을 받고 있다"며 다음과 같이 말했다.

"이날 방송분에서는 '팀 내 연애'를 시작한 차수경 팀장과 김재윤 검사가 팀원의 눈을 피해 영상으로 대화를 나누는 장면이 1분 남짓 이어졌는데 SHOW에서 'W' 한 글자만 지운 휴대폰이 중간 중간 클로즈업된 것. 김 검사가 팀원에게 들킬 뻔한 상황에서 영상통화 덕분에 가까스로 상황을 모면하기도 했다. 수사에도, 연애에도, 연애를 숨기는 데도 영상통화는 '위력'을 발휘했다. 지난달 5일 MBC 시트콤 〈거침없이 하이킥〉 80회에선 불어경시대회에서 1등을 한 민호가 외할머니로부터 휴대폰을 선물로 받는 장면에서 '이거 영상통화도 되는 거잖아' '친구들하고 얼굴 보면서 통화도 하고 그래' 라는 대사도 있었다. 등교가 늦어 급한 상황에서 친구와 영상통화를 하는 억지스런 장면도 있었다."[17]

"인생이 쇼라고 생각지 않으세요?"

SK텔레콤의 영상통화 서비스인 '3G플러스'는 '누구든 언제든 무엇을 원하든' 24시간 늘 연결돼 있다는 점을 내세운 '24:아워스 티(24:hours T)'로 대응했다. 그러나 쇼가 훨씬 더 공격적이었다. 길거리 어디에서나 쇼라는 간판을 볼 수 있었으며, TV광고는 융단폭격 수준이었다.[18]

KTF는 기존 음성통화 서비스의 경우 SK텔레콤에 가려 만년 2등이라는 꼬리표가 붙었는데 영상통화 서비스에도 그 이미지가 따라오면 곤란하다는 이유로 검은색 바탕 위에 주황색 글씨로 'SHOW'라고 쓰인 간판만 내세울 뿐 KTF라는 표식을 일부러 감추는 전략을 썼다. 이 때문에 경쟁사인 SK텔레콤은 더러 쇼를 SK텔레콤 서비스로 오인하는 사람들을 보면 울어야 할지 웃어야 할지 모르겠다고 한탄했다.[19]

이런 공세에 힘입어 2007년 6월 쇼 가입자가 60만 명을 넘었는데, 20대가 가장 많았다. 초등학생이나 중학생들이 소풍을 가면 쇼 광고에 나온 것처럼 춤을 추고 노는 모습도 눈에 띄었다. 쇼 브랜드 책임자 KTF 홍석범 팀장은 "'쇼'는 본능"이라면서 다음과 같이 주장했다.

"인생이 쇼라고 생각지 않으세요? 지금 우리가 사는 현대사회는 늘 반복되는 단조로운 길이 아니라 다양한 길이 있다고 생각해요. 버라이어티쇼 같은 세상이죠. 그 속에서 현대인들은 티브이 쇼에 출연하지 않아도 자기가 자기만의 쇼에서 주인공이 되고 싶어해요. 보이고 싶고 보고 싶다는 욕망이 있는 거죠."[20]

2007년 7월 6일 쇼가 서비스 개시 4개월 만에 가입자 100만 명을 돌파했다(SK텔레콤 가입자는 40만 명). 가입자당 평균 매출액은 2세대(2Generation, 2G) 서비스보다 월 4354원 많은 월 4만3019원을 기록했다. 쇼의 가입자당 평균 무선데이터 이용량은 2G 서비스 이용자보다 9배가량 높은 것으로 나타났다. 이는 쇼 가입자 가운데 20대와 30대가 많아 고속 데이터전송 서비스를 많이 이용하기 때문인 것으로 분석됐다. 반면 KTF가 쇼 브랜드의 '셀링 포인트(selling point)'로 내세운 화상통화는 기대보다 사용이 저조해 전체 쇼 가입자 중 35.6퍼센트가 이용하고 있었다. 이는 화상통화가 주말부부나 연인 등 특정 가입자에 집중되기 때문인 것으로 분석됐다.[21]

휴대전화는 쇼핑문화도 바꾸기 시작했다. 휴대전화로 홈쇼핑 방송을 보다 버튼만 누르면 원하는 물품을 즉석에서 주문할 수 있게 된 것이다. CJ홈쇼핑은 2007년 3월 1일부터 TU미디어와 손잡고 세계 최초로 위성 DMB 기반 쇼핑채널을 열었다. 오후 2~10시 사이에 휴대전화로 홈쇼핑방송을 보면서 정보검색과 결제를 할 수 있는 서비스였다.

GS홈쇼핑은 이미 2006년 하반기 '모바일 GS이숍 4747' 서비스를 선보였다. 휴대전화로 인터넷 쇼핑몰 GS이숍의 모든 상품을 검색, 주문할 수 있으며, TV 홈쇼핑 생방송 상품과 지난 상품 주문도 가능했다. 2007년 3월 2일 '모바일 우리홈쇼핑 동영상 서비스'를 시작한 우리홈쇼핑은 SK텔레콤 무선인터넷을 통해 'TV 홈쇼핑 지난 방송 다시보기' 서비스와 인기 상품 동영상 쇼핑콘텐츠를 제공했다. 우리홈쇼핑 관계자는 "무선인터넷 요금이 내려가고 정액제가 도입되면 올해부터 모바일 쇼핑이 본격적으로 성장할 것"이라고 내다봤다.[22]

휴대전화의 음악시장 지배

2007년 3월 휴대전화는 음악시장의 판도마저 바꾸기 시작했다. 휴대전화가 음악시장에서 '발라드 강세'의 동력으로 작용한 것이다. 왜 그랬을까?

한국의 음악시장 규모는 2004년을 기점으로 온라인시장이 오프라인 음반시장을 누른 뒤 계속 격차가 벌어졌다. 2005년 온라인 음악시장의 규모는 2621억 원이었는데, 이 중 휴대전화 벨소리와 통화연결음시장은 연 2251억 원으로 전체 온라인 음악시장의 90퍼센트를 차지했다. 7000억 원대로 추정되는 불법 내려받기시장이 있지만 이 시장에서의 수익은 음악계로 돌아가지 못하기 때문에 결국 가수나 음원 권리자들이 수익을 올릴 수 있는 시장은 휴대전화시장이었다.[23]

그런데 벨소리나 통화연결음 음악은 30초, 60초로 구성되어 있어 전곡을 듣기 힘들다. 이러한 구조에서 유행하기 알맞은 음악이 발라드였다. 음원 공급업체 블루코드의 서혜식 이사는 "노래의 클라이맥스

■ 휴대폰 벨소리시장이 커지면서 W2P(Web to Phone, 웹에서 모바일 콘텐츠나 정보를 모바일로 전송) 마케팅이 등장하고 있다. '김연아 씽씽송을 받자!' 이벤트는 2회 모두 10시간 만에 마감되었다.

부분이 벨소리나 통화연결음에 사용되는데 발라드의 클라이맥스는 기승전결로 구성돼 차용하기가 쉽다"고 말했다. 또한 오프라인 음악은 듣고 즐기는 데 소비의 초점이 맞춰져 있었지만 휴대전화 벨소리나 미니홈피의 배경음악은 남에게 들려주고 나를 표현하는 수단으로 사용되는 경우가 많기 때문에 듣기 편한 발라드곡이 선호될 수밖에 없었다. 삼성경제연구원 수석연구원 고정민은 "소비자들은 시끄러운 음악을 벨소리나 통화연결음으로 정해놓으면 예의에 어긋난다는 생각을 많이 한다"며 "상대방이 잘 받아들일 수 있는 발라드로 '나를 표현하는' 경우가 많다"고 말했다.[24]

가요계 관계자는 "음악계에서는 이러한 대중의 성향을 파악하고 이를 확대재생산해서 발라드만을 만드는 시장구조로 가고 있다"고 말했다. 흐느끼는 듯한 창법의 'SG워너비' 음악이 한 번 큰 인기를 끌자 계속해서 이런 종류의 음악이 나오는 것도 같은 이유라는 것이다. 결국 '돈이 되는 음악'은 발라드고 시장은 발라드에 편중될 수밖에 없다는 지적이었다.[25]

한편 유료 음악사이트인 멜론(SK텔레콤)과 도시락(KTF)을 통해 디지털 음악시장을 장악한 통신회사들은 오프라인 음악시장까지 넘보기 시작했다. SK텔레콤은 음반제작·유통회사인 서울음반을 인수했고, 서울음반은 워너뮤직과 합작으로 WS엔터테인먼트를 세워 음악매니지먼트사업까지 진출했다. KT는 국내 음반·음원 유통시장 1위 업체인 CJ뮤직 등과 함께 100억 원대의 음악펀드를 조성했다. CJ뮤직은 2007년 1월 'SG워너비' '씨야' 등이 소속된 엠넷미디어와 합병한 상태였다.

이와 관련, 한겨레 2007년 9월 28일자는 "통신회사의 진출 이후 음악양식의 변화가 구체화하고 있다. 우선, 디지털시장 확장과 맞물려 디지털 싱글형태로 노래를 선보이는 방식이 점점 늘고 있다. 노래 멜로디 자체도 온라인 유통에 맞게 바뀌고 있다. 특히 후렴구의 경우 벨소리나 컬러링시간(40초 남짓)에 맞게 과거의 단순한 리듬의 반복이 아닌, 강약과 음의 높낮이 등을 다양화해 후렴구만으로 노래의 매력에 빠져들 수 있도록 만든 곡들이 크게 늘었다. 'SG워너비'가 이런 흐름으로 인기를 끈 뒤 '씨야' 'FT아일랜드' 등이 비슷한 노래를 잇달아 내놓은 것도 비슷한 맥락이다"라고 분석했다.[26]

JK김동욱과 윤도현 솔로1집 음반에서 작곡과 프로듀서를 담당했던 작곡가 김신일(35)은 "통신자본이 진출한 뒤 음악이 없어졌다"며 "오프라인 음반보다는 디지털, 특히 벨소리와 컬러링 등 모바일 소비가 늘고 있는 상황에서 제대로 된 노래를 만들 수 있는 싹이 꺾였다"고 개탄했다.[27]

'학교에 휴대전화 안 가져오기 결의대회'

2007년 4월 한국정보문화진흥원은 전국의 만 12세부터 40세까지 국민 1639명을 대상으로 '휴대전화 중독 원인분석' 설문조사를 실시한 결과, 음성통화를 하는 것보다 문자메시지를 주고받는 것이 휴대전화에 대한 의존성을 높여 중독성을 강하게 한다고 밝혔다. 따라서 '엄지족'이라고 불리는 청소년들과 대학생집단이 중독 정도가 심했고, 이들이 사용하는 문자무제한 정액요금제나 문자무료정액요금제 상품

들이 이 같은 중독성을 더욱 높인다고 진단했다.[28]

학생들의 휴대전화 중독이 수업에 큰 지장을 주자, 많은 학교들이 학생들이 휴대전화를 갖고 등교하는 걸 금지시켰다. 그러나 인권운동가들은 이에 반대했다. '청소년인권활동가 네트워크' 활동가 전누리는 "학습에 저해된다는 근거가 없고 설령 있어도 학생들의 동의도 없이 수업시간 이외에 학생들의 소통을 막는 것은 헌법적인 권리를 침해하는 것"이라고 말했다. 국가인권위원회는 2007년 2월 수원 청명고에서 교사가 학생의 휴대전화를 강제로 압수하고 휴대전화 문자메시지를 임의로 들여다본 행위에 대해 "헌법 제7조 사생활의 비밀과 자유 및 18조 통신의 자유를 침해한 사항"이라며 주의조처를 내렸다.

2007년 3월 30일 대전시내 149개 중 · 고교교장들은 '학교에 휴대전화 안 가져오기 결의대회'까지 열었다. 이어 휴대전화 대신 교내에서 쓸 수 있는 수신자부담 전화기를 설치하고 있는데, 이날 현재 80여 곳에 설치됐다. 대전 우송고 오원균(59) 교장은 "휴대전화는 학력신장에 저해가 되고 가정경제에도 도움이 안 되며 1명이 하루 50~100개의 문자를 날리면서 정서안정에 결코 도움이 안되기 때문에 학교 내 휴대전화 금지운동을 펴게 됐다"고 말했다. 경기도의 경우 도내 883개 중 · 고교 중 45.8퍼센트(중학교 53.3퍼센트, 고교 35.1퍼센트)인 404곳(중학교 275곳, 고교 129곳)이 교내에서 학생들의 휴대전화가 발견되면 압수하고 있는 것으로 나타났다.[29]

청소년 콜렉트콜 서비스 논란

부모들은 대부분 통신비부담을 최소화하려고 자녀들의 휴대전화를 정액요금제에 가입하게 했지만, 청소년들은 통화료를 수신자에게 부담시키는 콜렉트콜 서비스를 이용해 이동전화 정액요금제를 무력화시키는 수법을 쓰기 시작했다. 이동전화 통화료는 10초당 18~20원(표준요금 기준)인 데 비해, 휴대전화 콜렉트콜 통화료는 10초당 24원으로 업체별로 많게는 33퍼센트까지 비싸다. 통신비를 줄이자고 정액요금제에 가입시켰는데, 콜렉트콜 때문에 더 비싼 통화료를 무는 셈이다. 2007년 5월 현재 정액요금제에 가입한 청소년은 400여만 명이며, 콜렉트콜 매출은 연간 2000여억 원에 이르렀다.

이와 관련, 한겨레 2007년 5월 7일자는 "청소년들 사이에서 콜렉트콜 이용은 통화시간 상한규제를 피하는 '비법'으로 전수되고 있다. '외상전화 품앗이'까지 성행한다. 콜렉트콜을 받아준 횟수만큼, 상대 것도 받아주는 것이다. 중학교 3학년 정아무개양은 '누구에게 외상전화 몇 번 빚졌다고 메모해두는 애들도 있다'고 말했다. 대신 혹독한 대가를 치르는 경우도 있다"며 다음과 같이 말했다.

"엄청나게 나온 요금 때문에 부모와 자녀가 갈등을 하고, 그 결과로 자녀가 요금독촉 전화에 시달리는 사태까지 발생한다. 실제로 청소년들의 얘기를 들어보면, 부모가 요금납부를 거부하거나 요금을 내지 못해 이동전화 이용이 정지되는 경우도 많다. 그러나 이용이 정지된 상태에서도 콜렉트콜 사용은 가능해, 자녀 스스로 절제하지 않는 한 통화료는 계속 발생한다. 청소년들이 요금독촉 전화에 시달리는 경우도 발생한다. 요금이 연체되면, 이동통신업체들은 해당 이동전화번호로 전화를 걸어 요금납부를 독촉한다. 근무시간에 전화를 하다보니, 청소년들은 학교 수업시간이나 친구들 앞에서 요금독촉 전화를 받게 된다."[30]

청소년요금제의 음모?

2007년 6월 경기도 안양시 연현중학교 1, 2학년 학생 146명을 대상으로 한 조사에 따르면, 학생들의 휴대전화 요금사용 현황은 월 1~2만 원 16퍼센트, 2~3만 원 31퍼센트, 3~4만 원 21퍼센트, 4만 원 이상이 19퍼센트였다. 학생들은 42퍼센트가 초등학교 고학년 때, 58퍼센트가 중학교 입학 후에 휴대전화를 갖게 된 것으로 나타났다.[31]

한겨레 2007년 6월 21일자는 이동통신사들의 청소년요금제에 대한 의문을 제기했다. 이동통신업체들은 청소년용 요금제를 따로 만들어, 청소년들에게는 이동전화를 싸게 이용하게 해주었다. 월 정액요금으로 1만3000~2만6000원만 내면, 이동전화 문자메시지나 무선인터넷 등을 많게는 13만여 원어치까지 이용할 수 있게 했다. 실제로 SK텔레콤의 '팅문자프리미엄'이나 KTF의 '문자매니아' 요금제의 경우, 월 정액요금으로 2만6000여 원을 내면 문자메시지를 4000건까지 보낼 수 있었다. 청소년들은 이를 '공짜'로 인식해 다 쓰기 위해 노력하는데, 이 과정에서 자연스럽게 이동전화 다량 이용습관을 갖게 되었다.

이동통신업체들은 청소년요금제를 19살 이하 청소년만 가입할 수 있게 하면서, 성인이 되면 일반요금제로 바꾸도록 했다. 만 19살 생일이 되면 요금제를 바꾸라고 알려주고, 그 뒤 1년이 지나도록 바꾸지 않으면 강제로 표준요금제로 전환시켰다. 이때부터 기존습관을 버리지 못하면 엄청난 요금을 물 수밖에 없었다. 표준요금제로 전환된 뒤 이전 습관대로 이동전화를 이용하면, 월 13만 원 가까운 요금을 물 각오를 해야 했다. 정보통신정책연구원의 한 연구원은 "이동통신업체들이 문자메시지 요금을 내리지 않겠다고 버티는 것도, 청소년요금제를 통해 문자메시지를 월 수천 건씩 보내는 데 익숙해진 이용자들이 해마다 수십만 명씩 늘고 있는 상황과 무관하지 않아 보인다"고 분석했다.[32]

'네이버'와 '다음' 같은 포털사이트에 올라온 이 기사 밑에는 수백 건의 댓글이 달렸다. '바로 내 사례다' '요즘 이동전화 습관 바꾸기 위해 엄청 애쓰고 있다' '이동통신업체들에게 낚이지 않도록 조심하자' '청소년들에게 이동전화 요금을 싸게 해주면 칭찬을 해줘야지 웬 딴죽이냐' '청소년요금제의 요금을 올리란 말이냐' '한겨레가 이동전화 요금을 올리고 싶어 하는 이동통신 업체들에 낚였다' 등 내용도 다양했다.

이에 대해 기사를 쓴 김재섭은 "이동통신업체들의 전략에 딴죽을 걸 생각은 없었다. 단지 청소년요금제에 이런 '함정'이 있다는 것을 청소년 이동전화 이용자와, 자녀들의 이동전화 요금을 부담하는 부모들에게 알리고 싶었다. 댓글에도 있는 것처럼, 청소년요금제에 '낚일' 것인지 말 것인지, 함정을 치워달라고 이동통신업체 쪽에 요구할 것인지 등은 이용자의 몫이다"고 말했다.[33]

휴대전화의 세대격차

2007년 7월 서울YMCA 시민중계실이 전국 중·고등학생 780명을 면접조사한 '청소년들의 휴대전화 사용실태'에 따르면, 열 명 가운데 여덟 명 이상(84.9퍼센트)이 휴대전화를 쓰고 있으며 이들의 월 평균 휴대전화 요금은 3만8414원으로, 월 용돈으로 받는 3만1035원을 크게 웃도는 것으로 나타났다. 특히 중·고등학생들의 휴대전화 요금은 전체 가입자 평균치 3만8226원(2006년 기준)보다도 높았다. 중·고생들은 대부분 정액요금형태로 설계된 청소년요금제를 이용했는데도 월 요금이 3만8000원을 넘는 것은 콜렉트콜과 요금충전 서비스가 함께 제공되고 있기 때문이었다.

이번 조사에서 중·고등학생 가운데 31퍼센트가 콜렉트콜을 최대 10만 원어치까지, 43.1퍼센트가 정액요금을 다 쓴 뒤 추가로 최대 7만 원까지 충전해 사용해봤다고 응답했다. 또 문자메시지 이용량은 하루평균 92건을 넘는 것으로 조사됐는데, 표준요금제로 계산하면 문자메시지 이용료만도 8만2800원에 달했다. 서울YMCA 시민중계실 김희경 팀장은 "가정에서는 자녀에게 자신의 용돈으로 직접 자신이 사용한 휴대전화 요금을 내게 하고, 사회적으로는 '휴대전화 없는 학교'나 '휴대전화 안 쓰는 날' 같은 캠페인을 벌여 휴대전화를 용돈범위 안에서 사용하게 하는 습관을 갖게 해야 한다"고 지적했다.[34]

이런 상황에서 휴대전화 세계에서의 '세대격차'가 점점 더 벌어진 건 당연한 일이었다. 2007년 8월 KTF가 신규가입자 1000명을 대상으로 조사한 결과 '1318세대'로 불리는 13~18세 고객의 하루평균 문자메시지 발송건수는 90.1건으로 36~49세 고객(9.9건)의 9배에 이르렀다. 이에 반해 1318세대의 하루평균 음성통화 횟수는 5회로 36~49세(10.5회)의 절반에 그쳤다. 지금은 성인이 됐지만 '모바일 키드'로 어린 시절을 보낸 19~24세 고객들도 1318세대와 비슷한 휴대전화 이용행태를 보였다. 하루평균 음성통화는 5.5회밖에 되지 않았지만 문자메시지 발송은 평균 29.3건이었다. 그러나 30, 40대 '모바일 구세대'들은 휴대전화의 다양한 부가서비스에 큰 관심을 보이지 않았다.

SK텔레콤이 신규가입자 1000명을 대상으로 조사한 '휴대전화의 무선인터넷 서비스 이용실태' 자료에서도 세대별 특성이 뚜렷했다. 1318세대는 게임이나 바탕화면 내려받기 같은 오락적인 서비스를 많이 이용한 반면, 36~49세의 고객들은 무선인터넷으로 계좌이체나 송금 등 금융거래 서비스를 주로 이용했다. 모바일 키드에 포함되는 19~24세 고객들은 1318세대와 비슷한 성향을 보이면서도 특히 검색서비스 활용이 두드러졌다.[35]

'보이스피싱'의 진화

2006년 국내에 처음 나타나 2007년부터 본격화되기 시작한 보이스피싱은 날이 갈수록 그 수법이 진화했다. 처음엔 검찰과 경찰, 국세청 등 권력기관을 사칭해 세금과 보험료를 환급해주겠다며 접근하던 방식을 쓰다가, 한동안 자녀 납치·협박을 빙자한 사기가 기승을 부리더니, 이젠 철저한 역할분담으로 개인 신상정보를 대량으로 입수해 범행에 나섰다.

중국이나 대만 등 대부분 중국계 폭력조직으로 추정되는 범인들은 현지에 콜센터를 차려놓고 한국어에 익숙한 중국 동포나 현지유학생을 고용해 국내로 전화를 걸게 했다. 계좌개설이나 송금은 중국총책과 연계된 국내조직이 담당했다.

이들은 범행대상의 연락처, 주소 등 개인정보를 모두 알아낸 뒤 부모와 자녀에게 동시에 전화를 거는 수법을 썼다. 부모에게 거짓으로 녹음된 자녀의 목소리를 들려주면서 시간을 끄는 사이, 자녀에게는 수차례 전화를 걸어 전원을 끄게 만들거나 부모와의 통화를 방해했다. 설령 부모가 자녀와 통화를 시도해도 전원이 꺼져 있는 사실을 알게 되면 납치된 것으로 믿고 돈을 보낼 수밖에 없다는 심리를 악용한 것이다.

전문가들은 외국 범죄조직이 한국을 주된 표적으로 삼는 이유로 허술한 금융시스템을 지목했다. 여권만 있으면 외국인도 얼마든지 계좌를 개설할 수 있어, 이들이 위조여권을 대량으로 만들어 사기에 이용한다면 추적은 사실상 불가능했다. 국내 금융기관의 1일 1회 이체한도가 고액(최고 1000만 원)이라는 점도 범죄단체에겐 매력적이었다. 연락처와 집주소 등 상세한 개인정보가 이들에게 쉽게 흘러 들어갈 정도로 취약한 보안의식도 범죄를 부추겼다.[36]

2006년 6월부터 2007년 5월까지 1년 동안 발생한 보이스피싱 사건은 경찰신고 건수만으로 3648건에 이르렀다. 매일 10건씩 사기를 당한 셈이었다. 2007년 5월 28일 지방의 모 법원장이 "아들을 납치했다. 살리려면 돈 보내라"는 보이스피싱에 속아 모두 6000만 원을 사기당한 사건이 일어났다.

이 사건을 계기로 경찰이 특별단속에 돌입했지만, 보이스피싱 수법은 이후 경찰을 능가하는 수준의 진화를 거듭했다. 2007년 6월부터 보이스피싱에 대한 사람들의 경계가 강화되면서 국세청이나 카드회사, 검찰을 사칭하는 기존수법 대신 대학교 교직원이나 동문회, 종친회 등을 사칭한 갖가지 기상천외한 수법들이 등장했다.[37]

" '꽃뱀 콜렉트콜'에 10만 명 당했다"

신종 스팸전화도 기승을 부렸다. '060' 등의 전화정보 서비스가 스팸이라는 인식이 확산되자, '011' '010' 등 일반 전화번호가 발신번호에 찍히게 하는 수법이 사용된 것이다. 이런 스팸전화는 사람이 직접 거는 게 아니라 기계프로그램에 의해 자동적으로 걸리는데, 새로 등장한 유형으로는 '원 링(One-ring)'과 '콜백 URL SMS' 스팸이 있었다. 원 링은 휴대전화가 한두 번 울리다 끊기게 함으로써 부재자번호를 남기는 방식. 호기심에 전화하면 바로 서비스와 연결되거나, 연결번호를 알려주는 광고가 나왔다. 개인 휴대전화는 물론, 기업·가정에서도 이런 전화가 수없이 걸려왔다. 콜백 URL SMS는 문자메시지를 받고 확인버튼을 누르면 인터넷 사이트에 연결되는 서비스였다. 발신자번호를 조작하는 수법도 등장했다. '060'이나 '080' 대신, 일반전화번호나 국제전화번호가 발신자번호로 뜨게 하는 것이다. 이 때문에 수신자들이 의심 없이 전화를 받으면, 착신전환을 통해 음성광고와 연결되는 식이었다.[38]

비싼 통화료를 유발하는 국제전화 콜렉트콜 피해사례도 잇따랐다. 통신회사들은 해외 국제전화사업자들에게 콜렉트콜로 유발되는 통화료의 20퍼센트 정도를 수수료로 정산해주고 있어 이들과 결탁한 현지의 개인이나 사업자들이 무작위로 전화를 걸어 악의적으로 콜렉트콜 통화를 유인하는 것으로 알려졌다. 국제전화 콜렉트콜 요금은 분당 평균 1500원으로 일반국제전화 평균 송신요금(분당 650원)보다 배 이상 비쌌다. 통신업계 관계자는 "국제전화 콜렉트콜 전화는 국제전화 통화료가 비싸고 치안이 좋지 않은 중국, 필리핀 등에서 주로 송신되는 경우가 많다"며 "국제전화 콜렉트콜이 오면 받아야 할 전화인지를 반드시 확인해야 한다"고 당부했다.[39]

2007년 6월 경찰청 사이버테러대응센터는 국제전화 사기단 4개를 검거해 박모(47)씨를 사기 혐의로 구속하고 김모(33)씨 등 20명을 같은 혐의로 불구속입건했다. 적발된 사기조직 가운데 2개는 중국, 나머지는 각각 필리핀과 태국에 본거지를 두었다. 이들은 2005년 9월부터 올해 4월 말까지 중국 동포나 아르바이트를 원하는 국내 여성 수십 명을 고용, 중국, 필리핀 등지에서 합숙시키면서 한국 남성 10만여 명에게 수신자부담 국제전화를 걸도록 한 뒤 피해자들에 부과된 통화료 56억 원 중 25억 원을 수수료로 챙긴 혐의였다.

여성들은 상대 남성에게 자신의 사진이라며 미모의 여성사진을 보여 준 뒤 "곧 한국에 갈 테니 사귀자"며 콜렉트콜을 한 것으로 드러났다. 피해자들은 1분에 2000원 가량의 통화료가 부과된다는 사실을 모르고 전화를 받았다. 경찰청 사이버테러대응센터 팀장 이영필은 "LG데이콤이 피해자 민원이 제기된 지난해 12월 이후 여섯 달 이상 사태를 방치한 것은 기업윤리를 저버린 행위"라고 말했다."[40]

휴대전화 보조금 지급경쟁

2007년 5월 1일 정보통신부에 따르면, 2006년 3월 27일부터 휴대전화 보조금이 부분 합법화된 이후 2007년 3월 31일까지 이동통신 3사가 합법적으로 지급한 보조금은 총 1조286억 원으로 집계됐다. 이 기간의 휴대전화 보조금 지급 건수는 1069만6000건이었다. 건당 평균 9만6166원의 보조금이 지급된 셈이었다. 하지만 합법적 보조금에 판매촉진비(리베이트) 등 불법 보조금이 10만 원 정도 추가되는 시장현실을 고려하면 실제 보조금 규모는 2조 원에 이를 것으로 추정되었다.

회사별로는 SK텔레콤이 가장 많은 5915억 원의 보조금을 지출한 것으로 추산됐다. KTF는 2367억 원을, LG텔레콤은 1304억 원을 보조금으로 지급했다. KTF의 이동통신 상품을 재판매하는 KT의 보조금 규모는 700억 원이었다. 통신업계의 한 관계자는 "보조금은 당장은 소비자에게 이익처럼 보이지만 결국은 부담으로 돌아온다"며 "보조금지출이 많아질수록 요금인하 등 서비스개선의 여지가 줄어들기 때문"이라고 설명했다.[41]

그러나 언론엔 「5월엔 새 폰 장만 해볼까—보조금 혜택 커지고, 공짜폰 늘어나고」 등과 같은 기사가 자주 실리곤 했다. 2007년 5월 4일에 나온 기사 하나를 보자.

"이달 중 DMB 수신기능을 갖춘 3세대 휴대전화 단말기가 나오고 월말엔 단말기를 구입할 때 받는 보조금이 확대된다. 이에 따라 소비자들은 기능이 다양해진 단말기를 더 저렴하게 구입할 수 있게 될 전망이다 …… 오는 30일부터 휴대전화 보조금 지급이 확대된다. 이동통신 3사는 모두 기존보조금에 3만 원을 추가지급할 수 있도록 약관을 바꿨다. 현재 지급되는 보조금 최고액은 2세대 휴대전화의 경우 SK텔레콤 26만 원 KTF 30만 원 LG텔레콤 32만 원이며, 3세대는 SK텔레콤 35만 원 KTF 30만 원이다. 이동통신 3사는 추가보조금 3만 원 외에 보너스보조금을 얹어줄 계획이다. SK텔레콤과 LG텔레콤이 각각 5가지, KTF는 4가지 단말기를 보너스보조금 지급대상으로 잡아놓고 있다. 이에 따라 SK텔레콤의 'SCH-V940' 모델은 기존보조금 26만 원(최대)에 추가보조금 3만 원, 보너스보조금 3만 원 등 최대 32만 원까지 지급된다. LG텔레콤의 'LG-LB1700' 모델의 경우는 기존보조금 32만 원(최대)에 추가보조금 3만 원, 보너스보조금 5만 원 등 최대 40만 원까지 지급된다."[42]

"전화번호가 당신의 신분을 말해준다"

이런 보조금 지급경쟁은 휴대전화 번호의 대대적인 이동으로 나타났다. 2004년 1월 정부가 011, 016, 017, 018, 019 등 다양한 식별번호를 사용하는 데 따른 불편 등을 없애기 위해 010 단일체계로 전환을 시도한 것에 본격적인 발동이 걸린 것이다.

011은 우리나라에서 최초로 이동통신사업을 한 한국이동통신(SK텔레콤의 전신) 시절부터 독점적으로 사용해왔다. 휴대전화번호가 신분의 상징처럼 통하던 때가 있었다. 011, 016, 019 등 이동통신사별로 고유한 번호 가운데 단연 '011'이 최고의 번호였다. 011은 '1번' '최초'라는 이미지와 더불어 통화품질이 제일 좋았기 때문에 휴대전화 사용자에게 가장 많은 인기를 끌었다. 이 번호를 독점사용하던 SK텔레콤은 광고문구에서 '스피드 011' '전화번호가 당신의 신분을 말해준다'는 식으로 번호마케팅을 펼쳐 톡톡히 재미를 봤다.

후발사업자들은 시장점유율이 50퍼센트를 넘는 SK텔레콤에 대항하기 위해 "이미지가 좋은 011 번호를 한 회사가 독점하는 것은 부당하다"고 주장했다. 011 번호를 다 같이 사용하든지, 아니면 아예 011을 없애고 새로운 번호를 만들자고 규제기관인 정통부에 줄기차게 요구했다. 정통부는 이동통신시장에 경쟁체제를 갖추기 위해 후발사업자의 요구를 받아들였다. 그래서 011을 KTF와 LG텔레콤도 쓸 수 있게 한 번호이동제와 신규번호인 '010'이 탄생했다. 평소 이리저리 서비스 회사를 옮겨다니는 '철새' 가입자들은 신이 났다. 업체들은 신규 고객을 붙잡기 위해 새 휴대전화를 거의 공짜나 다름없는 가격에 제공하는 등 파격적인 혜택을 주었기 때문이다.[43]

번호이동제가 도입된 이후, 2007년 2월 2만2594명에 불과하던 하루평균 번호이동자 수는 3월 30일 6만253명, 5월 4일 5만6349명으로 늘었으며, 7일에는 제도도입 후 최고치인 8만7363명을 기록했다. 이에 대해 경향신문 2007년 5월 10일자는 "이 같은 이통시장 과열현상은 지난 1분기에 KTF 등 이통 3사가 화상통화 등이 가능한 광대역 부호분할 다중접속(WCDMA) 서비스 등을 실시하며 경쟁적으로 마케팅비용을 과다하게 지출하면서 비롯된 것이다"며 다음과 같이 말했다.

"이 과정에서 일부 대리점이 합법적인 보조금 이외에 추가로 보조금을 지급하는 등 시장을 혼탁하게 만들었다는 지적이다. 실제 합법 보조금을 합쳐 최소 40만 원은 들여야 번호이동 가입자 한 명을 유치할 수 있는 것으로 알려졌다. 특히 새 휴대전화 단말기에 대한 보조금

지급이 기존가입자보다는 일부 번호이동 가입자나 010 신규 가입자에게만 돌아가는 불합리가 되풀이되고 있다는 비판이 높다."[44]

2007년 5월말 휴대전화 통합 식별번호 '010' 사용자는 1995만 9655명으로 전체 휴대전화 가입자(4182만977명)의 47.7퍼센트를 차지했다.[45] 8월엔 전체 휴대전화 가입자의 절반을 넘어섰다.[46]

세계 최고의 통신비를 쓰는 나라

2007년 5월 보조금 논란과 더불어 과도하게 높은 이동전화 요금이 국민의 통신비 부담을 키우고 있다는 불만이 강하게 일면서 휴대전화 요금인하문제가 사회적 쟁점으로 떠올랐다. 한 해 가계 유·무선통신비 지출이 30조 원에 이른 가운데 전국의 2인 이상 1500만 가구가 연 200만 원의 통신비를, 4인의 평균적인 도시근로자 가구는 한해 300~400만 원의 통신비를 부담하며 생활하고 있으며, 특히 가입자 4000만 명을 넘은 이동통신은, 유선전화와 인터넷을 포함한 전체 통신비의 3분의 2를 차지해 가계부담에 가장 큰 몫을 차지하고 있다는 게 그 배경이었다.

서울YMCA 시민중계실은 폭리 수준의 문자메시지 이용료, 받지 말아야 할 것을 계속 받고 있는 가입비와 발신자 전화번호표시(CID) 서비스이용료, 지나치게 많이 받아 음성통화와 문자메시지를 아껴 이용해도 높은 요금을 물게 만드는 기본료를 '통신비 부담을 키우는 4대 괴물'로 꼽아, 이를 척결하자는 소비자 행동운동을 벌였다.

시민중계실 김희경 팀장은 "이동통신업체들의 지난해 영업보고서를 보면 요금인하 여력은 충분하다"며 "이동전화 요금 가운데 원가가 없는 것은 빼면서 기본료는 절반 밑으로 줄이고, 문자메시지 이용료는 건당 30원에서 10원 밑으로 낮추는 형태의 거품제거만으로도 국민의 통신비부담을 20퍼센트, 금액으로 환산하면 연간 4조 원가량을 덜 수 있다"고 주장했다.[47]

반면 이동통신사들은 2007년 초 무선인터넷 요금을 20~30퍼센트 인하했고, 3월에는 영상통화 요금을 70퍼센트 이상 내렸으며, 우리나라 문자메시지 요금은 명목환율(은행이 고시하는 환율) 적용 시 OECD 30개 회원국 중 가장 낮으며, 한국의 연간 휴대전화 요금은 OECD 평균인 556달러의 76퍼센트 선인 422달러에 그쳐, 30개국 중 8번째로 저렴하다는 점 등을 강조했다.[48]

그러나 2007년 6월 홍콩 통신청에 따르면 미국, 영국, 일본 등 8개국 가운데 한국이 실질소득대비 가장 많은 휴대전화 요금을 지출한 것으로 나타났다. 이에 중앙일보는 "통신업체도 생각을 바꿀 때가 됐다. 지난해 단말기를 바꿀 때 지급한 보조금이 1조원을 넘었다. 1년이 멀다하고 휴대전화를 갈아치우는 데 돈을 대는 것보다는 기존가입자의 요금부담을 덜어주는 게 시급한 일 아닌가. 별로 쓰지 않거나 설익은 서비스의 요금을 내리며 생색을 낼 게 아니라 한해 3조 원 이상 걷는 기본요금이나 문자메시지처럼 핵심적인 요금을 낮춰야 할 것이다"라고 주장했다.[49]

2007년 7월 정부와 이동통신사들이 그간 국제 비교자료로 활용해온 OECD의 통계치가, 한국의 경우 SK텔레콤의 청소년요금제를 근거로 삼았다는 게 밝혀졌다. 녹색소비자연대 정책위원 전응휘는 "정통

부와 SK텔레콤이 휴대전화 소비자, 국회, 대통령을 상대로 거짓말을 해왔다"고 비판했다.[50]

'모바일 카드'와 '모바일 화보'

2007년 휴대전화 속에 신용카드가 들어간 '모바일 카드' 사용이 성숙단계에 접어들었다. 모바일 결제 서비스가 가능한 휴대전화 단말기는 1000만 대 넘게 보급되었으며, 모바일 결제 매장도 2007년 4월말 7만여 개로 늘어났다. 모바일 카드결제 서비스에 앞서 이동통신 3사는 금융결제와 교통카드결제 서비스를 도입했다. 2003년 국민은행과 함께 모바일 뱅킹 서비스 '뱅크온(BankON)'을 시작한 LG텔레콤은 2007년 5월 현재 17개 은행과 제휴해 뱅킹 서비스를 제공했으며, KTF도 국민은행 등 17개 은행과 제휴해 '케이 뱅크(K-bank)' 서비스를 제공했다.[51]

'모바일 카드' 이상으로 인기를 누린 건 연예인들의 '모바일 화보'였다. 대개 화보의 순제작비는 3000만 원 내외였는데, 이동통신사는 '정보이용료의 10~20퍼센트 플러스 통화료'를 챙기고, 나머지 금액은 제작사가 갖는 게 일반적인 방식이었다. 연예인들은 대체로 러닝 개런티(흥행수입에 따라 받는 금액) 없이 선급금만 받는데, 보통 모델료는 3000만~1억 원 선이었다. 거의 매주 인터넷에는 'OO 모바일 화보집 출시' 등의 뉴스가 새롭게 떴으며, 이동통신 3사의 모바일 화보집 매출액은 최소 160억 원 이상 규모로 추산되었다. 김천홍은 "모바일 화보집의 '핵심'은 노출이다"며 다음과 같이 말했다.

"대놓고 보여주느냐, 슬쩍 가려서 보여주느냐의 차이일 뿐 모바일 화보집은 얼마나 관음증을 자극하느냐에 성패가 달려 있다 해도 과언이 아니다. 그렇다보니 화보촬영과정에서 노출의 수위를 두고 실랑이를 벌이는 건 다반사고, 일부 홍보사는 화보집의 콘셉트 자체를 '섹시' 로만 과대포장해 이를 두고 송사가 벌어지기도 했다. '베이비복스' 와 '샤크라' 는 사전합의 없이 자신들의 화보를 '성인용' 이라고 홍보한 업체에 소송을 제기했고, 베이비복스는 승소판결을 받았다. 또 지난해 자신의 싱글앨범 발매와 함께 세미누드 화보집을 냈던 미나도 '다시는 화보집 촬영을 하지 않겠다' 며 불편한 심기를 드러내기도 했다. 홍보사측이 노출수위가 높은 NG컷을 고의적으로 배포, 마치 올 누드 화보집인 것처럼 홍보해 이미지가 실추됐다는 이유에서였다."[52]

'여선배의 자취방 황홀한 방문기'

이동통신사들은 화보집에서 한 걸음 더 나아가 청소년들의 성적 호기심을 유발하는 선정성 무선인터넷 콘텐츠 서비스를 제공해 '타락폰' 이라는 비난을 받았다. 이동통신 3사는 모두 각 사가 운영하는 무선인터넷 서비스를 통해 선정성 높은 제목의 콘텐츠를 제공했다. 이들의 무선인터넷 서비스는 별도의 성인인증 절차를 거치지 않고 초기화면 일반메뉴에서 직접 음란성 콘텐츠에 접촉할 수 있어 청소년은 물론 초등학생들에게도 무방비로 노출되었다.

한국일보 2007년 6월 8일자는 "이통사들이 이런 서비스에 나선 것은 주로 청소년들이 이용하는 무선인터넷 서비스를 통해 적지 않은 수입을 올릴 수 있기 때문이다. 현재 무선인터넷을 통해 사진을 내려받기 위해서는 장 당 평균 425원(통화료 300원+정보이용료 125원)을 내야 한다"며 다음과 같이 말했다.

"SK텔레콤의 경우 무선인터넷 '네이트'에 접속해 전체메뉴의 '재미'를 거쳐 '포토'에 접속하면 〈여선배의 자취방 황홀한 방문기〉에서부터 〈여탕 수면실 훔쳐보기〉〈캐디 비밀부업현장〉 등 낯뜨거운 제목들로만 구성된 세부콘텐츠를 확인할 수 있다. 각 콘텐츠에는 비키니와 속옷을 입은 모델들의 사진이 포함돼 있다. KTF의 무선인터넷 '매직엔(MagicN)' 역시 노골적인 성적 표현들로 이뤄진 게시물들이 즐비하다. 무선인터넷에 접속, 영상메뉴의 화보를 클릭하면 〈파격 이미지 잠자리 공개〉〈누워 있는 걸 위에서 바로〉〈가정교사 요염한 포즈〉 등 농도 짙은 콘텐츠들이 자리하고 있다. 이들 콘텐츠에도 속살이 훤히 드러나 보이는 비키니 차림의 여성들 사진으로 가득하다. LG텔레콤의 무선인터넷 '이지아이(ez-i)'에도 자극적 제목의 내용물들이 담겨져 있다. 이지아이에 접속한 다음 '포토미팅'으로 들어가면 〈열대성 은밀한 여행〉〈뜨거운 햇살 당당한 몸매〉〈아찔한 그녀들의 휴가〉 등의 콘텐츠들이 포함돼 있다."[53]

"오빠, 왜 연락 안 해?"

전통적인 음성서비스가 '화보'나 '포토서비스'에 일방적으로 눌릴 수는 없는 일이었다. 음성서비스도 한 단계 업그레이드되었다. 2007년 5월 김현식은 "울리는 휴대폰 벨소리. 글 쓰던 중이라, 무심코

전화를 받았다. 여보세요 하기도 전에, 쏜살같이 퍼부어지는 말. '아무런 부담 없이 친구가 돼줄 수 있는 분, 연락주세요.' 그리곤 뚜뚜뚜. 녹음은 아니었다. 앳된 목소리가, 나름의 분위기를 풍기며 실제로 전화한 것이었다"며 다음과 같이 말했다.

"번호를 보았다. 060-603-XXXX. 풋~ 웃음이 돌았다. 가끔 이메일로, 문자로 와 닿던 '그녀.' '오빠. 왜 연락 안 해?' '오빠. 나 잊었어?' 등등. 가끔은 오빠(나?)때문에 '온몸이 뜨거워' 진다던 060의 '그녀'가 이번에는 확실히 업그레이드된 것이다. 살아 있는 목소리로, 세련된 매너로. 전화해보고 싶었으나(순수한 실험정신으로!), 그만두었다. 내 전화번호 찍혀, 두고두고 '그녀'에게 시달릴까봐. 하지만 여전히 궁금했다. 누군가 정말 '그녀'에게 전화할까. 전화하면, 정말 '그녀'와 부담 없는 친구가 될까. 막상 전화하면 '그녀'는 옷 벗고 싶다는 둥, 온몸이 뜨겁다는 둥, 애욕의 도가니로 끌고 갈지도 모른다. 중요한 건 '외로움'이 장사의 실마리라는 사실이다. 서글픈 현실. 친구, 대화, 공유, 공감, 소통. 이런 것들이 판매될 정도로, 우린 고립되어 홀로 있는 것이다."[54]

돈 때문에 고립되어 홀로 있는 사람들 사이에선 휴대전화 소액결제를 이용한 불법대출, 속칭 '휴대폰 결제깡'이 급속히 확산되었다. 이는 휴대전화로 구입한 물건의 대금을 결제할 수 있다는 점을 악용해 대출을 원하는 사람이 물건을 산 것처럼 대금을 결제하면 이중 40퍼센트 정도를 이자, 수수료 명목으로 떼고 나머지만 현금으로 입금해주는 불법대출이었다. 이 방식으로 돈을 빌리면 대출자는 연간 480퍼센트의 높은 이자를 부담하는 셈이 된다. 이에 재정경제부와 정보통신부는

2007년 6월 28일 검찰, 경찰 등 관계기관과 함께 휴대전화 불법대출 행위를 적극단속할 방침이라고 밝혔다.[55] 물론 단속하나마나라는 게 곧 드러나지만 말이다.

휴대전화가 가정·음주·연애에 미친 영향

2007년 9월 정보통신정책연구원이 실시한 설문조사는 휴대전화가 가정 내에서 만들어낸 변화를 단적으로 보여주었다. 이 조사에서 응답자의 58.5퍼센트가 휴대전화 사용으로 인해 전화통화를 하는 장소가 거실에서 방으로 옮겨갔다고 응답했다. 이에 대해 정보통신정책연구원 배명훈은 "거실이 집안의 광장이고 가족들의 감시의 시선이 느껴지는 공간이라면, 여성들이 전화통화를 하기 위해 방으로 들어가기 시작했다는 것은 집안에서 일어나는 소소한 저항의 단면이다"며 다음과 같이 말했다.

"그동안 각 가정에서 어떤 미묘한 실랑이가 오갔는지를 떠올리기는 어렵지 않다. 용건만 간단히 하라는 핀잔이나, 전화요금 총액을 통해 가족구성원의 통화습관이 노출되는 문제로부터 벗어나 나에게 할당된 하나의 회선, 그것을 장악함으로써 날아다니는 자동차가 줄 수도 있었던 자유를 대신 얻어내려는 사람들이 생겨난 것이다…… 조사 결과 여성의 경우 휴대전화를 통한 전화통화의 40퍼센트가 배우자와 자녀에 집중되어 있으며 나머지 중 28.8퍼센트가 동성친구와의 전화통화로 나타났다. 반면 부모님, 친지, 회사동료 등 유선전화시대의 주요 통화대상이었던 층은 새 네트워크에서 벗어난 것으로 조사되었다. 멀리 떨어져 있는 사람과의 대화를 위해서가 아니라 늘 가까이에서 일상적으로 대화를 나누던 사람과의 대화를 위해 휴대전화를 사용하기 시작한 것이다. 유선전화시대의 사고방식으로 보자면 그저 낭비로 밖에 안 보일 변화이지만, 어쩌면 이 변화야말로 여성들의 삶을 근본적으로 변화시키는 과정일지도 모른다."[56]

휴대전화는 남성의 음주문화에도 변화를 가져왔다. 2007년 10월 문학평론가 하응백의 경험담에 따르면, "얼마 전 친했던 친구 한 명과 오랜만에 만나 초저녁부터 술잔을 기울였다. 한때 이백의 '산중대작'이나 정철의 '장진주사'를 읊조려가며 거나하게 대취해본 적이 있는 친군데 그날따라 도무지 둘 다 상대방에게 그리고 술에 집중이 되질 않았다. 그놈의 휴대폰 때문이다. 그 친구나 나에게 그날따라 웬 전화가 그렇게 자주 오는지 '자, 한 잔 들지' 하는 순간에 친구의 휴대폰이 울리고, 안주 좀 집어먹으려 하면 내 휴대폰이 떠들고, 또 한 잔 하자고 하면 이제 둘 다 휴대폰이 시끄럽게 울려 각자 다른 사람과 떠들어댔다. 그러다가 소주 두어 병이 비워진 다음에야 우리는, 하잘것없는 것에 매달리고 집착하며 살아가는 우리 자신의 초상을 보았음을 깨달았다. 그 다음은? 서로 휴대폰 끄고 대취했다."[57]

휴대전화는 연애에도 영향을 미쳤다. 2007년 12월 김찬호는 "연애에 돌입하면 휴대전화의 가치는 절대적이 된다. 연애기간 중 휴대전화를 분실해 며칠간 통화가 되지 않는다면 관계가 위기로 치달을 수 있다. 그만큼 연애에는 긴밀하고 빈번한 소통이 필요하다. 워낙 연애라는 것이 마음의 나눔이고, 메시지가 그 안에 넘쳐나게 마련이다. 예전에 무선전화기에 붙어 있던 문구 '용건만 간단히'는 이제 옛말이 됐다"며 다음과 같이 말했다.

"휴대전화에 관한 대학생들의 경험을 조사하면서 다음과 같은 글을 받은 적이 있다. '나는 현재 여자친구와 사귀기 전에 딱 두 번 만났다. 그것도 장시간 만난 게 아니라 밥 한 끼 먹었을 뿐이다. 하지만 문자메시지는 2000통 넘게 주고받았다.' 10년 전만 해도 상상하기 힘든 인간관계다."[58]

"핸드폰으로 오가는 말 절반은 거짓일 것"

2007년 12월 13일 KTF는 상대방의 얼굴을 보면서 통화할 수 있는 3세대(3G) 이동통신 서비스의 국내 누적 가입자가 290만 명, SK텔레콤은 220만 명이라고 밝혔다. 두 회사의 3G 이동통신 가입자 수를 합치면 모두 510만 명에 이른다. 올해 3월 33만여 명에 불과하던 가입자 수가 빠르게 증가해 9개월 만에 전체 이동통신 가입자 8명당 1명꼴로 늘어난 셈이다. SK텔레콤과 KTF에 따르면 화상전화를 직접 사용한 경험을 가지고 있는 가입자는 500만 명 가운데 30퍼센트 가량인 150만 명에 이른다.[59]

반면 2001년 49만9500대에 이르렀던 공중전화가 6년만인 2007년 20여만 대로 쪼그라들었다. 2001년 3406억 원 규모의 매출액도 5년 만에 784억 원, 20퍼센트 남짓한 수준으로 폭락했다. 1년에 한 차례라도 공중전화를 사용하는 사람이 전체 인구의 절반이 되지 않았다. 무인 공중전화 통화료는 1962년 5원을 시작으로, 1977년 10원, 1981년 20원, 1992년 30원, 1994년 40원, 1997년 50원, 2002년 70원으로 인상됐지만,

■ 류전원의 소설 『핸드폰』은 중국에서 2003년에 발간되자마자 한 달 만에 22만 부가 팔리는 공전의 기록을 세웠고, 영화 제작으로도 이어져 최고 흥행기록을 경신했다.

2006년 적자액만 507억 원을 기록해 공중전화사업을 담당하는 KT를 골치 아프게 만들었다. KT 관계자는 "시내통화 기준으로 3분에 70원인 우리나라 공중전화 요금은 외국 평균대비 24퍼센트 수준"이라며 "외국보다 공중전화 요금이 낮은 우리 상황에선 다른 자구책을 마련하기가 어렵다"고 말했다.[60]

화상전화건 공중전화건 전화는 말을 주고받기 위한 것이다. 휴대전화로 인해 폭증한 말, 다변(多辯)으로 인해 우리는 얼마나 소통을 더

잘하게 되었을까? 이와 관련, 2007년 11월 장편소설 『핸드폰』 한국어 판을 낸 중국작가 류전윈(劉震雲)은 아프리카 문학페스티벌이 열린 전북 전주를 방문해 의미심장한 말을 남겼다.

2003년에 나온 소설 『핸드폰』은 중국에서 출간 한 달 사이에 22만 부, 총 80만 부가 팔렸다. 영화로도 만들어져 역시 공전의 흥행기록을 세웠다. 소설을 읽고 영화를 본 이들이 소설과 비슷하게 핸드폰을 계기로 이혼하는 일도 많아져 일종의 '사회문제'가 되기도 했다. 류전윈은 웃으면서 "한국에서는 내 소설 때문에 가정이 파괴되는 일은 절대로 없었으면 좋겠다"며 다음과 같이 말했다.

"이번 소설 『핸드폰』은 말의 효용과 무가치성의 문제를 다룬 작품입니다. 역사 이래 핸드폰만큼 사람 사이의 거리를 가깝게 해준 것도 없었죠. 핸드폰은 사람들의 관계에 변화를 일으키고 새로운 관계를 만들어냅니다. 그런데 핸드폰을 매개로 오고가는 말이 다 진실은 아닙니다. 그 가운데 절반은 거짓말일 겁니다. 예전 농업사회에서는 사람이 하루에 열 마디의 말도 하기 어려웠습니다. 지금은 하루에 4000마디도 넘게 말한다고 하는데, 그 중에서 진실은 단 한마디고 나머지 3999마디는 쓸데없는 말이지 않을까 싶어요. 핸드폰이 이렇게 갈수록 거짓말의 수단이 되고 있는 세태를 소설로 비판하고자 했습니다."[61]

그는 그런 언어현실에 대해 "문득 모골이 송연해지는 공포감을 느꼈고 이러한 공포감을 소설로 써내고자 했던 것"이라고 했지만,[62] 대부분의 사람들은 기존현실로부터 멀어지는 것에 더 강한 공포감을 갖고 있다고 보아야 하지 않을까? 과연 휴대전화로 오가는 말의 절반은 거짓일까? 혹 그건 참과 거짓으로 나눌 수 없는 성격의 말은 아닐까? 중요한 건 말의 내용이 아니라, 자신이 누군가와 말을 주고받음으로써 세상과의 끈을 계속 유지하고 있으며, 따라서 자신은 안온하다는 느낌이 아닐까? 세계 최고의 통신비를 쓰면서 '국민 1인당 휴대전화 2대' 시대로 질주해가는 한국에서 한 번쯤 깊이 생각해볼 만한 물음일 것이다.

제12장

2008~2009년

'1인당 휴대전화 2대'
시대로 가는가?

전
화
의

역
사

휴대전화 상술의 진화

휴대전화 상술은 날이 갈수록 진화했다. 특히 10대를 겨냥한 상술이 돋보였다. 한겨레 2008년 1월 12일자는 "중학교 3학년인 김아무개 양은 최근 '슈퍼주니어'에게 건당 300원의 정보이용료가 붙는 문자메시지를 보냈다. 좋아하는 연예인으로부터 직접 답장을 받을 수 있다는 '유에프오타운 서비스'에 끌린 탓이다. '소녀시대' '빅뱅' '원더걸스' 등 요즘 인기 있는 가수들 팬카페 게시판에는 유에프오문자를 계속 보내다 요금이 많이 나왔다는 글을 쉽게 찾을 수 있다"며 다음과 같이 말했다.

"연예인을 좋아하는 청소년들이 일반요금의 10배가 넘는 휴대전화 부가서비스에 무방비로 노출돼 있다. 모바일 결제업체인 다날이 지난해부터 선보인 '유에프오타운' 서비스는 방송국에서 많이 이용하는 '엠오기술'을 활용한 것이다. 엠오(Mobile Originate, MO)란, 웹이나 휴대전화에서 특정번호로 문자를 보내면 중간시스템이 이를 분류해 상대방에게 전달하고 다시 답장을 전달해주는 것이다. 이용료는 건당 300원(포토메시지는 500원)으로, 현재 이동통신사 문자메시지 요금 20원보다 훨씬 비싸다. 또 문자정액제 가입자라도 따로 요금을 내야 한다. 다날의 유에프오타운 서비스에서 발생하는 수익은 다날과 엠오사업자, 이동통신사, 연예기획사가 나눠 갖는다. 다날의 서비스를 통해서만 요즘 하루평균 4만 건 이상의 문자가 스타들에게 보내진다. 하지만 실제로 답장을 받기란 쉽지 않다. 다날 관계자는 "한가한 연예인은 많게는 하루 400개, 바쁜 연예인은 10개 내외로 답장을 보낸다"고 말했다.

또 이 기사는 "각종 연예인 시상제도도 청소년들의 주머니를 노린다. 시상식 대부분이 유료 모바일투표를 활용하고 실시간 순위를 공개하며 팬들 간의 치열한 투표전을 유도한다. 중복투표가 가능해 여러 번 투표하는 청소년들도 허다하다"며 다음과 같이 말했다.

"스포츠서울 주최로 열리는 '서울가요대상'은 약 한 달간 유료 모바일 투표(건당 300원, 무선데이터 요금별도)나 자동전화 응답(30초당 200원, 부가세별도)으로 인기투표를 해 심사에 반영한다. 모바일 투표는 휴대전화에서 '윙크번호(무선인터넷 접속 전용번호)'를 누른 뒤 무선인터넷 버튼을 눌러 폰페이지에 접속해 참여하게 한다. 앞서 지난해 연말 일간스포츠와 한국음악산업협회가 주최한 '2007 골든디스크' 시상식의 인기투표에서도, 건당 500원씩 이용료를 매긴 모바일 투표와 30초당 300원짜리 자동전화 응답이 활용됐다. 당시 투표를 한 정아무개양(17)은 '하루 10회 제한이 있긴 했지만 여러 번 했다'며 '표를 돈 주고 산 느낌'이라고 말했다."[1]

"성매매주부 '전화방서 만난 966명' 모두 조사"

성인대상의 전화방도 진화의 속도가 빨랐다. 영화 〈미녀는 괴로워〉(김용화, 2006)에서 주인공(김아중)의 직업을 야한 사연을 받는 '전화상담원'으로 내세울 정도로 전화방 서비스가 널리 퍼졌다. 전화방 이외에도 휴게텔, 휴면텔, 휴게실 등의 간판을 내걸었으며, 일부 전화방은 단속을 피하기 위해 ARS까지 도입했다.[2]

2008년 2월 4일 경기 안산 상록경찰서는 전화방을 통해 성매매를 한 ㅁ씨(40)를 성매매알선 등 행위의 처벌에 관한 법률위반혐의로 불구속입건했는데, ㅁ씨의 휴대전화에 966명의 연락처가 입력된 것을 발견하고 '상대한 남성들 번호'라는 진술을 받아내 세상을 깜짝 놀라게 만들었다.

경향신문 2008년 2월 5일자에 따르면, "휴대전화에는 '안경낌, 머리짧음, 재수없음' 등 ㅁ씨만이 알 수 있는 상대 남성의 신체적 특성, 성격과 '5, 7, 10' 등 만 원 단위의 성매매액수까지 저장돼 있었다. 경찰은 최근 보름여 동안 290여 명의 상대 남성을 불러 조사했으며 이들 모두 혐의를 인정해 성매매혐의로 입건했다. 경찰 관계자는 'ㅁ씨가 성매매한 상대남성들이 900명이 넘어 조사과정에서도 놀랐다' 면서 '아직 조사하지 못한 나머지 670여 명도 혐의를 밝힌 뒤 모두 형사입건할 방침' 이라고 말했다. 경찰 조사결과 ㅁ씨는 지난해 1월부터 안산, 안양, 군포, 시흥일대 30여 곳의 전화방에 자신의 연락처를 알려준 뒤 전화방을 찾아온 남성회원이 연락하면 인근 모텔 등에서 성관계를 맺은 것으로 확인됐다. ㅁ씨는 '성격이 좋지 않아 다시 만나기 싫은 남성들이 연락할 것에 대비해 연락처와 금액을 남겨놨다' 고 경찰에서 진술했다. 대학생과 고교생 등 자녀 2명을 둔 ㅁ씨는 처음에는 학비 등 자녀교육비를 마련하기 위해 성매매에 나섰다가 나중에는 생활비까지 충당한 것으로 밝혀졌다."[3]

이 사건이 새로운 사업가능성을 시사했던 걸까? 중앙일보 2009년 5월 19일자는 "2005년부터 경남 창원, 진주, 김해지역에서 '전화방' 을 찾은 남성과 '폰팅' 을 하며 성매매를 해 온 김모(38)씨. 김씨는 올 초 내연관계이던 박모(51)씨와 짜고 성매수 남성을 협박해 돈을 뜯기로 했다" 며 다음과 같이 보도했다.

"김씨는 그동안 '고객관리' 차원에서 성관계를 한 남성의 전화번호를 대부분 기록해왔다. 팁을 잘 주면 전화번호 뒤에 '매너남' , 돈을 잘 안 주면 '나쁜×' 등으로 표시를 했다. 2월 초 한 명의 남성을 골라 '전화방을 통해 성매매를 한 아가씨인데 경찰단속에 걸렸다. 경찰에서 수첩을 갖고 오라고 한다. 돈을 보내주면 이름을 삭제해주겠다' 고 협박했다. 이 남성은 곧바로 60만 원을 입금했다. 김씨를 승용차로 성매매장소까지 실어준 박씨는 휴대전화, 통장을 개설해주고 김씨가 뜯은 돈의 40퍼센트를 받아 챙겼다. 김씨는 남성들이 돈을 보내지 않으면 다시 문자메시지로 협박했다. '아저씨, 뜻이 없는 걸로 알고 임의대로 할게요. 경찰에 나갈 준비합니다. 마지막 기회입니다.' 거의 하루에 한 명에게 전화하고 휴대전화 메시지를 보냈다. 이렇게 해서 110명이 적게는 10만 원, 많게는 150만 원씩 3200여만 원을 송금했다."[4]

이에 질세라 인터넷 채팅을 통한 음란폰팅도 갈수록 기승을 부렸다. 경향신문 2009년 5월 7일자는 "지난해 8월 인터넷 채팅 중 자신에게 쪽지를 보내온 여성이 전화번호를 알려주자 호기심에 별 걱정 없이 통화한 김모씨. 몇 달 뒤 김모씨에게 무려 900만 원의 인터넷 전화정보 이용료 청구서가 날아왔다"며 다음과 같이 보도했다.

"전북 군산경찰서는 6일 이런 방법으로 수백억 원의 정보이용료를 뜯은 이모씨(31)를 상습사기혐의로 구속하고 김모씨(31) 등 17명을 불구속 입건했다. 이들은 인터넷 채팅 사이트에 접속한 남성을 음란폰팅으로 끌어들인 뒤 정보이용료가 없는 것처럼 속여 무려 230억 원 상당의 이용료를 챙긴 혐의를 받고 있다. 수법은 교묘했다. 30초당 700원의 정보이용료가 부과되는 '음란폰팅'이 아닌 것처럼 속이기 위해 '060-8××-××××'와 같이 번호를 끊거나, 번호 앞에 발신번호 표시 제한 기능인 '*23#'이나 '169'를 덧붙여 전화를 걸도록 했다. 또 정보이용료가 부과된다는 안내멘트가 나오지 않도록 유도했다. 이들은 남성홍보원을 고용해 인터넷 채팅 이용자에게 쪽지를 보내 여성인 것처럼 대화한 뒤 이 같은 번호를 알려주고 전화가 연결되면 여성상담원이 일반인인 것처럼 폰팅을 해온 것으로 밝혀졌다."[5]

그러나 모든 폰팅이 다 그런 사기행각만은 아니었다. 2009년 2월 서울 은평경찰서는 '060' 폰팅을 통해 상습적으로 성매매를 해온 주부 14명을 적발해 입건했는데, 이들에게 성매수를 한 남성이 1000여 명에 이를 것으로 추산했다. 그런데 놀라운 건 이 주부들이 성매매에 나선 까닭은 생계가 막막해서나 빠듯한 생활비를 보태기 위해서가 아니었다. 이들은 일산, 고양, 파주 등지의 중형아파트에 사는 중산층가정의 주부들로 성매매목적은 대부분 유흥비마련이었다. 한 여성은 보통 주 2~3회 성매매로 월 100여만 원을 벌어 헬스클럽 회원권 구입과 술값 등으로 모두 썼다고 진술했다. 경찰에 따르면, "대부분이 울부짖으며 '가족에게 알리면 죽어버리겠다'는 등 격한 반응을 보였다"고 하니, 이 웬 비극인가![6]

휴대전화의 촉각경쟁

청각만으론 만족할 수 없다고 해서 꼭 전화방을 이용할 필요는 없었다. 전화의 기술진화도 점차 청각은 물론 시각과 촉각을 동시에 자극하는 쪽으로 이루어지고 있었기 때문이다. 2008년 3월 삼성전자가 내놓은 '애니콜 햅틱폰(SCH-W420, SPH-W4200)'이 바로 그런 전화였다. '촉각의'라는 의미를 가진 햅틱(Haptic)폰은 이용자가 터치스크린을 만지면 강약과 장단이 서로 다른 22가지의 진동이 생겨 감성적 교감을 갖도록 디자인한 점이 특징이었다.

LG전자도 실리콘소재의 버튼을 누르면 피부를 만지는 듯한 탄력감을 주는 휴대전화(LG-SH240)를 내놓아 '손맛' 대결에 뛰어들었다. LG전자는 휴대전화 사업의 캐치프레이즈를 '터치 더 원더(Touch the Wonder)'로 정하고, 자사(自社)의 '터치라이팅폰' '터치웹폰' 등에 터

■ 아이폰은 아이팟, 휴대전화, 카메라, 모바일 인터넷의 기능을 가진 모바일 전자기기로 휴대전화에 일반적인 다이얼패드가 없고 손가락을 이용한 터치스크린으로 작동한다.

치스크린과 진동반응기능을 넣었다.

이와 관련, 동아일보는 "두 회사는 지난해까지만 해도 시크릿컬러폰, 아르마니폰(이상 삼성전자)이나 프라다폰, 샤인폰(이상 LG전자) 등을 통해 주로 디자인 측면에서 경쟁을 벌여왔다. 하지만 올해 들어 눈을 만족시키는 데 그치지 않고 터치스크린 등을 통해 만지는 즐거움을 주는 '촉각' 대결로 확산되는 추세다"라고 말했다.[7]

이런 변화엔 2007년 한 해 동안 380만 대 가량 팔린 미국 애플의 아이폰이 미친 영향이 컸다.[8] 국민일보 2008년 5월 6일자는 "터치스크린 휴대전화(터치폰)가 뜨거운 바람을 일으키고 있다. 휴대전화 버튼을 눌러 문자메시지를 보내던 엄지족은 화면을 찍어 전화를 걸거나 이메일을 보내는 검지족으로 빠르게 변하고 있다. 청각, 시각에서 '손맛'을 느끼게 하는 촉각으로 진화하면서 엄지족이 물러나고 검지족 시대가 오고 있는 것이다"며 다음과 같이 말했다.

"LG전자는 지난해 5월 출시(해외에서는 지난해 2월 출시)한 프라다폰이 지난달 말 현재 국내 15만 대를 포함해 80만 대가 판매됐다고 5일 밝혔다. 프라다폰은 전면 터치스크린폰으로 애플 아이폰과 함께 터치폰시대를 연 선두주자다. 삼성전자가 지난 3월 31일 출시한 애니콜 햅틱은 79만 원에 이르는 비싼 가격에도 시판 한 달 동안 7만 대가 팔렸다. LG전자가 내놓은 뷰티폰은 6개월여 만에 국내 20만 대를 포함해 전 세계에서 120만 대가 판매됐다. 전자업계에서는 터치폰 열풍의 배경에 시각, 청각에서 촉각으로 이동하는 소비자의 욕구가 깔려 있다고 분석하고 있다."[9]

'손 안의 PC' 스마트폰경쟁

아이폰에 자극받아 '손 안의 PC'로 불리는 스마트폰시장도 달아올랐다. 스마트폰이란 개방형 운영체제(OS)를 탑재해 PC처럼 필요한 프로그램을 내려받아 쓸 수 있고 이메일, 팩스 등 다양한 기능을 갖춘 '똑똑한' 휴대전화를 말한다. 스마트폰의 가장 큰 특징은 소프트웨어와의 연계성이었다.

애플은 3G '아이폰'을 출시하면서 소프트웨어를 내려받을 수 있는 온라인 공간 '앱스토어(www.apple.com/iphone/appstore)'를 함께 선보였다. 아이폰 이용자들은 앱스토어에 실시간으로 올라오는 콘텐츠

■ 국내외 업체들이 잇달아 첨단 스마트폰을 출시함에 따라 안철수연구소가 모바일 백신제품인 '안랩 모바일 시큐리티(AhnLab Mobile Security)'를 공급한다고 발표했다.

를 구매하고, 또 이곳의 콘텐츠를 이용하기 위해 아이폰 구매자가 늘어나는 식의 상승효과를 노린 것이었다. 구글이 안드로이드를 개발하거나, 세계 최대 휴대전화업체인 노키아가 스마트폰 OS인 심비안을 인수해 개방형으로 전환키로 한 것도 같은 이유에서였다. 이에 비해 국내 휴대전화기업들은 단말기성능과 디자인 등에 치중하고 휴대전화용 OS 등 소프트웨어 개발에는 소홀해 자칫 스마트폰 경쟁에서 외국 업체들에 밀릴 수 있다는 우려도 나왔다.[10]

2008년 4월 3일 LG텔레콤이 휴대전화로 인터넷을 검색하거나 전자우편을 확인할 수 있는 3G 데이터 서비스 '오즈(OZ)'를 출시했다. 이와 관련, 조계완은 "우리나라에서 이른바 3세대(3G) 이동통신 서비스는 통상적으로 '영상통화'를 지칭하는 것으로 인식돼왔다. SK텔레콤(SKT)의 '티(T)'와 KTF의 '쇼(SHOW)'가 대표적이다. 이동통신시장의 1, 2위인 두 업체는 '3세대 모바일 서비스는 영상통화'라며 대대적인 마케팅을 펼쳐왔다. 이런 와중에 시장 3위 업체인 LG텔레콤이 3세대 모바일 서비스의 또 한 축인 '데이터통신 서비스'에 과감한 승부수를 던졌다 …… 저렴한 요금을 앞세운 모바일 인터넷의 대중화를 선언한 것이라고 할 수 있다"고 평가했다.[11]

김용석은 "'닫힌 정원(Walled Garden)'이라는 말을 아십니까. 통신망 접속의 혜택을 나만 누릴 것이냐, 다른 사업자에도 제공할 것이냐는 인터넷, 통신 등 정보기술(IT) 기업이 맞닥뜨리는 중요한 선택 가운데 하나입니다. 정원의 문을 열고 닫는 것으로 표현하는 셈이죠. SK텔레콤, KTF 등 이동통신업체들의 휴대전화 무선인터넷은 전통적으로 '닫힌 정원' 전략을 유지해왔습니다. 네이트, 매직엔 등 자사(自社)의 포털을 중심으로 서비스를 제공했죠. 유선인터넷의 서비스를 그대로 제공하기 어렵기 때문이라고 합니다. 상대적으로 비싼 요금 탓도 있죠. '내가 투자해 만든 통신망을 남들(동아닷컴이나 네이버 등 인터넷 기업)에게 무작정 열어주기 싫다'는 심정도 없지 않았습니다"라면서 다음과 같이 말했다.

"LG텔레콤이 새로 내놓은 무선인터넷 '오즈'는 이와 다릅니다. '열린 정원'을 지향하는 서비스라고 합니다. 먼저 PC의 인터넷 화면을 그대로 보여줍니다. 게다가 첫 접속화면을 자사의 포털인 이지아이 대신 동아닷컴, 네이버, 구글 등의 사이트에 양보했습니다. 요금도 월 6000원으로 웬만한 웹 서핑을 충분히 할 수 있습니다. 그야말로 정원의 문을 활짝 열어젖힌 셈이죠 …… 일단 정원의 문은 열렸습니다. 아직은 걸림돌이 많지만 닫힌 정원이 '정원'에 머무는 동안 열린 정원은 '광장(廣場)'으로 커나갈 것 같다는 생각이 들었습니다."[12]

"한국은 보이스피싱의 '봉'"

휴대전화가 '촉각' 대결을 하건 '정원' 경쟁을 하건 변함없는 건 전화벨 소음이었다. 2008년 3월 31일 취업포털 '커리어(career.co.kr)'가 직장인 1200명에게 '사무실에서 소음에 시달린 적이 있는가'라고 물었더니 87.2퍼센트가 '그렇다'고 답했다. 특히 유선 및 휴대전화 등 전화벨소리가 압도적(복수응답 77.3퍼센트)이었다. 사무실 소음이 미치는 영향에 대해 응답자들은 '업무집중력 감소'(44.8퍼센트), '짜증 등 심리적 불안감'(40.9퍼센트), '두통 등 신체적 고통'(5.1퍼센트) 등을 꼽았다.[13]

소음뿐만 아니라 날이 갈수록 기승을 부리는 보이스피싱도 소비자들을 계속 괴롭혔다. 이젠 해외 유학생이나 여행객을 납치했다며 국내에 있는 가족에게 몸값을 요구하는 사례가 많아 국가정보원까지 나서서 주의를 당부할 정도였다. 특히 혜진·예슬양 납치, 살해사건이나 총선 등 사회·정치적 이슈를 활용하는 '이슈 활용형' 보이스피싱도 늘었다.[14]

조선일보 2008년 4월 22일자는 "대상자의 신상정보를 정확히 파악한 뒤 접근하는 '표적형 보이스피싱'이 급증한 것은 기업의 허술한 개인정보 보호와도 무관치 않다"며 "최근 경매사이트 옥션이 해킹을

■ 보이스피싱 범죄피해가 늘어나면서 금융감독원에서 보이스피싱 예방포스터를 제작해 전 금융권에 배포했다.

당해 회원 1081만 명의 개인정보가 유출됐는데, 이런 정보들이 보이스피싱조직으로 넘어갔을 가능성도 배제할 수 없다"고 했다. 한국인을 대상으로 한 보이스피싱조직은 중국에 근거지를 두고 중국 동포를 낀 조직이 많았다. 경찰 관계자는 "이들 보이스피싱조직은 '총책', 전화를 거는 '콜센터' '대포계좌 개설팀' '현금 인출팀' 등으로 분업화돼 있다"며 "돈을 입금하고 빼가는 데 30초밖에 안 걸리는 경우도 있다"고 말했다. 경찰청에 따르면 2006년 6월부터 2008년 2월까지 집계된 피해액만 569억 원에 달했으며, 2007년 한 해에만 416억 원 상당의 피해가 발생했다.[15]

경향신문 2008년 4월 29일자는 "한국이 보이스피싱의 '봉'으로 취급되고 있다. 중국과 대만을 근거지로 하는 보이스피싱단은 한국에 중간브로커까지 두고 활개를 치고 있다. '한국에 용돈 벌러 간다'는 농담까지 나돌 정도다"라며 다음과 같이 말했다.

"보이스피싱단은 한국에서 개인정보가 가볍게 다뤄지고 있는 맹점을 악용하고 있다. 보이스피싱단이 이용하는 대포통장의 상당수가 인터넷에서 사들인 것이다. 개인명의 통장과 현금카드가 한 세트에 보통 10만 원선. 지난 15일 서울경찰청 광역수사대에 검거된 위조전문 일당도 인터넷을 통해 700여 개의 통장을 손쉽게 매입해 개당 8~20만 원을 받고 중국 보이스피싱단에 팔아넘겼다. 경찰은 조직원들의 일부를 검거하고 있지만 이들은 사실상 '꼬리'에 지나지 않는다."[16]

또 경향신문 2008년 10월 15일자에 따르면, "피싱수법이 갈수록 교묘해지면서 관련범죄·피해가 늘고 있다. 최근에는 유출된 개인정보를 활용해 직접 전화를 걸거나(보이스피싱), 메신저로 말을 걸어(메신저피싱) 현금을 직접 송금 받는 '2차피싱' '변종피싱'이 기승을 부리고 있다. 보이스피싱사건만 해도 최근 2년간 1만315건이 일어났고, 피해액은 1017억 원에 이르는 것으로 조사됐다."[17]

보이스피싱사건은 2009년 들어서도 1분기 동안 2127건이 발생해 전년 같은 기간보다 30퍼센트 증가했다.[18] 이에 동아일보(5월 12일)는 사설을 통해 "전화금융사기(보이스피싱) 피해가 빠르게 증가하면서 심각한 사회불안 요인이 되고 있다"며 다음과 같이 말했다.

"이달부터 통신사가 해외에서 걸려오는 전화번호 앞에는 001, 002, 006 등 국내 통신업체 고유의 식별번호를 붙이고 있지만 범죄의 타깃이 되는 노인과 빈곤층에게는 크게 도움이 되지 않는 것 같다. 식별번호로 보이스피싱을 알아챌 수 있는 사람들은 애당초 보이스피싱에 속지 않을 가능성이 높다. 정부와 통신사, 금융기관이 공조해 다중차단장치를 만들어낼 필요가 있다. 일차적으로 보이스피싱에 속지 않도록 하는 대(對)국민교육과 홍보가 중요하다. 노인의 특성을 감안해 노인정이나 노인복지관에서 캠페인을 벌이는 방법도 좋을 것이다. 금융기관은 의심스러운 상대에겐 송금을 원천봉쇄하는 제도를 도입할 필요가 있다. 모자나 선글라스로 얼굴을 가리면 은행 현금인출기 작동이 중단되도록 하거나 일본처럼 현금인출기 주변에서는 휴대전화 통화를 자동차단하는 방안도 고려해봄 직하다. 일본은 이런 방식으로 3, 4년 전 극성을 부리던 보이스피싱 범죄를 크게 줄였다고 한다."[19]

보이스피싱 범죄가 극성을 부리면서 관공서들이 때아닌 곤욕을 치러야했다. "여기 동작경찰서입니다. 계좌의 비밀번호가 노출됐으니 서둘러 지급정지하시기 바랍니다." "이 사기꾼아. 네가 경찰이면 난 경찰 할아버지다." 이런 식이었다. 경찰서, 우체국, 세무서 등의 관공서들이 급한 업무로 시민들에게 전화나 문자로 연락을 해도 '보이스피싱 사기범'으로 오해받아 업무에 차질을 빚는 사례가 크게 는 것이다.[20]

초등학교의 휴대전화전쟁

2008년 4월 한국출판마케팅연구소 소장 한기호는 휴대전화가 촉진하는 '스몰토크(small talk)'의 부상에 주목했다. 그는 "인터넷의 등장과 아이엠에프(IMF) 사태의 충격, 정권교체 반복 등이 이 땅에서 개인주의를 심화시켰다는 것은 이제 상식에 속한다. 누구나 블로그 하나쯤은 운영하고, 자신의 취미에 맞는 카페에는 무한대로 가입해 활동할 수 있는 시대에 개중(개인+대중)은 자기 자신의 중요성을 인식하고 개성을 유지하면서 네트워크화 된 개인주의를 맘껏 발산한다"며 다음과 같이 말했다.

"인터넷과 휴대전화를 활용한 문자나 메신저, 미니홈피를 통해서 맺어지는 인간관계의 중심 또한 개인이다. 개인은 자신을 중심으로 수많은 관계망을 형성해나간다. 그곳에서는 일상적이고 소소한 스몰토크가 넘쳐난다. 가족이나 친구, 동료들 사이에 수없이 벌어지는 '너 어디야?' '지금 뭐 해?' '나 가고 있어. 조금 이따 봐!' 같은, 해도 그만 안 해도 그만인 매우 사소한 대화들이 관계의 친밀성을 강화한다. 스몰토크 그 자체가 관계인 세상이다."[21]

성인들도 이러니, 스몰토크에 기득권(?)을 갖고 있던 초등학생들이 휴대전화에 빠져드는 건 너무도 당연한 일이 아니었을까. 그러나 휴대전화가 수업방해의 주범으로 지목되었기에 휴대전화를 둘러싼 갈등은 불가피한 일이었다.

경향신문 2008년 5월 6일자는 "지금 학교는 휴대전화와 전쟁 중이다. 초등학교에서도 한 반의 절반 정도 학생들은 휴대전화를 갖고 있다. 부모들은 아이들이 조르는 통에 안 사줄 수가 없다고 말한다. 특히 최근 유괴 등 흉악한 범죄가 알려진 뒤로는 휴대전화가 아이의 소재파악 장치가 됐다. 그러나 휴대전화 때문에 학교에서 일어나는 일은 상상을 초월한다"며 다음과 같이 말했다.

"학생들은 선생님의 눈을 피해 책상 위에 책으로 가리거나 책상 서랍에 손을 넣어 문자메시지를 보낸다. 심지어 서울의 한 초등학교에서는 지난달 시험시간에 서로 다른 반 학생끼리 휴대전화 문자메시지로 정답을 주고받는 일이 발생했다. 몇 해 전 수능시험 부정행위가 휴대전화를 통해 이뤄졌던 일이 고스란히 초등학교에서도 일어난 것이다. 이렇다보니 학교에서도 대책을 마련하고자 골머리를 앓는다. 지난해 충북의 한 초등학교에서는 학생들에게 '휴대폰 소지허가증'을 발급했다. 허가증 없이 교내에 휴대전화를 가져왔다가는 엄격한 훈계를 받아야 한다."[22]

일부 초등학생들은 스몰토크를 넘어선 과감한 '애정토크'도 시도했다. 2008년 5월 휴대전화기를 분실해 잠시 초등학교 4학년 아들의 휴대전화를 빌려 쓰게 된 주부 김영미(39)씨는 그 휴대전화에 저장된 문자메시지를 보고 충격을 받았다. "오늘 키스, 정말 멋졌어. 오늘밤도 내 꿈 꿔야 해. 사랑해" "왜 나이든 여잘 만나. 헤어져" 등 노골적인 사랑고백이나 삼각관계를 암시하는 문자가 가득했기 때문이다. 이 주부의 말이다.

"아들을 다그쳤더니 그제야 털어놓더군요. 여자친구들한테 온 거라고. 요즘 초등학생 사이에도 연상녀 연하남 커플이 유행이라 6학년 여학생이 아들에게 사랑을 고백했는데 자기반 여자애가 질투한다나요. 너무 어이가 없어 할 말을 잃었습니다. 그런데 아이는 '다른 애들도 다 그렇다'고 대수롭지 않게 말해 더 충격을 받았죠. 얼마 전 지방의 한 초등학교에서 초등학생들이 집단 성폭행한 사건이 떠올라 요즘 잠이 안 와요."[23]

신흥종교 종파별 신도 쟁탈전

스몰토크는 곧잘 '다변증(多辯症)'으로 빠지곤 했다. 2008년 5월 김상길은 "언제부터인가 거리에서 주위 시선에 아랑곳없이 휴대전화를 들고 통화에 몰두하는 사람들이 늘어났다. 과거에는 상상할 수 없는 현대의 풍속도다. 특히 소음 이상의 통화음은 행인들의 눈살을 찌푸리게 한다. 다변증이란 신종 정신병까지 등장했다. 다변증은 '공공장소에서 타인을 전혀 배려하지 않고 말을 끊임없이 양산하며 자기노출을 일삼는 질환'이다"라며 다음과 같이 말했다.

"얼마 전 한 교사가 고등학생들을 상대로 시험했다. 30명의 학생들로부터 휴대전화를 받아 보관하고, 며칠 동안 지켜봤다. 그랬더니 일부 학생들이 정신적 공백상태에 빠지더라는 것이다. 초조감을 감추지 못한 채 안절부절못하는 학생, 대화에 심각한 장애가 생긴 학생, 정신집중을 못하는 학생들이 생겼다. '모바일 미디어'가 현대 신흥종교가 된 사례다."[24]

2008년 7월 현재 휴대전화라는 신흥종교의 각 종파별 신도점유율은 SK텔레콤 50.56퍼센트, KTF 31.49퍼센트, LG텔레콤 17.95퍼센트였다. 이 종파별 신 쟁탈전은 매우 치열해 거리마다 "첨단 휴대폰이 공짜"라는 간판이 내걸렸다.[25] 보조금경쟁은 아예 '진흙탕 싸움'으로 불렸다. 2008년 11월 34만3267명에 불과하던 이동통신 번호이동자는 2009년 4월 107만328명으로 크게 늘었다. 월간 번호이동자가 100만 명을 넘긴 것은 2008년 6월(108만2779명) 이후 10개월 만이었다.[26]

그러나 일단 입교하는 순간 더 이상 공짜는 없었으며, 휴대전화기를 공짜로 먹은 이상으로 헌금을 많이 내놓아야만 했다. 헌금을 거두는 방식도 매우 기묘했다. 한국의 휴대전화요금제는 100가지가 넘어 세계 최고를 기록했다. 유럽연합(EU)의 주요 이동통신사가 운용 중인 요금상품은 평균 14종, 미국과 호주 등의 이동통신 요금상품도 업체별로 20종 안팎인 반면, 국내 통신업체인 SK텔레콤, KTF, LG텔레콤의 요금상품은 각각 69종, 118종, 30종에 이르렀다. 3사의 평균 요금상품은 72종으로, EU의 5배를 넘었다. 이렇게 된 이유에 대해 동아일보 2008년 8월 6일자는 다음과 같이 말했다.

"이는 3세대(3G) 휴대전화 서비스의 등장으로 요금상품이 다양해진 탓도 있지만, 통신업체가 정부로부터 요금인하 요구를 받을 때마다 기존요금제를 변경하지 않고 '망 내 할인' '패밀리요금제' 등 새로운 할인상품을 내놓았기 때문이다. 다양한 요금상품을 인터넷에서 찾아보거나 꼼꼼히 따져보기 어려운 중·장년층은 다양한 요금제가 혼란스럽다는 불만을 제기하고 있다. 지난해 12월 새 휴대전화를 구입한 주부 최모씨(52)는 '이동통신 대리점 직원조차 요금상품에 대해서는 제대로 모르는 것 같았다'며 '판매점도 모르는 요금제를 가입자가 어떻게 알겠느냐'고 반문했다."[27]

휴대전화 요금제의 구조가 워낙 복잡하다보니 무조건 '드러누우면', 즉 강하게 항의하면 깎아준다는 의미에서 '황당요금'이라는 말까지 나왔다. 예컨대, 김아무개씨는 휴대전화 바탕화면 그림을 다운받았는데, 데이터요금이 4만598원이나 나왔다. 김씨는 "황당하게 비싼 요금"이라며 이동통신사에 전화를 걸어 항의했다. SK텔레콤 쪽은 이용료를 50퍼센트 감액해 주겠다고 제안했지만, 김씨는 방송통신위원회에 민원을 제기했다. 그러자 SK텔레콤 쪽은 "요금부과가 적정하지만, 데이터통화료 4만598원 전액을 삭감해주겠다"고 이 고객에게 다시 통보했다. 이런 황당한 일들이 많이 일어났다. 한 이동통신사 관계자는 "어떤 고객은 요금에 불만을 품고 차량으로 돌진을 하는 경우도 있었다"며 "명확한 과금인데도 고객이 불만을 품고 강하게 이의제기를 할 경우 회사는 불가피하게 감액을 해줄 수밖에 없다"고 해명했다. 하지만 구본권은 "이동통신사가 '고무줄 요금'을 적용해 불만고객을 무마하는 것은, 데이터요금 산정구조가 공개되는 것도 원치 않고 과도한 요금에 대한 문제제기가 확산되는 것도 꺼리기 때문이다"고 말했다.[28]

'도리마사건'과 휴대전화

그러나 한국의 휴대전화문화는 이웃 일본의 부러움의 대상이 되기도 했다. 이른바 '도리마(길거리 악마)사건' 때문이었다. 2008년 6월 8일 낮 일본 도쿄 아키하바라 거리에서 20대 남자가 일요일 '보행자 천국'을 즐기고 있던 사람들을 향해 트럭으로 돌진해 세 사람을 치어 죽였다. 운전하던 남자는 차에서 내려 약 100미터가량 달리면서 통행자와 경찰관을 칼로 차례차례 찔러서 모두 7명을 살해하고 10명에게

■ 아키하바라에서 발생한 무차별 살인사건을 보도하는 기자 뒤의 젊은이들이 휴대전화를 꺼내서 피해 현장을 찍고 있는 모습이 포착되었다.

중경상을 입혔다. 25살 가토 도모히로가 현행범으로 체포될 때까지 몇 분 사이의 참극이었다.

일본 도쿄대 철학교수 다카하시 데쓰야(高橋哲哉)는 "나 자신은 이 사건으로 휴대전화에 대해 더욱 꺼림칙하게 느낀 것이 있다. 현장에 우연히 같이 있었던 젊은이들이 휴대전화를 꺼내서 사건이나 피투성이가 된 피해자의 모습을 카메라로 담으려고 열심히 셔터를 눌렀다는 것이다. '지금 엄청난 사건이 일어나고 있다! 금방 멜을 보낼 테니까!' 이런 흥분한 목소리가 포착된 것 같다(문예춘추 6월 19일치). 눈 앞에서 비극이 일어났는데 자신은 단순한 관객인 듯한 기분으로 오싹한 드라마를 즐기려고 하는 셈일까?"라고 물으면서 다음과 같이 말했다.

"한국에서는 미국 쇠고기 수입문제를 계기로 이명박 정권을 비판하는 대중운동이 고양되면서 중·고교생이 휴대전화 메일로 참가를 호소하며 운동에 나서고 있다. 같은 휴대전화 메일이라도 일본과는 완전히 다른 광경을 보이고 있는 듯하다."[29]

한국학 연구자인 교토대대학원 교수 오구라 기조(小倉紀藏)도 "일본에서는 최근 휴대전화에 의존한 고독한 젊은이가 무차별적으로 이유 없이 사람들을 해치는 도리마사건을 저질렀다. 한국은 반대로 휴대전화가 연대의 미디어가 되고 인터넷을 통한 시위참여 호소수단으로 기능했다"고 말했다.[30]

'촛불집회'와 휴대전화

도리마사건 당시 한국에서 일어난 촛불집회에서 휴대전화가 주로 중·고교생들에 의해 '연대의 미디어'로 사용된 건 분명하지만, 이는 국내에선 찬반논란을 불러 일으켰다. 신문들마다 보는 시각이 전혀 달랐다. 각기 다른 몇 가지 견해를 관련 신문기사를 통해 감상해보자.

"인터넷을 떠도는 '광우병 괴담'과 휴대전화를 통해 삽시간에 퍼지는 선동적 문자메시지가 단지 미국산 쇠고기에 관한 문제에서 그칠 것 같지 않다는 생각이 든다. 어린 촛불들이 더욱 걱정스럽다."(동아일보 5월 8일자)[31]

"인천교육청이 지난 주말 전국적인 촛불집회를 앞두고 관내 중·고교에 학생들의 휴대전화 문자메시지를 확인해 그 내용과 지도대책을 보고하라고 지시했다고 한다. 휴대전화 메시지를 검열하라는 것인데, 대다수 학교는 이미 이를 실천에 옮겼다고 한다. 부부 간이나 부모 자식 간에도 할 수 없는 짓을 교육기관이 저지른 것이다. 이들의 눈에

학생은 사람으로 보이지 않는가 보다."(한겨레 5월 12일자)[32]

 "10대는 빨랐다. 한 손엔 촛불을, 다른 한 손엔 휴대전화를 들었다. 촛불집회현장을 실시간으로 카페사람들에게 전달했고, 이는 카페 게시판을 통해 다른 회원들한테 공유됐다. 엄지손가락으로 문자를 쓰는 속도는, 기자들의 노트북 자판속도보다 더 빨랐다."(한겨레 5월 15일자)[33]

 "인터넷 인구가 3500만 명이고 휴대전화 인구는 4000만 명에 이르는 다(多)매체 쌍(雙)방향 정보유통시대다. 한 번 잘못된 정보가 활보하기 시작하면 100배, 1000배로 증폭되는 건 시간문제다."(조선일보 5월 15일자)[34]

 "인터넷이 정보를 확산시키는 역할은 잘하지만 구체적 행동을 끌어내는 데는 한계가 있었다. 게시판은 익명성이지만 휴대전화를 통해 친구에게 집회참가를 제안할 경우 행동으로 이어지기 쉽다. 인터넷을 통한 인지확산과 휴대전화를 통한 네트워킹으로 실제참여를 이끌어 낸 데에는 정보화 마인드가 뛰어난 청소년들의 역할이 크다."(사이버 문화연구소 사무국장 박수호, 한겨레 6월 3일자)[35]

 "10세 이상의 80퍼센트가 인터넷을 이용하는 우리 국민들은 인터넷카페와 블로그, 누군가 보내온 문자메시지를 보며 광우병에 대한 '지식'을 쌓아갔다. 네이버와 다음을 합쳐 1200만 개인 인터넷카페, 그보다 더 많은 숫자의 블로그, 전국 4500만 대 이상이 보급된 휴대전화와 와이브로(무선인터넷) …… 전 세계에 과시했던 IT강국으로서의 면모는 전 국민적 공포를 만들어내고 대중을 동원하는 효과적 수단으로 작용했다."(조선일보 12월 20일자)[36]

문자메시지 공해와 폐휴대전화 공해

그간 문자메시지로 인한 가정불화가 만만치 않았는데, 급기야 살인사건까지 일어났다. 조선일보 2008년 6월 7일자에 따르면, "충남 당진경찰서는 6일 아내가 '사랑한다'는 내용의 휴대전화 문자메시지를 누군가로부터 받았다는 이유로 말다툼을 하다 아내를 때려 숨지게 한 혐의로 김모씨(54 · 회사원 · 대전시 유천동)를 구속했다. 김씨는 지난 4일 오전 11시 40분쯤 아내 박모(52)씨와 함께 당진군 합덕읍 아들의 집을 찾았다가 아내의 휴대전화에 '사랑한다. 보고 싶다'는 내용의 문자메시지가 온 것을 발견하고, 이 메시지를 보낸 사람이 누구인지 추궁을 하며 다툼을 벌이다 박씨를 마구 때려 숨지게 한 혐의를 받고 있다."[37]

문자메시지는 선거에서도 널리 활용되었다. 2008년 7월 서울시 교육감 선거에선 "30일 서울교육감 선거 공정하게 한 표 행사합시다"와 "30일 경복궁에서 만납시다"라는 문자메시지가 유포되었다. 공정하게 투표하자는 앞의 문구는 기호 1번 '공정' 택 후보를 찍으라는 권유였고, 뒤의 것은 기호 6번 주 '경복' 후보를 교육감으로 밀자는 뜻이었다.[38]

카드회사들은 문자메시지로 연체사실을 통보했는데, 스팸이 문제였다. 스팸문자가 난무해 문자메시지를 전체 삭제하다 보면 카드사가 보낸 문자도 함께 날아가는 경우가 있었기 때문이다.[39]

날이 갈수록 스팸이 극성을 부리자, 2008년 9월 3일 방송통신위원회는 불법스팸에 효과적으로 대응하기 위해 '불법스팸 방지 가이드라인 2008'을 개정하고 이 같은 내용을 SMS 발송대행사, 포털 등 정보통

■ 폐휴대전화기가 늘어나면서 자원 재활용과 환경보호 차원에서 폐휴대전화기 수거 캠페인이 전개되고 있다.

신 서비스 제공자에게 권고했다. 불법스팸 방지 가이드라인에 따르면 적법한 업무용 광고발송 외에 하루 1000통 이상 SMS를 전송하는 것은 불법스팸 전송일 가능성이 높으므로 휴대전화 번호당 SMS 발송량을 하루평균 1000통으로 제한했다. 단, 동창회 연락이나 부고안내 등 대량 SMS 전송이 필요한 경우는 사전승인을 받아 제한 없이 발송할 수

있도록 했다.[40]

　2008년 8월을 기준으로 이동전화 가입자 수는 4514만여 명에 이르렀다. 이에 따라 집 안에 쌓여가는 '장롱폰'은 늘어만 갔다. 환경부에 따르면 2006년 한 해 동안 1449만 대의 폐휴대전화기가 발생했고 이중 41퍼센트인 594만 대만 사업자 등에 의해 수거된 것으로 조사됐다. 환경부는 수거되지 않은 휴대전화기 854만 대는 가정의 장롱이나 서랍 속에 방치돼 있거나 일반쓰레기와 함께 버려져 소각 혹은 매립되고 있는 것으로 추정했다.

　매년 수백만 대의 폐휴대전화기가 쏟아져 나오면서 이로 인한 환경오염 우려가 갈수록 커졌다. 휴대전화 한 대에는 납 0.26그램, 카드뮴 2.5피피엠, 코발트 274피피엠, 베릴륨 140피피엠, 비소 20피피엠 등 다양한 종류의 중금속이 포함돼 있기 때문이다. 납은 신경조직 파괴, 간손상 등을, 카드뮴은 폐와 신장손상, 단백뇨, 후각상실 등을 유발할 수 있다. 또 휴대전화기의 인쇄회로기판에 포함된 브롬계 난연제는 소각될 경우 환경호르몬과 발암물질을 발생시키는 것으로 알려져 있다. 액정도 소각되면 유독물질인 다이옥신을 생성하는 등 인체에 치명적인 악영향을 줄 수 있다.[41]

공중전화, 56만 대에서 18만 대로

　2008년 10월부터 기존 전화번호를 그대로 유지한 채 인터넷전화로 전환할 수 있는 '인터넷전화 번호 이동제'가 본격 실시됨에 따라 인터넷전화 고객을 잡기 위한 통신업체 간 경쟁이 뜨거워졌다. LG데

이콤과 하나로텔레콤, 삼성네트웍스 등 인터넷전화 관련업체들은 시장확대를 목표로, 최대 유선통신업체인 KT는 가입자 이탈방지를 위해 총력전을 펼쳤다.[42] 이런 치열한 경쟁을 어느 신문은 '전화(戰火)'로 묘사했다.[43]

반면 공중전화는 점점 몰락의 길을 걸었다. 공중전화가 3~4대 있던 곳은 1~2대로 줄었고, 1대짜리는 아예 없어지면서, 1999년 56만 대를 넘던 우리나라의 공중전화 설치대수가 2008년 3월에는 18만 대로 줄었다. 시골 마을회관 앞이나 도시 골목길 가게 옆 담벼락에 붙어있던 것은 이미 대부분 자취를 감췄고, 역, 터미널, 군부대, 학교근처에 있는 것들도 숫자가 줄어들었다. 2008년 초 개통된 군산역에는 아예 공중전화가 설치되지 않았다.

이와 관련, 한겨레 2008년 11월 10일자는 "공중전화가 사라지면, 휴대전화 매출이 는다. 공중전화 대신 휴대전화를 쓸 것이기 때문이다. 공중전화 적자를 분담하는 부담에서도 벗어난다. 이를 통해 연간 총 500~800억 원 가량을 절감할 수 있다 …… 케이티는 적자 가운데 절반 정도를 분담했다. 공기업시절에는 기꺼이 부담했다. 하지만 민영화하면서 주주들의 요구란 핑계로 '꾀'를 부리기 시작했다. 공중전화사업을 자회사로 분리하고, 효율화를 강하게 요구하고 있다. 최근 들어서는 휴대전화 대중화로 공중전화의 효용성이 퇴색됐다고 주장한다"며 다음과 같이 말했다.

"이런 모습을 보이는 데는 공중전화 요금을 올리려는 속셈도 깔려 있다. 공중전화 요금은 2002년 3분당 70원으로 인상된 뒤 조정되지 않았다. 100원짜리 동전을 넣고 통화한 뒤 30원이 남아도 거스름돈이 나오지 않긴 하지만 공식 요금은 그렇다. 공중전화는 지금도 통신복지 구실을 톡톡히 하고 있다. 케이티링커스는 지난해 공중전화로 650억 원 가까운 매출을 올렸다. 통화시간으로 환산하면 5억 분이 넘는다. 2006년 공중전화 이용시간은 5억7000만 분으로 집계됐다. 대부분 휴대전화를 이용할 처지가 못 되는 서민, 군인, 학생들이 이용한 것이다. 노숙인들이 가족과 통화할 때도 공중전화를 이용한다. 공중전화는 밖에서 급하게 통화할 일이 있는데 휴대전화가 먹통이거나 배터리가 나갔을 때도 유용하게 사용된다. 국민도 여전히 공중전화가 필요하다고 보고 있다. 지난해 2월 엠브레인의 설문조사에서도 공중전화가 필요하다는 응답이 60퍼센트를 넘었다."[44]

'1인당 휴대전화 2대' 시대로 가는가?

실제로 공중전화가 사라지면서, 휴대전화 매출은 계속 늘었다. 2007년 12월 휴대전화 가입자 수는 4350만 명으로 이미 오래 전에 포화상태였지만, 이후에도 달마다 계속 10여만 명씩 늘어 2008년 7월에는 4500만 명을 넘어섰고, 9월에는 4527만 명을 돌파했다.

왜 이런 일이 벌어진 걸까? 업무용으로 쓰는 '업무폰' 과 가족용으로 쓰는 '가족폰' 등과 같이 휴대전화를 2대 쓰는 사람들이 늘기 때문이었다. SK텔레콤은 "휴대전화 개통 대수 가운데 15퍼센트가 여벌로 가입된 것으로 분석됐다"고 밝혔다. 640만 대 정도가 여벌로 쓰이는 휴대전화란 얘기다. 업계 전문가는 "직장인들이 휴대전화를 두 대 이상 사용하는 것은, 휴대전화 대중화로 퇴근 뒤에도 일에서 벗어나기 어렵게 되자 찾은 자구책"이라며 "회사에서 휴대전화를 지급받는 직장인을 중심으로 휴대전화를 두 대 이상 쓰는 사람들이 계속 늘 것"이라고 내다봤다.

이런 현상이 가져온 변화가, 결합상품과 망내 통화료 할인요금제의 통신비부담 완화효과를 부풀리는 빌미로 활용되기도 했다. 방송통신위원회와 이동통신 업체들은 "가입자당 매출(ARPU)이 정체 내지 감소하고 있다"며 "결합상품과 망내 통화료 할인요금제의 통신비부담 완화효과가 그만큼 크고, 추가요금인하 여력이 없다는 것을 보여준다"고 강조했다. 하지만 가입자당 매출이 정체되는 데는 휴대전화를 두 대 이상 쓰는 사람들이 늘고 있는 탓이 컸다. 통화료가 둘로 분산되니 가입자당 매출이 줄 수밖에 없었다. 시민단체의 한 전문가는 "이동통신 업체 쪽에서 보면, 월 기본료를 두 배로 받아내는 재미를 보고 있다고 하는 게 맞다"고 지적했다.[45]

2008년 12월 현재 우리나라의 휴대전화 가입자는 총 4561만 명으로 전체인구의 93.8퍼센트가 휴대전화를 가지고 있다. 2008년 통계청에서 조사한 도시근로자 가구당(2.9명 기준) 월평균 통신비 지출은 13만8458원으로 OECD 평균보다 3~4만 원 정도 많았다. 또 2008년 OECD가 발간한 통신전망 자료에 따르면 2005년 현재 한국의 GDP 대비 통신비지출 비중은 4.81퍼센트로 미국(2.90퍼센트), 영국(2.18퍼센트), 일본(3.40퍼센트)보다 월등히 높았다. 이처럼 통신비가 많은 것은 이동전화 요금지출이 늘고 있어서다. 방송통신위원회에 따르면 2002년 가구당 월 7만2180원이던 이동전화 요금지출은 2007년 9만1894원으로 늘었다.

이명박 정부는 이 때문에 대통령직인수위원회 시절부터 통신요금 20퍼센트 인하정책을 펴왔지만 효과를 거두지 못했다. 통신사들은 '할인요금제' '결합상품' 등을 내놓으며 정부의 정책을 따르는 모양새를 보였지만 소비자들의 부담은 줄어들지 않았다. 실제 이동통신사들의 ARPU는 그동안 오히려 늘었다. 2008년 11월 SK텔레콤의 ARPU는 4만4776원으로 전년도 같은 달보다 1.1퍼센트 증가했다. KTF도 2008년 12월 4만161원을 기록, 2007년 12월(3만9842원)보다 늘었다. 소비자들이 부담하는 요금이 그만큼 늘었다는 얘기다.[46]

게다가 아이들의 휴대전화 사랑을 무슨 수로 말릴 수 있을 것인가? 2009년 2월 KTF는 세계 통신업체 모임인 GSMA와 시장조사기관 MSRI에서 한국, 일본, 중국, 인도, 멕시코 등 5개국을 대상으로 12~18세 청소년들의 휴대전화 사용실태를 조사한 결과 우리나라 청소년들의 휴대전화 보급률이 80.6퍼센트로 가장 높았다고 밝혔다. 중·고등학생 10명 중 8명이 휴대전화를 갖고 있는 셈이다. 특히 조사연령대 중 가장 어린 12세 보급률도 우리나라가 87.7퍼센트로 가장 높았다. 나머지 4개국 청소년들의 휴대전화 보급률은 일본 77.3퍼센트, 멕시코 64퍼센트, 중국 48퍼센트, 인도 30.6퍼센트로 조사됐다. 5개국 부모들의 60퍼센트 이상은 자녀들의 휴대전화 사용을 걱정했는데, 이 가운데 한국 부모들이 10퍼센트 미만으로 염려도가 가장 낮았다고 하니, 한국은 아무래도 '휴대전화 공화국' 체질인가보다.[47]

사람들이 경제난으로 인해 불안해질수록 전화커뮤니케이션 수요는 더 늘어나게 돼 있다. 불안을 해소해야 하기 때문이다. 동시에 통신비 부담은 가중된다. 통신비 부담을 도저히 감당할 수 없을 정도가 되면 어느 지점에선가 타협을 해야겠지만, 그런 타협이 쉬운 건 아니다. 휴대전화는 늘 '구심력'과 '원심력'이 충돌하는 지점의 한복판에 있다. '코쿤(cocoon)'과 '노마드(nomad)'가 공존한다. 자기만의 세계에서 안락함을 누리고 싶어 하는 욕망과 유목민적 교류와 모험을 즐기고자 하는 욕망이 만나 융합하는 현장, 그것이 바로 휴대전화의 본질이다.

왜 휴대전화는 신흥종교가 되었나?

마셜 맥루언의 전화론

"어린이와 10대는 전화를 이해한다. 전화코드와 수화기를 사랑스러운 애완동물인 것처럼 애무하는 걸 보면 알 수 있다"[1]

마셜 맥루언(Herbert Marshall Mcluhan, 1911~1980)이 『미디어의 이해』에서 한 말이다. 선견지명이다. 맥루언은 이 책에서 시종일관 전화가 공동체적 참여의 형태라는 걸 강조하고 있다. 라디오는 배경으로 깔아놓고 딴 일을 할 수 있지만 전화는 우리의 모든 감각의 참여를 요구하며, 전화통화를 하면서 낙서를 하는 이유도 바로 여기에 있다는 것이다.[2]

1920년대 미국 유행가에 "전화 곁에서 외롭게 나 홀로 고독을 씹는다"는 구절이 있었다. 이와 관련, 전화는 강한 고독감을 느끼게 하는 매체라는 게 맥루언의 주장이다. 왜? 상대방의 참여를 요청하기 때문

■ 마셜 맥루언의 『미디어의 이해』 표지

이라는 게 그의 답이다.[3]

1962년 8월 5일 미국 여배우 마릴린 먼로(Marilyn Monroe, 1926~1962)가 자신의 자택에서 사체로 발견됐을 때, 그녀는 몸에 실오라기 하나 걸치지 않고 전화수화기를 붙잡은 모습이었다. 이는 "전화 곁에서 외롭게 나 홀로 고독을 씹는다"는 유행가 가사보다 훨씬 더 강렬한 느낌을 주는 이야기가 아닌가.

맥루언이 말하는 '참여'를 이해하기 위해선 그가 미디어를 '핫 미디어(hot media)'와 '쿨 미디어(cool media)'로 분류한 것에 주목할 필요가 있다. 그의 주장에 따르면, 핫 미디어의 특성은 '고정밀성(high definition)'과 '저참여성(low participation)', 쿨 미디어의 특성은 '저정밀성(low definition)'과 '고참여성(high participation)'이다. '정밀성'이란 어떤 메시지의 정보가 분명한 정도 또는 실질적인 밀도를 의미하며, '참여성'은 어떤 메시지를 받아들이는 사람이 그 뜻을 재구성하는 데 필요한 노력투입의 정도를 의미한다. 수용자는 어떤 메시지의 부족한 정밀성을 자신의 참여성으로 채우려들기 때문에 둘 사이의 관계는 반비례한다. 즉 정밀성이 떨어질수록 참여성은 커지기 마련이다.

영화는 핫 미디어인 반면 텔레비전은 쿨 미디어다. 영화가 모자이크 형태의 이미지를 갖고 있는 텔레비전에 비해 정밀성이 높은 반면 수용자의 참여성은 텔레비전 쪽이 높다는 것이다. 텔레비전은 '핫'한 이슈를 다루기에 적합한 미디어가 아니다. 수용자의 참여가 지나치게 높아지기 때문에 역효과가 날 수 있다. 어느 저자가 만약 콩고의 루뭄바(Patrice Hemery Lumumba, 1925~1961)가 텔레비전을 대중선동에 사용했더라면 콩고엔 더욱 큰 사회적 혼란과 유혈사태가 벌어졌을 것이라는 견해를 내놓자 맥루언은 그건 매우 잘못된 생각이라고 반박한다. 텔레비전은 뜨거운 선동엔 전혀 적합지 않다는 것이다.[4] 그는 "만약 히틀러 치하에서 텔레비전이 광범위하게 이용되었다면 히틀러는 곧 사라지고 말았을 것이다"라고 주장한다.[5]

맥루언은 라디오는 광란을 위한 미디어로서 아프리카, 인도, 중국 등에서 종족의 피를 끓어오르게 만든 주요 방법이었지만 텔레비전은 미국이나 쿠바의 경우처럼 그 나라를 차분하게 만들었다고 주장한다. 텔레비전 연예인이 자신을 '저압력의 스타일(low-pressure style of presentation)'로 제시를 해야 성공할 수 있는 것도 바로 그런 이유 때문이라는 것이다.[6]

정밀성과 참여성이라고 하는 기준으로 따져보자면, 라디오는 핫 미디어고 전화는 쿨 미디어다. 초상화나 사진은 핫 미디어고 만화는 쿨 미디어다. 한글은 핫 미디어고 상형문자는 쿨 미디어다. 왈츠는 핫 미디어고 트위스트는 쿨 미디어다.[7] 야구는 핫 미디어고 축구는 쿨 미디어다.[8]

'고독으로부터의 탈출' 욕구

맥루언의 모든 주장을 그대로 다 믿을 필요는 없지만, 전화가 쿨미디어로서 '참여'를 불러일으킨다는 건 꽤 그럴듯하다. 정치적·사회적 참여를 말하는 게 아니다. 나 이외의 세계와의 연결을 갈구한다는 의미에서의 참여다. 맥루언이 말하는 참여는 '고독으로부터의 탈출' 욕구를 포함하는 개념으로까지 확장시킬 수 있다. 이와 관련, 김찬호는 다음과 같이 말한다.

"친구나 애인에게서 배달되는 메시지는 삭막한 일상에서 위로가된다. 답답한 세계에 갇혀 있다고 느낄 때 휴대전화의 버튼을 누른다. 지하철이나 비행기에서 불의의 사고로 죽음에 직면한 사람들이 서둘러 휴대전화로 가족을 찾듯, 소통은 사람이 추구하는 궁극적인 존재의미다. 그 누군가에게 연결되어 있다는 것, 언제 어디서든 말을 걸 수 있다는 것이 살아 있음의 증거처럼 여겨진다. 휴대전화는 인간의 마음, 그 오묘한 코드를 정밀하게 집적한 기계장치다."[9]

한국에서 휴대전화가 '신흥종교'가 된 첫 번째 이유가 바로 이것이다. '고독으로부터의 탈출' 욕구! 한국인이 특별히 고독한가? 절대비교를 할 수 있는 게 아닐 뿐더러 고독의 성격도 문제다. 홍성욱이 지적했듯이, "1990년대 들어 급속하게 붕괴되는 공동체를 경험하던 사람들이 기술적 통신수단을 사용해서 타인과 아직도 연결되어 있다는 느낌을 확인해보길 갈망했던 문화적 배경"에 주목할 필요가 있겠다.[10] 김성도는 『호모 모빌리쿠스: 모바일 미디어의 문화생태학』에서 다음과 같은 가설을 제시한다.

"휴대전화의 도래는 하잘것없는 우리 사회에서 나쁜 만남이다.

실제로 당신은 고독으로 고통스러워하면서, 다시 고통으로 손을 뻗친다. 그리고 이 휴대전화라는 마술적 물건은 당신이 갑자기 다른 사람들과 연결되었다고 믿게 만든다. 당신이 어디에 있건, 휴대전화의 수중에 놓여 있는 것이다. 마침내 고독은 정복당했다 …… 이것은 마치 초조감과 고통의 원인은 전혀 변화시키지 못하면서 일정한 반응의 환상을 일으키며, 우리의 신체가 스스로 병을 고치는 어떤 해결, 또는 극복의 길을 개발하는 것을 가로막는 진정제와 마찬가지다."[11]

그러나 초고밀집사회에서 동질적인 한국인들은 늘 서로 부대끼며 사는 걸 "사람 사는 것 같다"고 말하는 점에 주목할 필요가 있다. 게다가 늘 '빨리빨리'를 외칠 정도로 성급하다. 휴대전화가 없는 사람이 '지독한 이기주의자'로 욕을 먹는 이유도 바로 그런 문화 때문이다.

이와 관련, 박혜란은 "이태 전인가, 가까운 후배 하나가 급히 중요한 일을 기획하면서 내게 몇 번 전화를 했는데 제때 연락이 되지 않은 적이 있다. 그는 나중에 정색을 하고 나를 비난했다. '휴대폰도 마련하지 않은 걸 보니 선배님, 아주 나쁜 사람이군요.' 그래도 나는 별로 미안하지 않았다. 내가 꼭 필요한 사람이라면 집전화만으로도 얼마든지 연락이 되게끔 정성을 쏟아야 한다고 믿었다"며 다음과 같이 말했다.

"그런데 한참 바쁠 때도 고집스레 외면했던 휴대폰을 유한족 생활에 어느 정도 길이 들어가던 얼마 전에 결국 마련하고 말았다. 이유는 언젠가부터 긴급상황이 발생할 가능성을 항상 염두에 두어야 하는 상황에 처했기 때문이었다. 시집과 친정 양쪽 어머니들이 언제 돌아가실지 모르게 된 상태인데 휴대폰이 없다보니 집을 떠날 때마다 불안했다. 그래서 열흘간 여행을 떠나기로 계획을 세우면서 동시에 휴대폰을 마련했다. 물론 내게 휴대폰의 기능은 아주 단순하다. 전화번호도 양쪽 어머니의 비상사태를 알려 줄 수 있는 가족에게만 알려주었다. 그러고보면 우리나라의 휴대폰 보급률이 높은 까닭은 우리 민족이 정이 많기 때문이라고 한 이어령 선생의 말이 맞는 것 같다. 걱정도 정이니까. 결국 걱정이 나를 정보화시킨 셈이다."[12]

정이 사람 잡는다고 보는 시각도 있다. 김택근은 "휴대전화는 인간에게서 자꾸 여백을 앗아간다. 전화를 지니고 다닌다는 것은 누군가에게 들키게 되어 있다. '거기 어디야? 지금 뭐해?' 그렇다. 내가 누굴 엿보는 것처럼 누군가가 날 훔쳐보고 있다. 우리 삶은 더욱 고달파졌다"고 말한다.[13]

휴대전화는 '고독으로부터의 탈출' 뿐만 아니라 정반대로 '고독의 섬'에 갇히게 만든다는 주장도 있다. 윤영민은 "휴대전화의 문자메시지는 고독을 해소하는 역할을 하지만 문자메시지 때문에 고독과 고립을 참을 수 없게 됐다"고 말한다.[14] 휴대전화가 유발한 '고독의 역설'이라고나 할까?

'스트레스로부터의 탈출' 욕구

한국은 세계적으로 알아주는 고(高)스트레스 국가다. 2004년 삼성경제연구소는 "한국은 퇴근 후에 실질적인 비즈니스문화가 이뤄져 스트레스를 받는 절대시간이 연장되는 사회"라며 "한국의 40대 남성사망률이 세계 최고인 데다 남성수명이 여성보다 8년 정도 짧아 OECD 국가 중 가장 큰 격차를 보이는 것도 고스트레스형 사회구조를 보여준

다"고 밝혔다.[15]

40대 남성만 고스트레스를 받는 게 아니다. 입시전쟁에 매달리는 초·중·고교생, 입학하자마자 실업공포에 떨어야 하는 대학생, 졸업 후에도 계속 취직전쟁을 해야 하는 20대, 이들의 모든 고통을 자신의 고통으로 받아들이는 어머니 등 전 국민이 고스트레스에 시달리고 있다. 한국인의 행복도가 매우 낮은 것은 우연이 아니다.

오죽하면 2004년 8월 대한신경정신과개원의협의회는 매월 18일을 '스트레스 탈출의 날'로 정하고 행사를 개최했겠는가. 이 행사에서는 매시간 18분 18초동안을 '욕 타임'으로 설정, 다른 사람들을 신경 쓰지 않고 자신이 말하고 싶은 내용을 마음껏 말할 수 있도록 마련했다.[16]

심리학자 조긍호는 "서구인들은 분노를 일상생활에서 10번 느낀다면, 한국인은 50번을 느낀다. 서구인은 8번 표출하고, 한국인은 20번쯤 표출한다. 전체를 보면 억누르는 측면이 훨씬 강하다"고 지적했다. 또 그는 "화병은 분노를 억제해서 나타나는 신체현상이다. 물론 화를 버럭 내는 경우도 있지만, 한국은 개인적인 분노의 표출보다는 집단적인 분노의 표출경향이 강하다"고 말했다.[17]

스트레스는 풀어야 산다. 그런데 그 방법이 여의치 않다. 남성들이 스트레스를 술로 푸는 바람에 한국은 세계 최고수준의 '음주국가'가 되었지만, 그건 모든 국민이 택할 수 있는 방식은 아니다. 무엇인가? 바로 휴대전화다. 이게 바로 한국에서 휴대전화가 '신흥종교'가 된 두 번째 이유다. 이 점에 대해선 전석호가 이미 1998년에 다음과 같이 주장한 바 있다.

"우리는 어느 사회계층이든 즐겁게 어울리고 휴식을 취할 공간적 여건이 너무 부족하다. 그러다보니 자꾸 폐쇄적인 공간으로 몰입하게 되고, 그런 여건에서 유일하게 즐길 수 있는 수단은 전화에 국한된다. 마치 우리나라 국민들이 여기를 즐기는 방법 중에 텔레비전 시청이 가장 손꼽히는 대상으로 부상하는 것과 같은 맥락이다. 옥외 여건만 다소 넉넉하다면 전화 사용이나 텔레비전 시청에 그렇게 많이 의존하지 않을지도 모른다."[18]

앞서 조긍호가 지적했듯이, 한국인은 스트레스를 폭발시키는 데에 있어서 개인적이기 보다는 집단적인 분노의 표출경향이 강하다. 이는 휴대전화가 어느 나라보다 더 정치적 무기로 활용될 수 있다는 걸 시사한다. 한국 정치를 국민적 스트레스와 관련해 분석해보자면, 우선 생각할 수 있는 건 한국 정치에선 카타르시스기능이 유난히 발달했다는 점이다. 그런데 그 카타르시스기능은 일시적이고 기만적인 것이기 때문에 또 다른 스트레스를 낳을 수밖에 없다. 한국 정치가 기본적으로 '반감(反感)의 정치'라는 건 그것이 스트레스 해소의 사이클을 형성하고 있다는 걸 의미하는 것이기도 하다. 이때에 휴대전화는 훌륭한 무기이자 탈출구가 된다.

공사 구분 없는 '뫼비우스효과'

휴대전화로 인해 공적 장소 및 시간에서의 사적 커뮤니케이션이 증가하고 있다.[19] 이는 피에르 레비(Pierre Lévy)가 『디지털 시대의 가상현실』에서 말한 이른바 '뫼비우스효과'로 볼 수 있다. 레비는 이 효과를 가상화와 결부된, "내부에서 외부로의, 그리고 외부에서 내부로의 통행"으로 보았다.

"이러한 '뫼비우스효과'는 여러 가지 영역 속에서 변화된다. 즉 공적인 것과 사적인 것 사이의 관계, 고유한 것과 공통적인 것 사이의 관계, 주관적인 것과 객관적인 것 사이의 관계, 지도와 영토 간의 관계, 작가와 독자 간의 관계의 영역 등을 예로 들 수 있다 …… 가상기업의 직원은 순전히 개인적 판단기준에 따라서 공적인 시간성을 관리한다. 한계는 더 이상 분명치 않다. 장소와 시간이 뒤섞인다. 분명한 경계가 없어지게 된다. 즉 공과 사의 개념의 경계가 사라진다."[20]

그런데 한국은 굳이 가상화를 들먹일 것도 없이 원래부터 문화적으로 공사 구분의식이 희박한 나라다. 홍성욱이 휴대전화의 급속한 보급속도에 대해 "핸드폰번호를 사적인 것이라기보다 누구에게나 줄 수 있는 공적인 것으로 여기듯 프라이버시에 대한 느슨한 태도가 한 몫한 것이 사실이다"고 분석한 것도 같은 맥락에서 볼 수 있다.[21] 이게 한국에서 휴대전화가 신흥종교가 된 세 번째 이유다. 한국인이 비교적 공사 구분의식이 강한 나라의 사람들에 비해 휴대전화 이용에 있어서 매우 공격적인 이유도 바로 여기에 있다.

박홍규는 "공사의 구분이 애매한 우리 사회에서 휴대전화는 아예 그 구분 자체를 없애려는 듯하다"며 "공사구분 없이 휴대전화가 울리면 즉각 받는 것이 신사숙녀의 에티켓이 되었고, 휴대전화 소리는 새로운 공공음악이 되었다"고 개탄했다.[22]

외국인들이 보기엔 더욱 기가 막힐 게다. 휴대전화만 그런 게 아니니까 말이다. 2001년 한국에서 4년간 생활한 아마노 유카는 한국인들의 지극한 '전화사랑'에 대해 놀라움을 표했다. 그녀는 "한국인은 전화를 애용합니다. 이렇게 말하면 '일본인들도 마찬가지야!'라고 반박할지 모르겠습니다. 그러나 역시 한국인 쪽이 더 전화를 애용하는 게 분명합니다"라면서 다음과 같이 말했다.

"가령 오후에 쇼핑을 하러 갑니다. 자그마한 상점이나 시장의 아줌마들은 근처 가게 아줌마와 즐겁게 담소를 나누고 있거나, 전화를 걸고 있습니다. 오후 한 시경 식당에 가면 손님도 대충 다 가고 한숨 돌리게 된 아줌마가 전화통을 붙잡고 다이얼을 돌립니다. '여보세요? 나야. 지금 뭐해? 밥은 먹었어?' 이렇게 시작되어 그 다음은 정신없이 대화를 이어갑니다. 대체적으로 거의 대부분의 식당에서 이런 풍경이 펼쳐집니다 …… 주인아줌마의 대화가 마무리될 때까지 손님이 기다려야 하는 것이 한국식입니다."[23]

1999년 12월 한국에 거주하는 외국인(일본인 170명, 그 밖의 외국인 31명) 201명을 설문조사한 결과를 바탕으로 『일본 여자가 쓴 한국 여자 비판』을 대표 집필한 도다 이쿠코(戶田郁子)는 "한국 여사원들의 뻔뻔스러움에 대해 말할 때 빼놓을 수 없는 것은 바로 사적인 전화통화이다. 한국에서는 남녀노소, 상사, 평사원의 구별 없이 회사에서 너무도 당당하게 사적인 전화를 걸고 받는다. 이런 모습들을 보면, 회사전화를 사적 용도로 사용해서는 안 된다는 개념조차 아예 없는 것은 아닐까 하는 생각이 든다"며 다음과 같이 말했다.

"여성에 뒤지지 않게 사적 전화를 많이 쓰는 사람은 기혼남성들이다 …… 최근엔 거의 모든 직원이 휴대폰을 가지고 있어 사무실 내 여기저기에서 따르릉따르릉 수시로 전화벨이 울린다. 한국 사회 전체가 공중도덕에 관한 한 아직도 많이 뒤떨어져 있다고는 하지만, 사무실에서 휴대폰으로 업무 이외의 전화를 수시로 받고, 또 이를 서로 용인하고 있는 것은 결코 이해하기 어려운 직장에서의 근무방식이다."[24]

그러나 한국인들에게 그런 행태는 공중도덕의 차원을 넘는 문제다. 물론 한국인 중에서도 그런 '공중도덕 결여'를 비판하는 이들이 있기는 하지만, 대다수 한국인들은 그걸 '공중도덕'보다는 삶에 절대적으로 필요한 '생활종교적 의례'로 받아들이고 있다. 만약 한국인들이 휴대전화 사용에 있어서 공중도덕을 엄격하게 지킨다고 생각해보라. 휴대전화 사용량이 엄청나게 줄어들 것이고, 휴대전화를 숭배해야 할 이유도 크게 사라질 것이다. 그러나 그런 일은 일어날 수 없게 돼 있다. 왜? 한국인이기 때문이다.

공사 구분의식이 희박해진 데엔 그럴 만한 역사적 이유가 있다. 한국의 20세기는 한 세대 이상이나 지속된 식민통치의 경험, 한국전쟁이라는 동족상잔의 비극, 또 한 세대에 걸친 강압적인 권위주의 통치체제로 얼룩진 시대였다. 도무지 '공적 영역'에 대한 신뢰를 가질 수 없는 세월의 연속이었다. 자신과 가족의 안전을 기하기 위해선 집단주의적 가치에 충실해야 했겠지만, 자신과 가족이 직면한 문제를 해결하기 위해선 스스로 뛰거나 개인적인 연고에 의존하는 수밖엔 없었다.

그 결과, 한국은 '공적 신뢰'는 약하고 '사적 신뢰'는 강한 나라가 되었다. 한국에선 공적으로 발표된 것도 사적 네트워크를 통해 확인해야만 믿을 수 있다. 이때의 사적 네트워크를 전담하는 게 바로 전화다. 전화는 공사영역을 끊임없이 넘나들면서 두 영역의 조화를 이끌어내는 데에 필수적인 미디어다. 휴대전화는 '개인화'를 심화시킨다고 하지만, 그것은 늘 '집단화'와 연결돼 있기 때문에 둘 사이의 구분도 무의미하다. 그런 점에서 전화는 지극히 한국적인 미디어다.

인맥사회에서의 생존술

비슷한 이야기이긴 하지만, 한국에서 휴대전화가 신흥종교가 된 네 번째 이유는 한국이 세계적으로 타의 추종을 불허하는 인맥사회라는 점에서 찾을 수 있다. 2003년 헤드헌팅 업체 HR코리아가 직장생활 3년 이상의 회사원 1000여 명을 대상으로 한 조사에선 "효과적인 직장생활을 하기 위해 인맥이 필요하다"는 응답이 99퍼센트나 나왔다. 100퍼센트가 아닌 게 신기할 뿐, 너무도 당연한 결과다.[25]

공직사회도 마찬가지다. 국회 행정자치위원회 소속인 한나라당 의원 유정복이 2005년 9월초 이메일을 통해 2136명의 공무원을 대상으로 설문조사를 실시한 결과, 전체 공무원 69.2퍼센트, 중앙부처 공무원 64.8퍼센트, 지방자치단체 공무원 75.9퍼센트가 인맥에 따라 인사가 좌우된다고 생각하는 것으로 나타났다.[26]

「오늘 만날 경쟁사 사장 인맥 알아볼까?」 호기심을 자극하는 이런 제목으로 시작한 중앙일보 2008년 10월 27일자의 '조인스 인물정보(people.joins.com)' 홍보기사 내용이 재미있다. 이 기사는 인맥의 위대성에 대한 에피소드로 시작한다.

"중견건설사에 근무하는 김모 과장은 요즘 사내에서 칭찬이 자자하다. 경쟁사를 물리치고 어려운 수주에 성공했기 때문이다. 그가 수주에 성공한 것은 관련인맥에 대한 정보수집에서 경쟁사에 앞섰기 때문이다. 김 과장은 경쟁사는 물론 발주사의 전략과 관련인물에 대한 정보를 수집하고 면밀히 분석하는 등 준비를 철저히 했던 것이다. 그는 특히 그중에서도 발주사에 대한 정보를 얻는 데 주위의 인맥을 잘 활용했다. 그가 핵심인물에 대한 정보를 얻기까지는 '인맥관계도'가 중요한 포인트였다. 고객의 기본정보만을 알고 있었던 김 과장은 인터넷의 인맥관계도 서비스를 활용해 그 사람의 주변인물에 대한 정보를 확보했다. 그리고 그 주변인물들 중에 김 과장과 친밀한 사람을 찾아 해당 고객에 대한 중요한 정보를 획득하게 됐고, 이것이 결국 수주성공으로 이어졌던 것이다."

이어 이 기사는 "국내 최고·최대데이터를 가지고 인물정보 서비스를 제공하고 있는 조인스 인물정보는 국내 30만 주요 인사의 인맥정보를 한눈에 보여주는 '인맥관계도' 서비스를 9월 초 오픈하고 최근 서비스를 한층 업그레이드 했다"고 자랑했다.[27]

이런 서비스에 대해 칭찬을 해야지 시비를 걸면 안 된다. 왜냐하면 국민의 절대다수가 이미 '인맥'을 '정당한 능력'으로 간주하고 있기 때문이다. 정말 그렇게 믿는 것인지 아니면 '체념과 순응의 지혜'에서 비롯된 것인지는 몰라도, 여러 설문조사 결과들은 인맥을 거리낌없이 내세워도 좋을 만한 것으로 여기는 세태를 말해주고 있다.

전화와 인맥의 관계는 김광현이 잘 지적했다. 그는 사람들이 휴대전화에 열광하는 이유 중의 하나를 한국이 인맥사회라고 하는 점에서 찾았다. 전화청탁은 말할 것도 없고 무슨 작은 일을 하나 하려고 하더라도 연락할 일이 많다는 것이다.[28]

어떤 일을 하려고 하는데 정상적인 절차를 밟아서는 하기 어렵다.

그럴 때 당신은 학연과 지연과 혈연을 찾아 누구에겐가 전화를 건다. 그러면 금방 해결된다. 그러나 부탁할 일이 닥쳐서 전화하면 효과가 크게 떨어진다. 평소 일상적으로 '전화정치'를 해둬야 한다.

1993년 김영삼 정권이 출범했을 때 'TK 전화문화의 단절'이라는 말이 화제가 된 적이 있다. 노태우 정권 때만 해도 대구·경북주민들은 전화통화로 "한두 다리만 건너면 청와대와 연결된다"는 자부심이 있었는데, 이젠 그런 '전화정치'가 어렵게 됐다는 것이다. 그래서 김 정권에 대한 원한과 분노가 하늘을 찌른다는 이야기였다.[29]

'공일오비'의 '아주 오래된 연인들'(정석원 작사·곡)은 여전히 "저녁이 되면 의무감으로 전화를 하고 관심도 없는 서로의 일과를 묻곤 하지"라고 했지만, 연인관계가 아니더라도 "의무감으로 전화를 하고 관심도 없는 서로의 일과를 묻곤 하"는 건 한국적 처세술의 기본이다.

연고가 없으면 평소 꾸준하게 전화 문안인사를 드려야 한다. 어느 대기업에선 영업이나 기획활동에 비해 상대적으로 실적을 측정하기 어려웠던 홍보활동을 객관적으로 평가하겠다며 홍보활동을 항목별로 분류해 개별활동 별로 점수를 부여하는 과학적 평가기준을 도입한 적이 있다. 이에 따르면 '기자에게 전화를 하면 1점'이었다.[30]

지금도 그렇게 하고 있는지는 모르겠지만, 안부전화를 가볍게 주고받을 수 있는 관계를 구축하는 일이 대단한 홍보(청탁)자산이라는 것은 분명한 사실이다. 이는 연예인들이 텔레비전 예능 프로그램에서 유명연예인과 전화를 주고받는 사이라는 걸 과시하는 게 고정메뉴로 자리 잡았다는 것에서도 잘 드러난다.

다급하면 부탁을 위한 '전화질'이라도 계속해야 한다. 2006년 언론운동가인 양문석의 증언에 따르면, "대충 시민운동하고 팔자 고치려는 자들, 시민운동을 공직진출의 디딤돌로 삼는 자들, 정치권력과 내통하며 비판할 때 옹호하고 싸워야 할 때 침묵하는 자들. 인사권자나 그 측근들이 불러주시길 학수고대하며 그 근처를 얼쩡거리는 자들. 술자리에 꼭 참석해서 목소리 큰놈들 옆에서 술 따르며 헤헤거리는 자들. 교수라고 별 수 있나. 더 심하지. 이뿐이면 다행이다. 전화질하는 자들이다. 이쪽저쪽 전화해서 이 줄 대달라 저 줄 대달라, 이런 인사들은 정말 무식하기까지 한 자들이니 말해서 무엇하겠나."[31]

이런 문화 때문에 전문브로커들은 남들이 보는 앞에서의 전화통화로 자신의 역량을 과시하곤 한다. 2006년 세상을 떠들썩하게 만든 윤상림의 경우, 식사나 회식자리에서 고위급 인사 1000여 명의 직통 휴대전화 번호가 적혀 있다는 수첩이 위력을 발휘했다. 한 주변인사는 "윤씨가 수첩을 꺼내 흔들면서 즉석에서 국회의원이나 검찰 고위간부에게 전화를 해 격의 없는 대화를 나누는 모습을 보면, 누구나 윤씨를 대단한 사람으로 여길 수밖에 없었을 것"이라고 했다.[32] 이게 어디 브로커들만 쓰는 수법인가. 정도의 차이일 뿐 발이 넓다는 사람 치고 자신의 인맥을 과시하기 위한 전화를 해보지 않은 사람이 얼마나 될까?

초강력 1극구조 사회에 대한 저항

한국에서 휴대전화가 신흥종교가 된 다섯 번째 이유는 한국이 세계에서 유례를 찾기 어려운 초강력 1극구조 사회라는 사실이다. 역설 같지만, 그렇기 때문에 중심이나 상하계층 구조가 없는 네트워크체제인 전화 커뮤니케이션을 한풀이하듯 저항적으로 즐긴다고 볼 수 있다. 일종의 '가치 패러독스(value paradox)' 현상이다. 이는 평소 삶에 녹아 있는 가치와 정반대되는 가치를 의도적인 활동을 통해 충족시키고자 하는 역설로 정의할 수 있겠다.

다른 예를 들어보자. 자신의 평소 삶에서 결여된 걸 다른 방식으로 충족시키고자 하는 경향은 '공동체 정신'에 대한 미국인과 한국인의 다른 자세에서도 잘 나타난다. 미국인은 '공동체 정신'에 굶주려 있는 반면, 한국인은 그것에 대해 시큰둥해 하는 경향이 있다. 왜 그럴까? 미국인들은 평소 너무도 개인주의적으로 살기 때문에 공동체주의에 피곤함을 느낄 정도로 치일 일이 없었기 때문이다. 반면 한국인들의 삶 자체는 '공동체'에 치인다고 해도 좋을 정도로 집단주의적이기 때문에 공동체주의에 대해 피곤하게 생각한다. 그래서 사회적 영역에서 그걸 피하게 되는 것이다.

전화는 본질적으로 초강력 1극구조에 저항하는 미디어다. 텔레비전이나 라디오도 네트워크를 주장하지만, 거기엔 중심이나 상하 계층적 구조가 있다. 심지어 기존미디어에 저항하는 것처럼 보이는 인터넷마저도 포털이라는 중심이 있다. 그러나 전화는 다르다. 무수한 1 대 1의 관계일 뿐이다.[33] 그런 점에서 전화는 한국형 평등주의에 잘 어울리는 매체라고 볼 수 있다

전화는 억압적 구조와 질서에 적응해 살아가는 사람들에게 좋은 탈출구가 될 수 있다. 특히 입시전쟁의 전사(戰士)로 길러지는 학생들에게 자기만의 전화인 휴대전화가 갖는 마력을 그런 관점에서 이해할

수 있다. 이와 관련, 김광현은 신세대의 휴대전화 사랑에 대해 다음과 같이 말한다.

"도시문화의 정착에도 불구하고 20대 초반의 젊은이들과 특히 대학생들이 독립하여 자기 집이나 아파트를 갖는 경우는 매우 드물다. 그들의 절대다수는 부모 밑에서 살며 경제적인 자립도 사실상 매우 어려운 실정이다. 엄격히 말하자면 이러한 상황은 이중적인 생활방식을 초래한다. 즉 집안에서는 부모에 복종해야 하는 '아이'이고 집밖에서는 성인으로서의 모든 혜택을 누릴 수 있는 '어른'이다. 이는 사적 공간이 있음에도 불구하고 집안에서의 사생활이 보장되지 않는다는 사실을 의미하는데 이때 휴대폰은 자기 방을 외부와 연결시킬 수 있는 훌륭한 커뮤니케이션 수단이다."[34]

자기 방을 외부와 연결시키는 일은 집단적 차원에서도 자주 일어난다. 2002년과 2008년의 촛불집회에서 휴대전화가 맹활약을 한 것이 좋은 사례다. 김원은 "2002년과 마찬가지로 촛불시위는 인터넷과 휴대폰 등 매체를 통해 이루어졌다. 바로 '한손에는 촛불, 다른 한 손에는 휴대전화'를 통해 전개되고 있다. 요즘 우스갯소리로 '노무현은 조중동과 싸우더니, 이명박은 초중고생과 싸운다'는 말이 떠도는 실정이다"고 했다.[35]

그러나 초강력 1극구조 사회라는 게 어디 가겠는가? 전화는 동시에 이 기능에 충실한 면도 있다. 이는 엄격한 위계질서에 부응하느라 그만큼 휴대전화가 필요하다는 말도 된다.

전화는 초기엔 약속문화의 대(大)변화를 가져왔다. 전과 달리 전화로 약속을 하고 사람을 만나는 인간관계의 재편성이 이루어졌다. 동시에 전화 때문에 위험부담 없는 안전한 만남이 증가한 점도 있다. 휴대전화는 만남의 문화에서 서열주의와 권위주의를 부각시키는 결과를 초래했다. 서열이나 계급이 동등하거나 낮은 사람과의 약속은 높은 사람의 전화에 의해 늘 취소되거나 변경될 수 있는 위험을 안게 된 것이다. 이에 대해 김신동은 다음과 같이 말한다.

"약속은 호혜적이지 않으며, 특히 위계적 서열의 지배가 강한 사회에서 약속의 설정과 취소는 위에서 아래로 지시되는 행위이다. 언제 걸려올지 모르는 전화를 받아야만 되는 한국인은 위계의 네트워크로부터 자유롭지 못하다. 휴대전화가 지니는 '언제 어디서나'의 특성은 바로 이 약속의 임의성을 극한으로 몰고 가는 것 같다. 다시 말해 항상 만들어질 수 있으며 동시에 항상 취소될 수 있는 상황, 정해진 것은 아무것도 없는 상황으로 우리를 몰아붙이는 것이다."[36]

한국처럼 원래 사전 약속문화가 약하고 위계와 상황에 따라 새로운 약속이 순식간에 만들어지는 나라에서 휴대전화는 기존 권력구조와 관계를 강화시키는 면이 있는 것이다. 휴대전화가 사실상의 노동감시기능을 수행하는 것도 같은 맥락에서 이해할 수 있다. 이는 남녀관계에서도 마찬가지다. 김성도는 "이미 1993년에 발표된 한 연구에서, 일부 연구자들은 휴대전화가 가사노동에 있어서 남녀 사이의 성차별을 제거한다는 구실을 내세우지만 실상은 그 같은 불평등을 더욱 확대 재생산할 것이라는 가설을 제기한 바 있다"며 다음과 같이 말한다.

"휴대전화가 원격으로 모성의 역할을 실천하도록 만들어 기존의 모성역할을 강화시킬 수 있다는 논지였다. 즉, 남성들은 사생활 속으로 공적 세계를 가져오는 데 휴대전화를 사용하는 반면, 여성들은 자신들이 어디에 있든 가족을 돌보기 위해서 휴대전화를 사용한다는 것이다. 이 문제는 보다 심층적인 연구조사가 이루어져야 할 것이나, 확실한 것은 휴대전화의 사용을 정당화하는 대부분의 논리가 남성중심적 담론이라는 점이다."[37]

타인의 인정을 바라는 '구별짓기' 문화

이탈리아 작가 움베르토 에코(Umberto Eco)는 휴대전화 사용자를 다섯 가지 부류로 나눴다. 첫째, 언제라도 연락을 취할 수 있어야만 하는 장애인이다. 둘째, 직업상의 막중한 책무 때문에 긴급사태에 즉각 대응해야 하는 사람들이다. 셋째, 서로 비밀리에 연락해야 하는 내연(內緣)의 커플이다. 넷째, 누군가와 끊임없이 통화하지 않으면 불안해하면서 그런 상황을 견뎌낼 수 없는 사람들이다. 다섯째, 자기에게 전화가 끊임없이 걸려온다는 것을 남에게 과시하고 싶어하는 사람들이다. 에코는 앞의 세 부류는 비난을 받거나 조롱을 당할 이유가 없는 반면, 뒤의 두 부류는 휴대전화 사용이 남보다 자기 자신에게 더 위험한 자들이라고 주장한다.[38]

하지만 이건 에코가 지식인 특유의 편견으로 인해 저지른 큰 실수다. 나머지 두 부류의 휴대전화 이용자가 얼마나 많은데 감히 그들을 비웃는단 말인가? 게다가 한국엔 자기에게 전화가 계속 걸려온다는 것을 남에게 과시하고 싶어 할 뿐만 아니라 자신의 휴대전화 단말기가 얼마나 최첨단인가를 과시하고 싶어 하는 사람들이 많다. 이들은 신제품을 일찍 구매하는 소비자들인 이른바 '얼리 어답터(early adopter)'로서 시대를 앞서가는 사람들이지 비웃음의 대상이 될 수 있는 사람들이 아니다.

한국인의 그런 특성은 타인지향적 인정욕구 때문이다. 자기 자신보다는 남들과의 관계에서 삶의 의미와 보람을 찾는다는 뜻이다. 그래서 무슨 일에서건 서열을 매겨야만 직성이 풀린다. 한국은 다른 나라들과는 달리 워낙 동질적 집단이기 때문에 다른 '구별짓기'의 수단이 없어 더욱 서열에 매달리는 건지도 모른다.

한국에서 휴대전화가 신흥종교가 된 여섯 번째 이유는 바로 그런 '구별짓기' 문화다. 앞서 전화는 1990년대 이전까지는 '특권'이었고, 1990년대부터는 '오락'이 되었고, 2000년대 들어선 '종교'가 되었다고 했지만, 1990년대 이후 전화의 '특권적' 가치가 완전히 사라진 건 아니었다.

전화 위에 전화 있고, 전화 밑에 전화 있다. 휴대전화기 교체주기가 세상에서 가장 빠르다는 게 그걸 잘 말해준다. 새로운 성능과 디자인을 자랑하는 신형 휴대전화기를 마련한 사람이 그걸 아무도 모르게 조용히 쓰는 걸 본 적이 있는가? 거의 대부분 어떻게 해서건 과시하려고 애를 쓴다.

한국의 초고속 압축성장은 옛날이야기가 아니다. 지금도 한국은 그 노선을 걷고 있다. 산업화시대에 뒤진 걸 정보화시대에 만회하겠다는 의지로 충만하다. 디지털 경제는 '속도경영'을 요구한다. 뭐든지 빨라야 하며, 과거의 것도 빨리 내버려야 한다. 새것을 빨리 받아들이고 또 빨리 내버리는 정보처리 방식이 '냄비근성'과 잘 맞아 떨어진다. 세계에서 얼리 어답터 층이 가장 두꺼운 나라로 한국이 꼽히는 것도 결코 우연이 아니다.

한국인은 새것이라면 환장하고 유행이라면 사족을 못 쓰는 민족이라고 비판할 수도 있겠지만, 달리 보면 한국인이 구습타파에 능하고 새로운 도전을 사랑하는 진취적인 민족이라고 긍정평가할 수도 있다. 그러나 이러한 현상을 어떻게 보건 간에 한국에서 휴대전화가 신흥종교가 되게끔 만든 이유인 것만큼은 분명하다.

휴대전화산업의 정치경제학

한국에서 휴대전화가 신흥종교가 된 일곱 번째 이유는 휴대전화가 국민적 자존심과 국민경제에 직접적인 영향을 미치는 정치·경제적 배경이다. 이건 일곱 번째 이유라기보다는 앞의 여섯 가지 이유를 합한 것에 필적하는 무게를 갖는 것이다.

한국 대중문화 연구에서 반드시 고려해야 할 한 가지 필수사항은 '수출경제'가 대중문화에 미친 영향이다. 1970년대와 1980년대에 걸쳐 세계에서 가장 빨랐던 한국의 텔레비전 보급속도는 당시 전자산업의 주요 수출품목이 텔레비전 수상기였다는 사실과 깊은 관련이 있다. 이는 텔레비전이 대중문화이기에 앞서 먹고사는 문제였다는 사실을 시사하는 것이다.

제작능력이 미처 따르지 못하던 상황에서 텔레비전 수상기의 급증으로 전 국민의 눈과 귀를 상대로 승부를 벌여야 했던 제작자들은 스스로를 '노가다'로 부르면서 피 말리는 군사작전식 제작에 임하지 않을 수 없었다. 드라마 편집을 방영 직전에야 끝내 헐레벌떡 방송시간을 맞추는 일도 허다했다. 신문들과 평론가들은 그걸 '날림공사'라는 식으로 비판하곤 했다. 드라마가 너무 많고 내용은 저질이고 죽기살기식의 시청률 경쟁에 매달린다며 '드라마 망국론'도 적잖이 제기되었다.

그런 식으로 핍박을 받으며 내공을 쌓아온 한국 드라마가 온 아시아지역을 떠들썩하게 만든 '한류'의 전위대가 될 줄 누가 알았으랴. 군사작전식 제작과정을 거치면서 그 누구도 넘볼 수 없는 순발력이 길러진 걸까? 전문가들은 '사전제작제'가 필요하다고 아우성쳤지만, 그때그때 시청자들의 반응에 따라 내용이 달라지는 제작시스템이야말로 시대를 앞서간 '프로슈머 정신'의 실천은 아니었을까?

이제 한국 전자산업의 주요 수출품목은 휴대전화다. 이미 2004년 휴대전화 수출은 모두 1억4800만여 대로 수출액 200억 달러를 넘어서 자동차분야를 제치고 반도체(약 250억 달러)에 이어 2위 수출품목으로 올라섰다. 이런 실적 못지않게 중요한 건 늘 '세계 최고'에 굶주린 한국인들의 갈증에 휴대전화가 단비가 되는 역할을 했다는 사실이다. '휴대전화 민족주의'라고나 할까? '세계 일류'를 지향한 삼성이 비자금문제 등과 같은 몹쓸 범죄를 저지르고서도 여전히 국민적 기대를 한 몸에 받고 있는 것도 바로 그런 이유 때문이리라.

세계에서 둘째가라면 서러울 정도로 극진한 한국인들의 뜨거운 휴대전화 사랑은 저절로 이루어진 건 아니다. 'IT 선진국'을 이루기 위한 정치·경제적 목적이라는 매파의 부추김을 받은 사랑이다. 한국인 특유의 '쏠림' 현상을 순수한 자발성으로 보긴 어려우며 그런 쏠림을 유도한 거대권력의 전투적 노력이 있었다는 데에 동의한다면 말이다. 한류의 경우처럼 여전히 수출에 열광하는 한국인의 '수출 민족주의'와 세계 최고를 지향하는 삼성 민족주의를 위해서라도 한국은 휴대전화의 천국이 되어야만 했다. 그래서 한국이 세계 최고의 통신비를 쓰는 나라가 된 게 아닌가.

국내 전자통신업체들의 맹활약과 더불어 이동통신사들의 공격적인 마케팅은 감탄을 자아내게 할 만한 것이었다. 관련업체들이 보조금 지원에 따른 공짜판매에다 공격적인 광고 등과 같은 치열한 마케팅 공세가 없었다면 한국의 이동통신문화가 세계에서 최첨단을 달리는 '경이로운' 일이 어찌 그리 빨리 일어날 수 있었겠는가. 여기에 이런 마케팅을 사실상 대행해준 언론의 호의적 보도까지 가세하지 않았던가.

그러나 이런 정치·경제적 진단이 휴대전화와 한국문화의 친화성을 고려하는 문화적 분석을 배제하는 건 아니다. 정치·경제적 이유와 문화적 이유를 동시에 같은 무게로 보는 게 옳을 것이다. 사람에 따라 두 이유의 비중을 6·4제나 4·6제, 또는 7·3제나 3·7제로 보는 것도 가능하리라.

그 무슨 이유 때문이건 한국의 신흥종교로 부상한 휴대전화 덕분에 한국인들이 좀 더 행복해진다면 더 바랄 게 없겠건만 그게 그렇질 않으니 문제다. 믿어도 적당히 믿는 게 좋을 것 같다.

머리말 "왜 아무도 나를 찾지 않는 것일까?"

1) 김정수, 『한국의 정보통신혁명: 오명의 리더십 연구』, 나남, 2000, 20쪽.
2) 고영삼, 「새로운 인간유형 호모 디지털 로쿠엔스」, 박재환 외, 『현대 한국사회의 일상문화코드』, 한울아카데미, 2004, 78~81쪽.
3) 김택근, 「휴대전화에 묻는다」, 경향신문, 2004년 12월 8일자.
4) 정현목, 「휴대전화 네가 없으면 내가 없는 거야」, 중앙일보, 2005년 12월 27일, 26면.
5) 이왕주, 「휴대전화의 온도」, 서울신문, 2006년 1월 26일, 26면.
6) 고현범, 『휴대전화, 철학과 통화하다』, 책세상, 2007, 7~8쪽.
7) 김성도, 『호모 모빌리쿠스: 모바일 미디어의 문화생태학』, 삼성경제연구소, 2008. 383쪽.
8) 홍은주, 『e-비즈, 생존의 법칙: e-비즈니스 세계에서 살아남기 위한 '생존보고서'』, 삼성경제연구소, 2001. 363~364쪽에서 재인용.

제1장 미국 · 유럽 · 일본의 초기 전화발달사: 태동기

1) 조맹기, 『커뮤니케이션의 역사』, 서강대학교출판부, 2004, 330쪽; Sydney W. Head et al., *Broadcasting in America: a Survey of Electronic Media*, New York: Houghton Mifflin, 1998, p.21.
2) Marshall McLuhan, *Understanding Media: The Extensions of Man*, New York: McGraw—Hill, 1965, p.269.
3) 박천홍, 『매혹의 질주, 근대의 횡단: 철도로 돌아본 근대의 풍경』, 산처럼, 2003, 61~62쪽.
4) 김종면, 「철마는 일제의 밀정?―『매혹의 질주, 근대의 횡단』 서평」, 대한매일, 2003년 5월 28일, 25면.
5) 노형석, 『한국 근대사의 풍경』, 생각의나무, 2006, 17쪽.
6) 정재정, 「근대로 열린 길, 철도」, 『역사비평』, 통권 70호(2005년 봄), 222쪽.
7) 김육훈, 『살아 있는 한국 근현대사 교과서』, 휴머니스트, 2007, 98쪽.
8) 데이비드 하비, 구동회 · 박영민 옮김, 『포스트모더니티의 조건』, 한울, 1994, 294쪽.
9) 요시미 순야 외, 오석철 · 황조희 옮김, 『전화의 재발견: 전화를 매개로 한 인간의 커뮤니케이션은 어떻게 변해왔는가?』, 커뮤니케이션북스, 2005, 153~154쪽.
10) 김주환, 『디지털 미디어의 이해』, 생각의나무, 2008, 143~144쪽.
11) Michael Emery · Edwin Emery, *The Press and America: An Interpretive History of the Mass Media*, Boston, Mass.: Allyn and Bacon, 1996, p.115; 이문호, 『뉴스에이전시란 무엇인가: 지면

없는 신문사, 채널 없는 방송국의 모든 것』, 커뮤니케이션북스, 2001. 285~289쪽; 이상철, 『커뮤니케이션 발달사』, 일지사, 1982, 253~254쪽.
12) 이상철, 『커뮤니케이션 발달사』, 일지사, 1982, 256~257쪽; Jean Folkerts · Dwight L. Teeter, Jr., *Voices of a Nation: A History of Mass Media in the United States*, Boston, Mass.: Allyn and Bacon, 1998, p.148.
13) 임영호, 『기술혁신과 언론노동: 노동과정론에서 본 신문노동의 역사』, 커뮤니케이션북스, 1999, 106쪽.
14) 존 스틸 고든, 강남규 옮김, 『월스트리트제국: 금융자본권력의 역사 350년』, 참솔, 2002, 99~103쪽.
15) Alvin Toffler, *Future Shock*, New York: Bantam Books, 1970, p.215.
16) 요시미 순야 외, 오석철 · 황조희 옮김, 『전화의 재발견: 전화를 매개로 한 인간의 커뮤니케이션은 어떻게 변해왔는가?』, 커뮤니케이션북스, 2005, 141쪽.
17) 세스 슐만, 강성희 옮김, 『지상 최대의 과학 사기극: 알렉산더 그레이엄 벨의 모략과 음모로 가득 찬 범죄 노트』, 살림, 2009.
18) 앨빈 토플러 · 하이디 토플러, 김중웅 옮김, 『부의 미래』, 청림출판, 2006, 35쪽.
19) 요시미 순야 외, 오석철 · 황조희 옮김, 『전화의 재발견: 전화를 매개로 한 인간의 커뮤니케이션은 어떻게 변해왔는가?』, 커뮤니케이션북스, 2005, 33쪽.
20) 세스 슐만, 강성희 옮김, 『지상 최대의 과학 사기극: 알렉산더 그레이엄 벨의 모략과 음모로 가득 찬 범죄 노트』, 살림, 2009, 15~16쪽; 요시미 순야, 송태욱 옮김, 『소리의 자본주의: 전화, 라디오, 축음기의 사회사』, 이매진, 2005, 102~107쪽.
21) 요시미 순야, 송태욱 옮김, 『소리의 자본주의: 전화, 라디오, 축음기의 사회사』, 이매진, 2005, 140~142쪽.
22) 요시미 순야, 송태욱 옮김, 『소리의 자본주의: 전화, 라디오, 축음기의 사회사』, 이매진, 2005, 164~168쪽.
23) 요시미 순야, 송태욱 옮김, 『소리의 자본주의: 전화, 라디오, 축음기의 사회사』, 이매진, 2005, 161~162쪽.
24) Marshall McLuhan, *Understanding Media: The Extensions of Man*, New York: McGraw—Hill, 1965, p.269.
25) 스티븐 컨, 박성관 옮김, 『시간과 공간의 문화사 1880~1918』, 휴머니스트, 2004, 177쪽.
26) 요시미 순야, 송태욱 옮김, 『소리의 자본주의: 전화, 라디오, 축음기의 사회사』, 이매진, 2005, 149쪽.
27) 요시미 순야 외, 오석철 · 황조희 옮김, 『전화의 재발견: 전화를 매개로 한 인간의 커뮤니케이션은 어떻게 변해왔는가?』, 커뮤니케이션북스, 2005, 147쪽.
28) 요시미 순야, 송태욱 옮김, 『소리의 자본주의: 전화, 라디오, 축음기의 사회사』, 이매진, 2005, 153~158쪽.
29) 요시미 순야, 송태욱 옮김, 『소리의 자본주의: 전화, 라디오, 축음기의 사회사』, 이매진, 2005, 158~160쪽.

30) 스티븐 컨, 박성관 옮김, 『시간과 공간의 문화사 1880~1918』, 휴머니스트, 2004, 289쪽.
31) 요시미 순야 외, 오석철·황조희 옮김, 『전화의 재발견: 전화를 매개로 한 인간의 커뮤니케이션은 어떻게 변해왔는가?』, 커뮤니케이션북스, 2005, 156~157쪽.
32) 요시미 순야 외, 오석철·황조희 옮김, 『전화의 재발견: 전화를 매개로 한 인간의 커뮤니케이션은 어떻게 변해왔는가?』, 커뮤니케이션북스, 2005, 39~40쪽, 155~156쪽.
33) 요시미 순야, 송태욱 옮김, 『소리의 자본주의: 전화, 라디오, 축음기의 사회사』, 이매진, 2005, 150~151쪽.
34) Anthony Smith, 최정호·공영배 옮김, 『세계신문의 역사』, 나남, 1990, 247쪽.
35) 임영호, 「기술혁신과 언론노동: 노동과정론에서 본 신문노동의 역사」, 커뮤니케이션북스, 1999, 104~105쪽.
36) 스티븐 컨, 박성관 옮김, 『시간과 공간의 문화사 1880~1918』, 휴머니스트, 2004, 520쪽.
37) 스티븐 컨, 박성관 옮김, 『시간과 공간의 문화사 1880~1918』, 휴머니스트, 2004, 521쪽.
38) Anthony Smith, 최정호·공영배 옮김, 『세계신문의 역사』, 나남, 1990, 247쪽.
39) 요시미 순야, 송태욱 옮김, 『소리의 자본주의: 전화, 라디오, 축음기의 사회사』, 이매진, 2005, 143쪽.
40) 요시미 순야, 송태욱 옮김, 『소리의 자본주의: 전화, 라디오, 축음기의 사회사』, 이매진, 2005, 143쪽.
41) 요시미 순야, 송태욱 옮김, 『소리의 자본주의: 전화, 라디오, 축음기의 사회사』, 이매진, 2005, 144쪽.
42) 요시미 순야, 송태욱 옮김, 『소리의 자본주의: 전화, 라디오, 축음기의 사회사』, 이매진, 2005, 179쪽.
43) 배진한, 「전화의 이용과 충족 그리고 대인매체로서의 전화의 속성: 이동전화, 면대면 채널과의 비교를 중심으로」, 『한국언론정보학보』, 제18호(2002년 봄), 136쪽.
44) 요시미 순야, 송태욱 옮김, 『소리의 자본주의: 전화, 라디오, 축음기의 사회사』, 이매진, 2005, 179~180쪽.
45) 요시미 순야, 송태욱 옮김, 『소리의 자본주의: 전화, 라디오, 축음기의 사회사』, 이매진, 2005, 181쪽.
46) 요시미 순야, 송태욱 옮김, 『소리의 자본주의: 전화, 라디오, 축음기의 사회사』, 이매진, 2005, 182~183쪽.
47) 요시미 순야, 송태욱 옮김, 『소리의 자본주의: 전화, 라디오, 축음기의 사회사』, 이매진, 2005, 183쪽.
48) 스티븐 컨, 박성관 옮김, 『시간과 공간의 문화사 1880~1918』, 휴머니스트, 2004, 519쪽.
49) 요시미 순야 외, 오석철·황조희 옮김, 『전화의 재발견: 전화를 매개로 한 인간의 커뮤니케이션은 어떻게 변해왔는가?』, 커뮤니케이션북스, 2005, 40~41쪽.
50) 요시미 순야 외, 오석철·황조희 옮김, 『전화의 재발견: 전화를 매개로 한 인간의 커뮤니케이션은 어떻게 변해왔는가?』, 커뮤니케이션북스, 2005, 52~53쪽.
51) 기어트 호프슈테더, 차재호·나은영 옮김, 『세계의 문화와 조직』, 학지사, 1995, 207~232쪽.

52) 요시미 순야 외, 오석철·황조희 옮김, 『전화의 재발견: 전화를 매개로 한 인간의 커뮤니케이션은 어떻게 변해왔는가?』, 커뮤니케이션북스, 2005, 163~167쪽.
53) 요시미 순야, 송태욱 옮김, 『소리의 자본주의: 전화, 라디오, 축음기의 사회사』, 이매진, 2005, 192쪽.
54) 요시미 순야, 송태욱 옮김, 『소리의 자본주의: 전화, 라디오, 축음기의 사회사』, 이매진, 2005, 192~193쪽.
55) 요시미 순야, 송태욱 옮김, 『소리의 자본주의: 전화, 라디오, 축음기의 사회사』, 이매진, 2005, 196~197쪽.
56) 요시미 순야 외, 오석철·황조희 옮김, 『전화의 재발견: 전화를 매개로 한 인간의 커뮤니케이션은 어떻게 변해왔는가?』, 커뮤니케이션북스, 2005, 80쪽.
57) 요시미 순야 외, 오석철·황조희 옮김, 『전화의 재발견: 전화를 매개로 한 인간의 커뮤니케이션은 어떻게 변해왔는가?』, 커뮤니케이션북스, 2005, 81쪽.
58) 요시미 순야 외, 오석철·황조희 옮김, 『전화의 재발견: 전화를 매개로 한 인간의 커뮤니케이션은 어떻게 변해왔는가?』, 커뮤니케이션북스, 2005, 38쪽.

제2장 전화를 향해 큰절을 네 번 하다: 개화기

1) 최연진, 「"이메일·휴대폰이 미워"…… 설 땅 잃어가는 '빨간 우체통'」, 한국일보, 2007년 4월 10일, 15면.
2) 박진희, 「서양 과학기술과의 만남」, 국사편찬위원회 편, 『근현대과학기술과 삶의 변화』, 두산동아, 2005, 21쪽.
3) 이광린, 『한국사강좌 V: 근대편』, 일조각, 1997, 244쪽.
4) 채백, 「통신매체의 도입과 한국 근대의 사회변화」, 박정규 외, 『한국근대사회의 변화와 언론』, 한국정신문화연구원, 1995, 155쪽.
5) 김정기, 「청의 원세개 파견과 조선군사정책」, 『역사비평』, 통권 54호(2001년 봄), 397쪽.
6) 김정기, 「청의 원세개 파견과 조선군사정책」, 『역사비평』, 통권 54호(2001년 봄), 400~402쪽.
7) 김정기, 「청의 원세개 파견과 조선군사정책」, 『역사비평』, 통권 54호(2001년 봄), 400~402쪽; 채백, 「통신매체의 도입과 한국 근대의 사회변화」, 박정규 외, 『한국근대사회의 변화와 언론』, 한국정신문화연구원, 1995, 178쪽; 김정기, 「청의 조선정책(1876~1894)」, 한국역사연구회, 『1894년 농민전쟁연구 3: 농민전쟁의 정치사상적 배경』, 역사비평사, 1991, 60쪽.
8) 채백, 「통신매체의 도입과 한국 근대의 사회변화」, 박정규 외, 『한국근대사회의 변화와 언론』, 한국정신문화연구원, 1995, 155~156쪽; 박진희, 「서양 과학기술과의 만남」, 국사편찬위원회 편, 『근현대 과학기술과 삶의 변화』, 두산동아, 2005, 22쪽; 진용옥, 『봉화에서 텔레파시통신까지: 정보와 통신의 원형을 찾아서』, 지성사, 1996, 271쪽, 288쪽, 295쪽.
9) 연갑수, 「개항기 권력집단의 정세인식과 정책」, 한국역사연구회, 『1894년 농민전쟁연구 3: 농민전쟁의 정치사상적 배경』, 역사비평사, 1991, 138쪽.
10) 김학준, 「1903년 서울~인천 시외전화 개통: "전보 통해 전염병 나돈다" 오해도」, 서울신문,

2006년 9월 1일, 8면.
11) 박진희, 「서양 과학기술과의 만남」, 국사편찬위원회 편, 『근현대 과학기술과 삶의 변화』, 두산동아, 2005, 12~13쪽.
12) 박진희, 「서양 과학기술과의 만남」, 국사편찬위원회 편, 『근현대 과학기술과 삶의 변화』, 두산동아, 2005, 13~14쪽.
13) 김인숙, 「무너져가는 나라가 기댈 것은 미래뿐…… 고종, 학교설립 흔쾌히 허락: 광혜원·배재학당 등 설립…… 민간의 근대화 움직임」, 조선일보, 2004년 4월 9일, A26면.
14) 노형석, 『모던의 유혹 모던의 눈물: 근대 한국을 거닐다』, 생각의나무, 2004, 52쪽; 이승원, 『소리가 만들어낸 근대의 풍경』, 살림, 2005, 80~81쪽.
15) 이기우, 「책갈피 속의 오늘−1959년 국산 라디오 첫선: '신기한 소리통'」, 동아일보, 2003년 12월 15일, A29면.
16) 이이화, 「한말−성냥과 석유를 처음 쓰던 시절」, 『역사비평』, 제13호(1991년 여름), 91쪽.
17) 김기천, 「"한성전기, 고종이 단독 출자": 『전기 100년사』 한전서 발간」, 조선일보, 1990년 2월 20일, 6면.
18) 채백, 「통신매체의 도입과 한국 근대의 사회변화」, 박정규 외, 『한국근대사회의 변화와 언론』, 한국정신문화연구원, 1995, 168쪽; 박진희, 「서양 과학기술과의 만남」, 국사편찬위원회 편, 『근현대 과학기술과 삶의 변화』, 두산동아, 2005, 22~23쪽; 김명진, 「자동차와 도로망의 발전」, 국사편찬위원회 편, 『근현대 과학기술과 삶의 변화』, 두산동아, 2005, 266쪽.
19) 진용옥, 『봉화에서 텔레파시통신까지: 정보와 통신의 원형을 찾아서』, 지성사, 1996, 275~276쪽.
20) 진용옥, 『봉화에서 텔레파시통신까지: 정보와 통신의 원형을 찾아서』, 지성사, 1996, 276쪽.
21) 김인숙, 「무너져가는 나라가 기댈 것은 미래뿐…… 고종, 학교설립 흔쾌히 허락: 광혜원·배재학당 등 설립…… 민간의 근대화 움직임」, 조선일보, 2004년 4월 9일, A26면.
22) 채백, 「통신매체의 도입과 한국 근대의 사회변화」, 박정규 외, 『한국근대사회의 변화와 언론』, 한국정신문화연구원, 1995, 155~156쪽.
23) 채백, 「통신매체의 도입과 한국 근대의 사회변화」, 박정규 외, 『한국근대사회의 변화와 언론』, 한국정신문화연구원, 1995, 178쪽.
24) 채백, 「통신매체의 도입과 한국 근대의 사회변화」, 박정규 외, 『한국근대사회의 변화와 언론』, 한국정신문화연구원, 1995, 156~157쪽.
25) 노치준, 「한말의 근대화와 기독교」, 『역사비평』, 계간 27호(1994년 겨울), 308쪽.
26) 채백, 「통신매체의 도입과 한국 근대의 사회변화」, 박정규 외, 『한국근대사회의 변화와 언론』, 한국정신문화연구원, 1995, 178~179쪽.
27) 윤상길, 「통신의 사회문화사」, 유선영·박용규·이상길 외, 『한국의 미디어 사회문화사』, 한국언론재단, 2007, 120쪽.
28) 채백, 「통신매체의 도입과 한국 근대의 사회변화」, 박정규 외, 『한국근대사회의 변화와 언론』, 한국정신문화연구원, 1995, 154쪽.
29) 채백, 「통신매체의 도입과 한국 근대의 사회변화」, 박정규 외, 『한국근대사회의 변화와 언

론』, 한국정신문화연구원, 1995, 169쪽에서 재인용.
30) 김민남 외, 『새로 쓰는 한국언론사』, 아침, 1993, 127~128쪽; 이문호, 『뉴스에이전시란 무엇인가: 지면없는 신문사, 채널없는 방송국의 모든 것』, 커뮤니케이션북스, 2001, 319~320쪽.
31) 조맹기, 『한국언론인물사상사』, 나남, 2006, 31~33쪽.
32) 이승현, 「전화 1882년 청서 김윤식 첫 도입: 정도 600년」, 세계일보, 1994년 10월 2일, 20면.
33) 조정래, 『아리랑 1: 조정래 대하소설』, 해냄, 2001, 43쪽.
34) 이승현, 「전화 1882년 청서 김윤식 첫 도입: 정도 600년」, 세계일보, 1994년 10월 2일, 20면; 진용옥, 『봉화에서 텔레파시통신까지: 정보와 통신의 원형을 찾아서』, 지성사, 1996, 329~330쪽.
35) 한국통신 인터넷 홈페이지 www.kt.com.
36) A.H. 새비지-랜도어, 신복룡·장우영 역주, 『고요한 아침의 나라 조선: 한말 외국인 기록 19』, 집문당, 1999, 117~118쪽.
37) 김학준, 「1903년 서울~인천 시외전화 개통: "전보 통해 전염병 나돈다" 오해도」, 서울신문, 2006년 9월 1일, 8면.
38) 김구, 도진순 주해, 『백범일지』, 돌베개, 2002, 120~121쪽.
39) 「'전화 할아버지' 고종과도 통화한 황우찬 옹: "귀뚜라미 소리 같아"」, 조선일보, 1965년 9월 26일, 3면.
40) 진용옥, 『봉화에서 텔레파시통신까지: 정보와 통신의 원형을 찾아서』, 지성사, 1996, 291쪽.
41) 이승현, 「전화 1882년 청서 김윤식 첫 도입: 정도 600년」, 세계일보, 1994년 10월 2일, 20면.
42) 이규태, 「전화폭력」, 조선일보, 1989년 3월 15일, 4면.
43) 이승원, 『소리가 만들어낸 근대의 풍경』, 살림, 2005, 80~81쪽.
44) 박성수, 「황제의 침소와 수라상(秘錄 南柯夢:7)」, 서울신문, 1998년 4월 8일, 11면
45) 박천홍, 『매혹의 질주, 근대의 횡단: 철도로 돌아본 근대의 풍경』, 산처럼, 2003, 20~21쪽; 고명섭, 「철마 내달리다 오욕의 근대사—『매혹의 질주, 근대의 횡단』 서평」, 한겨레, 2003년 5월 31일, 23면.
46) 박천홍, 『매혹의 질주, 근대의 횡단: 철도로 돌아본 근대의 풍경』, 산처럼, 2003, 24~25쪽.
47) 이헌재, 「책갈피 속의 오늘—1901년 경부선 철도 기공」, 동아일보, 2007년 8월 21일자.
48) 이헌재, 「책갈피 속의 오늘—1901년 경부선 철도 기공」, 동아일보, 2007년 8월 21일자.
49) 한국통신 인터넷 홈페이지 www.kt.com.
50) 윤상길, 「통신의 사회문화사」, 유선영·박용규·이상길 외, 『한국의 미디어 사회문화사』, 한국언론재단, 2007, 107쪽.
51) 한국통신 인터넷 홈페이지 www.kt.com; 강효상, 「통계로 본 구한말—갑오경장 백주년 통계청 공개」, 조선일보, 1994년 7월 29일, 10면.
52) 윤상길, 「통신의 사회문화사」, 유선영·박용규·이상길 외, 『한국의 미디어 사회문화사』, 한국언론재단, 2007, 125쪽.
53) 김학준, 「1903년 서울~인천 시외전화 개통: "전보 통해 전염병 나돈다" 오해도」, 서울신문, 2006년 9월 1일, 8면.
54) 이규태, 「전화폭력」, 조선일보, 1989년 3월 15일, 4면.

55) 윤상길, 「통신의 사회문화사」, 유선영·박용규·이상길 외, 『한국의 미디어 사회문화사』, 한국언론재단, 2007, 143쪽.
56) 김학준, 「1903년 서울~인천 시외전화 개통: "전보 통해 전염병 나돈다" 오해도」, 서울신문, 2006년 9월 1일, 8면.
57) 강효상, 「통계로 본 구한말—갑오경장 백주년 통계청 공개」, 조선일보, 1994년 7월 29일, 10면.
58) 김민남 외, 『새로 쓰는 한국언론사』, 아침, 1993, 159~160쪽; 진용옥, 『봉화에서 텔레파시통신까지: 정보와 통신의 원형을 찾아서』, 지성사, 1996, 313쪽.
59) 이승원, 『소리가 만들어낸 근대의 풍경』, 살림, 2005, 81~82쪽.
60) 아손 그렙스트, 김상열 옮김, 『스웨덴 기자 아손, 100년전 한국을 걷다: 을사조약 전야 대한제국 여행기』, 책과함께, 2005, 43~45쪽; 백성현·이한우, 『파란 눈에 비친 하얀 조선』, 새날, 1999, 171~172쪽.
61) 「개화백경 (54) 열등의식에 밀착된 서민의 전통적 철학」, 조선일보, 1968년 12월 3일, 4면.
62) 임종국, 민족문제연구소 엮음, 『한국인의 생활과 풍속(상)』, 아세아문화사, 1995, 306쪽.
63) 「개화백경 (54) 열등의식에 밀착된 서민의 전통적 철학」, 조선일보, 1968년 12월 3일, 4면.
64) 정일성, 『이토 히로부미: 알려지지 않은 이야기들』, 지식산업사, 2002, 158~159쪽.
65) 채백, 「통신매체의 도입과 한국 근대의 사회변화」, 박정규 외, 『한국근대사회의 변화와 언론』, 한국정신문화연구원, 1995, 179~180쪽.
66) 채백, 「통신매체의 도입과 한국 근대의 사회변화」, 박정규 외, 『한국근대사회의 변화와 언론』, 한국정신문화연구원, 1995, 179~180쪽.
67) 서울특별시사편찬위원회『서울 육백년사』인터넷 홈페이지 seoul600.visitseoul.net.
68) 윤상길, 「통신의 사회문화사」, 유선영·박용규·이상길 외, 『한국의 미디어 사회문화사』, 한국언론재단, 2007, 125쪽.

제3장 "경성은 바야흐로 전화광시대": 일제강점기

1) 서울특별시사편찬위원회『서울 육백년사』인터넷 홈페이지 seoul600.visitseoul.net.
2) 윤상길, 「통신의 사회문화사」, 유선영·박용규·이상길 외, 『한국의 미디어 사회문화사』, 한국언론재단, 2007, 143쪽.
3) 윤상길, 「통신의 사회문화사」, 유선영·박용규·이상길 외, 『한국의 미디어 사회문화사』, 한국언론재단, 2007, 153쪽.
4) 김영근, 「일제하 식민지적 근대성의 한 특징: 경성에서의 도시 경험을 중심으로」, 한국사회사학회, 『사회와 역사』, 제57집, 문학과지성사, 2000, 13쪽; 윤상길, 「통신의 사회문화사」, 유선영·박용규·이상길 외, 『한국의 미디어 사회문화사』, 한국언론재단, 2007, 122쪽.
5) 정인경, 「과학기술의 도입, 그 환희와 절망」, 한국역사연구회, 『우리는 지난 100년 동안 어떻게 살았을까 1』, 역사비평사, 1998, 22쪽.
6) 「자동전화 수입」, 조선일보, 1921년 5월 9일, 석간 2면.
7) 윤상길, 「통신의 사회문화사」, 유선영·박용규·이상길 외, 『한국의 미디어 사회문화사』, 한

국언론재단, 2007, 153~154쪽.
8) 한국통신 인터넷 홈페이지; 이경훈, 『어떤 백년, 즐거운 신생: 이경훈 평론집』, 하늘연못, 1999, 251쪽.
9) 윤상길, 「통신의 사회문화사」, 유선영·박용규·이상길 외, 『한국의 미디어 사회문화사』, 한국언론재단, 2007, 134쪽.
10) 「매일 통화 10만 번: 세말과 눈코 뜰 새 없는 교환수」, 조선일보, 1924년 12월 23일, 조간 2면.
11) 이경훈, 『어떤 백년, 즐거운 신생: 이경훈 평론집』, 하늘연못, 1999, 252~253쪽.
12) 이승원, 『소리가 만들어낸 근대의 풍경』, 살림, 2005, 85쪽.
13) 이승원, 『소리가 만들어낸 근대의 풍경』, 살림, 2005, 87~89쪽.
14) 요시미 순야, 송태욱 옮김, 『소리의 자본주의: 전화, 라디오, 축음기의 사회사』, 이매진, 2005, 262~268쪽.
15) 요시미 순야, 송태욱 옮김, 『소리의 자본주의: 전화, 라디오, 축음기의 사회사』, 이매진, 2005, 282~283쪽.
16) 요시미 순야, 송태욱 옮김, 『소리의 자본주의: 전화, 라디오, 축음기의 사회사』, 이매진, 2005, 284~285쪽.
17) 유병은, 『초창기 방송시대의 방송야사』, KBS 문화사업단, 1998, 61쪽.
18) 고종석, 「오늘―「1341」京城放送局」, 한국일보, 2005년 2월 16일, 5면.
19) 김영희, 「일제시기 라디오의 출현과 청취자」, 『한국언론학보』, 제46－2호(2002년 봄), 153~154쪽에서 재인용.
20) 유재천, 「민족언론과 월남 이상재: 조선일보와 민족주의」, 『한국언론과 이데올로기』, 문학과 지성사, 1990, 137~171쪽.
21) 김을한, 『한국신문사화』, 탐구당, 1975, 79~81쪽.
22) 「무선전화 공개방송 시험: 조선일보사 주최 근일중 경성에서」, 조선일보, 1924년 12월 12일, 석간 2면.
23) 「생활의 현대화와 조선인: 본사 무선전화 방송에 임하야(사설)」, 조선일보, 1924년 12월 17일, 조간 1면.
24) 김태수, 『꽃가치 피어 매혹케 하라: 신문광고로 본 근대의 풍경』, 황소자리, 2005, 198쪽.
25) 「경이의 눈! 경이의 귀!: 성황을 극(極)한 본사 무선방송의 초일(初日)」, 조선일보, 1924년 12월 18일, 석간 2면; 「금일부터 공회당으로: 무선전화공개방송 변경」, 조선일보, 1924년 12월 18일, 조간 2면.
26) 이범경, 『한국방송사』, 범우사, 1994, 129쪽.
27) 「사고(謝告)」, 조선일보, 1924년 12월 20일, 조간 1면.
28) 김영희, 「일제시기 라디오의 출현과 청취자」, 『한국언론학보』, 제46－2호(2002년 봄), 173쪽에서 재인용.
29) 권혁주, 「라디오청취료 2원 시절을 아시나요」, 중앙일보, 1998년 9월 3일, 28면.
30) 유병은, 『방송야사』, KBS 문화사업단, 1998, 24쪽.
31) 고종석, 「오늘―「1341」京城放送局」, 한국일보, 2005년 2월 16일, 5면.

32) 강경희, 「학계, 일제하 민족방송 논의 확산」, 조선일보, 1992년 9월 6일, 16면.
33) 쓰가와 이즈미, 김재홍 옮김, 『JODK, 사라진 호출부호』, 커뮤니케이션북스, 1999, 45~46쪽.
34) 이내수, 『이야기 방송사 1924~1948』, 씨앗을뿌리는사람, 2001, 88쪽.
35) 유병은, 『방송야사』, KBS 문화사업단, 1998, 25~27쪽.
36) 유병은, 『방송야사』, KBS 문화사업단, 1998, 25~27쪽; 쓰가와 이즈미, 김재홍 옮김, 『JODK, 사라진 호출부호』, 커뮤니케이션북스, 1999, 48쪽.
37) 김영희, 「일제시기 라디오의 출현과 청취자」, 『한국언론학보』, 제46-2호(2002년 봄), 173쪽에서 재인용.
38) 김준석, 「책갈피 속의 오늘-1927년 국내 최초 라디오 방송」, 동아일보, 2005년 2월 16일, 27면.
39) 소래섭, 『에로 그로 넌센스: 근대적 자극의 탄생』, 살림, 2005, 29~30쪽.
40) 김영희, 「일제시기 라디오의 출현과 청취자」, 『한국언론학보』, 제46-2호(2002년 봄), 159쪽.
41) 최창섭, 『방송원론』, 나남, 1985, 40~43쪽.
42) 김태수, 『꼿가치 피어 매혹케 하라: 신문광고로 본 근대의 풍경』, 황소자리, 2005, 204쪽.
43) 쓰가와 이즈미, 김재홍 옮김, 『JODK, 사라진 호출부호』, 커뮤니케이션북스, 1999, 50쪽.
44) 최창섭, 『방송원론』, 나남, 1985, 40~43쪽.
45) 이내수, 『이야기 방송사 1924~1948』, 씨앗을뿌리는사람, 2001, 99쪽.
46) 요시미 순야, 송태욱 옮김, 『소리의 자본주의: 전화, 라디오, 축음기의 사회사』, 이매진, 2005, 330~331쪽.
47) 「자동전화를 공중전화로」, 조선일보, 1927년 6월 2일, 조간 2면.
48) 요시미 순야 외, 오석철·황조희 옮김, 『전화의 재발견: 전화를 매개로 한 인간의 커뮤니케이션은 어떻게 변해왔는가?』, 커뮤니케이션북스, 2005, 62쪽.
49) 이승원, 『소리가 만들어낸 근대의 풍경』, 살림, 2005, 82~83쪽.
50) 정인경, 「과학기술의 도입, 그 환희와 절망」, 한국역사연구회, 『우리는 지난 100년 동안 어떻게 살았을까 1』, 역사비평사, 1998, 25~26쪽.
51) 노형석, 『모던의 유혹 모던의 눈물: 근대 한국을 거닐다』, 생각의나무, 2004, 68쪽.
52) 다칭 양, 「일본의 제국적 전기통신망 속의 식민지 한국」, 신기욱·마이클 로빈슨 엮음, 도면회 옮김, 『한국의 식민지 근대성: 내재적 발전론과 식민지 근대화론을 넘어서』, 삼인, 2006, 249~250쪽.
53) 서울특별시사편찬위원회『서울 육백년사』인터넷 홈페이지 seoul600.visitseoul.net.
54) 로렌스 레식, 김정오 옮김, 『코드: 사이버공간의 법이론』, 나남, 2002, 387쪽.
55) 「작란전화로 대소동」, 조선일보, 1925년 2월 15일, 조간 2면.
56) 「전화 사주마 하며 금전만 사취」, 조선일보, 1925년 4월 7일, 조간 2면.
57) 「십일세 소녀를 능욕한 후 살해: 전화로 교묘히 유인하야」, 조선일보, 1926년 2월 17일, 조간 2면.
58) 「형의 이름팔아 팔천 원 횡령 도주」, 조선일보, 1927년 2월 4일, 조간 2면.
59) 윤상길, 「통신의 사회문화사」, 유선영·박용규·이상길 외, 『한국의 미디어 사회문화사』, 한

국언론재단, 2007, 153~154쪽.
60) 「교묘한 방법으로 귀금속 사취한」, 조선일보, 1928년 4월 19일, 석간 2면.
61) 「전화 이용의 도적: 창기와의 유흥비 얻고저」, 조선일보, 1928년 10월 30일, 석간 5면.
62) 「남의 전화 가지고 7천여 원을 사취」, 조선일보, 1931년 5월 5일, 석간 2면.
63) 「전화로 물품주문 자전거 절취 도주」, 조선일보, 1933년 6월 1일, 조간 3면.
64) 서울특별시사편찬위원회 『서울 육백년사』 인터넷 홈페이지 seoul600.visitseoul.net.
65) 윤상길, 「통신의 사회문화사」, 유선영·박용규·이상길 외, 『한국의 미디어 사회문화사』, 한국언론재단, 2007, 122쪽.
66) 윤상길, 「통신의 사회문화사」, 유선영·박용규·이상길 외, 『한국의 미디어 사회문화사』, 한국언론재단, 2007, 122~123쪽.
67) 「러브레터는 구식: 사랑 전화홍수 시대 여우(女優)」, 조선일보, 1931년 10월 5일, 석간 2면.
68) 「세말풍경: 전화교환국」, 조선일보, 1933년 12월 16일, 조간 2면.
69) 박정애, 「'배운여성'의 일, 그 빛과 그림자: 일제시대 '직업여성'의 등장」, 여성사연구모임 길밖세상, 『20세기 여성사건사: 근대 여성교육의 시작에서 사이버 페미니즘까지』, 여성신문사, 2001, 59쪽.
70) 이현진, 「각광받는 여성의 직업은?」, 이배용 외, 『우리나라 여성들은 어떻게 살았을까 2: 개화기부터 해방기까지』, 청년사, 1999, 24~25쪽.
71) 박진희, 「서양 과학기술과의 만남」, 국사편찬위원회 편, 『근현대 과학기술과 삶의 변화』, 두산동아, 2005, 25쪽.
72) 이승원, 『소리가 만들어낸 근대의 풍경』, 살림, 2005, 83쪽.
73) 윤상길, 「통신의 사회문화사」, 유선영·박용규·이상길 외, 『한국의 미디어 사회문화사』, 한국언론재단, 2007, 146~147쪽.
74) 「거는 사람 받는 사람이 피차에 공손하게: 현대인이 지킬 전화도덕」, 조선일보, 1934년 11월 11일, 석간 2면.
75) 다치 양, 「일본의 제국적 전기통신망 속의 식민지 한국」, 신기욱·마이클 로빈슨 엮음, 도면회 옮김, 『한국의 식민지 근대성: 내재적 발전론과 식민지 근대화론을 넘어서』, 삼인, 2006, 243쪽.
76) 김화성, 「1936년 8월 10일 새벽 동아일보 앞 뜨거웠던 함성」, 동아일보, 2006년 4월 1일자; 천정환, 『끝나지 않는 신드롬: 친일과 반일을 넘어선 식민지시대 다시 읽기』, 푸른역사, 2005, 23쪽.
77) 김화성, 「1936년 8월 10일 새벽 동아일보 앞 뜨거웠던 함성」, 동아일보, 2006년 4월 1일자.
78) 다칭 양, 「일본의 제국적 전기통신망 속의 식민지 한국」, 신기욱·마이클 로빈슨 엮음, 도면회 옮김, 『한국의 식민지 근대성: 내재적 발전론과 식민지 근대화론을 넘어서』, 삼인, 2006, 258쪽; 한국통신 인터넷 홈페이지 www.kt.com.
79) 한국통신 인터넷 홈페이지 www.kt.com.
80) 윤상길, 「통신의 사회문화사」, 유선영·박용규·이상길 외, 『한국의 미디어 사회문화사』, 한국언론재단, 2007, 136쪽.

81) 윤상길, 「통신의 사회문화사」, 유선영·박용규·이상길 외, 『한국의 미디어 사회문화사』, 한국언론재단, 2007, 136쪽.
82) 한국통신 인터넷 홈페이지 www.kt.com; 「도수제 실시 초일 통화수 3분1로 격감」, 조선일보, 1937년 7월 2일, 석간 2면.
83) 「우리 동리 통신: 공중전화라도 설치해줬으면」, 조선일보, 1938년 9월 15일, 조간 3면.
84) 윤상길, 「통신의 사회문화사」, 유선영·박용규·이상길 외, 『한국의 미디어 사회문화사』, 한국언론재단, 2007, 144쪽.
85) 이동순, 『번지없는 주막: 한국가요사의 잃어버린 번지를 찾아서』, 선, 2007, 142~143쪽.
86) 이준희, 「허용될 수 없는 노래의 가벼움, '전화일기'」, 가요114 홈페이지 www.gayo114.com.
87) 「시간의 여행(勵行)과 전화의 명랑화: 전화국서 선전지 배부」, 조선일보, 1938년 6월 9일, 조간 2면.
88) 조영복, 『문인기자 김기림과 1930년대 '활자—도서관'의 꿈: 학예면과 신문문에 장르의 세계』, 살림, 2007, 229~230쪽.
89) 김예림, 「전 시기 오락정책과 '문화' 로서의 우생학」, 『역사비평』, 통권 73호(2005년 겨울), 342쪽.
90) 「악질의 전화작난 평양법원서 1년반역(役)」, 조선일보, 1939년 3월 20일, 석간 2면.
91) 윤상길, 「통신의 사회문화사」, 유선영·박용규·이상길 외, 『한국의 미디어 사회문화사』, 한국언론재단, 2007, 136쪽.
92) 「완연 전화광시대(電話狂時代)! 신청자 6천에 접근」, 조선일보, 1939년 4월 22일, 조간 3면.
93) 「전화와 문서전으로 백열화한 선거계」, 조선일보, 1939년 5월 11일, 조간 3면.
94) 「전화개선진정운동: 가입자 5백여 명이 연서날인」, 조선일보, 1939년 6월 20일, 조간 3면.
95) 「놀라운 과학의 힘: 조선에 안자서도 세계의 오십여 나라와 전화로 "여보세요"」, 조선일보, 1939년 8월 13일, 호외 2면.
96) 「자숙하의 연말: 전신전화는 늘고 연하장은 격감」, 조선일보, 1939년 12월 27일, 석간 2면.
97) 「"요것만은 꼭 지켜주서요", 전화교환수들이 가입자에 대한 고충」, 조선일보, 1940년 2월 9일, 조간 2면.
98) 「만원 전차 타기보다 더 힘든 도청 전화 호출」, 조선일보, 1940년 2월 24일, 조간 2면.
99) 「전화교환 소화불량중」, 조선일보, 1940년 3월 25일, 석간 2면.
100) 「우편개선좌담회 불평은 전화에 총집중」, 조선일보, 1940년 4월 23일, 조간 3면.
101) 「전화통제: 임의의 명의변경 불허」, 조선일보, 1940년 7월 16일, 석간 2면.
102) 윤상길, 「통신의 사회문화사」, 유선영·박용규·이상길 외, 『한국의 미디어 사회문화사』, 한국언론재단, 2007, 137쪽.
103) 서울특별시사편찬위원회 『서울 육백년사』 인터넷 홈페이지 seoul600.visitseoul.net.
104) 한국통신 인터넷 홈페이지 www.kt.com.
105) 윤상길, 「통신의 사회문화사」, 유선영·박용규·이상길 외, 『한국의 미디어 사회문화사』, 한국언론재단, 2007, 137쪽.
106) 서울특별시사편찬위원회 『서울 육백년사』 인터넷 홈페이지 seoul600.visitseoul.net.

제4장 다방은 전화커뮤니케이션의 아지트: 1945~1959년

1) 서울특별시사편찬위원회 『서울 육백년사』 인터넷 홈페이지 seoul600.visitseoul.net.
2) 서울특별시사편찬위원회 『서울 육백년사』 인터넷 홈페이지 seoul600.visitseoul.net.
3) 한국통신 인터넷 홈페이지 www.kt.com.
4) 「칠판(漆板)」, 조선일보, 1945년 12월 10일, 조간 1면.
5) 김재명, 「김규식: 한 온건 지식인의 실패한 이상주의」, 『한국현대사의 비극―중간파의 이상과 좌절』, 선인, 2003, 321쪽; 송남헌, 「민족통일독립운동의 선도자」, 우사연구회 엮음, 『몸으로 쓴 통일독립운동사: 우사 김규식 생애와 사상 ③』, 한울, 2000, 57쪽.
6) 김상도 외, 「다시 쓰는 한국현대사: 그림자 조직 미 CIC」, 중앙일보, 1995년 4월 11일, 8면.
7) 한국통신 인터넷 홈페이지 www.kt.com.
8) 한국통신 인터넷 홈페이지 www.kt.com.
9) 「전화에도 유령: 이미 3백여 대를 적발」, 조선일보, 1949년 10월 7일, 조간 2면.
10) 서울특별시사편찬위원회 『서울 육백년사』 인터넷 홈페이지 seoul600.visitseoul.net.
11) 조선일보, 1990년 6월 24일자.
12) 조선일보, 1990년 6월 24일자.
13) 동서식품 홈페이지 www.dongsuh.co.kr/coffee/board/cview.asp?strTableName e=board_1101.
14) 정성호, 「한국전쟁과 인구사회학적 변화」, 한국정신문화연구원 편, 『한국전쟁과 사회구조의 변화』, 백산서당, 1999, 53~54쪽.
15) 노정팔, 『한국방송과 50년』, 나남, 1995, 183쪽.
16) 서중석, 『조봉암과 1950년대 (상): 조봉암의 사회민주주의와 평화통일론』, 역사비평사, 1999, 470쪽.
17) 노정팔, 『한국방송과 50년』, 나남, 1995, 183쪽.
18) 「자동전화축하식」, 조선일보, 1953년 4월 29일, 조간 2면.
19) 윌리엄 스톡, 김형인 외 옮김, 『한국전쟁의 국제사』, 푸른역사, 2001, 709쪽.
20) 「요금 안낸 전화 1천2백여 대에 전화정치처분」, 조선일보, 1954년 3월 6일, 조간 2면.
21) 한국통신 인터넷 홈페이지 www.kt.com.
22) 정비석, 「나의 제언: 전화를 민영으로」, 조선일보, 1955년 8월 24일, 조간 4면.
23) 이호철, 『문단골 사람들: 이호철의 문단일기』, 프리미엄북스, 1997, 241~243쪽.
24) 「심한 독촉과 '농담'에 골치: 우량 교환양들 좌담회」, 조선일보, 1956년 10월 23일, 석간 3면.
25) 「일사일언: 공중전화에 개선할 점」, 조선일보, 1958년 5월 30일, 조간 1면.
26) 「문외문」, 조선일보, 1958년 9월 20일, 석간 1면.
27) 「남용된 경비전화: 일부 의원들 집에도 가설되고」, 조선일보, 1958년 10월 29일, 석간 3면.
28) 리영희, 『역정: 나의 청년시대―리영희 자전적 에세이』, 창작과비평사, 1988, 255~256쪽.
29) 한국통신 인터넷 홈페이지 www.kt.com.
30) 「오접된 공중전화요금도 내나」, 조선일보, 1959년 12월 22일, 조간 3면.

31) 김진송, 『장미와 씨날코: 1959년 이기붕가의 선물 꾸러미』, 푸른역사, 2006, 138~139쪽.
32) 김화, 『이야기 한국영화사』, 하서, 2001, 190~191쪽.
33) 이희승, 「다방」, 『사상계』, 1959년 3월호, 330~331쪽.
34) 「49억환을 마신 '다방족'」, 조선일보, 1959년 11월 1일, 3면.
35) 장상환, 「한국전쟁과 경제구조의 변화」, 한국정신문화연구원 편, 『한국전쟁과 사회구조의 변화』, 백산서당, 1999, 176쪽.
36) 김경일, 「1950년대 후반의 사회이념: 민주주의와 민족주의」, 한국정신문화연구원 현대사연구소 편, 『한국현대사의 재인식 4: 1950년대 후반기의 한국사회와 이승만정부의 붕괴』, 오름, 1998, 25쪽.
37) 조선일보, 1955년 12월 6일, 4면.
38) 백영철, 『제1공화국과 한국민주주의: 의회 정치를 중심으로』, 나남, 1995, 231쪽.
39) 정성호, 「한국전쟁과 인구사회학적 변화」, 한국정신문화연구원 편, 『한국전쟁과 사회구조의 변화』, 백산서당, 1999, 48쪽.

제5장 "압구정·서초·개포는 전화 없는 '벙어리동'": 1960년대

1) 「주화투입식 공중전화: 돈 먹고 벙어리 닷새 만에 벌써 6할 고장」, 조선일보, 1960년 6월 8일, 조간 3면.
2) 「이웃사촌 이웃전화」, 조선일보, 1960년 7월 1일, 조간 4면.
3) 「실직과 다방」, 『현대문학』, 1960년 12월호, 167쪽.
4) 「법외지대(17) 사장족―사무실은 다방, 여성은 조심하라」, 조선일보, 1961년 4월 9일, 석간 3면.
5) 강인철, 「한국전쟁과 사회의식 및 문화의 변화」, 한국정신문화연구원 편, 『한국전쟁과 사회구조의 변화』, 백산서당, 1999, 279쪽.
6) 서울특별시편찬위원회, 『서울 육백년사 제6권』, 서울특별시, 1996, 2002쪽.
7) 정순일, 『한국방송의 어제와 오늘』, 나남, 1991, 26~27쪽.
8) 「언제나 풀리려나? 답답한 전화사정」, 조선일보, 1961년 10월 19일, 조간 2면.
9) 서울특별시사편찬위원회 『서울 육백년사』 인터넷 홈페이지 seoul600.visitseoul.net.
10) 한국통신 인터넷 홈페이지 www.kt.com.
11) 「자유종: 공중전화에 대한 의견」, 조선일보, 1962년 3월 10일, 조간 4면.
12) 「색연필」, 조선일보, 1962년 4월 5일, 석간 3면.
13) 한국통신 인터넷 홈페이지 www.kt.com.
14) 한국통신 인터넷 홈페이지 www.kt.com.
15) 「자동전화의 요금제도 변경에 대하여(사설)」, 조선일보, 1962년 12월 29일, 조간 2면.
16) 「돈까지 훔쳐가는 판: 무방비! 거리의 무인공중전화」, 조선일보, 1963년 1월 12일, 조간 6면.
17) 「울며 '가짜' 먹기: 이조은전에 납덩이까지」, 조선일보, 1963년 2월 14일, 조간 7면.
18) 「누그러진 '인심': "이왕이면 1원으로"」, 조선일보, 1963년 2월 14일, 조간 7면.

19) Marshall McLuhan, *Understanding Media: The Extensions of Man*, New York: McGraw-Hill, 1965, p.266.
20) 「서울에도 '콜걸' 우글우글: 충무로 일대서 20여 명 연행」, 조선일보, 1964년 11월 28일, 3면.
21) 「가정용 전화 공동사용제」, 조선일보, 1965년 3월 20일, 조간 3면.
22) 김성우, 『돌아가는 배』, 삶과꿈, 1999, 173쪽.
23) 정홍택, 「인물 동정란의 원조 '소식통'」, 스포츠투데이, 2001년 7월 25일, 38면.
24) 허용범, 『한국언론 100대 특종』, 나남, 2000, 99쪽.
25) 김정수, 『한국의 정보통신혁명: 오명의 리더십 연구』, 나남, 2000, 19쪽.
26) 「계 가입 70퍼센트: 한은, 서민층 조사결과」, 조선일보, 1970년 5월 17일, 2면.
27) 「깨어지는 '계바람': 강 여인의 경우」, 조선일보, 1966년 5월 21일, 3면.
28) 「불통전화에 데모: 30여 명이 장관실에 몰려」, 조선일보, 1966년 8월 13일, 조간 3면.
29) 한국통신 인터넷 홈페이지, www.kt.com.
30) 「전화요금의 인상안을 철회하라(사설)」, 조선일보, 1967년 8월 24일, 조간 7면.
31) 「다방 99통화」, 중앙일보, 1967년 9월 14일, 8면.
32) 「분홍빛 공중전화 등장 접객업소에 수신도 돼」, 중앙일보, 1967년 3월 17일, 4면.
33) 이서구, 『세시기』, 배영사, 1969, 46쪽.
34) 「어처구니없는 전화 도수기의 부정 조작(사설)」, 조선일보, 1968년 6월 2일, 조간 2면.
35) 「'큰일' 나면 달음박질: 공중전화 없는 서울 속의 벽지 거의 강남변두리…… 48개동」, 조선일보, 1968년 8월 15일, 조간 7면.
36) 「서울에도 '호화 아파트' 붐」, 조선일보, 1969년 4월 17일, 7면.
37) 「고장 잦은 "여보세요" 시내전화…… 갈수록 "불통"」, 조선일보, 1969년 1월 19일, 조간 9면.
38) 「"국산화한 기계 때문": 서울시내 전화고장 원인」, 조선일보, 1969년 1월 24일, 조간 3면.
39) 「"하루 3만 통화 돌파하라"에 교환양들 비명: 65퍼센트가 격무라고 호소」, 조선일보, 1969년 5월 9일, 조간 3면.
40) 박대인, 「일사일언: 전화 노이로제」, 조선일보, 1969년 12월 14일, 조간 5면.
41) 김동식, 「『추억 엽서-대한민국 60년』 20: 백색전화」, 조선일보, 2008년 8월 6일자.

제6장 "사거래 전화 값은 집 한 채 값": 1970년대

1) 「밤만 되면 '안내' 불통: 안양전화 야근자들이 "통화 중" 조작」, 조선일보, 1970년 3월 20일, 조간 7면.
2) 윤상길, 「통신의 사회문화사」, 유선영・박용규・이상길 외, 『한국의 미디어 사회문화사』, 한국언론재단, 2007, 156쪽.
3) 「살인 빚은 고장전화: 경관 맞아 숨져」, 조선일보, 1970년 6월 9일, 조간 7면.
4) 「전화를 사치품으로 착각하지 말라(사설)」, 조선일보, 1970년 6월 28일, 2면.
5) 이기열, 「청색 전화와 백색 전화」, 네이버 블로그, 2006, blog.naver.com/kiullee/50004727319; 한국통신 인터넷 홈페이지 www.kt.com.

6) 김동식, 「추억 엽서-대한민국 60년] 20: 백색전화」, 조선일보, 2008년 8월 6일자.
7) 윤상길, 「통신의 사회문화사」, 유선영·박용규·이상길 외, 『한국의 미디어 사회문화사』, 한국언론재단, 2007, 140쪽.
8) 임정빈, 『검정고무신에서 유비쿼터스까지: 글과 사진으로 보는 생활사박물관』, 랜덤하우스, 2006, 150쪽.
9) 유지형, 「높아진 '금융가 문턱' 사채가 늘고 있다」, 조선일보, 1975년 5월 16일, 4면.
10) 강구진, 「일사일언: 전화 이야기」, 조선일보, 1970년 9월 30일, 조간 3면.
11) 노정팔, 『한국방송과 50년』, 나남, 1995, 466쪽.
12) 홍하상, 『카리스마 vs 카리스마 이병철·정주영』, 한국경제신문, 2001, 163쪽.
13) 한국통신 인터넷 홈페이지 www.kt.com.
14) 박원식, 「22년 전 남북 직통전화 첫 개설 '감격 (금주의 작은역사)」, 한겨레, 1992년 9월 16일, 18면.
15) 김용숙, 『아줌마는 나라의 기둥』, 김영사, 1999, 77~78쪽.
16) 서울특별시사편찬위원회 『서울 육백년사』 인터넷 홈페이지 seoul600.visitseoul.net.
17) 「전화: 아귀다툼 청약 까마득한 가설」, 조선일보, 1971년 11월 12일, 조간 6면.
18) 한국통신 인터넷 홈페이지 www.kt.com.
19) 윤상길, 「통신의 사회문화사」, 유선영·박용규·이상길 외, 『한국의 미디어 사회문화사』, 한국언론재단, 2007, 141쪽.
20) 서울특별시사편찬위원회 『서울 육백년사』 인터넷 홈페이지 seoul600.visitseoul.net.
21) www.coffeeguide.co.kr/htm/book_dabang.htm
22) 윤재걸, 「격동과 낭만의 한 세월 그 다방, 그 노래」, 『음악동아』, 1984년 5월, 147쪽.
23) 윤성노, 「잃어버린 시절을 찾아서-다방과 디제이」, 경향신문, 2000년 5월 12일, 29면.
24) www.bm-media.co.kr/9c3.htm
25) 선성원, 『8군 쇼에서 랩까지』, 아름출판사, 1993, 49쪽.
26) 최종선, 『산자여 말하라: 나의 형 최종길 교수는 이렇게 죽었다』, 공동선, 2001, 138, 142쪽.
27) 강진구, 『삼성전자 신화와 그 비결』, 고려원, 1996, 128쪽.
28) 한국통신 인터넷 홈페이지 www.kt.com.
29) 「전화가입자에 아리송한 각서」, 조선일보, 1974년 6월 5일, 조간 7면.
30) 「'전화 기근' 언제 풀리나: 청약부정사건을 계기로 본 전국실태」, 조선일보, 1974년 12월 4일, 조간 4면.
31) 「집전화 두고도 공중전화 애용」, 조선일보, 1975년 7월 2일, 조간 7면.
32) 서울특별시사편찬위원회 『서울 육백년사』 인터넷 홈페이지 seoul600.visitseoul.net.
33) 윤상길, 「통신의 사회문화사」, 유선영·박용규·이상길 외, 『한국의 미디어 사회문화사』, 한국언론재단, 2007, 140쪽.
34) 「공중전화 동전 꺼내다가……」, 조선일보, 1976년 2월 5일, 조간 7면.
35) 이건실, 「병들은 공중전화 '개복수술' 해봤더니」, 조선일보, 1976년 1월 18일, 조간 7면.
36) 남상균, 「달려오는 자동판매기 시대」, 조선일보, 1982년 4월 15일, 5면.

37) 윤상길, 「통신의 사회문화사」, 유선영·박용규·이상길 외, 『한국의 미디어 사회문화사』, 한국언론재단, 2007, 140쪽.
38) 윤상길, 「통신의 사회문화사」, 유선영·박용규·이상길 외, 『한국의 미디어 사회문화사』, 한국언론재단, 2007, 131쪽.
39) 윤상길, 「통신의 사회문화사」, 유선영·박용규·이상길 외, 『한국의 미디어 사회문화사』, 한국언론재단, 2007, 141쪽.
40) 강진구, 『삼성전자 신화와 그 비결』, 고려원, 1996, 128~131쪽; 김정수, 『한국의 정보통신혁명: 오명의 리더십 연구』, 나남, 2000, 91~110쪽.

제7장 '1가구 1전화시대'의 개막: 1980년대

1) 최정운, 『오월의 사회과학』, 풀빛, 1999, 124쪽.
2) 전남사회운동협의회 편·황석영 기록, 『죽음을 넘어 시대의 어둠을 넘어: 광주 5월 민중항쟁의 기록』, 풀빛, 1985, 51쪽.
3) Lina Lewis, "The 'Kwangju Incident' Observed: An Anthropological Perspective on Civil Uprights", Donald N. Clark, ed., *The Kwangju Uprising: Shadows over the Regime in South Korea*, Boulder: Westiew Press, 1988, p.165; 최영진, 『한국 지역주의와 정체성의 정치』, 오름, 1999, 146쪽에서 재인용.
4) 최정운, 『오월의 사회과학』, 풀빛, 1999, 159쪽.
5) 「"울화통" 전화 열 번 걸면 겨우 네 번 통화」, 조선일보, 1980년 1월 19일, 조간 7면; 조남준, 「전화시장…… 매물(賣物)이 달린다」, 조선일보, 1980년 9월 25일, 조간 6면.
6) 김수현, 「잘못오는 전화: 너무 잦은 오접통화…… 해결 좀 빨리 안 될지」, 조선일보, 1981년 10월 22일, 조간 7면.
7) 한국통신 인터넷 홈페이지 www.kt.com.
8) 김정수, 『한국의 정보통신혁명: 오명의 리더십 연구』, 나남, 2000, 31쪽, 105~106쪽.
9) 김정수, 『한국의 정보통신혁명: 오명의 리더십 연구』, 나남, 2000, 36~37쪽.
10) 이현숙·정춘숙, 「아내구타추방운동사」, 한국여성의전화 엮음, 『한국여성인권운동사』, 한울아카데미, 1999, 106~180쪽.
11) 한국통신 인터넷 홈페이지 www.kt.com.
12) 한국통신 인터넷 홈페이지 www.kt.com.
13) 박근태, 「「앗! 이런 것까지」 6: '폰박물관' 이병철 관장」, 동아일보, 2008년 5월 31일자.
14) 황석영, 「"장기영 사주 집한채값 자료비 선뜻"」, 한국일보, 1998년 6월 9일, 14면.
15) 한국통신 인터넷 홈페이지 www.kt.com.
16) 강철규, 「중산층 어디로 가고 있나 3: 집값뛰자 '부자'로 착각」, 동아일보, 1991년 7월 6일, 3면.
17) 통신문제연구회, 『통신시장개방과 정보사회』, 풀빛, 1991, 81~82쪽.
18) 정종란, 「당신의 고민…… "다이얼을 돌리세요"」, 조선일보, 1986년 3월 16일, 6면.

19) 한국통신 인터넷 홈페이지 www.kt.com.
20) 강진구, 『삼성전자 신화와 그 비결』, 고려원, 1996, 157쪽.
21) 정규만, 「'전화혁명' …… 지방시대 앞당겨」, 조선일보, 1987년 7월 2일, 10면.
22) 김정수, 『한국의 정보통신혁명: 오명의 리더십 연구』, 나남, 2000, 124~125쪽.
23) 오명, 『정보화사회 그 천의 얼굴』, 한국경제신문사, 1988, 188~189쪽.
24) 통신문제연구회, 『통신시장개방과 정보사회』, 풀빛, 1991, 227쪽.
25) 한국통신 인터넷 홈페이지 www.kt.com.
26) 통신문제연구회, 『통신시장개방과 정보사회』, 풀빛, 1991, 204쪽.
27) 김창우, 「휴대폰 20년…… '탱크'가 '웹폰'으로 진화」, 중앙일보, 2008년 7월 1일자.
28) 강난경, 「전화! 전화! 전화! 그리고 세 딸」, 조선일보, 1989년 1월 24일, 8면.
29) 고미석, 「얼굴 가린 횡포 '전화폭력'(생각 좀 해봅시다: 12)」, 동아일보, 1992년 1월 29일, 9면.
30) 「비겁한 전화테러(사설)」, 조선일보, 1989년 3월 12일, 2면.
31) 「'전화시분제' 합리적으로 보완해야(사설)」, 한겨레, 1990년 1월 6일, 6면.
32) 「'전화시분제' 합리적으로 보완해야(사설)」, 한겨레, 1990년 1월 6일, 6면.
33) 「휴일·밤9시 이후 시내전화 요금할인 받는다」, 한국일보, 1990년 2월 21일, 18면.
34) 박세훈, 「핸드폰 수요 폭발/ '외제' 관친다」, 조선일보, 1991년 6월 21일, 7면.
35) 2006년 2학기 강준만의 '한국언론사' 과목에 제출한 학생 리포트.
36) 「불법 무선전화기 TV 시청 장애 극심/ 외제 고출력 크게 늘어나」, 동아일보, 1990년 8월 25일, 18면.
37) 김정수, 『한국의 정보통신혁명: 오명의 리더십 연구』, 나남, 2000.
38) 이상훈, 「세계 최고 초고속인터넷 서비스망 구축」, 『2006년 한국의 실력』, 『월간조선』 2006년 1월호 별책부록, 151쪽.
39) 손남원, 「노인 52퍼센트 "독립 생활한다"」, 서울신문, 1993년 5월 8일, 16면.

제8장 "한국에선 개나 소나 휴대전화를 갖고 있다": 1990년대

1) 윤상길, 「통신의 사회문화사」, 유선영·박용규·이상길 외, 『한국의 미디어 사회문화사』, 한국언론재단, 2007, 166쪽.
2) 곽영승, 「밤낮 없는 외설·협박 '전화폭력', 전화국마다 '번호 변경' 몸살」, 한국일보, 1990년 3월 9일, 19면.
3) 이상기, 「충격 안겨준 공중전화 주부 살인사건」, 한겨레, 1990년 8월 23일, 14면.
4) 「"공중전화 오래 쓴다" 폭력 휘두른 2명 영장」, 동아일보, 1990년 8월 24일, 14면.
5) 「또 공중전화 폭력, 대학생이 2통 걸던 회사원 때려 실명」, 한국일보, 1990년 8월 28일, 23면.
6) 「"공중전화 오래 쓴다" 항의여자 폭행 20대 남자 구속」, 한국일보, 1990년 9월 2일, 19면.
7) 「공중전화 두 여자 수난」, 동아일보, 1990년 9월 3일, 19면.
8) 「전화 걸 동전 안 준다고 행인 폭행」, 한겨레, 1990년 9월 9일, 15면.
9) 「'공중전화폭행' 잇달아」, 동아일보, 1990년 9월 10일, 18면.

10) 「공중전화 대폭 증설키로, 전화폭력대책 거리제한규정 폐지」, 한국일보, 1990년 9월 20일, 18면.
11) 「전화바로쓰기 캠페인 벌인다, 협박 음란등 '공해' 날로 심각」, 동아일보, 1990년 9월 30일, 15면.
12) 안건혁, 「전화보급 세계 9위 발돋움, 한국 체신사 어제와 오늘」, 경향신문, 1991년 4월 23일, 21면.
13) 「'전화폭력' 안방 침투…… 넉 달 새 2만여 명 번호변경」, 경향신문, 1991년 5월 2일, 14면.
14) 「'전화폭력' 안방 침투…… 넉 달 새 2만여 명 번호변경」, 경향신문, 1991년 5월 2일, 14면.
15) 권석천, 「'전화 성폭력'」, 경향신문, 1991년 10월 18일, 14면.
16) 「중·고생 전화미팅 '위험천만', 10대 7명 구속」, 서울신문, 1991년 4월 7일, 15면.
17) 「'폰팅' 여중생 성폭행, 친구집으로 유인,흉기 위협」, 서울신문, 1991년 8월 9일, 19면.
18) 김홍, 「청소년에 외국 '폰섹스' 비상」, 조선일보, 1991년 7월 16일, 31면.
19) 「전화폭력에 실형선고, 상습음란 징역 6월」, 경향신문, 1991년 8월 17일, 14면.
20) 김홍, 「발신자 전화번호 확인, 내년 10월 시범 서비스, 음란·협박통화 방지」, 조선일보, 1991년 8월 29일, 22면.
21) 「공중전화기 고장 홧김에 휘발유를 끼얹고 불 질러」, 조선일보, 1991년 6월 22일, 23면.
22) 「공중전화 도난·파손, 지난해 18억 손실」, 한겨레, 1992년 1월 28일, 8면.
23) 채호기, 『밤의 공중전화: 채호기 시집』, 문학과지성사, 1997, 60쪽.
24) 『기자협회보』, 1996년 1월 1일자.
25) 『미디어오늘』, 1996년 5월 1일자.
26) 내일신문, 1994년 12월 7일자.
27) 유창하, 「수요폭발…… 2000년 5백만 대 예측, 이동통신의 대명사 이동전화시장」, 한겨레, 1992년 2월 27일, 8면.
28) 「밀반입 외제전화,9억 원어치 팔아, 6명에 영장」, 동아일보, 1992년 1월 28일, 22면.
29) 유창하, 「수요폭발…… 2000년 5백만 대 예측, 이동통신의 대명사 이동전화시장」, 한겨레, 1992년 2월 27일, 8면.
30) 이장규 외, 『실록 6공 경제: 흑자 경제의 침몰』, 중앙일보사, 1995, 255~256쪽.
31) 김영삼, 『김영삼 회고록 3: 민주주의를 위한 나의 투쟁』, 백산서당, 2000, 311쪽.
32) 박창식, 「'통신서비스' 다방 등장, 탁자마다 전화기…… 팩시밀리까지」, 한겨레, 1992년 5월 29일, 14면.
33) 신연숙, 「어린이 전화폭력 갈수록 심각, 여학생 집에 장난전화 사례 부쩍 늘어」, 한겨레, 1992년 4월 19일, 8면.
34) 「'삐삐' 가입자 백만 명 돌파」, 동아일보, 1992년 4월 23일, 22면.
35) 「'음성정보' 청소년폐해 우려, 신규신청 폭증」, 한겨레, 1992년 8월 26일, 15면.
36) 「청소년 국제음란전화 성행, 중남미 '저질서비스' 제공」, 동아일보, 1993년 1월 6일, 23면.
37) 윤승용, 「전화, 2천만회선 돌파, 가구당 1.6대꼴」, 한국일보, 1993년 11월 30일, 30면.
38) 「한국광고 선정 이달의 우수광고 TV부문」, 『한국광고』 1994년 7월호, 14쪽.

39) 「귀가전화 한 통에 가족사랑 두 배로, 한통, 이동전화 방문」, 서울신문, 1994년 7월 19일, 22면.
40) 신완제, 「'권위' 옷 벗고 思孝 민영화(친절 운동 광장)」, 국민일보, 1994년 10월 27일, 12면.
41) 곽노필, 「휴대용 전화기 시대 성큼」, 한겨레, 1993년 7월 18일, 6면.
42) 조서환·추성엽, 『대한민국 일등상품 마케팅전략』, 위즈덤하우스, 2005, 39쪽.
43) 「'삐삐' 사용자 3백만 명 넘어서」, 한겨레, 1994년 4월 10일, 8면.
44) 윤영찬, 「"삐삐 차면 딸만 낳는다"—등 뒤에 부착 유행」, 동아일보, 1993년 1월 29일, 23면.
45) 「"삐삐 사용 후 업무자율성 줄었다" 70퍼센트—서울대 석사논문」, 한겨레, 1993년 1월 31일, 14면.
46) 「삐삐 신세대 인기품목 1위, 그레이스백화점 조사」, 한겨레, 1993년 11월 7일, 8면.
47) 조상욱·김관명, 「삐삐유행 청소년탈선 부추긴다, 구입 위해 강도짓까지」, 한국일보, 1994년 1월 29일, 27면.
48) 김도경, 「10대들의 도덕불감증, '삐삐' 사려 강도…… 반성기색 안보여」, 동아일보, 1994년 2월 18일, 29면.
49) 「'삐삐' 사용자 3백만 명 넘어서」, 한겨레, 1994년 4월 10일, 8면.
50) 고정수, 「'삐삐' 이야기」, 한국일보, 1994년 7월 13일, 21면.
51) 고정수, 「'삐삐' 이야기」, 한국일보, 1994년 7월 13일, 21면.
52) 유강문, 「삐삐 전화폭력 새 온상」, 한겨레, 1994년 8월 6일, 15면.
53) 조용수, 『한국의 신세대 혁명: 신세대를 알면 21세기가 보인다』, LG경제연구원, 1996, 238쪽.
54) 조용수, 『한국의 신세대 혁명: 신세대를 알면 21세기가 보인다』, LG경제연구원, 1996, 238쪽.
55) 이원호 외, 「'세계 1등' 한국 CDMA 상용화 기술 중국으로 유출될 위기」, 중앙일보, 2004년 10월 8일, 1면.
56) 이희성, 「CDMA: '한국표준' 세계서 통했다」, 중앙일보, 2006년 1월 3일, E1면.
57) 장용석, 「불황을 이겨낸 성공 캠페인 전략: 한국이동통신 디지털011」, 『광고정보』, 1997년 4월, 30쪽.
58) 장용석, 「불황을 이겨낸 성공 캠페인 전략: 한국이동통신 디지털011」, 『광고정보』, 1997년 4월, 31쪽.
59) 나희정, 「한마디로 아직 습관이 덜 되어서」, 손영석·나운봉 편저, 『광고인이 쓴 광고 실무론』, 학현사, 1999, 324쪽.
60) 이무용, 「전화방의 문화정치: 주체와 공간의 파편화·분절화」, 『공간의 문화정치학: 공간, 그곳에서 생각하고, 놀고, 싸우고, 만들기』, 논형, 2005, 220~224쪽.
61) 「이통 'SK텔레콤' 개명」, 서울신문, 1997년 3월 22일, 9면; 「한국이통 'SK텔레콤'으로 출발」, 세계일보, 1997년 3월 26일, 14면.
62) 이성규, 「휴대전화: 반도체·자동차에 맞먹는 수출 주력상품 '세계 최초', '세계 최고'를 우리가 결정한다」, 『2006년 한국의 실력』, 『월간조선』 2006년 1월호 별책부록, 108쪽.
63) 마정미, 「광고: Go Humor」, 『상상』, 1997년 겨울, 84~87쪽.
64) 편집부, 「ADstory : 웃음으로 사로잡다 파워디지털 017」, 『Daehong Communications』, 2006년 5·6월, 67쪽.

65) www.daehong.co.kr/creative/hit/view.php?seq=33&page=1&section=199.
66) 이지은,「비행기 안에서도 '자장면 시키신 분'」, 한겨레, 1999년 8월 31일, 7면.
67) 민경중,「'자장면 시키신~분' 분주한 마라도 자장면 배달부」, 노컷뉴스, 2005년 10월 2일자.
68) 김수현,「'철가방' 출신 조태훈의 성공법」,『월간중앙』, 1998년 9월호.
69) 남대희,「'때와 장소를 안 가리는' 휴대폰」, 한국일보, 1998년 8월 24일, 12면.
70)「휴대폰 소음추방 캠페인, 환경부, 제작사들과 나서」, 한국일보, 1998년 8월 28일, 17면.
71) 전성철,「휴대폰 때·장소 안 가리면 처벌, 병원·車 운전맨 사용금지」, 경향신문, 1998년 10월 29일, 1면.
72)「참을 수 없는 '휴대폰 소음', 학생·교수 버스 속 주먹다짐 입건」, 경향신문, 1999년 2월 8일, 23면.
73) 곽상규,「'TV광고 중심의 가격전략' 으로 한층 치열한 경쟁 예상」,『광고정보』, 1998년 5월, 32~33쪽.
74) 김광일,「"휴대폰·삐삐 바로 씁시다", SK텔레콤 캠페인 전개」, 한국일보, 1998년 11월 3일, 26면.
75) 김희연,「올 최고의 유행어는 '묻지마, 다쳐'」, 경향신문, 1999년 12월 3일, 30면.
76) 박홍신,「(정보통신) '1휴대폰 2번호' 확산」, 경향신문, 1999년 10월 4일, 17면.
77) 강제승,「감성소구, 신비한 이미지로 어필」,『이 광고의 성공전략』, 한국방송광고공사, 2002, 301쪽.
78)「화제의 광고 숨겨진 이야기 (TTL)」, 경향신문, 1999년 10월 22일, 29면.
79)「삐삐 사업자들 '우리 살길 찾아주오'」, 한겨레, 1999년 11월 26일, 7면.
80) 최진환,「"휴대폰이 제일 갖고 싶어요"」, 한국일보, 1999년 6월 4일, 35면.
81) 홍세화,「20년 만의 귀국 일지」,『창작과비평』, 제105호(1999년 가을), 348쪽.
82) 고영삼,「새로운 인간유형 호모 디지털 로쿠엔스」, 박재환 외,『현대 한국사회의 일상문화코드』, 한울아카데미, 2004, 78~81쪽.
83) 김두영,「내년 3월이면 끝나는 휴대전화 단말기 보조금 금지」, 동아일보, 2005년 10월 25일, B4면.
84)「휴대폰 깜짝 서비스 "안 되는 게 없어요"」, 동아일보, 1999년 8월 19일, 31면.

제9장 "휴대전화 네가 없으면 내가 없는 거야": 2000~2005년

1) 이희정,「인터넷이용자 1300만 휴대폰가입자 2500만」, 한국일보, 2000년 3월 16일, 1면.
2) 이희정,「휴대폰인구 2700만 돌파 국민 5명당 3명꼴 보유」, 한국일보, 2001년 1월 3일, 34면.
3) 김병희,『유쾌한 광고! 통쾌한 마케팅』, 좋은책만들기, 2002, 89~91쪽.
4) 권선무,「붉은악마 "SKT 얌체마케팅 못 봐 줘"」, 문화일보, 2006년 1월 31일, 15면.
5) 신윤동욱,「애국의 계절, 광고 살살합시다」,『한겨레21』, 2006년 3월 7일, 50면.
6) 홍윤선,『딜레마에 빠진 인터넷: 스토킹, 해킹, 게임중독…… 블랙 인터넷 바로보기』, 굿인포메이션, 2002, 28쪽.

7) 함석진,「'삼성' 스럽지 못한 마케팅」, 한겨레, 2003년 7월 3일, 22면.
8) 이채윤,『삼성CEO 경영어록: 삼성의 CEO들은 무엇이 다른가?』, 열매출판사, 2005, 30쪽; 김영한 · 김영안,『삼성처럼 회의하라』, 청년정신, 2004, 46쪽.
9) 한국일보, 2003년 1월 11일자.
10) 김혜남,「언제 어디서나 세상과 연결 휴대전화 중독된 요즘 아이들」, 문화일보, 2003년 7월 24일, 19면.
11) 봉준호,「휴대폰이 빼앗아간 것들」, 중앙일보, 2003년 7월 23일, 26면.
12) 김용섭,『디지털 신인류』, 영림카디널, 2005, 299쪽.
13) 김택근,「휴대전화에 묻는다」, 경향신문, 2004년 12월 8일자.
14) 이병기 · 김상훈,「한국발 '음악산업 혁명'」, 동아일보, 2004년 12월 10일자.
15) 심윤희,「컬러링으로 홍보 · 마케팅 '비즈랑' 뜬다」, 매일경제, 2005년 5월 25일, A2면.
16) 이명희,「난 휴대전화로 다~한다: 미니홈피 · 메신저 아직도 인터넷으로 하니?」, 국민일보, 2005년 10월 12일, 18면.
17) 곽재원,「경제 살리는 '셀룰러 이코노미'」, 중앙일보, 2005년 6월 23일, 35면.
18) 이태희,「휴대폰은 역시 한국산!: 작년 1억4800만 대 세계 1위」, 한겨레, 2005년 1월 20일, 27면.
19) 정철환,「한국 휴대폰의 '쿠데타'」, 한국일보, 2004년 10월 28일, 16면.
20) 이상범,「공중전화 이러지도…… 저러지도……」, 세계일보, 2004년 10월 7일, 8면.
21) 이상범,「공중전화 이러지도…… 저러지도……」, 세계일보, 2004년 10월 7일, 8면.
22) 정철환,「휴대폰 중독: "환청 경험했다" 77퍼센트 "집에서도 사용" 51퍼센트」, 한국일보, 2005년 7월 23일, 14면.
23) 김재섭,「음주측정폰 '대박'」, 한겨레, 2005년 10월 28일, 14면.
24) 김태윤,「자고 나면 '신형 휴대전화'가…… 소비자 '행복한 고민'」, 중앙일보, 2005년 10월 27일, C7면.
25) 김재섭,「휴대전화, 오래 쓰면 망한다?」, 한겨레, 2005년 9월 27일, 20면.
26) 고재열,「마약 중독 뺨치는 '모바일 중독'」,『시사저널』, 2004년 12월 23일자.
27) 홍현표,「위험! 버려진 휴대전화 4000만대」, 조선일보, 2005년 3월 10일, A15면.
28) 정철환,「핵심기술 자립 없으면 수출 늘수록 '헛장사'」, 한국일보, 2005년 1월 12일, 19면.
29) 조계완,「'IT 강국' 은 갈수록 배고프다」,『한겨레21』, 2005년 8월 16일, 76~78면.
30) 황영식,「디지털 망국론」, 한국일보, 2004년 12월 24일자.
31) 양재찬,「휴대전화 신용불량자만 258만 명」,『월간중앙』, 2005년 1월, 115쪽; 권선무,「휴대전화료 '신불자' 10대가 10만 명 넘어」, 문화일보, 2004년 10월 1일, 8면.
32) 류영현,「이통사, 연예인 누드로 돈벌이?」, 세계일보, 2005년 2월 16일, A19면.
33) 박방주,「엄지 부활: 휴대전화 자판 누르는 일엔 "내가 으뜸"」, 중앙일보, 2004년 11월 16일, 2면.
34) 정재승,「수능 부정이 주는 교훈」, 중앙일보, 2004년 12월 3일자.
35) 정희정,「"핸드폰 선물은 어린이 학대"」, 문화일보, 2005년 5월 4일, 7면.
36) 홍수현,「혹시 우리애 휴대폰 · PC도 '울긋불긋'?」, 중앙일보, 2005년 8월 1일, 19면.

37) 백승제·류승균,「당신은 '이통사 함정'에 빠졌네요」, 조선일보, 2005년 8월 23일, B1면.
38) 강철원,「인터넷·휴대폰 탓 가족관계 멍든다」, 한국일보, 2006년 1월 4일, 7면.
39) 고재학 외,「휴대폰이 아이를 망친다」, 한국일보, 2006년 1월 31일, 1면.
40) 이해석,「노인들에 휴대전화 활용 강좌」, 중앙일보, 2005년 8월 9일, 14면; 김소연,「70평생 처음 '문자' 날리다: 어르신들 위한 휴대전화 교육」, 한겨레, 2007년 10월 16일자; 김재섭,「엄지족' 변신한 어르신 "손자와 '문자질' 즐거워": 따뜻한 유비쿼터스 세상」, 한겨레, 2007년 10월 30일자.
41) 민석기·이소아,「문자메시지 '전성시대'」, 매일경제, 2006년 1월 16일, A39면.
42) 김민경,「'엄지족' 디지털 예술을 창조하다: 문자메시지, 예술의 세계로」,『주간동아』, 2005년 8월 16일, 38~39면.
43) 장정훈,「휴대전화 발신 엄지가 목소리 눌렀다」, 중앙일보, 2005년 7월 28일, 1면.
44) 이종락,「최태원 회장이 달라졌다」, 서울신문, 2005년 8월 26일, 18면; 조형래,「무뚝뚝남의 변신」, 조선일보, 2005년 8월 26일, B1면.
45) 장정훈,「'사이버로봇' 하나 키워볼까」, 중앙일보, 2005년 9월 30일, E3면.
46) 김필규,「"논문수준의 긴 문장도 엄지로 검색하게 될 것": 진용옥 대회위원장」, 중앙일보, 2005년 8월 18일, 14면.
47) 이원호·이철재,「정통부, 청소년 '휴대전화 중독' 첫 실태조사」, 중앙일보, 2005년 11월 16일, 1면.
48) 김민경,「'엄지족' 디지털 예술을 창조하다: 문자메시지, 예술의 세계로」,『주간동아』, 2005년 8월 16일, 38~39면.
49) 최연진,「"카메라폰 있는데 필기 왜 하나요"」, 한국일보, 2005년 7월 30일, 12면.
50) 이현주,「다시 맑게 흐르는 청계천의 메시지」, 서울신문, 2005년 10월 17일, 26면.
51) 정한조,『대한민국 사진공화국』, 시지락, 2005, 83~85쪽.
52) 정한조,『대한민국 사진공화국』, 시지락, 2005, 95쪽.
53) 정한조,『대한민국 사진공화국』, 시지락, 2005, 106~108쪽, 125쪽.
54) 정한조,『대한민국 사진공화국』, 시지락, 2005, 141~153쪽.
55) 이지영,「모바일 전용 시트콤 선보인다」, 중앙일보, 2005년 6월 23일, E15면.
56)「TU미디어, 가입자 10만 돌파」, 내일신문, 2005년 7월 26일, 17면.
57) 황현택,「위성DMB '막가파식 마케팅'」, 세계일보, 2005년 9월 20일, 19면.
58) 이희성,「폰으로 'TV녹화'까지」, 중앙일보, 2005년 10월 11일, E3면.
59)「지상파 DMB폰으로 TV보며 상품구매」, 매일경제, 2005년 10월 24일, A15면.
60) 김준모,「'걸어 다니는 TV'를 선점하라」, 세계일보, 2005년 10월 18일, 15면.
61) 조시영,「영화·드라마 이어 음악까지 진출: 멀티미디어그룹으로 변신한 SK텔레콤」, 매일경제, 2005년 5월 28일, A9면; 김일,「디지털 엔터테인먼트에 '올인'」, 중앙일보, 2005년 5월 31일, 31면.
62) 김창덕,「공룡 SKT "나는 배고프다"」, 세계일보, 2005년 6월 2일, A19면.
63) 최연진,「SKT, 시장점유율 제한 2년 연장」, 한국일보, 2005년 7월 7일, A15면.

64) 김두영, 「내년 3월이면 끝나는 휴대전화 단말기 보조금 금지」, 동아일보, 2005년 10월 25일, B4면.
65) 김병국, 「클린마케팅 시장 기반 마련: '이통 3사 영업정지' 통신시장 무얼 남겼나」, 내일신문, 2004년 9월 23일, 16면.
66) 최연진·정철환, 「장기가입자만 혜택 '이통사 희비': 휴대폰 보조금 2년7개월 만에 부활」, 한국일보, 2005년 10월 26일, A17면.
67) 이희성, 「'휴대폰 보조금' 내년 3월 부활할 듯」, 중앙일보, 2005년 10월 26일, E1면.
68) 이명희, 「이통사들 마케팅비 펑펑」, 국민일보, 2005년 6월 16일, 14면; 김창덕, 「투자는 '찔끔' 마케팅엔 '펑펑'」, 세계일보, 2005년 6월 16일, A18면.
69) 이태희, 「통신업체 '역사 마케팅' 활발」, 한겨레, 2004년 9월 22일, 28면.
70) 이명희, 「이통사 "고객마음 뺏어볼까"」, 국민일보, 2005년 7월 25일, 14면.
71) 최연진, 「무료 체험마케팅 바람」, 한국일보, 2005년 8월 10일, 18면.
72) 정기홍, 「이통3사 "수험생 파이팅"」, 서울신문, 2005년 8월 17일, 22면.
73) 이나리, 「"빌어먹을 제휴카드 동네 빵집 다 죽이네"」, 『주간동아』, 2005년 8월 9일, 40~42면.
74) 정세라, 「동네 빵집들, 이통사 할인에 '발끈'」, 한겨레, 2005년 10월 28일, 14면.
75) 나성엽, 「SK텔레콤 '동네빵집'에 백기」, 동아일보, 2005년 12월 30일, B3면.
76) 정세라, 「동네빵집, SKT와 손잡고 값 10퍼센트 내린다」, 한겨레, 2006년 2월 11일, 12면.
77) 강한섭, 『한국의 영화학을 만들어라: 문화진화론자가 다시 쓰는 영화담론』, 삼우반, 2004, 213~214쪽.
78) 이나리, 「관람료 할인은 당연…… 통신사 카드 사용 고객 47.24퍼센트」, 『주간동아』, 2005년 8월 9일, 42면.
79) 정양환, 「왕짜증 스팸전화 대책 없어 더 짜증」, 동아일보, 2004년 10월 4일, A31면; 권선우, 「휴대전화 '스팸' 신고 e메일의 3배」, 문화일보, 2004년 12월 21일, 7면; 정위용·김상훈, 「광고에 협박성 메시지까지 '스팸 노이로제'」, 동아일보, 2004년 12월 23일, A29면; 김희섭, 「휴대전화 스팸광고 '무차별 공습'」, 조선일보, 2005년 1월 8일, A12면.
80) 권선무, 「전화스팸 잡은 '옵트인'제」, 문화일보, 2005년 5월 13일, 14면.
81) 유희경, 「휴대전화 '스팸' 다시 기승」, 문화일보, 2005년 8월 1일, 12면.
82) 이기철, 「불법 스팸전화 철퇴」, 서울신문, 2005년 8월 12일, 9면.
83) 백승재, 「지긋지긋한 '060' 전화, 공짜로 막는다: "오빠, 오늘밤 외로워"…… "오빠는 너 때문에 괴로워"」, 조선일보, 2005년 11월 9일, B14면.
84) 탁상훈·오윤희, 「"전화 받기 무서워…… 미국처럼 막아줘요": 왕짜증! 텔레마케팅 '공해'」, 조선일보, 2005년 10월 7일, A9면.
85) 정현목, 「휴대전화 네가 없으면 내가 없는 거야」, 중앙일보, 2005년 12월 27일, 26면.
86) 수잔 손탁, 유경선 옮김, 『사진이야기』, 해뜸, 1986; 롤랑 바르트·수잔 손탁, 송숙자 옮김, 『사진론』, 현대미학사, 1994; 수전 손타그, 김안례 옮김, 『플라톤의 동굴에서』, 『시각과 언어 1: 산업사회와 미술』, 열화당, 1991, 193~229쪽.
87) 이병창, 「DMB, 생체적 권력」, 교수신문, 2005년 5월 23일, 11면.

418

88) 안토니오 네그리·마이클 하트, 윤수종 옮김, 『제국』, 이학사, 2001, 534쪽.
89) 정성욱, 「개인의 품에 안긴 미디어, 그 미래가 짐작되는가?」, 『LG Ad』, 2005년 5·6월, 4~5쪽.

제10장 휴대전화 4000만 시대: 2006년

1) 이동연, 「모바일이 문화를 죽이다」, 서울신문, 2006년 1월 5일, 26면.
2) 고재학 외, 「휴대폰이 아이를 망친다」, 한국일보, 2006년 1월 31일, 1면.
3) 고재학, 『휴대폰에 빠진 내 아기 구하기』, 예담, 2006, 83, 226~227쪽.
4) 박홍규, 「문화인가, 야만인가」, 『시사저널』, 2006년 3월 28일, 92면.
5) 우성규, 「연말연시 문자메시지 짜증」, 국민일보, 2006년 1월 4일, 8면.
6) 김준일·임지선·김유진, 「휴대폰 메시지의 명암」 말도 情도 줄어든다」, 경향신문, 2006년 8월 19일자.
7) 김주현, 「정보다양화 '문자메시지의 진화'」, 경향신문, 2006년 8월 7일, 20면.
8) 김준일·임지선·김유진, 「휴대폰 메시지의 명암」 말도 情도 줄어든다」, 경향신문, 2006년 8월 19일자.
9) 김준일·임지선·김유진, 「휴대폰 메시지의 명암」 말도 情도 줄어든다」, 경향신문, 2006년 8월 19일자.
10) 고재학 외, 「휴대폰이 아이를 망친다」, 한국일보, 2006년 1월 31일, 1면.
11) 고재학 외, 「휴대폰이 아이를 망친다」, 한국일보, 2006년 1월 31일, 1면.
12) 고재학 외, 「휴대폰이 아이를 망친다」, 한국일보, 2006년 1월 31일, 1면.
13) 이어령, 「휴대전화를 든 어린왕자」, 중앙일보, 2006년 2월 3일, 3면.
14) 권선무, 「'휴대전화 애완견 키우기' 인기」, 문화일보, 2006년 2월 22일, 13면.
15) 최연진, 「'슬림폰 7mm 시대' 열었다」, 한국일보, 2006년 3월 20일, 17면.
16) 이상복, 「"화보집 대신 모바일"」, 중앙일보, 2006년 3월 18일, 17면.
17) 김천홍, 「뜨려고 벗고, 돈 되니 벗고……섹시 모바일 화보집 출시!」, 조선일보, 2007년 5월 19일자.
18) 나영석·박용근, 「불어난 '단기전화' 여론조작用 의혹, 일부지방 선거 앞두고 1만여 건 개설 폭증」, 경향신문, 2006년 4월 18일, 10면.
19) 김광수, 「여론조사기관이 '여론조작'」, 한겨레, 2006년 5월 31일, 10면.
20) 유우종, 『여론조사의 비밀』, 궁리, 2008, 160~161쪽.
21) 고재열, 「여론조사는 '마법의 지팡이' : 강풍·오풍·박풍 진앙지 노릇…… 언론, 조사 결과 침소봉대하기도」, 동아일보, 2006년 6월 6일자; 기획취재팀, 「여론조사 공화국, 낮은 응답률…… 결국 정치적 적극층 답변 많아」, 한국일보, 2007년 2월 27일, 4면.
22) 김종화, 「신문사 대선전 '실탄' 빈익빈부익부: '여론조사 전문기자' 대 '100만 원짜리 여론조사'」, 미디어오늘, 2007년 1월 31일, 4면.
23) 김동섭, 「"기부에 어색한 우리 문화…… ARS모금엔 잘 나서요": '사랑의 온도탑' 세우는 사회복지공동모금회 신필균 사무총장」, 조선일보, 2007년 11월 27일자.

24) 「사고(社告)―모바일세상이 뜨거워집니다: 휴대전화 이용 '핫이슈 토론방' 문열어」, 조선일보, 2006년 1월 17일, 1면.
25) 신창운, 「유선전화 10.6퍼센트p 이명박〉박근혜, 휴대전화 격차 4.4퍼센트p로 줄어들어」, 중앙일보, 2006년 11월 24일, 2면.
26) 신창운, 「유선전화로만 하는 미 조사기관 두 번의 대선, 중간선거 예측 실패」, 중앙일보, 2006년 11월 24일, 2면.
27) 문주영, 「와이브로―HSDPA 나란히 상용화―달리면서 인터넷, 화상통화도 OK」, 경향신문, 2006년 7월 10일, 22면.
28) 최우규, 「인터넷폰 인기 끝내주네⋯⋯ 저렴한 서비스 등 가입자 100만 명 넘어서」, 경향신문, 2006년 7월 31일, 21면.
29) 선호「VoIP 사업자 '한국케이블텔레콤' 출범」, 미디어오늘, 2006년 8월 23일, 4면.
30) 주춘렬(경제부 차장), 「'휴대전화 강국' 한국의 딜레마」, 세계일보, 2006년 7월 14일, 22면.
31) 조현정, 「신비하게⋯⋯ 섹시하게⋯⋯: 같은 광고 다른 매력 애니콜CF 전지현vs이효리」, 스포츠서울, 2006년 8월 14일, 19면.
32) 류길상, 「'얇게 더 얇게' 초슬림폰 경쟁」, 서울신문, 2006년 8월 22일, 25면.
33) 조한필, 「얼마나 제발 저렸으면 가짜 '몰카'에 당했나」, 매일경제, 2005년 6월 11일, A27면; 임정재, 「"몰카 있다 한마디에 공무원들 서둘러 입금"」, 세계일보, 2005년 6월 11일, A8면.
34) 이무용, 「전화방의 문화정치: 주체와 공간의 파편화·분절화」, 『공간의 문화정치학: 공간, 그곳에서 생각하고, 놀고, 싸우고, 만들기』, 논형, 2005, 220~224쪽.
35) 송영웅, 「위기의 아내들: 평범한 주부들까지 '애인 만들기' 유행」, 한국일보, 2006년 9월 2일, 1면.
36) 강철원, 「전화방 성매매여성 수첩 고객에 1000여 명 '빼곡', 경 "언제 조사하나" 진땀」, 『한국일보』, 2006년 9월 26일, 8면.
37) 한윤정, 「무용한 말이 넘치는 시대를 꼬집다」, 경향신문, 2007년 11월 17일자.
38) 안창현, 「휴대폰 4천만 시대」, 한겨레, 2006년 11월 27일, 12면.
39) 최연진, 「휴대폰 가격 수출용의 3배」, 한국일보, 2006년 11월 1일, 16면.
40) 안선희, 「통신비 비중 미국의 3.4배: 일본보다도 1.4배 높아 사교육비는 2배 웃돌아」, 한겨레, 2007년 11월 20일자.
41) 고재학 외, 「디지털 과소비 심각」, 한국일보, 2006년 5월 2일, 1면.
42) 김준, 「휴대전화 교체주기 갈수록 짧아져 반년 지나면 '구형'」, 경향신문, 2006년 11월 21일, 15면.
43) 오관철, 「가계 소비 지출액 통신비〉외식비」, 경향신문, 2006년 9월 13일, 14면.
44) 정세라·이정훈, 「국민 10명 중 1명 '통신 신용불량자'」, 한겨레, 2006년 10월 9일, 2면.
45) 김창곤, 「휴대전화 요금 370만 원에 자살」, 조선일보, 2006년 2월 17일, A9면.
46) 정세라·이정훈, 「국민 10명 중 1명 '통신 신용불량자'」, 한겨레, 2006년 10월 9일, 2면.
47) 강준만, 「'특권'에서 '오락'을 거쳐 '종교'로: 한국 전화 110년사, 1896~2006」, 월간 『인물과 사상』, 2006년 7월, 130~132쪽.

제11장 세계 최고의 통신비를 쓰는 나라: 2007년

1) 권선무, 「"휴대전화, 패션 액세서리로 진화"」, 문화일보, 2006년 2월 15일, 13면.
2) 백강녕, 「목걸이 · 귀고리? 이젠 휴대폰으로 꾸며라: 디자인에 승부 거는 휴대폰」, 조선일보, 2007년 1월 19일, D1면.
3) 백강녕, 「지식검색 · UCC…… 휴대폰에서 안되는 게 어딨니~」, 조선일보, 2007년 1월 19일, D3면.
4) 김종호, 「구글폰…… 야후폰…… '검색폰' 쏟아진다」, 조선일보, 2007년 4월 27일, D5면.
5) 이원호 · 임미진, 「'소리 없는 통화' 문자시대」, 중앙일보, 2007년 2월 14일, 13면.
6) 임미진, 「문자메시지 갈수록 '초미니'」, 중앙일보, 2007년 2월 14일, 13면.
7) 하현옥, 「"언어의 경제 소통 수단" "바로 답장 없으면 불안": 학자들이 본 문자메시지」, 중앙일보, 2007년 2월 14일, 13면.
8) 이경선, 「"명절 때 문자인사 이젠 그만": 설 하루 평균 5억여 통…… 묻지마 발송 되레 불쾌」, 국민일보, 2007년 2월 22일, 8면.
9) 김재섭, 「휴대폰 문자메시지 폭리」, 한겨레, 2007년 3월 22일, 15면.
10) 김봉기, 「이동통신3사, 문자서비스로 3년간 1조 매출: 건당 30원에 "원가 8원쯤"」, 조선일보, 2007년 9월 28일자.
11) 구마노 노부히코, 「일사일언-한국의 휴대폰 매너」, 조선일보, 2007년 2월 14일, A25면.
12) 문권모 · 부형권, 「전국 어디서나 화상통화: "얼굴 보고 싶어 전화했어"」, 동아일보, 2007년 2월 24일, 1면.
13) 문권모, 「"올해 휴대전화 500만 명 대이동"」, 동아일보, 2007년 3월 1일, 16면.
14) 손영옥, 「이달 서비스 화상휴대전화 '빛과 그림자'」, 국민일보, 2007년 3월 10일, 1면.
15) 김재섭, 「내 사생활 모두 노출 화상통화 무조건 좋을까?」, 한겨레, 2007년 3월 13일, 21면.
16) 선호, 「KTF '쇼', 미디어업계 쓰나미 되나」, 미디어오늘, 2007년 3월 14일, 6면.
17) 정은경, 「요즘 TV는 SHOW '천지'」, 미디어오늘, 2007년 4월 25일, 13면.
18) 양성희, 「팬옵티시즘」, 중앙일보, 2007년 6월 9일자.
19) 최연진, 「'쇼'는 눈에 띄게 'KTF'는 안보이게」, 한국일보, 2007년 6월 20일자.
20) 안인용, 「"인생이 쇼 아닙니까?": '쇼' 브랜드 책임자 KTF 홍석범 팀장 인터뷰」, 한겨레, 2007년 6월 7일자.
21) 김준 · 김보미, 「KTF, 보는 전화 SHOW 100만 돌파」, 경향신문, 2007년 7월 10일자.
22) 전병역, 「휴대전화로 홈쇼핑 '백화점이 내 손안에'」, 경향신문, 2007년 3월 3일, 12면.
23) 김선우, 「발라드 인기는 휴대폰을 타고」, 동아일보, 2007년 3월 27일, B9면.
24) 김선우, 「발라드 인기는 휴대폰을 타고」, 동아일보, 2007년 3월 27일, B9면.
25) 김선우, 「발라드 인기는 휴대폰을 타고」, 동아일보, 2007년 3월 27일, B9면.
26) 김미영, 「통신사 손끝 따라 '멜로디'가 바뀐다: 문화산업 거머쥐는 통신자본」, 한겨레, 2007년 9월 28일자.
27) 김미영, 「통신사 손끝 따라 '멜로디'가 바뀐다: 문화산업 거머쥐는 통신자본」, 한겨레, 2007

년 9월 28일자.
28) 김보미, 「휴대폰 중독 여성〉남성, 고교생이 가장 심각하다」, 경향신문, 2007년 4월 11일, 15면.
29) 홍용덕·김기태, 「중·고생 '휴대폰 등교' 어쩌하오리까」, 한겨레, 2007년 4월 27일, 12면.
30) 김재섭, 「콜렉트콜의 두 얼굴」, 한겨레, 2007년 5월 7일, 14면.
31) 진명선, 「신주단지 휴대폰 '냉정과 열정사이'」, 한겨레, 2007년 6월 4일자.
32) 김재섭, 「2만 원대 청소년요금제 성인돼 무심코 쓰다보면 10만 원」, 한겨레, 2007년 6월 21일자.
33) 김재섭, 「청소년요금제 '길들이기' 논란, 선택은 오롯이 이용자의 몫」, 한겨레, 2007년 7월 3일자.
34) 김재섭, 「중·고생 휴대전화 요금〉용돈: 월평균 3만8414원…… 성인과 비슷한 수준」, 한겨레, 2007년 7월 27일자.
35) 김용석·부형권, 「모바일 '세대 차' 뚜렷…… "전화다" vs "아니다"」, 동아일보, 2007년 8월 13일자.
36) 김이삭, 「'보이스피싱' 지능화…… 눈 뜨고도 당한다」, 한국일보, 2007년 4월 17일, 9면.
37) 이호준·김다슬, 「"등록금 돌려주겠다" 보이스피싱 기상천외 진화」, 경향신문, 2007년 6월 26일자.
38) 원정환, 「따르릉…… "받는 순간 낚인다" 스팸전화의 비밀」, 조선일보, 2007년 4월 28일, B7면.
39) 손영옥, 「국제전화 콜렉트콜 조심하세요」, 국민일보, 2007년 5월 4일, 12면.
40) 강철원, 「'꽃뱀 콜렉트콜'에 10만 명 당했다」, 한국일보, 2007년 6월 4일자; 이정훈, 「"은밀한 대화" 국제전화 50억 원대 사기」, 한겨레, 2007년 6월 4일자.
41) 문권모, 「휴대전화 보조금 지급 1년간 1조 원」, 동아일보, 2007년 5월 2일, B4면.
42) 김원배, 「5월엔 새 폰 장만 해볼까: 보조금 혜택 커지고, 공짜폰 늘어나고」, 중앙일보, 2007년 5월 4일, E3면.
43) 곽창렬, 「사용자 절반이 '010' 휴대폰 왕좌 오르기까지」, 조선일보, 2007년 8월 11일자.
44) 김준, 「번호이동 하루에 8만7363명」, 경향신문, 2007년 5월 10일, 13면.
45) 김준, 「'010' 번호 이용자 2000만 시대 열었다」, 경향신문, 2007년 6월 27일자.
46) 곽창렬, 「사용자 절반이 '010' 휴대폰 왕좌 오르기까지」, 조선일보, 2007년 8월 11일자.
47) 김재섭, 「통신비 부담 커진 게 요금 아닌 소비자 과소비 탓?」, 한겨레, 2007년 5월 19일자; 김희경, 「"소비자의 목줄 죄는 '괴물' 꼭 잡아야 합니다"」, 조선일보, 2007년 5월 25일자.
48) 이방형, 「"괴물이라뇨? 소비자 요구 따른 성과일 뿐입니다"」, 조선일보, 2007년 5월 25일자.
49) 「[사설] 너무 비싼 휴대전화 요금 낮춰야」, 중앙일보, 2007년 6월 29일자.
50) 김재섭, 「정통부 '엉터리 보고서' 알고서도 휴대전화 업계 편들어」, 한겨레, 2007년 7월 26일자.
51) 하현옥, 「'지갑아, 카드야 그동안 수고 많았어' 휴대전화가 말했다」, 중앙일보, 2007년 5월 14일자.

52) 김천홍, 「뜨려고 벗고, 돈되니 벗고…… 섹시 모바일 화보집 출시!」, 조선일보, 2007년 5월 19일자.
53) 허재경, 「'타락폰' 기가 막혀!」, 한국일보, 2007년 6월 8일자.
54) 김현식, 「절규와 장터」, 교수신문, 2007년 5월 21일자.
55) 박중현, 「'휴대전화 깡' 단속 나선다」, 동아일보, 2007년 6월 29일자.
56) 배명훈, 「휴대폰은 어떻게 여성들을 변화시키나」, 조선일보, 2007년 9월 14일자.
57) 하응백, 「휴대폰과 술마시기」, 경향신문, 2007년 10월 19일자.
58) 김찬호, 「무선 핫라인 타고 사랑이 흐른다」, 『주간동아』, 제617호(2008년 1월 1일), 82~83면.
59) 김용석·부형권, 「화상전화 가입자 500만 돌파…… '보기'가 '듣기' 누를까」, 동아일보, 2007년 12월 15일자.
60) 김영민, 「공중전화의 몰락…… 그 많은 적자는 누가 메울까: 작년 507억 적자…… 공익성으로 포기도 못해」, 조선일보, 2007년 12월 15일자.
61) 최재봉, 「"'핸드폰으로 오가는 말 절반은 거짓일 것": 장편소설 '핸드폰' 한국어판 내는 중국 작가 류전윈」, 한겨레, 2007년 11월 12일자.
62) 류전윈(劉震雲), 김태성 옮김, 「한국어판 서문: 은밀한 말의 역사」, 『핸드폰: 류전윈 장편소설』, 황매, 2007, 5쪽.

제12장 '1인당 휴대전화 2대' 시대로 가는가?: 2008~2009년

1) 박현정, 「"10대들 팬심 흔들어라" 휴대전화 상술 눈총」, 한겨레, 2008년 1월 12일자.
2) 이세명, 「전화방 성매매 알선수법 갈수록 '지능화': ARS까지 도입…… 성매매 현장 단속 어려워」, 전북일보, 2008년 1월 28일자.
3) 경태영, 「성매매 주부 '전화방서 만난 966명' 모두 조사」, 경향신문, 2008년 2월 5일자.
4) 황선윤, 「상대했던 남성 110명 전화 협박…… 성매매여성이 3200만 원 뜯어내」, 중앙일보, 2009년 5월 19일자.
5) 박용근, 「만 원짜리 음란 폰팅」, 경향신문, 2009년 5월 7일자.
6) 허정헌, 「수렁 속의 주부들: 중산층 아내가 '폰팅 성매매'에 빠진 이유는?」, 한국일보, 2009년 2월 6일자.
7) 김용석, 「휴대전화 '손맛전쟁': 컬러-디자인 등 시각 경쟁서 촉각으로……」, 동아일보, 2008년 3월 26일자.
8) 김종호, 「손가락으로 톡톡…… '터치스크린 휴대폰' 이 대세」, 조선일보, 2008년 2월 11일자.
9) 김찬희, 「휴대전화 '엄지족 지고 검지족 뜬다'」, 국민일보, 2008년 5월 6일자.
10) 이주영, 「이젠 '스마트폰' 이다…… 애플 이어 구글도 11월 출시 예정」, 경향신문, 2008년 8월 21일자.
11) 조계완, 「인터넷과 휴대전화의 완전한 만남」, 『한겨레21』, 제705호(2008년 4월 10일).
12) 김용석, 「닫힌 휴대전화 인터넷, 크러면……」, 동아일보, 2008년 4월 8일자.
13) 고찬유, 「사무실 소음 1위는 전화벨 소리: "업무 집중력 감소"」, 한국일보, 2008년 4월 1일자.

14) 조형래, 「또다시 극성부리는 '보이스피싱'」, 조선일보, 2008년 4월 4일자.
15) 원정한, 「아이들 이름 대며 "납치했다" 등골 오싹해지는 보이스피싱」, 조선일보, 2008년 4월 22일자.
16) 장은교·임현주, 「보이스피싱 봉, 한국] "아내가 납치됐다" 눈뜨고도 낚인다」, 경향신문, 2008년 4월 29일자.
17) 유희진·유정인, 「유학생 자녀 정보까지 '손금보듯' …… 눈 뜨고 낚인다」, 경향신문, 2008년 10월 15일자.
18) 이종식, 「보이스피싱 서민피해 급증」, 동아일보, 2009년 5월 12일자.
19) 「보이스피싱, 국가사회적 대책 시급하다(사설)」, 동아일보, 2009년 5월 12일자.
20) 신민기·김윤종, 「보이스피싱 역풍에 관공서 곤욕」, 동아일보, 2009년 3월 21일자.
21) 한기호, 「'문자메시지'가 소설이 되는 시대」, 한겨레, 2008년 4월 26일자.
22) 임지선, 「초등학교도 휴대폰과 전쟁중…… 초등생 자녀의 휴대폰 사용 지도」, 경향신문, 2008년 5월 6일자.
23) 유인경, 「부모만 모르는 우리 아이 두 얼굴…… '겁없는 10대' '용감한 10대'」, 경향신문, 2008년 5월 22일자.
24) 김상길, 「多辯症」, 국민일보, 2008년 5월 24일자.
25) 호경엽, 「공짜폰의 부활: KTF 2년 약정에 36만 원 보조금」, 조선일보, 2008년 7월 14일자.
26) 김창덕, 「이통사들 또 '고객 뺏기' 진흙탕 싸움」, 동아일보, 2009년 5월 11일자.
27) 김창덕, 「100가지 넘는 휴대전화 요금제 "너무해"」, 동아일보, 2008년 8월 6일자.
28) 구본권, 「'드러누우면' 깎아주는 휴대폰 '황당 요금': 데이터 요금의 '덫'」, 한겨레, 2008년 11월 1일자.
29) 다카하시 데쓰야, 「[세계의창] 도리마 사건과 휴대전화」, 한겨레, 2008년 7월 9일자.
30) 김도형, 「촛불, '비도덕 권력' 내치는 유교적 혁명: '촛불집회' 분석한 오구라 기조 교토대 교수」, 한겨레, 2008년 7월 23일자.
31) 김기용, 「광우병 '광풍'에 예의 잃은 아이들」, 동아일보, 2008년 5월 8일자.
32) 「멋대로 유린당하는 학생 인권(사설)」, 한겨레, 2008년 5월 12일자.
33) 석진환 외, 「새로운 10대가 왔다: 문자와 인터넷으로 실시간 소통 '사회에 댓글'」, 한겨레, 2008년 5월 15일자.
34) 「다(多)매체, 쌍(雙)방향 홍보로 'AI 괴담' 막아야 한다(사설)」, 조선일보, 2008년 5월 15일자.
35) 구본권, 「'참여형 인터넷'이 민주주의 토양: '웹 2.0세대'의 시위 형태」, 한겨레, 2008년 6월 3일자.
36) 특별취재팀, 「돌아본 2008 ① 미국산 쇠고기 파동 下」, 조선일보, 2008년 12월 20일자.
37) 우정식, 「"'사랑한다' 문자 누가 보냈냐" 아내 폭행치사」, 조선일보, 2008년 6월 7일자.
38) 노재현, 「주경복 낙선이 서운한 이유」, 중앙일보, 2008년 8월 1일자.
39) 정혁준, 「문자메시지 못 보면 신용 강등?」, 『한겨레 21』, 제725호(2008년 8월 28일).
40) 임현주, 「SMS 하루 발송량 1000통 제한…… 불법 스팸 규제 강화」, 경향신문, 2008년 9월 4일자.

41) 유덕영, 「집에 잠자고 있는 '장롱폰' 없으세요?: 폐휴대전화 한 해 1449만 대······ 수거는 41 퍼센트뿐」, 동아일보, 2008년 9월 24일자.
42) 조형래, 「전화통에 불난다: 인터넷 전화 번호이동 다음달부터 본격 시행」, 조선일보, 2008년 9월 6일자.
43) 김찬희, 「인터넷전화 시장 '戰火'」, 국민일보, 2008년 9월 30일, 12면.
44) 김재섭, 「공공성 vs 수익성······ 공중전화 길을 묻다: 휴대전화에 밀려 수익성 악화······54년 만에 '명퇴위기'」, 한겨레, 2008년 11월 10일자.
45) 김재섭, 「'업무폰' '가족폰' 난 휴대전화 2대 써요: 인구 4900만에 4500만 대······ 가입자 수 왜 계속 늘까」, 한겨레, 2008년 11월 20일자.
46) 임현주, 「통신비 지출 GDP대비 4.8퍼센트······ OECD 국가 중 최고」, 경향신문, 2009년 1월 15일자.
47) 최연진, 「한국 청소년 80퍼센트가 휴대폰족 '세계 최고'」, 한국일보, 2009년 2월 11일자.

맺는말: 왜 휴대전화는 신흥종교가 되었나?

1) Marshall McLuhan, *Understanding Media: The Extensions of Man*, New York: McGraw-Hill, 1965, p. 266.
2) Marshall McLuhan, *Understanding Media: The Extensions of Man*, New York: McGraw-Hill, 1965, pp. 267~268.
3) Marshall McLuhan, *Understanding Media: The Extensions of Man*, New York: McGraw-Hilll, 1965, p. 268.
4) Marshall McLuhan, *Understanding Media: The Extensions of Man*, New York: McGraw-Hill, 1965, p. 310.
5) Richard Kostelanetz, "Marshall McLuhan: High Priest of the Electronic Village", Thomas H. Ohlgren and Lynn M. Berk, eds. *The New Languages: A Rhetorical Approach to the Mass Media and Popular Culture*, Englewood Cliffs, N. J.: Prentice-Hall, 1977, p. 19.
6) Marshall McLuhan, *Understanding Media: The Extensions of Man*, New York: McGraw-Hill, 1965, 1965, p. 310.
7) 마샬 맥루한, 박정규 옮김, 『미디어의 이해: 인간의 확장』, 커뮤니케이션북스, 1997, 54쪽.
8) 마샬 맥루한, 박정규 옮김, 『미디어의 이해: 인간의 확장』, 커뮤니케이션북스, 1997, 468쪽.
9) 김찬호, 「언제 어느 때나 소통한다, 고로 열광한다」, 『주간동아』, 제603호(2007년 9월 18일), 68~69면.
10) 홍성욱, 『네트워크 혁명, 그 열림과 닫힘: 지식기반사회의 비판과 대안』, 들녘, 2002, 141쪽.
11) 김성도, 『호모 모빌리쿠스: 모바일 미디어의 문화생태학』, 삼성경제연구소, 2008, 329~330쪽.
12) 박혜란, 『나이듦에 대하여』, 웅진닷컴, 2001, 207~209쪽.
13) 김택근, 「휴대전화에 묻는다」, 경향신문, 2004년 12월 8일자.

14) 하현옥, 「"언어의 경제 소통 수단" "바로 답장 없으면 불안": 학자들이 본 문자메시지」, 중앙일보, 2007년 2월 14일, 13면.
15) 조계완, 「삶의 악센트? 죽음의 키스!: 경쟁과 미래에 대한 불안 속에 독버섯처럼 자라나는 직장인 스트레스, 당신을 갉아먹고 있다」, 『한겨레 21』, 2004년 9월 23일, 46~48면.
16) 「'욕 타임' 맘껏 즐겨라」, 여성신문, 2004년 8월 27일, A12면.
17) 탁석산·조긍호, 「대담서평: 『한국인 이해의 개념틀』로 나눈 철학자와 심리학자의 대화」, 교수신문, 2003년 5월 5일, 9면.
18) 전석호, 『한국사회와 정보화』, 나남, 1998, 204~205쪽.
19) 김은미, 「모바일 미디어 이용의 사회적 맥락: 청소년의 문자메시지 이용을 중심으로」, 강명현 외, 『모바일 미디어: 디지털 유목민의 감각』, 커뮤니케이션북스, 2006, 96~97쪽.
20) 피에르 레비, 『디지털 시대의 가상현실』, 궁리, 2002, 32쪽.
21) 홍성욱, 「네트워크 혁명, 그 열림과 닫힘: 지식기반사회의 비판과 대안」, 들녘, 2002, 141쪽.
22) 박홍규, 「문화인가, 야만인가」, 『시사저널』, 2006년 3월 28일, 92면.
23) 아마노 유카, 「손님은 하느님이 아닙니다」, 마이 가나코 외, 조양욱 옮김, 『일본 여자가 쓴 한국 아줌마 비판』, 현대문학북스, 2001, 216~217쪽.
24) 도다 이쿠코 대표 집필, 『일본여자가 쓴 한국여자 비판』, 현대문학, 1999, 75~76쪽.
25) 안홍욱, 「마당발」, 경향신문, 2003년 10월 17일, 33면.
26) 백왕순, 「공무원 69퍼센트 "인사는 인맥이 좌우"」, 내일신문, 2005년 9월 22일, 2면.
27) 이승훈, 「"오늘 만날 경쟁사 사장 인맥 알아볼까?": 인물정보 업그레이드…… 30만 명 네트워크 한눈에」, 중앙일보, 2008년 10월 27일자.
28) 김광현, 『기호인가 기만인가: 한국 대중문화의 가면』, 열린책들, 2000, 149쪽.
29) 『사회평론·길』, 1994년 7월호; 『한겨레 21』, 1994년 9월 22일자; 『시사저널』, 1995년 6월 22일자.
30) 『시사저널』, 1993년 12월 16일자.
31) 양문석, 「인사철…… 상가지구 목불인견(喪家之狗 目不忍見)」, 언론노보, 2006년 3월 29일, 3면.
32) 노윤정, 「이것이 '브로커의 정석'?」, 문화일보, 2006년 2월 1일, 8면.
33) 요시미 순야 외, 오석철·황조희 옮김, 『전화의 재발견: 전화를 매개로 한 인간의 커뮤니케이션은 어떻게 변해 왔는가?』, 커뮤니케이션북스, 2005, 20쪽.
34) 김광현, 『기호인가 기만인가: 한국 대중문화의 가면』, 열린책들, 2000, 149쪽.
35) 김원, 「불꽃을 계속 타오르게 하는 것들: 촛불시위의 동학」, 교수신문, 2008년 6월 2일자.
36) 김신동, 「호모 텔레포니쿠스의 등장: 이동전화 확산에 영향을 준 사회문화적 요인 연구」, 『한국언론학보』, 제45-2호(2001년 봄), 81쪽.
37) 김성도, 『호모 모빌리쿠스: 모바일 미디어의 문화생태학』, 삼성경제연구소, 2008, 133~134쪽.
38) 움베르토 에코, 이세욱 옮김, 「휴대폰을 사용하지 않는 방법」, 『세상의 바보들에게 웃으면서 화내는 방법』, 열린책들, 1995, 205~209쪽.

참고문헌

강명현 외, 『모바일 미디어: 디지털 유목민의 감각』, 커뮤니케이션북스, 2006.
강미은, 『여론조사 뒤집기: 여론 게임의 해부』, 개마고원, 1997.
강제승, 「감성소구, 신비한 이미지로 어필」, 『이 광고의 성공전략』, 한국방송광고공사, 2002.
강준만, 『세계의 대중매체(전3권)』, 인물과사상사, 2001.
강준만, 『대중문화의 겉과 속 2』, 인물과사상사, 2003.
강준만, 『강남, 낯선 대한민국의 자화상: 말죽거리에서 타워팰리스까지』, 인물과사상사, 2006.
강준만, 『대중문화의 겉과 속 3』, 인물과사상사, 2006.
강준만, 『한국생활문화사전』, 인물과사상사, 2006.
강준만, 『한국인 코드』, 인물과사상사, 2006.
강준만, 「'특권'에서 '오락'을 거쳐 '종교'로: 한국 전화 110년사, 1896~2006」, 월간 『인물과 사상』, 2006년 7월.
강준만, 『한국현대사 산책(전18권)』, 인물과사상사, 2002~2006.
강준만, 『한국근대사 산책(전10권)』, 인물과사상사, 2007~2008.
강준만·오두진, 『고종 스타벅스에 가다: 커피와 다방의 사회사』, 인물과사상사, 2005.
강준만·전상민, 『광고, 욕망의 연금술』, 인물과 사상사, 2007.
강진구, 『삼성전자 신화와 그 비결』, 고려원, 1996.
강한섭, 『한국의 영화학을 만들어라: 문화진화론자가 다시 쓰는 영화담론』, 삼우반, 2004.
고영삼, 「새로운 인간유형 호모 디지털 로쿠엔스」, 박재환 외, 『현대 한국사회의 일상문화코드』, 한울아카데미, 2004.
고재학, 『휴대폰에 빠진 내 아이 구하기』, 예담, 2006.
고현범, 『휴대전화, 철학과 통화하다』, 책세상, 2007.
곽상규, 「'TV광고 중심의 가격전략'으로 한층 치열한 경쟁 예상」, 『광고정보』, 1998년 5월호.
국사편찬위원회 편, 『근현대과학기술과 삶의 변화』, 두산동아, 2005.
권상희·황유지, 「문자메시지 매체의 기대가치 연구: 휴대폰과 인터넷 메신저 비교를 중심으로」, 『언론과학연구』, 제4권1호(2004년 4월).
기어트 호프슈테더, 차재호·나은영 옮김, 『세계의 문화와 조직』, 학지사, 1995.
김광현, 『기호인가 기만인가: 한국 대중문화의 가면』, 열린책들, 2000.
김구, 도진순 주해, 『백범일지』, 돌베개, 2002.
김민남 외, 『새로 쓰는 한국언론사』, 아침, 1993.
김병희, 『유쾌한 광고! 통쾌한 마케팅!』, 좋은책만들기, 2002.

김선남, 「모바일 수용자의 콘텐츠 이용 행태에 관한 연구」, 『언론과학연구』, 제7권4호(2007년 12월).
김성도, 『호모 모빌리쿠스: 모바일 미디어의 문화생태학』, 삼성경제연구소, 2008.
김성우, 『돌아가는 배』, 삶과꿈, 1999.
김수현, 「'철가방' 출신 조태훈의 성공법」, 『월간중앙』, 1998년 9월호.
김신동, 「호모 텔레포니쿠스의 등장: 이동전화 확산에 영향을 준 사회문화적 요인 연구」, 『한국언론학보』, 제45−2호(2001년 봄).
김신동, 「이동전화 이용행태에 대한 국가간 비교연구」, 『한국언론학보』, 제48−2호(2004년 4월).
김영근, 「일제하 식민지적 근대성의 한 특징: 경성에서의 도시 경험을 중심으로」, 한국사회사학회, 『사회와 역사 제57집』, 문학과지성사, 2000.
김영기·한선, 「모바일 미디어의 속성평가와 커뮤니케이션 양식차이에 관한 연구: 인터넷과 휴대전화를 중심으로」, 『언론과학연구』, 제5권1호(2005년 4월).
김영삼, 『김영삼 회고록 3: 민주주의를 위한 나의 투쟁』, 백산서당, 2000.
김영한·김영안, 『삼성처럼 회의하라』, 청년정신, 2004.
김영희, 「일제시기 라디오의 출현과 청취자」, 『한국언론학보』, 제46−2호(2002년 봄).
김예림, 「전시기 오락정책과 '문화' 로서의 우생학」, 『역사비평』, 통권 73호(2005년 겨울).
김용섭, 『디지털 신인류』, 영림카디널, 2005.
김용숙, 『아줌마는 나라의 기둥』, 김영사, 1999.
김원자, 『모바일혁명』, 다지리, 2007.
김육훈, 『살아있는 한국 근현대사 교과서』, 휴머니스트, 2007.
김을한, 『한국신문사화』, 탐구당, 1975.
김재명, 『한국현대사의 비극−중간파의 이상과 좌절』, 선인, 2003.
김정수, 『한국의 정보통신혁명: 오명의 리더십 연구』, 나남, 2000.
김주환, 『디지털 미디어의 이해』, 생각의나무, 2008.
김진송, 『장미와 씨날코: 1959년 이기붕가의 선물 꾸러미』, 푸른역사, 2006.
김태수, 『꽃가치 피어 매혹케 하라: 신문광고로 본 근대의 풍경』, 황소자리, 2005.
김평호, 「이동성, 그리고 사인주의: 이동전화의 사회적 함의」, 『한국언론정보학보』, 제18호(2002년 봄).
김화, 『이야기 한국영화사』, 하서, 2001.
나은영, 「이동전화 채택에 영향을 미치는 이동전화 커뮤니케이션의 매체적 속성에 관한 연구」, 『한국언론학보』, 제45−4호(2001년 가을).
노정팔, 『한국방송과 50년』, 나남, 1995.
노치준, 「한말의 근대화와 기독교」, 『역사비평』, 계간 27호(1994년 겨울).
노형석, 『모던의 유혹 모던의 눈물: 근대 한국을 거닐다』, 생각의나무, 2004.
노형석, 『한국 근대사의 풍경』, 생각의나무, 2006.
데이비드 하비, 구동회·박영민 옮김, 『포스트모더니티의 조건』, 한울, 1994.
도다 이쿠코 대표 집필, 『일본여자가 쓴 한국여자 비판』, 현대문학, 1999.

로렌스 레식, 김정오 옮김, 『코드: 사이버공간의 법이론』, 나남, 2002.
롤랑 바르트·수잔 손탁, 송숙자 옮김, 『사진론』, 현대미학사, 1994.
류전원, 김태성 옮김, 『핸드폰: 류전원 장편소설』, 황매, 2007.
리영희, 『역정: 나의 청년시대—리영희 자전적 에세이』, 창작과비평사, 1988.
마샬 맥루한, 박정규 옮김, 『미디어의 이해: 인간의 확장』, 커뮤니케이션북스, 1997.
마이 가나코 외, 조양욱 옮김, 『일본 여자가 쓴 한국 아줌마 비판』, 현대문학북스, 2001.
마정미, 「광고: Go Humor」, 『상상』, 1997년 겨울호.
명진규, 「휴대전화만 있으면 나도 기자, 모바일 공론장 예고: 휴대전화, 탄생 20년만에 미디어로 진화」, 『신문과 방송』, 제453호(2008년 9월).
박웅기, 「대학생들의 이동전화 중독증에 관한 연구」, 『한국언론학보』, 47권2호(2003년 4월).
박천홍, 『매혹의 질주, 근대의 횡단: 철도로 돌아본 근대의 풍경』, 산처럼, 2003.
박혜란, 『나이듦에 대하여』, 웅진닷컴, 2001.
배진한, 「이동전화의 충족과 대인커뮤니케이션 매체로서의 이동전화의 적합성 인식」, 『한국언론학보』, 제45—4호(2001년 가을).
배진한, 「전화의 이용과 충족 그리고 대인매체로서의 전화의 속성: 이동전화, 면대면 채널과의 비교를 중심으로」, 『한국언론정보학보』, 제18호(2002년 봄).
배진한, 「공적공간의 유형과 성별·연령·라이프스타일 등 수용자의 인적 속성이 모바일콘텐츠 이용에 미치는 영향」, 『언론과학연구』, 제6권4호(2006년 12월).
배진한, 「한국과 미국 대학생집단의 휴대전화에 대한 매체인식 비교: 적합성과 효율성을 중심으로」, 『언론과학연구』, 제8권4호(2008년 12월).
백성현·이한우, 『파란 눈에 비친 하얀 조선』, 새날, 1999.
백영철, 『제1공화국과 한국민주주의: 의회 정치를 중심으로』, 나남, 1995.
서울특별시편찬위원회, 『서울 육백년사 제6권』, 서울특별시, 1996.
서중석, 『조봉암과 1950년대 (상): 조봉암의 사회민주주의와 평화통일론』, 역사비평사, 1999.
선성원, 『8군쇼에서 랩까지』, 아름출판사, 1993.
성동규·조윤경, 「이동전화 이용자의 집단적 특징에 따른 이용 유형 연구」, 『한국언론학보』, 제46—6호(2002년 겨울).
세스 슐만, 강성희 옮김, 『지상 최대의 과학 사기극: 알렉산더 그레이엄 벨의 모략과 음모로 가득 찬 범죄 노트』, 살림, 2009.
소래섭, 『에로 그로 넌센스: 근대적 자극의 탄생』, 살림, 2005.
손영석·나운봉 편저, 『광고인이 쓴 광고 실무론』, 학현사, 1999.
솔라 풀, 원우현 옮김, 『자유언론의 테크놀로지』, 전예원, 1985.
수잔 손탁, 유경선 옮김, 『사진이야기』, 해뜸, 1986.
수전 손탁, 김안례 옮김, 『시각과 언어 1: 산업사회와 미술』, 열화당, 1991.
스티븐 컨, 박성관 옮김, 『시간과 공간의 문화사 1880—1918』, 휴머니스트, 2004.
신기욱·마이클 로빈슨 엮음, 도면회 옮김, 『한국의 식민지 근대성: 내재적 발전론과 식민지 근대화론을 넘어서』, 삼인, 2006.

쓰가와 이즈미, 김재홍 옮김, 『JODK, 사라진 호출부호』, 커뮤니케이션북스, 1999.
아손 그렙스트, 김상열 옮김, 『스웨덴 기자 아손, 100년전 한국을 걷다: 을사조약 전야 대한제국여행기』, 책과함께, 2005.
안토니오 네그리・마이클 하트, 윤수종 옮김, 『제국』, 이학사, 2001.
앨빈 토플러・하이디 토플러, 김중웅 옮김, 『부의 미래』, 청림출판, 2006.
어빙 팽, 신길중 옮김, 『매스커뮤니케이션의 역사: 6단계 정보혁명』, 한울아카데미, 2002.
여성사연구모임 길밖세상, 『20세기 여성사건사: 근대 여성교육의 시작에서 사이버 페미니즘까지』, 여성신문사, 2001.
오명, 『정보화사회 그 천의 얼굴』, 한국경제신문사, 1988.
요시미 순야, 송태욱 옮김, 『소리의 자본주의: 전화, 라디오, 축음기의 사회사』, 이매진, 2005.
요시미 순야 외, 오석철・황조희 옮김, 『전화의 재발견: 전화를 매개로 한 인간의 커뮤니케이션은 어떻게 변해 왔는가?』, 커뮤니케이션북스, 2005.
우사연구회 엮음, 『몸으로 쓴 통일독립운동사: 우사 김규식 생애와 사상 ③』, 한울, 2000.
움베르토 에코, 이세욱 옮김, 『세상의 바보들에게 웃으면서 화내는 방법』, 열린책들, 1995.
월간조선, 『2006년 한국의 실력』, 월간조선 2006년 1월호 별책부록.
윌리엄 스툭, 김형인 외 옮김, 『한국전쟁의 국제사』, 푸른역사, 2001.
유병은, 『방송야사』, KBS 문화사업단, 1998.
유우종, 『여론조사의 비밀』, 궁리, 2008.
유재천, 『한국언론과 이데올로기』, 문학과 지성사, 1990.
윤상길, 「통신의 사회문화사」, 유선영・박용규・이상길 외, 『한국의 미디어 사회문화사』, 한국언론재단, 2007.
윤석민 외, 「이동전화격차」, 『한국언론학보』, 제48-3호(2004년 6월).
윤승욱, 「모바일 인터넷의 수용결정요인에 대한 연구: 정보기술수용모형을 중심으로」, 『한국언론학보』, 제48-3호(2004년 6월).
윤재걸, 「격동과 낭만의 한 세월 그 다방, 그 노래」, 『음악동아』, 1984년 5월호.
이경훈, 『어떤 백년, 즐거운 신생: 이경훈 평론집』, 하늘연못, 1999.
이광린, 『한국사강좌 V (근대편)』, 일조각, 1997.
이내수, 『이야기 방송사 1924~1948』, 씨앗을뿌리는사람, 2001.
이동순, 『번지없는 주막: 한국가요사의 잃어버린 번지를 찾아서』, 선, 2007.
이무용, 『공간의 문화정치학: 공간, 그곳에서 생각하고, 놀고, 싸우고, 만들기』, 논형, 2005.
이문호, 『뿌리 찾는 정보통신 이야기』, 김영사, 1994.
이문호, 『뉴스에이전시란 무엇인가: 지면 없는 신문사, 채널 없는 방송국의 모든 것』, 커뮤니케이션북스, 2001.
이배용 외, 『우리나라 여성들은 어떻게 살았을까 2: 개화기부터 해방기까지』, 청년사, 1999.
이범경, 『한국방송사』, 범우사, 1994.
이상철, 『커뮤니케이션 발달사』, 일지사, 1982.
이서구, 『세시기』, 배영사, 1969.

이수영, 「이동전화 이용에 관한 연구: 음성통화서비스와 문자서비스간의 관계를 중심으로」, 『한국언론학보』, 47권 5호(2003년 10월).
이승원, 『소리가 만들어낸 근대의 풍경』, 살림, 2005.
이장규 외, 『실록 6공 경제: 흑자 경제의 침몰』, 중앙일보사, 1995.
이재현, 『모바일 미디어와 모바일 사회』, 커뮤니케이션북스, 2004.
이채윤, 『삼성CEO 경영어록: 삼성의 CEO들은 무엇이 다른가?』, 열매출판사, 2005.
이호철, 『문단골 사람들: 이호철의 문단일기』, 프리미엄북스, 1997.
이희승, 「다방」, 『사상계』, 1959년 3월호.
임영호, 『기술혁신과 언론노동: 노동과정론에서 본 신문노동의 역사』, 커뮤니케이션북스, 1999.
임정빈, 『검정고무신에서 유비쿼터스까지: 글과 사진으로 보는 생활사박물관』, 랜덤하우스, 2006.
임종국, 민족문제연구소 엮음, 『한국인의 생활과 풍속(2권)』, 아세아문화사, 1995.
장용석, 「불황을 이겨낸 성공 캠페인 전략: 한국이동통신 디지털 011」, 『광고정보』, 1997년 4월호.
전남사회운동협의회 편·황석영 기록, 『죽음을 넘어 시대의 어둠을 넘어: 광주 5월 민중항쟁의 기록』, 풀빛, 1985.
전석호, 『한국사회와 정보화』, 나남, 1998.
정순일, 『한국방송의 어제와 오늘』, 나남, 1991.
정일성, 『이토 히로부미: 알려지지 않은 이야기들』, 지식산업사, 2002.
정재정, 『일제침략과 한국철도(1892~1945)』, 서울대학교출판부, 1999.
정재정, 「근대로 열린 길, 철도」, 『역사비평』, 통권 70호(2005년 봄).
정한조, 『대한민국 사진공화국』, 시지락, 2005.
조맹기, 『커뮤니케이션의 역사』, 서강대학교 출판부, 2004.
조맹기, 『한국언론인물사상사』, 나남, 2006.
조서환·추성엽, 『대한민국 일등상품 마케팅전략』, 위즈덤하우스, 2005.
조영복, 『문인기자 김기림과 1930년대 '활자─도서관' 의 꿈: 학예면과 신문문예 장르의 세계』, 살림, 2007.
조용수, 『한국의 신세대 혁명: 신세대를 알면 21세기가 보인다』, LG경제연구원, 1996.
조정래, 『아리랑 1~2: 조정래 대하소설』, 해냄, 2001.
존 스틸 고든, 강남규 옮김, 『월스트리트제국: 금융자본권력의 역사 350년』, 참솔, 2002.
진용옥, 『봉화에서 텔레파시통신까지: 정보와 통신의 원형을 찾아서』, 지성사, 1996.
채백, 「통신매체의 도입과 한국 근대의 사회변화」, 박정규 외, 『한국근대사회의 변화와 언론』, 한국정신문화연구원, 1995.
채호기, 『밤의 공중전화: 채호기 시집』, 문학과지성사, 1997.
천정환, 『끝나지 않는 신드롬: 친일과 반일을 넘어선 식민지시대 다시 읽기』, 푸른역사, 2005.
최영진, 『한국 지역주의와 정체성의 정치』, 오름, 1999.
최정운, 『오월의 사회과학』, 풀빛, 1999.

최종선, 『산자여 말하라: 나의 형 최종길 교수는 이렇게 죽었다』, 공동선, 2001.
최창섭, 『방송원론』, 나남, 1985.
탁진영·황영보, 「모바일 광고의 설득효과에 관한 탐사적 연구: 관여도와 수동적 학습이론을 중심으로」, 『언론과학연구』, 제5권1호(2005년 4월).
통신문제연구회, 『통신시장개방과 정보사회』, 풀빛, 1991.
프랭크 뉴포트, 정기남 옮김, 『여론조사: 대중의 지혜를 읽는 핵심 키워드』, 휴먼비즈니스, 2007.
피에르 레비, 전재연 역, 『디지털 시대의 가상현실』, 궁리, 2002.
한국여성의전화 엮음, 『한국여성인권운동사』, 한울아카데미, 1999.
한국역사연구회, 『1894년 농민전쟁연구 3: 농민전쟁의 정치사상적 배경』, 역사비평사, 1991.
한국역사연구회, 『우리는 지난 100년 동안 어떻게 살았을까 1』, 역사비평사, 1998.
한국역사연구회, 『우리는 지난 100년 동안 어떻게 살았을까 2』, 역사비평사, 1998.
한국역사연구회, 『우리는 지난 100년 동안 어떻게 살았을까 3』, 역사비평사, 1999.
한국정신문화연구원 편, 『한국전쟁과 사회구조의 변화』, 백산서당, 1999.
한국정신문화연구원 현대사연구소 편, 『한국현대사의 재인식 4: 1950년대 후반기의 한국사회와 이승만정부의 붕괴』, 오름, 1998.
허용범, 『한국언론 100대 특종』, 나남, 2000.
홍성욱, 『네트워크 혁명, 그 열림과 닫힘: 지식기반사회의 비판과 대안』, 들녘, 2002.
홍세화, 「20년 만의 귀국 일지」, 『창작과 비평』, 제105호(1999년 가을).
홍윤선, 『딜레마에 빠진 인터넷: 스토킹, 해킹, 게임중독…… 블랙 인터넷 바로보기』, 굿인포메이션, 2002.
홍하상, 『카리스마 vs 카리스마 이병철·정주영』, 한국경제신문, 2001.
A. H. 새비지-랜도어, 신복룡·장우영 역주, 『고요한 아침의 나라 조선: 한말 외국인 기록 19』, 집문당, 1999.
Alvin Toffler, *Future Shock*, New York: Bantam Books, 1970.
Anthony Smith, 최정호·공영배 옮김, 『세계신문의 역사』, 나남, 1990.
F. L. 알렌, 박진빈 옮김, 『빅 체인지: 20세기 미국의 정체성을 결정한 몇가지 중대한 변화들』, 앨피, 2008.
Jean Folkerts · Dwight L. Teeter, Jr., *Voices of a Nation: A History of Mass Media in the United States*, Boston, mass.: Allyn and Bacon, 1998.
Marshall McLuhan, *Understanding Media: The Extensions of Man*, New York: McGraw-Hill, 1965.
Michael Emery · Edwin Emery, *The Press and America: An Interpretive History of the mass media*, Boston, mass.: Allyn and Bacon, 1996.
Sydney W. Head et al., *Broadcasting in America: a Survey of Electronic Media*, New York: Houghton Mifflin, 1998.